臺灣歷史與文化 研究輯刊

三 編

第 12 冊

臺灣端午節慶典儀式與信仰習俗研究

溫宗翰 著

臺灣端午節起源與節日習俗研究

趙函潔 著

花木蘭文化出版社

國家圖書館出版品預行編目資料

臺灣端午節慶典儀式與信仰習俗研究　溫宗翰　著／臺灣端午
節起源與節日習俗研究　趙函潔　著 — 初版 — 新北市：花木
蘭文化出版社，2013〔民 102〕
序 6+ 目 4+194 面／目 2+100 面；19×26 公分
（臺灣歷史與文化研究輯刊 三編：第 12 冊）
ISBN：978-986-322-474-7（精裝）
1. 端午節　2. 歲時習俗　3. 臺灣
733.08　　　　　　　　　　　　　　　　　　102017309

ISBN-978-986-322-474-7

9 789863 224747

臺灣歷史與文化研究輯刊
三　編　第十二冊　　　　　　ISBN：978-986-322-474-7

臺灣端午節慶典儀式與信仰習俗研究
臺灣端午節起源與節日習俗研究

作　　者　溫宗翰／趙函潔
總 編 輯　杜潔祥
出　　版　花木蘭文化出版社
發 行 所　花木蘭文化出版社
發 行 人　高小娟
聯絡地址　235 新北市中和區中安街七二號十三樓
　　　　　電話：02-2923-1455 ／傳眞：02-2923-1452
網　　址　http://www.huamulan.tw 信箱 sut81518@gmail.com
印　　刷　普羅文化出版廣告事業
初　　版　2013 年 9 月
定　　價　三編　18 冊（精裝）新臺幣 40,000 元　　版權所有 · 請勿翻印

本論文寫作曾獲

行政院文化建設委員會文化資產總管理處籌備處：

「99年度獎助博碩士生研撰文化資產相關學位論文」獎助，

特此申謝。

臺灣端午節慶典儀式與信仰習俗研究

溫宗翰　著

作者簡介

溫宗翰，高雄人，靜宜大學中文系學士、臺文系碩士，現於靜宜大學臺灣研究中心擔任研究助理，並為東華大學中國語文學系民間文學博士班研究生。研究旨趣在於探索形構臺灣民俗學的學科路徑，學習不同學科方法，藉由節日、信仰等主題研究，進行在地性思辯與論述。參與編寫：《永康市志》、《龍潭鄉志》、《清水鎮志》、《蘇澳鎮志》、《媽祖文化志》、《臺灣民俗采風》等書，執行有南投縣民俗與傳統戲曲普查、屏東縣傳統表演藝術普查等無形文化資產基礎調查工作。

提　　要

　　臺灣端午節（註：臺灣端午節於民間有多種稱法，諸如：五月節、五日節、肉粽節等，其中以五月節一詞，最普遍出現於 Holo 話與 Hakka 話之脈絡，並在臺灣氣候特徵、環境特色之背景底下，反映著「五月」之信仰功能及儀式作用。另方面，臺灣各地端午節的儀式時間，其實也不僅止於農曆五月五日，表示五月節的特點，正是臺灣端午節文化脈絡中的一大特性。因此，我們得將臺灣端午節視為「五月節」，屬於渡過農曆五月的重要節日。然，臺灣戰後的節日教育，多僅提述「端午節」一詞，有以中華端午節遮掩臺灣五月節之情形，至今，受到官方影響，端午節一詞仍為臺灣官方公告名稱，英文名字為「Dragon Boat Festival」。本論文旨在重新理解臺灣端午節的本土特色，為求反映現實，使多數人能共同省思臺灣端午節之特色，達到廣泛討論之效果。故先暫定名稱為端午節，並提出應定名為五月節之概念，期許達到更多共識，進一步對官方所定名稱造成反動，使用民間知識脈絡之「五月節」才是。）慶典儀式與信仰習俗研究

　　節日是民族形成與地方共同體生活想像的表徵，在世界非物質文化遺產所代表的國家地位與在地特殊性等觀點底下，因應韓國江陵端午祭登錄世界非物質文化遺產，重新探討臺灣端午節的本土發展，及其演變過程，有助於臺灣民俗學與臺灣無形文化資產實務之推動，更是了解臺灣民族形成，與凸顯臺灣文化特色的重要指標。

　　本論文以臺灣端午節的祭典、儀式與信仰習俗為主要研究對象，透過參與觀察和訪談，記錄臺灣端午節當天所進行的「個人儀式」、「家庭儀式」、「團體儀式」，並分析其儀式過程，探討臺灣端午節的文化脈絡。再者，本論文亦透過文獻分析，企圖重新考掘臺灣端午節的主體性發展，呈現亞洲端午節的文化多樣性特質。

　　臺灣端午節在民間，被稱為「五月節」或「五日節」，代表其年度的歲時祭儀與「農曆五月」有密切關係。此時，臺灣才剛脫離梅雨季，進入氣候狀況較穩定的夏季，氣溫明顯升高，因此表現在「五月節」的儀式，也就反映著氣候的特徵。由此可知，臺灣端午節具有原始歲時祭儀的特色，其形成源自於臺灣在地的自然條件、生活環境與農耕作息。

　　另方面，臺灣之發展，長期受到鄰近國家的政治力量影響，節日文化便也常吸收中國、日本等國家的文化特色，結合臺灣土著文化後，日漸形成現在可見的各項臺灣端午節習俗。不僅表現出臺灣屬於移民社會的多元文化特色，也表述著臺灣各階段歷史發展的重要過程，使「五月節」這一項複合性極高的節日，成為臺灣重要的代表性民族節日。

代序——碩論謝誌

一

　　搬到沙鹿四平街後，初夏，總可以在燥悶的居所裡，嗅到濃郁的飼料味；由於租屋處鄰近福壽飼料工廠，致使野生覓食的鴿群，經常在這附近的諸戶陽台裡築巢，與我為鄰；當然，他們也會捎來幾顆令人欣喜的鴿蛋，就在我們屋簷底下，共渡生活。每日清晨，刺眼的陽光直射床頭，搭配一片鳥囀；如果不是熬夜至天明，有時還可以享受一下略帶愜意的作息。我對這古老的四平街，有種熱情的心裡期待，也有隱隱的悸動，大概是離鄉已久，這裡相似的嗅覺與聲音，常喚起我對故鄉的記憶。

　　那鳥糞與濃烈飼料味，也曾出現在高雄老家頂樓；不過，家裡的味道更豐富一些，腐朽的隔板、鏽化的鐵片、悶濕的石灰牆，再加上囤積雜物的灰屑，甚至，每逢下雨整間房屋就溢滿水氣，以及經常因通風不良而帶來尿騷味，偶爾燃燒不完全的瓦斯味等，填滿我記憶中的成長氣味。我常在四平街這狹窄的巷弄裡，「嗅」到一些與家鄉重疊的氣息，感到些許的安慰。再者，四平街公寓住宅多，經常有生活用品、麵包等攤販叫賣，也令人想起在家鄉穿梭於育樂路巷弄間的推車小販，如：騎三輪車賣臭豆腐的阿伯、騎老式野狼賣麵線糊的叔叔、推著台車賣豆花的阿伯，甚至是騎自製機輪車修各種電器的臭耳聾師傅等等。那些記憶中的洪亮叫喚，透過這裡的擴音器，發出沙啞抖動聲響，縈遶在耳旁，召喚許多懷念，並拼湊出一些臉龐，陪我寫完碩士論文，這裡的味道與聲音，無時無刻不叮囑著我，要趕快遠離學院的生活。

　　自小生長的「籬仔內」部落，介於漁港、工業區、商業區的中間地帶，

屬於混雜的住宅區，勞動階層居多，且人群雜處。成長階段，父母忙著工作，我可以說是阿公帶大的小孩，換句話說，我擁有許多自由閒晃的機會，可以經常探索未知的世界。但在記憶中的人、事、物，都不是挺著光鮮亮麗的繁茂，在這帶點灰暗的高雄中立足；酒顛行船人、香豔酒家女、潦倒臨時工、闌珊拾荒婦、渙散吸毒人，混著其他遊走於社會邊緣的人物，深深烙印在我的成長記憶裡，或許就是這些令人印象深刻的人物影響，他們直接、間接地要我們提早「懂事」；也可能是注定的命運，親族中勞苦者眾，他們常是用生命在換計金錢，造就家族孩子們，從小也就學著必須承擔家計，半工半讀。

但，我是家族小孩中，唯一「脫胎」的幸運兒，父母親再怎麼辛苦，仍極力地將我推往與他們相反的道路；其實，早在國中升高中找不到學校唸時，我就應該要放棄求學這趟旅程，與故鄉的人們一起為生活打拚，揮灑屬於命定的汗水。孰知，我就這麼背著家族的目光，可說是無賴地走入大學殿堂，緊接著又不斷地繼續攀爬，直到達父親心中，曾經期待的學位；雖然，母親已經在引頸期盼的過程中心力憔悴，父親也走入老邁與疾病猛發……我好像讓他們等太久了？畢業前夕，我又因工作需求，很難得地從臺中回到高雄老家，母親對著我說，既然我要畢業了，需不需要來參加我的畢業典禮；當下，兒時記憶中的臭汗酸味，混雜著母親在菜市場「撿菜」的身影，又突然躍上鼻尖……

有時候想想，我很希望傻得像唐吉軻德，即便走在無法預知的道路，也可以鼓起最單純的勇氣挺險前進。父親是唐吉軻德，母親也是唐吉軻德，當他們走在不知道該怎麼前進的道路時，仍然充滿勇氣地相信前面有路；所以他們傷痕累累了，所以，我感謝他們，讓我懂得不斷地在各種黑暗深谷中，不至暗自傷憐，而能最快地尋聲找到一條開朗的、開明的、開闊的路，即便傷痕累累；他們用汗水洗滌我的傷口，用最大的包容、最大的關愛，甚至是最大的一張護身符，緊貼著我，卻也不在意我捨他們遠去……

二

在大肚臺地生活了八年，感謝上蒼讓我有機會以些微的差距，至少進入靜宜中文系乙部就讀；在求學階段，有許多老師用身教示範，啟發了我的思想，尤其，看到他們用生命實踐理想，有些人衝撞無理體制，有些人付出努力地實踐理念，展現了許多氣度與風骨，不僅開啟我的學識視野，甚至內在

熱情的火炬也潛移默化地點燃。

　　記得剛進入大學時，我修習第一堂臺灣文學課程，是「日據時期臺灣小說選讀」，魏貽君老師站在臺上，風度翩翩的「比手劃腳」，接著空氣中瀰漫一股煙草香，或許我們都被那種味道給迷惑了，開始眷戀起這堂穿越時空的課程，小大一時期的所有精神，以及後來幾年的學習，都沉迷在魏老師的香菸裊裊之中了。後來，楊翠老師在我大二時出場，還記得她總是問我們：歷史是什麼？誰掌握歷史？在她的課堂上，許多人於翻讀別人的生命故事時痛哭，而我們總在不斷的對話、思辯、對話、思辯中，慢慢開啓對社會、對人生的多元思維。翠老師的課程密度甚高，但她除了帶給我們學識上的增長，也有柔性的「勸導」與「鼓勵」，不管是透過語言或文字，總是能挹注我們一些精神能量，甚至撫慰我們焦躁不安的靈魂；不管對甚麼學生，總能適時地給予最眞誠的溫暖。此外，大二時，許素蘭老師用她輕柔曼妙的聲音，帶領我們讀過一本一本的小說，引領我們穿透不同的文本，那種細讀翻閱的討論，相當受用；再者，她也相當關心學生，時常能令人感受到她眞摯的心靈交流。同一年，我還遇到了生命中的奇男子：茂賢老師。他手持吉他卻嘴嚼檳榔，他三八攪好鬥陣，卻也有著嚴肅、認眞的態度。他雖自稱「李奧納賢」，但屬於厲鬼祭祀的「林府千歲」名號，似乎比較適合他，同時也因「無所不在」，而跟我們比較「貼近」。非常慶幸有機會能跟在茂賢老師身邊學習，我清楚且深刻地體會到他「獻身」在臺灣民俗的努力與實踐，我在茂賢老師身上體會到的學識，是比累積輕薄紙張還要活跳跳又豐厚的生命養分。感謝這幾位老師開啓我對學習的悸動，以及對臺灣文學與歷史、文化的認識，甚至也讓我體驗到不同的生命熱誠，並發現了自己。

　　在求學生涯中，還要感謝廖瑞銘老師與李國修老師，一整年投入戲劇創作的學習經驗，不僅只學到戲劇的創作，更多、更豐富的是獲得許多思想層面的啓發，甚至對規劃與發想能力的提升，在各種不同的領域裡都受用無窮。同時，感謝咪咪老師帶給我源源不絕的趣味思考，並且在我們的「交往」經驗中，讓我吸取了不少的創造力，腦筋靈活許多；親切待人的她，其實比較像是推心置腹的好友。還有最嬌小可愛的靜茹老師，不僅對我雪中送炭，貢獻各種我需要的家具，還時常在待人處事方面給我許多的指點與叮嚀，讓我免於一些不必要的困擾；偶爾一兩句有趣的對話，總能化解我陰黑的戾氣。

三

在靜宜求學的最後幾年裡，也正是碩士論文緊鑼密鼓展開之時，我不僅單純承接執行專案，而更有研發計畫，協同規劃的機會。要特別感謝鄭邦鎮老師與彭瑞金老師的信賴、鼓勵、指導與支持，能跟著這兩位「四七社」前輩學習，感覺相當幸福。他們總是給我滿溢的精神能量，工作時，再忙、再累、再晚，他們臉上也不顯疲憊，可以想見其背後必定有相當堅強的意志力在支撐；同時，我也被感染著那股理性、正直、堅定的能量，經常不用言語，心中就有滿滿的踏實。對於提拔後進，他們常可以在短時間之內，讓人吸取最濃縮卻是最寬闊實用的知識與工作技能，提供我許多學習的機會，相當充實與滿足。

在此，也特別要感謝阿峰哥（駬方哥）、紫玄姐、怡杏姐、聲邦哥、趙媽、雅雯姐、君恬姐、碧雲姐等人的協助與提攜；我在他們身上汲取許多養分，獲得相當寶貴的專案工作經驗，尤其，最早在趙媽的引領下，提供我相當多的能量，再加上後來由怡杏姐與聲邦哥給予從旁輔導與培育，細心、耐心叮囑與澆灌，以及阿峰哥給予知識與思路的釐清，並經常給予許多支援與協助，甚至轉送我那知名的「愛臺號」，讓我得以將觸手緩緩伸展開來。感謝「您們」提供我在學習成長的路上，有開拓更大能量的機會。我若有幸能開出繁花，必然也是因為您們「樹頭顧有在」。

我還很慶幸擁有幾位知心好友：思翰總是在我最需要幫助的時候，伸出各種援手，相當貼心。他總抱持著豐富熱切的學習精神，開展寬闊的胸襟，約我旁聽各種課程，偶爾陪我去跑田調或找資料，尤其是在北部地區，總是要麻煩他提供臺北的免費住宿服務，讓我「屈就」在他的「小窩」裡。嘉凰與柚均這兩位學姐，則是經常給我許多的建議與協助，有時也會幫我找尋資料，並給與「旅遊意見」；同時，他們也開啟我許多不同的思想，並經常給我衷心的建言，很有幫助。美鈴師姐則是常提醒我一些「善心警語」，以消解一些罪孽；還有乙欣「學姐」，給人相當自然的相處感受，2010 年端午節，他還帶著我去她九如故鄉田調呢！有他們的陪伴，做研究一點也不孤單，並且伴隨著許多的樂趣；至於我那「無緣的」姐妹碧珠，不僅跟我討論英文摘要，還幫忙校閱工作，實在很感謝她的付出。當然，我們彼此之間的關懷，也不是只有在學校生活，因此多能排解「菸酒生」的苦悶。另外，更要感謝怡伶長期以來的陪伴，並且幫我分擔處理許多事情，肩負生活瑣碎，如果沒有她，

我的生活必定一團糟。特別要提起是，以上諸位生活中的夥伴，總是能容忍我的臭脾氣，簡直是無量壽佛。

四

在我撰寫論文期間，另承蒙中正大學楊玉君老師的提攜與指點，楊老師更幫我向成大陳益源老師力薦，讓我有機會在碩論未完成前，即於東亞端午節國際學術研討會先發表濃縮版本；因此才有機會能讓施炳華老師先閱讀論文，獲取施老師的寶貴修改意見。在碩士論文口考時，戴文鋒老師相當細心的翻讀，不僅提點我論述的想法，更增補我好幾筆史料，甚為感謝。另方面，本論文的完成，也曾依靠各地方文史工作者、文化研究者提供資料，或給予口頭的指點，諸如：賴峰育老師、盧繼寶校長、陳仕賢老師、陳漢璋老師、邱彥貴老師等人；以及許多地方人士熱情的資訊分享，特此致謝。論文並非僅靠我一人之力可以完成，在民間傳承不息的付出與努力，其實遠比我這樣擷取資料來論述與記錄還重要許多，畢竟民俗文化的傳承，主力還是在民間的自發性傳遞。

最後，求學期間，還要感謝陳明柔老師給予的幫助與指導、唐毓麗老師的關心與鼓勵，還有魯瑞菁老師的器重與協助、大學班導師柴非凡老師的勉勵，還有諸多老師們的關懷、提攜，其實，在靜宜大學的這段日子，我比一般同學更幸運，受惠於許多老師、同學的鼓舞與指點，甚至許多學弟妹們的鼎力相助，諸如：楊雅茹、姜良育、李柏廷、白佳琳、賀于弘、劉虹妙、沈夙崢等人，都經常幫我處理很多細碎的事情；在學習道路上，能夠處於這麼溫馨的大宅院裡，給我的成長感受，實是細緻且多元，八年橫跨二系的學習經驗，真不是簡簡單單、隻字片語就可道盡。以上斷簡殘篇，仍無法仔細說明我內心此時此刻的澎湃，相信我對靜宜的感激、感恩與感謝，只有獨自走在文學院中庭時，看著灑落滿地的楓香，才更能細細地品味。

2011 年 8 月 10 日

沙鹿四平街

◎2013 年追記：就讀博士班期間，承蒙博士論文指導老師林美容教授與李世偉教授提攜指點，並提供新的思辯與文獻，同時也獲得簡有慶學長提供新的田野調查據點，這些值得追補並長期研究的內容，雖未能及時於本論文呈現，但未來我將會持續努力挖掘。最後，要感謝出版前協助我校稿的怡伶、韋誠、映婷，讓「明顯的」錯誤減少許多。要特別感謝李世偉老師多次給予重新檢視本論文研究成果的機會，並推薦促成本論文順利出版，讓這青澀未熟的研究成果得以提前面對社會大眾，只期待各方先進給予批評指教，提供對話與交流的機會。

目
次

第一章　緒　論

第一節　研究動機與目的

　　2005 年，韓國申報「江陵端午祭」爲「世界非物質文化遺產」成功，引發亞洲「申遺」〔註1〕騷動，並震盪臺灣。由於登錄世界遺產背後，隱含著「世界經典」、「代表性」、「專屬性」等意義，並衍生出觀光效益的附加價值；另因囿限於申請資格，使登錄的「文化」「遺產」具有「領土性」（國家性、民族性）與「區域性」〔註2〕的差別。詳細比對《保護非物質文化遺產公約》〔註3〕可知，大凡世界非物質文化遺產提報，皆須表現世代承襲的傳延特性，

〔註1〕 「申遺」一詞爲中國時興的詞彙，意指申報「非物質文化遺產」（Intangible Cultural Heritage；臺灣稱：「無形文化資產」）。自韓國申報江陵端午祭爲世界非物質文化遺產成功後，由中國（官方）學者與亞洲地區親中媒體便不斷發出各種關於兩國「申遺競賽」的新聞與社會討論，甚至傳出中醫、風水、唐詩等遺產之正統、文化詮釋權爭議。並有孔子、屈原、孫中山、李白皆爲韓國人的新聞議題炒作，不少內容爲臺灣媒體採用，後來經韓國媒體證實爲謠言、假議題。然，此後中國內部的「申遺」風氣大興，中國各地積極爭取其國內遺產登錄，同時，中國政府亦利用文化認同感，製造矛盾，挑起亞洲華人的「仇韓」心結；另方面則積極攏絡臺灣各地重要祭典承辦單位，鼓勵與中國共同申報臺灣各類民俗活動爲世界無形文化遺產；如：2009 年 9 月 28 日，中國申請媽祖爲非物質文化遺產成功，大甲鎮瀾宮即曾對外宣稱是共同推動登錄，其實，若查提報資料則可發現，實爲臺灣部分宮廟負責人集體聯署支持。

〔註2〕 若屬大範圍之同質文化，可跨國、跨區域聯合申請。

〔註3〕 《保護非物質文化遺產公約》爲聯合國教科文組織於 2003 年議定，參見「行政院文化建設委員會文化資產總管理處籌備處」網路公告《保護無形文化遺

且有「時間」、「空間」影響的歷史特質，彰顯世界「文化多樣性」（cultural diversity）的特色，同時，亦凸顯一地方人民的生活體認與在地認同。江陵端午祭申報成功，正彰顯「端午節」跳脫原有「中國」，乃至於專屬「華人」、「漢人」節日的狹義觀點，而往「區域性／亞洲」各國的節令意義延伸，江陵端午祭即爲廣義的「韓國端午節」。或因如此，亞洲各國受漢文化圈影響下的歲時節令，都得以被重新界定、詮釋，並進一步展顯其本土化的脈絡，發現自我民族生成的系統，臺灣，則也具有其特殊的「臺灣端午節」，以呈現亞洲端午節的文化多樣性。

　　長期以來，中國被認爲是端午節的單一發源地，在未與中國共同申報端午節爲世界無形文化遺產，韓國亦能申遺成功後，〔註4〕激發了中國捍衛傳統文化的危機意識。亞洲各地的親中媒體，亦透過不少新聞的製播，以保護「傳統」文化爲由，延伸許多具備爭議性的假新聞，成功地在亞洲華人地區，塑造起「仇韓」民族意識，逼得韓國趕緊澄清，力求證明韓國的在地性特質，以區別「江陵端午祭」與「中國端午節」的不同，拉攏友好關係，消弭不平爭議。不少中國學者在韓國申遺成功後，甚至緊鑼密鼓展開中國端午節研究與文化論述，數量之多，頗爲驚人，並由中國學界帶動其政府，於 2008 年首次立定端午節爲中國國定假日；有意強調、恢復、接續且再建構一個曾消隱的「傳統」中國端午節文化。最後，於 2009 年起，推動申報「中國端午節」登錄爲世界無形文化遺產，力求與江陵端午祭一別高下，以取得「文化詮釋權」。相較中、韓兩國的積極，臺灣國內的報導與討論，大多隨媒體起舞，致使長期以來於網路部落格、各類論壇，不斷湧現「民族」仇視的謾罵，學界則較少有透過在地性的端午慶典、儀式進行論述，與韓國、中國展開對話，以彰顯「臺灣端午節」的特殊性。其實，中國的大動作不脫「帝國主義」策略，努力逼使亞洲華人地區陷入非「中」即「韓」的意識形態漩渦，欲透過「中華正統」作爲亞洲共同體概念，掩蓋區域小國間的差異性，形成龐大文化帝國。對國際地位曖昧不明又有漢文化內涵的臺灣而言，雖有在地特殊性，

　　産公約》之中譯版本，網址爲：http://twh.hach.gov.tw/ArticleDetailContent.action?cate=2&id=28（上網日期：2010/10/3）。

〔註4〕　自 2004 年起，中國各類媒體便不斷傳出韓國邀約中、韓兩國共同申報端午節的討論，後因中國急欲處理的項目過多而作罷；2005 年，韓國便以「江陵端午祭」申請世界無形文化遺產（申遺）成功；此後「申遺」便在亞洲地區構成一個新的議題，並產生不少騷動。

卻也不敵文化詮釋權的遮蔽性與招攬作用。

　　就整體發展觀之，端午節乃亞洲地區眾多國家「共有」也「各有」的節日，耳熟能詳的中國、韓國、日本、香港、新加坡，甚至較少人知道的泰國、越南、寮國、柬埔寨等；都有類似以競渡、包粽，作爲「渡過」夏日節氣的儀式或慶典。江陵端午祭向世界揭示的形成與在地化發展，便是一種「廣義的」、「開闊的」端午節類型，屬於大韓民族特有的端午祭，打破過去以來，我們對傳統節俗形成、發展的偏狹概念，漢族權威、華人節俗的正統性不再是焦點，地方發展的價值與文化發展的特殊脈絡，才是舉世聞名的關鍵。更何況，歲時節令受到經緯度不同、生活環境不同、地域特色不同、社會與文化情境差異的影響，皆可形成炯然不一的「時」、「空」特點，並不是依憑「中原」、「中華」思維或漢人生活類型，就能論斷所有不同國家、不同地方的「端午節」。

　　《保護非物質文化遺產公約》是基於反思全球化影響下的產物，並帶動著全世界對無形文化（非物質文化）的關注與研究。面對全球因一體化、均質化而威脅異質文化生存的趨勢，在地性或區域性的深究論述，不僅能彰顯地方認同，更是調節全球化，尊重差異性，與反思個體價值意義的關鍵。在韓國與中國端午節都成爲世界經典後，探究亞洲各國端午節的差異性，既是界定民族邊界，亦有確認國家邊界之價值；因此，追求臺灣性，開拓亞洲文化多樣性的思維，「重溯」臺灣端午節在地發展、儀式意涵與習俗意義，便顯得重要許多。

　　臺灣端午節豐富的研究內容，值得我們共同注意，比如，節日經常爲統治者掌握人民生活，控制人民思想的最佳方式，因此過去早有史學研究者注意到國定假日的議題，以了解國民政府如何在臺灣塑造中華民國國家意識，規訓臺灣人生活作息的政策與規範。〔註5〕在中國端午節研究方面，也不乏學者詮釋端午節在不同朝代當中的嬗變，與競渡的權力暗示〔註6〕；但整體臺灣

〔註5〕　周俊宇，《塑造黨國之名──中華民國國定節日的歷史考察》，政治大學臺灣史研究所碩士論文，2008 年 7 月。

〔註6〕　如：黃麗雲，〈龍舟文化等同政權符號──屈原崇拜與競渡之國際比較〉，中國汨羅網，2010 年 09 月 08 日發表，網址：http://www.miluo.gov.cn/zjqy/qxyd/39289.html；上網日期：2010 年 9 月 20 日、2011 年 4 月 28 日。以及：陳熙遠，〈競渡中的社會與國家──明清節慶文化中的地域認同、民間動員與官方調控〉，《中央研究院歷史語言研究所集刊》，第 79 期，卷 3，2008 年 9 月，頁 417～495。

節日的發展脈絡，尤其是民俗節日的研討，仍有相當大的延續空間。長期以來，端午節受歷史事件、政商關係影響頗深，尤以競渡最爲明顯，如：日本政府一度利用競渡作爲官方慶賀時節的方法，促使臺灣端午節的信仰與儀式產生變革，成爲官、民同歡場合的凝聚活動。戰後，國民政府更以「復興中華」之政策，在不少官方單位的推動底下，促使競渡活動遍布全臺，顯見端午節於臺灣政治、社會發展史上，有著重要的研究價值。

較具影響力的政治社會互動方面，端午節屈原故事的流傳，特別爲臺灣不同時期之文人所喜愛；因此，曾有研究者，由清代文人的端午節作品，探討其際遇抒懷的「感時」特色，並討論到日治時期因受「異族」統治，使端午節書寫轉爲民族性與文化傳統精神的延續，凸顯了端午節培養認同意識的特殊地位。〔註7〕戰後，端午節在以中華民國爲號召的國民黨統治策略中，是倍受重視的民俗節日之一；延續著「抗戰時期」，策動中國詩人聯合倡議創辦詩人節的精神，在臺灣重新詮釋端午節與愛國詩人之間的緊密關係，藉此鼓吹中華民族興亡的傳遞使命，落實在「國民教育」中。自 1950 年起，教育部所通用的教科書，包含小學、初中、高中所有相關歷史、公民、國語、國語常識課本裡，共有二筆關於節令的教學，《初級小學國語常識課本第一冊》介紹了「過新年」，另於《初級小學國語常識課本第四冊》介紹了「端午節」。由於屈原的「愛國」故事始終是「國家教育」的核心重點，使端午節成爲所有節令裡，版本解放前，唯一夾帶著大量愛國傳說進入教育體制、教科書中的歲時節慶；藉以推行官方主導的民族主義。此舉，深深影響著臺灣人想像「時間」共同體的可能性，在後續的幾十年發展裡，幾乎全面性地取代臺灣人面對自我節日詮釋的想像，也切斷了端午節在臺灣發展的本土歷史意識，與在地文化認同。〔註8〕

更有甚者，這項敘述忠君、愛國、節孝的題材，用以確保政權正當性所

〔註7〕 廖藤葉，〈由屈原到鄭成功：臺灣端午古典詩的主題演變〉，《歷史月刊》，233期，2007 年 6 月，頁 44～49。

〔註8〕 在論者訪談案例中，不乏受訪人受中華意識作用的端午節傳說影響，最顯要的例子是：屏東縣九如鄉源自於平埔族的走標活動，部分地方人士以爲走標乃是模仿汨羅江百姓「爲了搶救屈原，爭相通報」的情景，於是，論者進一步推問受訪者老順奮伯對屈原故事的獲知源頭，其表示，屈原故事是源自國小老師蓋文明之教導，並非家族或父母口耳相傳的內容，當時，順奮伯甚至心懷感佩之情，激盪不已，最後，眞於端午節當天「綁鹹粽丟巴轆溪」（巴轆溪爲當地溪流），足見當時在愛國氣氛之下，傳播力量之大，影響效果十足。

引領的思考模式，至今仍不斷在教育現場裡延續。遮掩源自臺灣本土自發的
端午節傳說，如臺中市南屯地區的穿山甲傳說、以黃巢故事爲原型的插艾傳
說等，其實才是廣泛流傳的臺灣民間知識背景。如此看來，端午節研究議題
於臺灣社會之重要，不能只於民俗、歷史、文學作品等研究思維；其繁複的
文化內涵，就開啓臺灣社會多元對話討論與價值認同的向度而言，有更積極
的重要面向。

　　事實上，站在表現臺灣文化脈絡的民俗學方面，臺灣端午節有許多特殊、
多樣的慶典儀式與習俗，如中港祭江、取午時水、南屯木屐競走、九如走標
（tsáu-pio）、二龍競渡、鹿港迎龍神等，這些民俗活動的個別研究情形相當缺
如，實有待研究挖考與深入討論，以了解臺灣端午節的在地性、主體性，發
現其於亞洲各國端午節中，展現何等特殊的文化價值。既然，過去臺灣端午
節研究，經常僅關注於漢族習俗的探源，而較缺乏臺灣在地歷史驗證與田野
採集，更少有以臺灣爲主題的綜合性論述；甚至，對於臺灣端午節各儀式過
程與信仰層面，少有論者提述，或是忽略臺灣文化脈絡的思維，使得臺灣端
午節的信仰儀式與社會關係，在理論建置與意義再現上，都值得延續加深。
那麼，重新檢視這些民俗事項的結構通則，並釐清臺灣端午節主體發展脈絡，
必然爲臺灣民俗學研究的積極課題。

　　以上各類學科方向分離，卻又相互需要，互有支援，不僅說明了端午節
研究之於臺灣的地位與重要性，更彰顯端午節在不同領域研究的諸種取向，
或其研究價值。這亦是促使論者在眾多歲時節令中，選擇最富深度的臺灣端
午節文化，作爲研究主題的重要原因。耳熟能詳的競渡活動，長期受官方重
視、炒作，於常民眼中已逐漸成爲缺乏「儀式感」的「文化活動」，徹底顛覆
了民俗的意義與民間自發性生成的原初知識系統；因此朝向「儀式過程」（ritual
process）的細則對話，即是本論文必要的關鍵。

　　臺灣學界對於「儀式過程」的深度討論，通常較著重於醮祭活動或信仰
活動，甚少專注於歲時儀式，更誘使本論文的研究主題，將專注討論信仰
（beliefs）與儀式（rituals）如何在慶典（ceremony）、習俗中發展進行，探究
臺灣端午節的結構元素與在地性特質，對應於常民生活的文化脈絡（culture
context）；探討目前臺灣學界較少進行的年中行事（節令秩序）與儀式象徵意
義，由田野調查的採證、記錄，輔以多重結構視角分析，不僅對田野資料進
行發掘，更加著重於抽象性的意義思維，及文化脈絡的表述，祈能再現臺灣

端午節現存相對傳統之慶典、儀式與信仰習俗的意義藍圖；並調節現代人對端午節俗的感知、感覺，甚或是提供文化資源保存、推廣上的基礎思維，尤其在端午節本土化的歷史發展演進上，作一系統性的整理與評述。.

第二節　文獻探討

一、端午節之於民俗學研究

（一）端午節專書的出版方向及內容〔註9〕

端午節在民俗學方面之研究相當豐富，但國內可找到以端午節為主題的出版書籍不多，大致僅有四種類型：

第一種類型為端午節專著：解嚴前，有黃石所著，並由婁子框於民國 52 年（1963）復刻出版的《端午禮俗史》；解嚴後，則有《細說端午》（田哲益；1994）與《端午》（陸家驥；1996）等專論。近來，另有行政院文化建設委員會出版，以專題介紹、推廣為目的、佐以文獻探究的民俗叢書：《端午》（楊玉君；1995）。

在上述專書中，僅田哲益與楊玉君所著書籍有討論臺灣端午節習俗，篇章卻都不長，楊玉君的《端午》一書，多由方志、文獻取得討論材料，限於介紹性專文的篇幅，因而無法較全面性、詳細的搭配儀式內容進行討論，行文著重於各種文獻的考察析究、分項簡述，屬於推廣教育類型的基礎教材，但也不失學理背景的脈絡理解。田哲益之撰述，正逢 1980 年代末，臺灣民俗調查研究與出版事業興起之際，不僅具有調查性的內容，更有古典文獻爬梳討論，但對臺灣端午節的討論，卻僅有簡單篇幅討論競渡與祭江，整體臺灣端午節的儀式過程、信仰習俗都有待補充；此外，田哲益書中經常強調臺灣與中國端午節之間有何延續，但文中，卻都未對兩地儀式過程進行比對或深究，較難探知論述梗概。

〔註9〕 本論文完成於 2011 年 7 月，此時間以後，有關端午節或端午競渡之專書出版，尚有黃麗雲《近代龍神信仰：龍‧船‧水與競渡》（臺北：博揚，2012 年 4 月）乙書，然其著作，其實是過去發表於各期刊論文之集結，內容無太大更異或補充。其論點於本論文文獻回顧及各章節中，都已有對話、翻案或討論，本論文於 2012 年籌備出版，在有限出版時間內，不逐一於各章節中標示黃麗雲新書著作之出版資訊，僅載明其最初所發表之期刊論文資訊，特此申明。

　　另有兩本著作：作者黃石、陸家驥都爲中國人，黃石本名黃華節，長年居住於香港；陸家驥則爲江蘇人，雖曾來過臺灣卻無長時間進行研究，因而兩人多透過中國古典文獻進行討論端午節發展，並無對臺灣端午節進行論述。此外，古典文獻的記載，分散中國各地，相關民俗史料記錄於何時、何地經常難以考證，而中國古典文獻又難與臺灣現時常民生活對應，摘取多個地區文獻疊合在一起討論之囿限頗多，概論雖清楚，細述卻闕如。

　　若要就中國文獻來詮釋臺灣端午節，而不記載臺灣的發展演變過程，恐怕會有「去脈絡化」之嫌，難與臺灣特殊端午節俗的內容呼應，如：二龍競渡、中港祭江、九如窮尾綴（走標）、南屯木屐競走等儀式，都具有臺灣在地發展的脈絡與特殊性，卻在上述的書籍中，較少有重要篇幅，顯然目前相關臺灣端午節之討論值得鑽研。

　　事實上，臺灣端午節本土的習俗、活動，較常記錄在民俗叢書、民俗調查筆記中，屬第二類的出版專書，諸如：劉還月、林茂賢、陳正之、阮昌銳、董芳苑等研究者，都曾有相關歲時節令與慶典方面的記錄與研究出版。這類型的出版，大抵上是以「臺灣民俗」爲主題的概論式著述，並參雜田野調查筆錄之記載，能得知臺灣歲時節俗之特殊性，然族繁不及備載，其研究出版的背景，極可能與解嚴後，甚至是在 1992 年刑法一百條修正後，因言論自由得到確保，使臺灣史或臺灣論述開始萌發，民眾對臺灣知識的需求增加，有密切相關〔註 10〕。此階段的討論，對於臺灣民俗或臺灣節日主體性的探索，仍是處於微萌狀態，在本論文討論時，有些針對臺灣特殊性的研究記載若能作爲參佐之依據，則於文中引用。此外，在稍早以前，如吳瀛濤、廖漢臣、王詩琅等文人對臺灣民俗與歲時節日的著作出版，以及部分出版社對日治時期的民俗叢書，如：《民俗臺灣》，或是鈴木清一郎的《臺灣舊慣習俗信仰》進行重新出刊。這些具有日治經驗的專書，囊括自各地的民俗筆記，或專文介紹，相當具有參考價值，往往提供當時人們看慶典儀式的觀點，部分民俗筆記，亦述及現代活動規模的表現情形，是今日研究者必然翻閱的重要典籍。尤其適合作爲理解臺灣民俗受到日本統治文化影響後，展現出臺灣在地特殊屬性之內涵。畢竟當時的著作與詮釋，仍是片段集結，其討論臺灣本土特色之內容，尚需要後續研究者，進一步站在臺灣主體發展之整體角度，加以詮

〔註 10〕林美容，〈臺灣史熱潮的背景〉，《臺灣文化與歷史的重構》，臺北：前衛，1996
　　　　年，頁 81～88。

釋、論述。

　　第三種出版類型，是以區域文史研究爲方向，就一縣市、一地方之文化內容進行提要或討論，如：《臺北市傳統儀禮：歲時節慶篇》（阮昌銳；1994）、《打狗歲時記稿》（林曙光；1994）、《金門歲時節慶》（楊天厚、林麗寬；1996）、《府城的節令與民俗：透視府城月令習俗》（范勝雄；2000）等。不僅就文獻記述下工夫，更由耆老訪談中，挖考近百年來的生活記憶，但這類著述也非以端午節爲重點主題，大抵上，透過其文脈之記載，各地特殊的或消失的端午節傳統儀式，將能在這類書籍中發現。

　　第四種類型，爲地方已出版之臺灣端午節活動成果專輯，諸如：《苗栗縣九十年度龍舟錦標賽──中港文化節（祭江活動）成果專輯》（陳漢璋；2002）、《礁溪二龍龍舟競渡活動略述──禮讓一寸得禮一尺》（賴峰育；2009），此兩本專輯，皆以臺灣端午節單一地區的慶典、儀式進行歷史性記錄，並加入源流考、發展過程的描述，書籍出版者主要爲地方文史工作者，其細微觀察與在地長期參與、田調的結果，值得作爲論述慶典結構意義時的參考，並加強儀式象徵意義之討論，又能核校出地方居民的參與思維，因此在文化脈絡與土著觀點上，能提供較多的參考。

（二）臺灣端午節研究之主題

　　端午節研究經常聚焦於龍舟競渡，透過文獻、傳說之記載，來詮釋、了解競渡（儀式）與社會之關係、互動，其中又以競渡「源起」的討論篇章最多，多數學者將競渡作爲理解端午節的唯一題材，頂多再加上「吃粽」、「插艾」，綜合這些儀式進行研討者較缺乏。

　　對競渡的研究，較早見於中國學者江紹原，其〈端午競渡本意考〉一文認爲端午節與古代「送瘟」、「禳災」的儀式有關[註11]，影響後來許多研究者的思考方向。在臺灣方面，比如魯瑞菁便曾以國科會專案提出《端午節與

〔註11〕 江紹原，〈端午競渡本意考〉，收於《江紹原民俗學論集》，中國上海：上海文藝出版社，1998年，頁203～229。臺灣在討論王爺信仰的重要代表儀式：「王船祭典」時，亦有學者延續相關文獻，以部分地區的王船祭典原始形制與競渡相似，認爲兩者可能具有相同的古代原型，同爲送瘟的儀式。但畢竟王船祭與競渡的發展形成，各有系統，且舉行時間、儀式過程與信仰目的大異其趣，兩相比較，更可發現端午競渡缺乏押煞或送走瘟神的儀式內容；其實，王船祭典也使用繪有龍圖騰的船，或以龍船爲祭祀主體，在文獻中陳述中，較難看出與「端午競渡」有直接相關，尤其是儀式時間與信仰對象也不完全相同。

屈原研究》（2009），延續討論競渡與天葬之關係，並申論漢代陰陽觀的影響情形，思維脈絡較江紹原更爲緊密〔註12〕。值得思索是，江紹原於論文開頭便曾提及，從未看過一場龍舟競渡，〈端午競渡本意考〉主要是進行文獻蒐集的討論。如此，或將影響江紹原在看待龍舟競渡，及解讀儀式時的詮釋思維，尤其儀式過程的細節若被忽略，較難進入端午節競渡的文化脈絡之中。比如，有關送瘟涵意方面的討論，在現存端午競渡儀式過程與脈絡中並未彰顯此特質，儀式執行者也未能感知自己正在「驅瘟」，所以反而是因圖騰意象，使競渡與龍神信仰的關係，獲得更多學者關注、支持。

近人研究中，聞一多最早於〈端午考〉一文中，由歷史文獻脈絡討論提出中國端午節爲「龍的節日」〔註13〕，且認爲極可能是古代吳越民族的圖騰崇拜。其後，有相當多學者延續關注龍圖騰於競渡中的使用情形，或是相當重視「龍舟」的儀式作用，如：文崇一〈九歌中的水神華南的龍舟賽會〉〔註14〕、何根海〈端午龍舟競渡的新解讀〉〔註15〕等文，大抵上不出「雲從龍、風從虎」的基礎思維，提出競渡作爲祈雨、厭勝、祈子等意義，其實，陳熙遠透過中國與臺灣文獻進行歷史資料分析後便發現，端午與龍舟、競渡三者之間，不完全直接相關：「端午不必競渡，競渡不必端午；龍舟不必競渡，競渡不必龍舟。」〔註16〕。針對臺灣競渡活動方面之研究，林茂賢、田哲益等人，也曾認爲臺灣競渡也是具有「祈雨」之目的；更曾有專文介紹提出「爲的不只是祈福求雨……人乘龍舟，也反映了乘龍升天的思想。」〔註17〕。但這些相關論述卻較少針對「儀式」進行細密地分析，亦未就臺灣競渡儀式之

〔註12〕 主要成果主要發表於：魯瑞菁，〈端午龍舟競渡底蘊考〉，《興大中文學報》，27 期（增刊），2010 年 12 月，頁 399～433。

〔註13〕 聞一多，〈端午考〉，收於《神話與詩》，中國上海：上海人民出版社，2006年，頁 180～195。

〔註14〕 文崇一，〈九歌中的水神與華南的龍舟賽神〉，《中央研究院民族學研究所集刊》，11 期，1961 年 3 月，頁 51～124。

〔註15〕 何根海，〈端午龍舟競渡的新解讀〉，《歷史月刊》，173 期，2002 年 6 月，頁76～81。

〔註16〕 陳熙遠，〈競渡中的社會與國家——明清節慶文化中的地域認同、民間動員與官方調控〉，《中央研究院歷史語言研究所集刊》，第 79 期，卷 3，2008 年 9月，頁 470。

〔註17〕 傳統藝術編輯室，〈民俗端午競渡沐蘭五月五禳毒辟邪歲平安〉，《傳統藝術》，卷 1，1999 年，6 月，頁 3）。除上述的討論，當然也有反對的思考，但聞一多的論述仍是相當重要且普遍地，被接受與延伸。

脈絡與過程進行交叉比對。

對臺灣競渡活動有較長期觀察之學者黃麗雲，約於 1981 年開始進行日本與臺灣兩地的龍舟競渡比較研究，其發表〈臺灣龍舟賽的現狀調查〉一文，爲較早彙整臺灣 46 個龍舟競渡之論文，提供許多早期競渡儀式的記錄；後又以其對日治時期文獻之掌握，延續博士論文《臺湾における「端午扒龍船」の研究：長崎ペーロン及び沖縄ハーリーと》〔註 18〕之內容，曾發表論文有：〈嘉義端午龍舟鬥──東石港王船祭的前端儀式〉、〈龍舟文化等同政權符號──屈原崇拜與競渡之國際比較〉、〈日治時期研究資料中的扒龍船──「地方」與「官方」、「主流」與「非主流」〉等文皆是臺灣競渡文化之論述。彙整其相關討論，得以發現前述龍圖騰研究之續發能量，貫串其研究核心，黃麗雲常以水神、龍神等概念，詮釋競渡活動。究其研究題材，以文獻史料爲最大宗，田野蒐集亦相當豐富，儀式細節雖在博士論文中有所呈現，但較少採取人類學對儀式過程的思考，去詳細爬梳儀式與象徵意涵對應之討論；其論述，在詮釋信仰與儀式互動關係，或是對儀式進行環扣式的表述上，較缺乏臺灣在地脈絡。因此，其文雖透過文獻記錄與廣爲蒐集所得之史料，尋找到貼近臺灣清代、日治時期競渡情形的面貌，但部分論述與臺灣在地的俗民觀點，則有一定距離之落差。

如〈臺灣龍舟賽的現況調查〉〔註 19〕中，黃麗雲舉二龍村龍船厝門聯提及「吊屈」，而認爲二龍競渡屬於紀念屈原的儀式，並以衍伸出「祭祀」的觀念。但經論者訪調發現，二龍競渡於戰後長期受到官方力量介入影響，書寫楹聯之漢學家林滄浪先生，亦曾因競渡活動遭逢政治壓力，在龍船厝重修時，僅是發揮文人創作之才華，應付當時國民黨政府推動之「中華文化」思想，方才寫下今日所見之對聯；在二龍村，「祭屈」或「紀念屈原」並非自古以來傳承不輟的信仰儀式，其實若再分析二龍競渡之儀式過程與信仰對象──老大公的互動關係，則可發現祭祀屈原說法，實屬黃麗雲單純臆測之錯誤。

再如〈嘉義端午龍舟鬥──東石港王船祭的前端儀式〉一文，黃麗雲透過〈點石齋畫報〉所記載廈門迎接王爺之習俗，討論東石港先天宮於大正 14

〔註 18〕黃麗雲，《臺湾における「端午扒龍船」の研究：長崎ペーロン及び沖縄ハーリーと》，日本：兵庫教育大學大學院聯合學校教育學研究科，博士論文，2008年。

〔註 19〕黃麗雲，〈臺灣龍舟賽的現況調查〉，《臺灣文獻》，卷 37，期 4，1986 年 12月，頁 91～102。

年（1925），因拾獲泉州富美宮〔註20〕王船，而開始舉行的送王船儀式，認為其王船祭之王船遶境與《彰化縣志》所載競渡「採蓮」遊行相似，因而斷言東石王船祭與龍船競渡屬前端、末端儀式之關係，認為王爺信仰為龍神信仰一支〔註21〕。事實上，東石港龍舟競渡起因於1975年由黃建倡議之娛樂活動，目的為榮耀古典詩人黃傳心之名聲（為黃建父親）；1983年，地方政府收納其競渡活動之舉辦，固定每年辦理龍舟競賽，與王船祭舉行之歷史背景毫無關聯。更何況五年一次之東石王船祭，本身即有前端儀式：「造船」；也有富麗的末端儀式：「燒王船」（送王），與龍舟競渡完全無關。而東石王船祭之開始，是受泉州富美宮王船漂流影響，引發在地王爺信仰，另於麥寮、清水、大安、通霄、後龍、新竹等地，也有相同情形〔註22〕，為臺灣在地王爺信仰祭典的形成。至於東石每年由縣政府辦理之龍舟競渡，亦有完整的前端儀式：「淨船點睛」，與莊重的末端儀式：謝江。透過兩項慶典的儀式結構，自然能理解兩類慶典內容非屬同一儀式，信仰意涵亦有很大之不同。事實上，黃麗雲之詮釋，是誤用林美容〈末端儀式──漢人宗教的儀式結構〉一文之理論概念，林美容討論末端儀式時，列舉三種範例：年度型、跨年型、逐日型，旨在探討同一慶典儀式的起始與末端儀式，不僅呈現儀式的整體結構性認知，更表達了漢人的圓滿觀。年度型末端儀式如尾牙祭土地公，跨年型末端儀式如：尾醮、圓醮，逐日型末端如媽祖進香的落馬儀式。〔註23〕黃麗雲錯將東石港王船祭與東石龍舟競渡視為前、後相關的同一儀式結構，不僅有嚴重去脈絡化之情形，更缺乏臺灣民俗發展之認知；事實上，此現象也正如林美容於論文所提，多數研究者經常忽略儀式整體結構，尤其是開頭、結尾的完整詮釋，其文截斷王船祭的前端儀式，才使黃麗雲誤判王船儀式的結構性與本質。這

〔註20〕大正14年（1925），東石港居民原於岸邊見一艘名為「捷泰利」之王船停靠，經主神朱、邢、李三位王爺降鸞指示，始得知來自泉州「富美宮」，經查證泉州確實有此宮廟，因而使當地信眾稱奇，其後，當地居民甚往泉州富美宮迎奉主祀神蕭太傅至今。

〔註21〕黃麗雲，〈嘉義端午龍舟──東石港王船祭的前端儀式〉《臺灣史學雜誌》，第8期，2010年6月，頁93～123。

〔註22〕林聖欽，《臺灣北部王爺信仰文化的發展及其陸域性格分析──以竹南地區為例》，臺北：師大地理系，2010年，頁132～133。

〔註23〕林美容，〈末端儀式──漢人宗教的儀式結構〉，發表於「2008臺灣人類學與民族學年會──人類學的挑戰與跨越學術研討會」，中研院民族所臺大人類學系臺灣人類學與民族學會合辦，2008年10月4～5日。

種取兩項各有前後端儀式的慶典進行比擬的方式，正是忽略儀式本體的完整性，因此相關論述結果不值得採信。

再者，競渡與「龍神信仰」是否相關？仍有爭議。臺灣競渡的「龍」舟，是在戰後官辦活動中，才出現的形制，背後有著當時官方民族政策的影響〔註24〕。在日治文獻《民俗臺灣》中，潘迺禎〈士林歲時記〉〔註25〕一文繪出的龍船形體，與今日礁溪二龍村「龍船」相同，乃北部常見，俗稱為「駁仔船」、「舢舨舟」的漁船〔註26〕。當時，龍圖騰是繪於船體周邊的裝飾〔註27〕，並非龍船主體，國分直一在引用潘迺禎的其他龍船繪圖中，亦有圖徽是鳳凰，及代表農事的稻作圖騰。臺灣其他地區，如明治41年（1908）新聞刊載鹿港競渡，說明其渡船為「竹筏」而非龍舟〔註28〕，況且，早期的「龍船鼓」也並非一定要有龍神或龍頭作為祭祀對象，如臺南五條港競渡活動中，類似「五月五龍船鼓滿街路」的習俗，被稱為「迎標」〔註29〕，亦非「迎龍神」或「迎龍王」。顯見，龍的信仰或崇祀，在早期端午競渡儀式中並不顯要。倘若龍神信仰為競渡之最終目的，則儀式過程與信仰意涵便可辨明；實則不然，臺灣最早的競渡本就無龍圖騰使用，而現存競渡中的龍圖騰，

〔註24〕臺灣龍舟製作知名藝師劉清正，原是舢舨船藝師，於24歲（1965）製作第一艘龍船，接受訪問時，特別提起早期的龍船並沒有龍頭、龍尾，後來請畫家協助打草稿後，才研發出來。參見：陳志豪，〈傳藝焦點：龍舟的設計藝術及製作過程〉，《傳統藝術》卷7，2000年6月，頁32～33。另見：邱莉苓，〈臺灣龍舟達人阿正師造船親水55年〉，參引網址：http://news.rti.org.tw/index_news Content.aspx?nid=246666；最後上網日期：2011年4月29日。

〔註25〕潘迺禎〈士林歲時記〉，收於林川夫編，《民俗臺灣》，臺北：武陵，1990年，頁222～228。原文刊於潘迺禎，〈士林歲時記〉，《民俗臺灣》，第6號，1941年12月，頁8～16。

〔註26〕南方澳、烏石港、基隆、臺北等諸多地方，早期都是使用這種駁仔船競渡，這類行民船，多為漁業或載運貨物使用，國分直一在日治時期的記載這些民船的信仰禁忌如：必須祭祀老大公、女性不得上船、要定時向船祭拜、釘子不可釘船眼或船底板，在船上不可說不吉祥的話語等，都與今日二龍競渡的信仰儀式有密切相關，可見主要是面對「船」的信仰，不必然是面對「龍」的信仰。可參見：國分直一，《臺灣民俗學》，臺南：莊家出版社，1980年，頁184～241。

〔註27〕在下文的儀式討論中，我們更能發現龍圖騰確實為純粹的裝飾，既不祭祀龍圖騰，又無崇拜龍神的相關文化脈絡。

〔註28〕報導見：〈彰化通信／端午奪標〉，《漢文臺灣日日新報》，4版，1908年06月12日。

〔註29〕莊松林，〈臺南的端午節〉，《文始薈刊》，復刊第七輯，2005年6月，頁75～76。

在儀式中更毫無作用。由此可知，臺灣龍神信仰與競渡的關係，還需要更多顯義的證據來論述。

　　將端午節視為夏季來臨時，屬常民面對溽氣、蟲害、邪煞的想像、驅逐、祈禱等祭儀或行為，是較共通與普遍性的認知。若將端午節作為北半球、亞洲地區裡各個不同「地方」的人民，對夏季來臨的懼畏、想像與詮釋亦不為過。可知，在此夏季節令裡，人們隨著歷史、環境，自然演變發展出應對的行為，成了當今端午節裡的各種民俗樣貌。因此，認為端午節與夏至有關，常成為相當熱門之說法，相關論述中，以李亦園〈端午與屈原——神話與儀式的結構關係再探〉、〈寒食與介之推——一則中國古代神話與儀式的結構學研究〉這兩篇互有關連之論文，最具代表性。其文比較端午節源於屈原說與寒食節介之推傳說，細查兩者於整年度儀式結構的關係，參照古代人最早發現二分二至的概念，將黃石提出端午節源於夏至的說法系統化與組織化，並以冬至與夏至分屬陰陽，也對應產生許多二元關係，如：「火：水」、「陽：陰」、「燥：濕」、「晝：夜」、「生：殺」等意涵〔註30〕；成為端午節源於夏至說法中，較有開拓性且嚴密完整的論述。2010 年，楊玉君於〈佩掛與驅邪——仲夏民俗的比較研究〉一文，透過比較民俗學的方式，立基於夏至、仲夏節的全球性觀點，討論端午節（中國、臺灣）與仲夏節令（西方）屬相同核心之母題；並提出「植物、水、火」三種元素在仲夏／端午中的作用與意義，集前行研究者對端午節屬夏至之大成，析論儀式與傳說，不僅就廣泛式的概念對比，更能深入不同文化背景之脈絡，進行結構式的理解；頗值得作為本論文理論思緒的基礎。若單就儀式而言，部分西方仲夏節與東方端午節確實有部分相似，兩者都展現了人們對太陽勢力消長的對應行為，特別是佩掛植物代表的保護、驅邪隱喻，成為此時節的普遍性意涵。楊玉君因而就仲夏節、端午節在驅邪植物的功能，及其象徵意涵相仿，直指佩掛習俗與夏至的直接關係，並提出：

> 端午及仲夏節由於成節均淵源於夏至，習俗與太陽勢力在此時的消長有相對應的關係，因此即便互隔半個地球，仍然在很多習俗的層面上顯出相似的想法或作法，尤其是在對火、水、植物的搭配運用之上。〔註31〕

〔註30〕李亦園，〈端午與屈原——神話與儀式的結構關係再探〉，收於《宗教與神話》，臺北：立緒出版社，1998 年，頁 341。

〔註31〕楊玉君，〈佩掛與驅邪——仲夏民俗的比較研究〉，《漢學研究》，第 27 卷，第

然而，西方仲夏節篝火，在各地區有不同的儀式時間，內涵也不同。篝火雖常於夏至、多至兩個時間前後，弗雷澤卻透過儀式與文化脈絡之比較，認為：篝火的火「純粹是從巫蟲致命的阻礙下解放了動植物的繁殖力所獲得的間接效果」，屬於「淨化性能」，較不是「太陽性能」。〔註32〕亦即篝火的目的比較像是在燒掉阻礙農作、侵擾牛羊的巫魅，所以民間也稱篝火為「燒巫婆」〔註33〕。況且，西方仲夏節的意涵有相當複雜的討論，因而不見得能與端午節完全比擬。也就是說，西方的仲夏節本身就極有可能不純粹是夏至的節日，在時間上的巧合，純粹是來自於農作物生產時間的對應影響。

雖說如此，楊玉君文中提出不少關於佩掛植物在端午節的儀式作用，相當值得參照思考。其文表述佩掛習俗在端午節的重要價值，詮釋出節令儀式與「自然物」或是「自然元素」的象徵想像有密切關係。其實，歲時節日的原始意涵，乃是人們面對自然環境的和諧互動，尤其是原始民族的歲時祭儀，普遍都與農耕作息相關；因此，由其論文也可推知，臺灣端午節前後是否有具體的環境特色，使得人們必須透過節日儀式來適應、調節，實在值得延續討論。

另方面，夏至是否就是端午節？有必要再加以討論，西晉周處曾提及：「俗重五日，與夏至同。」〔註34〕，指出夏至與端午是兩個本質相近的節俗，黃石溯其說，認為端午與夏至是受歷法改變才分揚〔註35〕，李亦園卻另指出：中國貴州的施洞與鎮遠等地，族群雜居，有著大端午與小端午的分別，推估端午節固定於一日，是為了方便記日。〔註36〕可知，中國古代端午節的發展，是受歷法使用、生活情形與族群融合多元影響，諸多儀式都是經時間融合才延續至今，端午與夏至也不見得是相同的習俗，或許我們可以將夏至視為端午節的廣義起源之一，而非屬於端午節直屬起源的同一個節日。

在前述不少學者研究中，採用之文獻史料有著時間與空間的選擇問題，不同地區的民俗記錄，是否能作為相同脈絡的詮釋，仍有爭議，尤其，節日

4期，2009年12月，頁352。

〔註32〕弗雷澤，〈篝火節的意涵〉《金枝》（下），臺北：桂冠，1991，頁931。

〔註33〕弗雷澤，〈在篝火中焚燒活人〉《金枝》（下），臺北：桂冠，1991，頁933～942。

〔註34〕周處《陽羨風土記》，張智編《中國風土志叢刊》，中國揚州：廣陵書社，2003年，頁19。

〔註35〕黃石，《端午禮俗史》，臺北市：鼎文書局，1979年，頁6～8。

〔註36〕李亦園，〈端午與屈原——神話與儀式的結構關係再探〉，收於《宗教與神話》臺北：立緒出版社，1998年，頁326。

本身具備多種變異性因素，不同時空且生活模式相異的社會發展，不見得具備同質的文化脈絡；正因節日形成非同源、非同地、非固定、非均質，且有著多重的變動因素，節日研究方式必須解放，開拓單純溯源思維的疆界，朝向地方背景與在地「民間知識」、「文化脈絡」建構邁進。因此，端午節實難以被視爲一時一地，作爲單一範式、單一源頭的理解，這是當今端午節研究，甚或是相同類型的歲時研究裡不可或缺的概念。回過頭來，要想探知臺灣端午節的文化底蘊與價值，仍須扣緊臺灣本土發展的脈絡。尤其，透過「儀式過程」分析，來理解臺灣端午節的歲時節令之位置相當重要；我們可以思考在臺灣特殊的環境背景之下，端午節儀式的結構性特質，究竟是否配合夏至節氣？又爲何臺灣沒有所謂大小端午節之分？漢人移民來臺後，面對臺灣嶄新的氣候環境，如何透過儀式行爲展現對應？而這些儀式，究竟是「原鄉」習俗，還是會隨著在地特殊性產生轉變？甚至臺灣端午節的主體性究竟爲何？這些疑問，都將我們推向重新檢視臺灣端午節儀式之必要。

　　林美容提出的〈臺灣「五日節」民俗及其意義的流變──兼籲訂端午節爲「藥草節」〉一文，是目前較具在地思維與前瞻性的臺灣端午節研究，也是最早跳脫單純端午競渡討論之研究論文，且意圖建構一個專屬臺灣端午節的特色思維；其文將端午節習俗製成分類表，以結構概念作爲思考的理路，透過比較，提出可將端午節定義爲「藥草節」，以與節氣的特殊意義對應。並指出，因端午節陰晴不定，透過自然植物來適應自然環境是節俗中最顯義的內涵，因此認爲應可擬定端午節爲藥草節。〔註37〕

　　透過林美容與楊玉君所採取的文獻策略，及擘劃的思維脈絡，再對比過去端午節研究多數單就古典文獻探討的思維，我們得以學習到民俗史料翻閱與現存儀式對應討論的重要課題。尤其，節日形成並非同時、同地，而受到社會、環境、族群融合等面向的影響，儀式變遷的研究有其不可或缺之必要，研究臺灣民俗，若僅在中國節令文獻上打轉，而較乏臺灣當地儀式的對應討論，或就該儀式的文化脈絡進行分析，將導致詮釋上的障礙或訛誤。況且，民俗知識（folklore）的傳遞，並非全然透過文獻史料來進行，而是透過常民的口傳、實地操作進行延續，使一項慶典包含的諸多小儀式，都有其結構性的文化脈絡，也因此，只有回到儀式本身，透過在地文化脈絡的知識背景，

〔註37〕林美容，〈臺灣「五日節」民俗及其意義的流變──兼籲訂端午節爲「藥草節」〉，《臺灣文獻》卷54，期2，2003年6月，頁33～48。

才有可能表述民俗慶典所表達的意涵。

由此亦可知，臺灣端午節研究若僅由漢文化脈絡的文獻記載來理解，將容易對臺灣端午節各類型儀式產生諸多曲解；如：宜蘭縣礁溪鄉二龍村競渡、南屯木屐競走、九如走標等，這種極具爭議，又具鮮明在地特殊性的儀式，便難以與現有相關端午節起源的諸多理論扣合；亦即應強調表述各個儀式的脈絡與細則，方能發現儀式與信仰間的相互牽引，進入更細微的研究脈絡。

（三）當前學位論文的研究成果

以臺灣端午節為主題研究，已出有兩本碩士論文，但端午節議題，仍有待持續探挖。民國 94 年（2005）張夢麟《端午節的由來及其厭勝文化》〔註 38〕於碩論中，借重中國文獻之爬梳，援引海內外不少關於端午節起源與習俗發展的研究，其文更解決了一些中國厭勝文化的定義問題，並長篇幅討論了中國端午節厭勝文化為何，提供我們思考端午節的厭勝主題。然而，全文卻未對臺灣端午節提出相關論述，也因缺乏田野調查基礎，而對臺灣端午節實際情形掌握不足，甚至提出午時水與榕枝使用在臺灣是少部分個案的錯誤說法。

在前人錯誤的理解下，民國 96 年（2007）趙函潔重新提出《臺灣端午節起源與節日習俗研究》論文，企圖與張夢麟論文進行對話，不僅宣稱力求重新詮釋臺灣端午節俗，更希冀透過田野調查來補齊文獻之不足。趙函潔提示了「不同的地理環境、氣候與風土民情，會在節日中造成影響，使習俗產生變異。」〔註 39〕顯然各地的特殊性值得被追探，此即在地性特質的思索。但趙函潔僅走訪二龍競渡與鹿港慶端陽兩地，並採訪嘉義地區的青草店，未如實記錄競渡的儀式過程，或是進一步對儀式的象徵意義與其結構進行探究，因而僅能談及普遍性的信仰意涵，未能更細緻的對端午競渡進行討論與分析；其文更借重於中國研究進行導論，但相關論述從未提及臺灣主題，無助於理解臺灣端午節的區域性特質，亦難由其論文理解節日習俗與端午節的相互關係為何，甚為可惜。

博士論文方面，黃麗雲在 2008 年完成的《臺湾における「端午扒龍船」

〔註38〕張夢麟，《端午節的由來及其厭勝文化》，花蓮大學民間文學研究所，碩士論文，2005 年。

〔註39〕趙函潔，《臺灣端午節起源與節日習俗研究》，中正大學中國文學所，碩士論文，2008 年，頁 1。

の研究：長崎ペーロン及び沖繩ハーリーと》〔註40〕一文，雖僅專注於端午
競渡的討論，但史料蒐集的內容相當豐富；在時序上，記錄了臺灣各地端午
節的起始、終止、振復之發展歷程，在儀式上，則與長崎、沖繩等地的「扒
龍船」進行比對討論，具有歷史學的脈絡，亦有比較民俗學的視野，提供了
臺灣端午節競渡活動的歷時性思考，又具有東亞文化圈的比對意味，相當值
得參考。然而，黃麗雲的儀式討論，卻嚴重受到官方主導活動遮掩本土文化
發展的影響，因此詮釋出來的儀式象徵意涵，與過去學者探討龍神信仰及祈
雨的概念無異。雖然黃麗雲曾提出端午競渡的目的，是為了「國泰民安、風
調雨順」，但其對於較細微的，屬於臺灣常民記憶並也持續流傳的，由儀式表
述而出的文化脈絡，如何與臺灣空間背景環境條件疊合，則甚少述及。無論
如何，就臺灣端午競渡的研究成果而言，黃麗雲的著作是最完整也是最具歷
史脈絡化的討論，論者後續討究臺灣端午競渡底蘊時，多能依靠其史料研究
成果，獲得啓示；而就其不足之處，論者透過訪談、儀式參與觀察，結合文
化人類學的思維模式，來加以補充與調整。諸如論者分述清代競渡（屬民間
自發）與戰後競渡（屬官方主導）為完全不同本質的議題，或是二龍競渡具
有臺灣本土代表性所展現出的時空意義等，進而發現臺灣端午競渡的本土特
質與亟待塡補的文化脈絡（文化語境）。

二、與臺灣端午節相關之外緣研究

　　誠如前述，不同領域都對端午節產生極高關注。在觀光研究方面，大抵
上也以龍舟競渡為主要核心，諸如：鹿港慶端陽、龍潭競渡活動、二龍村競
渡、臺南競渡、高雄競渡、東港競渡活動等，都曾有專文論述，產量豐富。
相同側重競渡活動為研究主題者，尚有體育方面之研究，將競渡行為視為單
純的體育活動進行討論，或是兩相結合，以體育、觀光資源進行綜和討論。
事實上，無論觀光或體育的論述，對端午節的詮釋多在「娛樂」、「健體」兩
種意義，其中，觀光研究更專注於人群與節慶的互動，論述主題在官方、半
官方主導的活動成效或推廣價值；因此，較難透過這類論述，對該祭典或民
俗知識有通盤性了解。且目前官方提供的資料，往往是觀光、體育研究者最
直接的文獻基礎，就觀光分析而言，確實有所助益，但這類材料卻不具足夠

〔註40〕黃麗雲，《臺灣における「端午扒龍船」の研究：長崎ペーロン及び沖繩ハー
　　　　リーと》，日本：兵庫教育大學大學院聯合學校教育學研究科，博士論文，2008
　　　　年。

效度或信度，來支持各地端午節、端午競渡的背景與發展討論。

在文學領域，若是透過民間文學、傳說的撰述，大多以屈原爲主要對話對象，或延續著曹娥、伍子胥的投江精神，藉此「曉以大義」，宣揚「愛國」精神，對於理解端午節的系統脈絡而言，恐有以訛傳訛之實；較具特色之研究，如廖藤葉〈由屈原到鄭成功：臺灣端午古典詩的主題演變〉（2007）一文，透過古典詩詞進行主題式討論，該文藉著古典詩對端午節的描述與掌故引用，探討書寫對象由屈原到鄭成功的轉移情形；但文脈僅整理各時期端午詩的內容差異，要理解端午節與文人、文學創作間的直接關係則較爲不足。此外，由臺灣本土傳說著手的林秀蘭：〈從「端午節插艾草」的傳說探討臺灣早期漢原之關係〉一文，討論一則於桃園縣龜山鄉所採集到的故事，傳說命名爲：〈粽子節的故事〉，由故事中的「恐番意識」，討論傳說如何成爲儀式行爲的註腳，更深一層探討漢原之間的衝突與交流。事實上，桃園地區不僅龜山鄉有類似黃巢故事的傳說，在龍潭、新屋、楊梅、桃園市等地亦有，也不僅止於桃園，臺中縣、彰化縣也曾採集到相同的傳說。特別彰顯黃巢傳說在臺灣民間的口傳情形，遠比屈原故事還要久遠與普遍〔註41〕。

以上諸種，實爲端午節的外圍研究，雖未能與本論文進行對話，卻能照映出端午節的特殊性，並直指端午節在地化系統建構相當缺乏的核心問題，端午節深受一般社會大眾與研究者的喜愛，延伸了多種研究的能量與可能，驅使我們正視臺灣本土端午節研究的重要性。

第三節　研究範疇與研究方法

一、本研究之範疇

一般而言，節日或是節慶體現在常民生活中，大致有兩種截然不同的性質：一爲官方制定推動的「國定紀念日」與「一般節日」；二爲根著於常民生活需求的「傳統」節日，法令稱爲「民俗節日」。〔註42〕其中，端午節被界定

〔註41〕屈原傳說的普遍性，並非口頭傳承。其於臺灣的主要流傳方式有二：一爲自明清時代開始，文人雅士便經常於端午節題詩時，採用屈原故事，但並不普及到民間。另一方面，主要是透過官方教育政策的主導，約自1950年開始強力壟斷式的進行臺灣端午節傳說教育。

〔註42〕2011年元旦即開始實施的「紀念日及節日實施條例草案」中，將節日分爲「紀

在民俗節日之中，且爲國定假日，足見其重要性受官方所注目；在民間，端午節更與「過年」、「中秋」合稱爲三大節慶，有著繁雜多元的習俗，依循歲時的秩序運作；屬於歲時祭儀之一環，亦可被視爲「年中行事」〔註43〕。

　　臺灣端午節的祭典儀式與活動繁多，如：競渡、祭江、取午時水、走標等等，並以競渡活動最爲普遍；但就競渡活動的發生、發展內容而言，目前緣起於民間需求而籌辦者不多；況且，受到不同時期統治者的官方政策影響，臺灣端午節廣受注目，產生相關端午節的研究多元且複雜，如：文學、史學、教育、觀光、體育等不同學科裡，都有相當多的研究基礎；本文主要是進行「民俗學」的調查研究，因此排除觀光、文學、教育、體育方面的討論，範圍聚焦在屬於「民俗學」的研究對象。所謂「民俗」，用最簡單的概念論之，必須是屬於民眾的知識系統。〔註44〕大多數論述者皆視民俗爲民間自發形成，如：民俗學者林茂賢認爲，所謂的民俗應該要包含「普遍性」、「傳承性」、「差異性」、「自發性」等特質；〔註45〕由此可知，透過官方力量籌辦的「節慶活動」，顯然較不具備普遍性、傳承性與自發性，尤其，受到不同政治壓力或政權的轉移，將會特別影響官辦活動的進行，成爲本論文在討論信仰與儀式意涵時，必須特別認知到的範疇，以避免產生嚴重的混淆。

念日」、「節日」兩種，而節日又分爲民俗節日與其他節日，就實際分類而言共有三種。然而，其他節日之定義爲「具有全國性慶祝或舉辦活動意義者」；按其屬性，亦爲官方主導的節日，如：兒童節、青年節。民俗節日，則爲傳統的歲時節日，大抵包括春節、清明、端午、中秋、重陽等。因此，就實質內涵而言，可概分爲官方與民間兩種截然不同的節日。

〔註43〕參見櫻井龍彥，〈年中行事的意義與民俗的重建——以端午節爲例言〉，《國文天地》，第27卷第一期，2011年6月，頁21～26。另全文發表於：第12屆國際亞細亞民俗學會年會暨東亞端午節國際學術研討會會議論文集（鹿港場次），頁89～114。

〔註44〕阿蘭・鄧迪斯於《世界民俗學》一書，討論了「何爲民俗」的概念，延伸1846年威廉湯姆斯創造「folklore」的說法，folk指的是民眾，lore則爲知識，民俗學顯然是來自於民間的「知識系統」。參見阿蘭・鄧迪斯編，陳建憲、彭海彬譯，《世界民俗學》，（中國上海：上海文藝出版社，1990年），頁1～9。此外，日本最早透過漢字「民俗」，來詮釋folklore一詞，而成立「民俗學會」，出版民俗雜誌……。

〔註45〕參見：林茂賢，〈入境問俗——臺灣民俗記事自序〉，收於林茂賢，《臺灣民俗記事》，（臺北：萬卷樓，1999年），頁7。此外，關於民俗特質的說法，林茂賢另於〈臺灣民俗漫談〉一文，將差異性改爲「變異性」，並新增「區域性」一項，見林茂賢主持，《臺灣大百科網路版詞條撰寫計畫【民俗類詞條】成果報告書（上）》，（宜蘭：傳統藝術中心，2006年），頁93。

　　節日形成並非一時、一人、一地的生產而傳承延續；鐘敬文便曾提出：
「民間節日，做爲一種文化事物，有一個頗值得注意的特點，就是它的複合
性」〔註46〕。細查端午節形成過程，確實是屬於複合性的節日。如：1939
年因戰時「愛國情愫」影響，激發中國文人創立「詩人節」，後來也受到傳
承延續，人們對端午節的觀感改變，詩人節是屬紀念性而非歲時性的節日特
徵，加上端午節原始歲時性的特徵，當然就是複合性的節日。也更凸顯歲時
節日必然是因著時空變化，產生非同源、非固著、非均質的多重變異性特質。
也如蕭放提出：

> ……歲時包含著自然的時間過程與人們對應自然時間所進行的種種
> 時序性的人文活動。因此，歲時既具有自然屬性又具有人文屬性。
> 這兩種屬性在不同的歷史時期及同一時期不同的文化層面有著強弱
> 隱顯的不同變化。〔註47〕

就端午節而言，競渡與其他信仰相關的習俗，可視爲自然屬性，而詩人節則
有強烈的人文屬性。蕭放提出的概念，我們或可再予以延伸，自然屬性的聯
結可如：環境特徵、氣候變化等人地互動；而人文屬性可思及：政治關係、
族群互動、民眾感知、常民價值觀等內容。層層爬梳不同時期產生的社會文
化意涵，才更能看見歲時節日的形成因緣與價值，或其時序性的作用。

　　臺灣端午節的內容與範圍相當繁複，綜合了各種社會文化現象，尤其，
受到現代生活的影響，娛樂、遊憩等假日休閒性質，逐漸成爲渡過此節日的
核心；因此本論文將主題鎖定在原始信仰意涵層面的討論，觸及臺灣端午節
的慶典、儀式與習俗，信仰與習俗通常爲支撐常民生活秩序的力量，亦是在
除卻官方政策後，民間傳承的動能。本論文將著重於「儀式」與「信仰」的
討論，意圖進行臺灣本土端午節的「元民俗」（metafolklore）〔註48〕陳述。

　　阿蘭・鄧迪斯（Alan Dundes）認爲，民俗同時反映著現在與過去，由於
民俗的記錄（或傳遞），極容易遺失其片段及「語境」〔註49〕，因此：「民俗

〔註46〕鐘敬文，〈序：節日與文化〉，收於蕭放著，《歲時——傳統中國民眾的時間生
活》，中國北京：中華書局，2002年初版，2008年3刷本，頁2。

〔註47〕蕭放著，《歲時——傳統中國民眾的時間生活》，中國北京：中華書局，2002
年初版，2008年，頁7。

〔註48〕阿蘭・鄧迪斯（Alan Dundes）著，盧曉輝譯，《民俗解析》，中國：桂林：廣
西師範大學出版社，2005年，頁49～50。

〔註49〕此處「語境」一詞，引自中國翻譯文字，亦即culture context，臺灣多翻爲文
化脈絡。阿蘭・鄧迪斯（Alan Dundes）著，盧曉輝譯，《民俗解析》，中國：

學家必須主動地從民眾（the folk）中引出民俗的意義」。〔註50〕阿蘭・鄧迪斯的提案，目的是希望研究者在進行研究時，能建立起系統性的文化脈絡，畢竟，「民眾可能沒有完全意識到某個民俗成分的一小個或更多的象徵意義。」〔註51〕；透過研究者的思維，將能展現更具脈絡的意義系譜。本論文透過這種後設的意義觀，希冀表現出節日形成的複合性，同時也欲彰顯節日具有多重屬性的探討價值，其發展脈絡扣合著臺灣史及臺灣社會變遷的諸多面貌。

　　總而言之，本研究選擇以「信仰與儀式」進行論述核心，配合時空背景、歷史脈絡的爬梳，意圖理解臺灣端午節的特殊性，及可能的生成背景。由於儀式投射著常民對該項歲時習俗的心理期待，具體表述原始的信仰意涵；若再配合信仰內容與信仰對象的討論，將能看見常民生活中的文化脈絡，漸次理解臺灣端午節的形成意涵或發展緣由，以描繪一個整體臺灣端午節的輪廓。

二、研究方法

　　誠如前述，本文旨在完成臺灣端午節的民俗學研究，意圖貫串過去與現在的民俗事項，並著重於表述民俗意涵的系統性詮釋。在方法上，借用史料文獻進行臺灣端午節的古典民俗學思考，並由田野調查與現代的觀察記錄，詮釋屬於臺灣端午節的文化脈絡與民俗思維。

（一）文獻、史料與應用

　　在文獻史料方面，自清代方志到日治時期的民俗紀錄，能提供論者在普遍性習俗上的理解，其中，日治時期為臺灣端午節本土化的重要時期，透過當時的報紙文獻，諸如：臺灣日日新報之報導細目，將可理解臺灣端午節發展的重要史脈；而對於儀式過程或較仔細的紀錄，仍須由報紙配合史料記錄情形做全面性討論。戰後的概況，則特別佐以耆老回憶與地方文史工作者之記錄，加以核對，進行文獻與實地調查的交叉分析。整體而言，本論文透過文獻史料，再現不同時期端午節各項慶典儀式與習俗的內容，並對應現代田野調查所得之成果進行分析，了解端午節儀式變遷與臺灣社會的互動關係，為使論述體質穩定，且加強論點信度，將於各章節內文中，一一分析文獻史

　　　　桂林：廣西師範大學出版社，2005年，頁47。
〔註50〕阿蘭・鄧迪斯（Alan Dundes）著，盧曉輝譯，《民俗解析》，中國：桂林：廣西師範大學出版社，2005年，頁47。
〔註51〕阿蘭・鄧迪斯（Alan Dundes）著，盧曉輝譯，《民俗解析》，中國：桂林：廣西師範大學出版社，2005年，頁55。

料對本論文所帶來的思維開拓或印證。

（二）田野調查

1、觀察研究法

實地觀察有助儀式的細膩思維與文化脈絡之整合，尤其是論述者在記錄並連結不同的習俗、儀式行為後，其所關注之議題性，往往可做為文化報導人無感覺意識的補白，這並非說研究者藉此創造一個新的意義，而是希望能透過詳實的觀察，在整個儀式過程中，取得較抽象概念的意義，讓整個儀式的象徵意涵，更有結構性地呈現。誠如前引阿蘭‧鄧迪斯對民俗學詮釋系統的看法，除了俗民觀點之外，研究者所發掘的民俗意義，也將能協助建立系統認知。

安格魯西諾（Michael Angrosino）在《民族誌與觀察研究法》一書，探討民族誌與參與觀察法的歷史發展，並提出不同時期、不同研究系統所展現的觀點想法，同時，他也援引戈爾德（Gold）之成果，將觀察研究者角色，分成四種類型，相當值得我們參考，分別有：完全觀察者（a complete observer）、參與者的觀察者（a observer-as-participant）、觀察者的參與者（a participant-as-oberserver）、完全參與者（a complete participant）等〔註52〕。

本論文進行慶典儀式與信仰習俗的田野調查時，按各類型調查需求，採取不同的觀察身分策略。但大抵上，仍是以「參與者的觀察者」身分為主，與研究對象建立良好的互動關係，一邊觀察儀式之進行，同時獲取俗民看待儀式的觀點與其進行的目的，藉用文化人類學的調查方式，結合歷史文獻分析的對應爬梳，來理解民俗的意涵，進行民俗學之研究

2、訪談與訪談主題

除前述透過參與觀察模式進行民間知識的取得，本研究也輔以訪談來彙整資料，由於臺灣端午節的慶典、儀式與信仰習俗頗多，本論文以較具經典代表性且現仍持續保存的民俗慶典、儀式之調查為主，屬於官方主導產生，非源起於民間且不具常民生活特質者，不在研究討論的範圍內，因此訪談對象多為民間自發性組成的活動，最多排除對象為戰後由官方主導形成的競渡活動；況且，部分活動無法全程參與，雖於核心祭典時能夠從旁觀察，但仍須透過訪談來補充重要資訊。以下為本研究訪談的主題對象：

〔註52〕安格魯西諾（Michael Angrosino），張可婷譯，《民族誌與觀察研究法》，臺北：韋伯文化國際，2010年，頁78～80。

（1）端午競渡：以現存之臺北龍舟競渡（屈原宮爲核心）、宜蘭礁溪二龍競渡、竹南鎮龍舟競渡、鹿港慶端陽龍舟競渡、臺南運河龍舟競渡、東港鎮龍舟競渡等地，進行調查性訪談。

（2）祭龍神：以鹿港龍山寺端午節「迎龍神」習俗、祭祀龍神行爲爲主。

（3）祭江儀式：中港慈裕宮、中港光明宮

（4）取午時水：午時水爲全臺皆有的特殊信仰習俗（「儀式」），諸如：大甲劍井、臺南大天后宮、鹿港玉渠宮、善化慶安宮等都爲團體進行的儀式，而以社區、家庭進行的午時水取用亦是調查對象之一。

（5）身體儀式與信仰習俗：端午節的身體儀式普遍存在於常民生活中，現存常見有：掛香包、洗（或喝）午時水；信仰習俗有：製藥、插艾（包含榕枝、香茅、艾草）、祭祖等。

（6）其他：如端午節走標與木屐競走活動。

此外，尚有附屬子題部分，諸如：暗訪、遶境與迎城隍等民俗活動，這方面的討論主要是爲解決端午節信仰儀式的定義問題，因此僅作爲本論文切入「儀式」觀點的參照論述，調查的部分亦僅於儀式過程，史脈的探討較少。此外，已消失的習俗，如：石戰，亦進行文獻史料的判讀，因已消失，故不新增章節，而將之放入本土發展脈絡的專章論述之中。

3、訪談對象

（1）主祀廟宇與執事人員：慶典、儀式之舉行多以參與寺廟或主持之團體爲主，因此訪談主祀廟宇或地方信仰中心，是探討信仰儀式的必要條件，其資料與資源之可靠與厚度相當可觀，藉以紮實本論文之論據。

（2）地方耆老與長者：探訪耆老與長者將建構本論文的民間知識背景，亦爲地方觀點的捕捉，並能獲得口述史料的建立，甚得以理解過去與現代之轉變，進一步分析，更可了解文化生成、創造之想像淵源與原型。

（3）地方文史工作室：地方文史工作室乃長期參與地方文化傳承或創造的「記錄中心」，對地方文史工作者的訪談，得以深刻瞭解當地文化背景及地方史脈，亦可藉此進行意見交流，提升論述可信度

與品質。

（4）當地民眾：由於民俗基礎來自於常民的參與創造，訪談當地民眾主要是作爲地方觀點的輔助，並能獲得地方對於慶典、儀式之認同感與參與度的理解。

整體而言，本論文之調查，以上述第 1-2 點爲主要訪談對象，第 3、4 點爲次要訪談對象與該儀式的觀點彙整。

（三）分析視角

本論文不僅著重於田野調查，更企求近一步進行概念性的論述，因此論者試著藉由儀式過程與象徵意義的觀點，進行多重性結構視角的分析，在此提出二個於本論文中較常使用且關鍵性的分析方法，諸如：

1、儀式的結構討論

論者試著將屬於社區共同體的祭典，按其進行過程，細分幾項小儀式，並將儀式中所具備的重要主題或材料表格化，諸如二龍競渡中，下水儀式包含壇香、獻紙頭之使用，在臺北、鹿港、臺南、高雄、東港等地區的競渡儀式中，則有壇香、火把、油鍋、淨水、鹽米、灑五穀、灑紙錢等儀式與動作，透過表格化的聯結，我們得以發現全臺下水儀式都擁有檀香、火把、獻紙錢等相同的儀式行爲，藉此結構圖的繪製，加以調查所得的知識脈絡，對照臺灣民俗文化脈絡的理解，將之串連，理解下水儀式的共通性議題與特殊性意義，加強本論文理解端午節儀式的抽象概念。再者，針對端午節各類型慶典（ceremony）全部的儀式性行爲（ritual）進行表列，得以理解端午節各種儀式性元素的使用頻率。

另方面，因本論文著重於儀式過程的討論，整體儀式的結構將是特別看重之處。林美容曾於〈末端儀式──漢人宗教的儀式結構〉一文中，談及過去研究者在面對儀式時，容易忽略開端與末端儀式的連接性〔註 53〕。故本論文除將儀式拆解而開，也試圖由田野調查所獲得的常民知識，進行儀式結構的再現與表述，由儀式開始到結束的進行過程中，解析該項慶典、習俗的進行目的，達到民俗學的認知系統整合。

〔註53〕林美容，〈末端儀式──漢人宗教的儀式結構〉，發表於「2008 臺灣人類學與民族學年會──人類學的挑戰與跨越學術研討會」，中研院民族所臺大人類學系臺灣人類學與民族學會合辦，2008 年 10 月 4～5 日。

2、儀式象徵與表意圖繪的思維

如前述，端午節作為夏季節日，其時間與目的具有「多義」分散的特性，在臺灣各地現行諸多與端午節看似無關卻有連結，或是與端午節有關，卻非同源的慶典儀式中，其儀式表意與端午節之間的連結性為何？我們應該怎麼看待這些儀式是否屬於臺灣端午節的一環？成了本論文研究的另一項核心問題，因此，除了前述縱向的對單一儀式結構分析外，本論文亦聯結不同慶典、儀式、習俗的象徵意義，進行橫向的討論，並透過結構圓餅圖的繪製，以理解端午節不同祭典的相互關係，釐清臺灣端午節慶典背後的核心意義，理解儀式的親疏關係，及其附屬、衍生之文化價值。

第四節　篇章架構

延續上述諸多討論，為使儀式過程與其象徵意涵能有效討論，論者試圖將端午節相關儀式進行系統性分類，提出社區、地方居民共同進行之團體儀式與個人儀式兩種類別。

團體型儀式涵括：扒龍船（競渡）、洗江祭港、木屐競走等，其儀式之進行，乃社區、村落（部落）民眾的集體行為，足以呈現地方居民的共同信仰核心，並能於儀式過程中，發現集體性信仰行為的價值與內在意義。

個人型儀式意指單獨個體，或個人家庭所進行之儀式行為，包含：祭祖、插艾、取午時水、包粽、飲食習俗等，以個人與其所居住空間、家庭（部屋）在此節氣中的互動關係為討論之核心，瞭解端午節習俗於個人年度行為上的意義、作用，並綜合社區團體儀式、家庭儀式與個人儀式進行總論，理解端午節於臺灣年度節令秩序、系統。

本論文共計編列六章，首章藉著文獻爬梳與回顧，展顯問題意識以及核心議題。過去民俗學界研究端午節，大多透過文獻史料進行討論，但誠如阿蘭・鄧提斯所言，民俗是過去與現代的集合，不僅止於文獻中的民俗記錄，更要在民間口傳不輟的文化語境（文化脈絡）中，求得一個詮釋民俗的系統；因此本論文側重於多重研究視角的切入，並以文獻爬梳、實地觀察與抽象思維三者並重。

第二章由中國端午節發展情形開始討論，並梳理臺灣采借中國端午節的可能性。主要思及節慶習俗，並非一時、一人、一地創立發明，而是在較長的時間範圍內，經過世代人民對環境的適應、調節，醞釀漸成，才體現出民

俗基本之特質。因此,透過臺灣采借中國端午節的可能性探析,能理解臺灣端午節的主體性。同時,本章亦著重於臺灣端午節的本土形象與生成元素的概述,從豐富的前人文獻中,提出一個整體認知的輪廓,理解臺灣端午節構成之精要。諸如:臺灣自然環境、社會脈絡、人文背景對端午節產生可能性的影響因素;使臺灣人認知到端午節正是夏季的開端,於是衍生諸多儀式行為,來順利過節的基礎概念;都是本章所要進行的重點。

第三章主題鎖定於個人儀式的探析,包含取午時水、插艾(亦有榕枝、香茅、雞冠花等)、立蛋、祭祖、拜地基主,同時在文中區分家庭行事與個體行為,乃至於普遍性的飲食習俗等。希望理解臺灣人面對夏季初始之特殊性,個人於節令中,如何自我調節,發展出順利渡過或祈禱的儀式意涵,並將與社區團體儀式的情形,相互對應,表現出由個人延伸至社區團體的行為目的與宇宙秩序觀。

第四章、第五章為端午節的社區團體儀式討論,將了解團體生活於整年度的行事,包含扒龍船、祭江、木屐競走、走標等團體活動的意涵及表徵。慶典方面,主要藉由水、火兩種自然元素使用的觀察,探析端午節的儀式結構與信仰特色,並延伸論及村庄/部落的團體節令秩序,如何透過社區團體儀式與居住空間、生存環境之間產生互應與交感。

第六章為結論,就通篇論文而言,論者嘗試透過信仰與儀式兩項核心主題,了解端午節的個人習俗與社區團體行為如何產生,及概述其發展之脈絡。同時思及臺灣人面對端午節的節令秩序觀念,了解臺灣端午節的年中行事目的。再者,關於端午節前後產生的祭儀內容,與端午節當天所發生的所有儀式,相互之間的親疏關係與核心意涵為何?又其於歷史進程中,如何體現屬於臺灣人、臺灣環境特有的人文風貌,呈現端午節在臺灣的文化多樣性特點?都是論者在結論中,欲提出討論的重點。

第二章　臺灣端午節的形成背景

第一節　中國端午節之擴散與臺灣的采借情形

一、中國端午節文化形成及其擴散發展

　　關於近現代端午節的起源研究，在前述文獻探討中多少已有述及，較主流的說法，多重視競渡的發展，而有驅瘟、龍崇拜、夏至等說法；然端午節習俗繁複多元，若僅透過單一習俗進行詮釋，便論斷整個端午節的源起，將是相當不公平的論述方式；所以近來中國節日研究學者，多透過不同習俗的挖考，來進行綜合式的探析，去了解端午節不單純一種的節日意涵，諸如：蕭放、劉曉峰、喬繼堂、趙杏根、何星亮、高丙中等諸多中國學者，在討論中國端午節起源時，都意識到不同習俗在端午節的作用與複合結合問題。也正因如此，我們得以發現，中國端午節本身的起源發展，便是聚合不同朝代人們面對時空議題，所感知反應之脈絡，同時，結合了諸多族群交融的元素。

　　若透過歲時規律的理解，中國傳統氣候觀言：「五天一候、三候一氣」，極有可能就是直接影響端午節位於農曆五月五日的文化因素，「端五」即是指五月的第一個氣候變化日；又「五」為單數，屬陽，中國端午節因而又有「端陽節」的稱呼，同時，「五」與「午」同音，端「午」節、重「午」節之稱呼才會很自然的擴散開來。其實，目前發現最早與端午節習俗有關的文獻，應屬《大戴禮記》中，描述五月五日有蓄蘭沐浴的說法，後代，則更衍伸出「浴蘭節」的稱呼，形成端午節煎藥沐浴的習俗廣為流傳。

此外，戰國時代關於端午節又有惡月惡日的說法，比如不生子、不蓋房等信仰習俗，也都在後來的文獻中有所延續記載。另有「躲端午」的忌避習俗，並以小孩的忌避爲重心，甚至如《荊楚歲時記》也提到，製作「艾人」懸於門上，具有替身避諱的意涵；或有《歲時雜記》記載著剪艾虎避邪等習俗。再者，此時節天氣燥熱，毒蟲孳生，故又有「五毒日」之說法，後代也就傳承了插蒲艾、五毒符、纏絲綁彩縷等習俗，既是將端午節視爲惡日，驅邪象徵意涵就得以擴張，因此《歲時廣記》便記載了畫天師、泥塑天師像等驅鬼象徵之習俗，且另載有歷代以來 178 筆習俗記錄，半數以上皆與避邪除惡有關。〔註1〕

最後，關於競渡的說法，除了前文提及可能源自圖騰崇拜、送瘟等習俗，在宋代《事物紀原》中，亦曾經提出越王勾踐操練水軍成風，加入民間祭祀屈原傳說成俗的風俗觀。透過這些複雜的文獻表述可知，先秦時期是端午節萌發的重要時代，並且已呈現各地節俗略有不同的情況。

大致上，國家形成、政權推動，將使族群互動，風俗相互融彙，因此在秦漢以後，端午節的定義，才比較明顯，端午一詞，最早便是在西晉周處的《風土記》中出現，其文曰：「端始也。謂五月五日也。」；另方面，「漢魏以後，受陰陽術數觀念的影響，北方民間逐漸將夏至節俗與人們對五月的看法聚焦到五月五日這一時間點上。」〔註2〕；所以，在節俗的相互融合之下，原屬於夏至角黍的飲食，才會與端午節緊密結合〔註3〕。由此，亦更可推知，端午節源自於夏至的說法，我們僅能視爲廣義的假說，畢竟，在有別於競渡的其他習俗上，端午節仍有其不同的源起風貌；今日端午節，極可能複合著夏至部份節俗。

除此之外，中國民間傳說中，與曹娥、伍子胥、屈原相關之地，大多有於端午節當天，在水邊迎神祭祀的習慣，雖不能得知是傳說影響祭祀行爲的誕生，或是先有祭典儀式，才使傳說盛行，甚至是兩者可能毫無關聯。但我們仍可由臺灣清代移民常將屈原視爲水仙尊王的祭祀行爲，推測中國的迎伍

〔註1〕 陳元靚，《歲時廣記》，嚴一萍選輯，《十萬卷樓叢書：百部叢書集成》，臺北縣：藝文印書館，1968 年。

〔註2〕 蕭放，《歲時——傳統中國民眾的時間生活》，中國北京：中華書局，2002 年3 月，頁 168。

〔註3〕 參見：何宏，〈粽子起源考〉，《中華飲食文化基金會會訊》，卷 16，期 2，2010年 5 月，頁 41～53。

神、祭屈、拜曹娥習俗，大抵上也是跟水鬼、亡靈崇拜演化爲神靈崇拜有關，雖然這些傳說的背後，都在中國面對戰爭時，被轉化爲忠臣、孝女等形象，主導著對家國忠誠的孝義觀念；但大抵上，其原始的信仰情形也不脫端午節在水邊祭祀的情形。

　　綜合看來，中國端午節形成的因素，不外乎是來自古代傳承以降的惡月觀、夏至說，並因曆法使用的改變，才形成後世專屬於農曆五月五日的端午節。且其發展年代甚早，漢人向外擴張、移民廣泛，故常被視爲亞洲地區各國端午節的重要起源地，但如日本、韓國、越南等國家，早就因族群融和、國家形成與歷史帶動的文化演進，而發掘出在地變化的重要元素及特徵，甚至有了許多本土化的觀察論述成果。臺灣因國家觀念的發展較不長，又受殖民影響，對於臺灣端午節本土自發性的演變，甚少被述及；但其實，長期以來族群交融的結果，卻也能使我們看到臺灣端午節的本土特色。下文僅就文獻記載與現存儀式的比對，來了解臺灣端午節對中國端午節的繼承、延續或吸納、採用之情形；作爲了解後文中，釐清臺灣端午節本土化的要項與元素。

二、臺灣對中國端午節的采借情形

　　民俗的傳播與發展，並非靜態直系的演化，學者陶立璠曾經以「采借」一詞，來形容民俗的傳播過程，並且引之討論中國與韓國端午節的比較民俗研究：

> 「采借」不是被動的，而是主動地，有選擇的接受。而且在「采借」的同時，還要結合本地區、本民族（本國）的需求加以改造，並植入本土文化之中，使其成爲本民族文化的一部分。〔註4〕

陶立璠透過理論性的概念，解釋了中國與韓國端午節文化的差異，認爲韓國與中國端午節的不同之處，在於韓國端午祭具有完整的祭典型態，且煩瑣的祭祀過程長達20多天。由兩國的文化淵源可知，韓國在引入中國曆法的過程中，關注到端午節的節點特質，采用其文化脈絡，最後再加以自己本國的文化，使其成爲韓國文化的一部分，而持續傳承。同時陶立璠也舉出采借的歷

〔註4〕　陶立璠，〈中韓端午習俗的比較話題〉，《國文天地》，卷27，期1，2011年6月，頁35。較完整之論述，仍須見：第十二屆國際亞細亞民俗學會年會暨東亞端午節國際學術研討會臺南場會議論文集，成功大學中國文學系主辦，2011年6月5～6日，頁1～7（2013年出版）。

程，必然經歷了：「關注——采借——改造——植入」〔註5〕的歷程。

　　臺灣現存的端午節儀式與過去清代的記錄有許多不同之處，比如《臺灣府志所載：「以五色絲繫兒童臂上，呼爲「長命縷」；又以繭作虎子形，帖兒額上，到午時，脫而投之。」〔註6〕；文中長命縷、虎子繭等習俗，在清代各地方志都經常出現，甚至有云：「以五色長命縷，繫小兒女臂上，男左、女右，名曰『神鍊』」〔註7〕，並得於七月七日祭祀完七娘媽後，「將端午男女所繫五彩線，剪斷同焚。」〔註8〕的習俗，已不復存在。值得注意是，七娘媽生時的脫絭、換絭習俗，在現代的民俗文化脈絡中，與端午節五色長命縷無關；清代官員的記述，雖有可能爲當時習俗的記錄，卻也可能是殖民視角的猜測。再如：《諸羅縣志》、《鳳山縣志》、《臺灣縣志》、《重修福建臺灣府志》等，記載關於取月桃花作爲「虎子花」插於頭上的習俗；或者是取六月薜、蕪荑煮湯沐浴等習俗，目前也都有了明顯的改變。甚至是《重修臺灣府志》記載的「五月五日，清晨燃稻梗一束，向室內四隅熏之，用楮錢送路旁，名曰『送蚊』。」〔註9〕，及《噶瑪蘭廳志》中記載：「至午後焚稻槁一束，遍薰幃帳，棄諸道旁，名曰『送蚊』」〔註10〕等習俗，不管是清晨或午後的送蚊形式，在現代確實也已經消失。

　　這些消逝或是轉換的習俗，顯然是受到臺灣歷史演進的影響，才逐漸脫離民間的需求，而這種「選擇」保留何種習俗要留存的演化過程，我們可以透過陶立璠的學理，以及民俗傳播的概念，來告訴我們：臺灣端午節是采借自中國端午節，爾後進行「改造」、「植入」成本土文化脈絡，逐漸形成臺灣

〔註5〕　陶立璠，〈中韓端午習俗的比較話題〉，第十二屆國際亞細亞民俗學會年會暨東亞端午節國際學術研討會臺南場會議論文集，成功大學中國文學系主辦，2011 年 6 月 5～6 日，頁 6。

〔註6〕　蔣毓英，《臺灣府志》。收於：臺灣史料集成編輯委員會編輯，清代臺灣方志彙刊第一冊，臺北：文建會，2004 年，頁 202。

〔註7〕　劉良璧，《重修福建臺灣府志》。收於：臺灣史料集成編輯委員會編輯，清代臺灣方志彙刊第六冊，臺北：文建會，2005 年，頁 200。

〔註8〕　劉良璧，《重修福建臺灣府志》。收於：臺灣史料集成編輯委員會編輯，清代臺灣方志彙刊第六冊，臺北：文建會，2005 年，頁 200。

〔註9〕　范咸，《重修臺灣府志》。收於：臺灣史料集成編輯委員會編輯，清代臺灣方志彙刊第九冊，臺北：文建會，2007 年，頁 535。另可見於：《重修臺灣縣志》、《續修臺灣府志》、《重修鳳山縣志》、《道光福建通志臺灣府》、《噶瑪蘭廳志》、《噶瑪蘭志略》等方志中。

〔註10〕陳淑均，《噶瑪蘭廳志》收於：臺灣史料集成編輯委員會編輯，清代臺灣方志彙刊第二十四冊，臺北：文建會，2006 年，頁 273。

的端午節。比如，續命縷、長命縷這類的習俗，便可能是受到臺灣民間信仰本土化的直接影響，為小兒「續命」的觀念逐漸脫出臺灣端午節，轉化在七娘媽的信仰上面；或是虎子花的概念，在臺灣演繹展現的文化脈絡中，成了「虎仔香」（Hóo-á-phang），意指老虎造型的香包，雖也有避邪的用意，但原是採摘自然物的用意消失，老虎圖騰的信仰情形加劇。甚至，在臺灣人民選擇性採用中國端午節習俗時，也結合了在地自然環境資源的取材，如清代端午沐浴習俗，便是以蕨藜蔓〔註11〕、六月薜〔註12〕、苦草〔註13〕等臺灣在地自然植物，插菖蒲、艾草等習俗，也為臺灣本土常見的榕樹、茉草，同時，亦有被平埔族人用於祭祀的莿桐所取代。至於送蚊習俗，顯然是與臺灣海島特性有關，在蚊蚋孳生、疫病叢生的夏季，進行具有儀式性又有實質意涵的逐疫儀式。但在本土化的過程中，極有可能受到現代化的影響，衛生觀念與環境條件改善，因此自日治時期起，便不再看到相關的記錄。

　　事實上，就現存的端午節儀式與習俗而言，仍有相當多顯要的例子，可以看出臺灣端午節並非完全承襲中國端午節的習俗，甚至連競渡活動，在清代的官員眼中，也與中國東南沿海的競渡活動不同，有著「難以擊楫，僅存遺意」〔註14〕的說法，也證明了臺灣從清代開始，端午節的習俗行事，是選擇性采借自中國端午節習俗。這些采借的內容與采借的背景，將視來臺漢人面對臺灣生活的需求而定，結合著自然環境、族群因素、政治社會背景等多重複雜的因素。下文第二至四節，將預先推演臺灣端午節文化主體形成時，所面臨的影響與發展性，至於各項臺灣端午節細則的儀式過程與分析，將於後文各章中逐一討論比對。

第二節　由自然環境看臺灣端午節的形成背景

　　臺灣地處海島，四面環海，水氣充足，而且夏季多雨，氣候溫暖潮濕。

〔註11〕 胡健偉，《澎湖紀略》。收於：臺灣史料集成編輯委員會編輯，清代臺灣方志彙刊第十二冊，臺北：文建會，2004 年，頁 204。
〔註12〕 沈茂蔭，《苗栗縣志》收於：臺灣史料集成編輯委員會編輯，清代臺灣方志彙刊第三十一冊，臺北：文建會，2006 年，頁 137。
〔註13〕 周璽，《彰化縣志》收於：臺灣史料集成編輯委員會編輯，清代臺灣方志彙刊第二十二冊，臺北：文建會，2006 年，頁 437。
〔註14〕 蔣毓英，《臺灣府志》。收於：臺灣史料集成編輯委員會編輯，清代臺灣方志彙刊第一冊，臺北：文建會，2004 年，頁 202。

流寓文人沈光文漂流來臺生活後，曾以〈癸卯端午〉爲題，連作三詩表達自己生活異地的感受，其中「海天多雨濕端陽」〔註15〕一句，把臺灣端午節氣候不穩定，「濕」且「多雨」的特徵表達出來。其它文獻中，如道光9年（1829）的《臺灣采訪冊》便曾提及臺灣多雨的情形：「內地之風，早西晚東，天乃晴霽；而臺地則異。是凡久雨後，必午後海西透發，乃見晴霽；不然，雖晴亦旋雨矣。」〔註16〕或如《道光福建通志臺灣府》所載：「春頻旱、秋頻潦，東南雲蒸則滂沱，西北密雲鮮潤澤，所以雲行雨施，必在南風盛發之時。」〔註17〕，直指臺灣海島「季風氣候」的特色。文中「南風」一詞，便是指影響臺灣夏季降雨最劇的「西南季風」與「東南季風」，尤其，夏季西南季風從五月開始直到九月結束，在其前後五個月間，西南季風帶來的濕熱氣流，將容易產生對流雨〔註18〕，建構出臺灣一段長時間的雨季。濕熱對流雨的情形，民間稱爲「西北雨」，如《苗栗縣志》所載：

> 五、六月間，盛暑鬱積，東南雲蒸，雷聲震屬，滂沱立至，謂之「西北雨」；蓋以東西風一送，雨仍歸西北也。此雨不久便晴，多連發三午。〔註19〕

由古代文獻與現代氣象知識結合，凸顯自古以來，臺灣夏季氣候特徵便與「多雨」有密切關係，五月開始的多雨，主要是受到對流雨的影響，午後多發，並且時間不長。但受到太平洋副熱帶高壓的影響，進入夏季後，也並非經常

〔註15〕 沈光文，〈癸卯端午〉（1663），收於范咸，《重修臺灣府志》；臺灣史料文獻編輯委員會編輯，臺北：文建會，2005年，頁885。關於沈光文來臺的時間主要有三種說法，分別爲1649年、1652年、1662年（另參見：葉石濤《臺灣文學史綱》，高雄市：春暉出版社，2010年9月，頁288。），查癸卯年爲1663年，因此，無論來臺正確時間爲何，可知〈癸卯端午〉連作詩，確實是沈氏在臺灣生活後的創作，因此，詩中也述及在臺的貧困生活，表現出思鄉情懷。

〔註16〕 《臺灣采訪冊》（1829），臺灣史料集成資料庫，臺北：文建會，網址：http://mingching.lib.pu.edu.tw.libsw.lib.pu.edu.tw:2048/read.aspx?id=6919&level=1&b_no=239&markkeyword=%E6%B0%A3%E5%80%99。上網日期：2011年6月20日。

〔註17〕 《道光福建通志臺灣府》（1829），臺灣史料集成資料庫，臺北：文建會，網址：http://mingching.lib.pu.edu.tw.libsw.lib.pu.edu.tw:2048/read.aspx?id=7106&level=1&b_no=245&markkeyword=%E6%B0%A3%E5%80%99。上網日期：2011年6月20日。

〔註18〕 參見劉昭民，《臺灣的氣象與氣候》，臺北：前衛，1996年，頁22～23。

〔註19〕 沈茂蔭，《苗栗縣志》收於：臺灣史料集成編輯委員會編輯，清代臺灣方志彙刊第三十一冊，臺北：文建會，2006年，頁173～174。

可以有對流雨或颱風的機會，端看五、六月（陽曆）梅雨結束後，太平洋副熱帶高壓是「增強或減弱，西進或東撤，北上或南退」〔註20〕等活動情形，因此進入夏季後，雖時有滂沱大雨甚至釀成災害，卻也有高度反差，偶爾長期乾旱的情況〔註21〕；這也是為何位於夏季初始階段的臺灣端午節，有時陰雨，有時晴朗炎熱的原因。

　　胡敏玲、陳筱蘋曾先後就南臺灣與北臺灣，對二十四節氣與近百年來臺灣氣候變遷的互動關係，進行比較研究，值得臺灣各種民俗節日研究作為參考。兩人分析了二十四節氣的氣溫、降雨、濕度等相關指標，提供我們重新省視二十四節氣，擺脫過去黃河流域氣候特徵的思維。如：眾所皆知的大雪、小雪兩項節氣，在臺灣並無下雪之例；或是原本應表現出降雨的雨水、穀雨兩個節氣，在北部的平均降雨時數雖高，雨量卻少；在南部，不管是雨時或雨量，則都未達顯著性〔註22〕。多重比對可知，南部地區大致上是以小滿、芒種、大暑、立秋等節氣，平均降雨量較為顯著，因此胡敏玲在結論時，特別引俞家忠觀察研究之看法，證實小滿應被改稱為「梅雨」；而芒種則要改稱為「豪雨」；小暑可改為「颱風」，以配合臺灣現實的情況。〔註23〕由此可知，在背景因素上，小滿稱梅雨正是因為時節位處臺灣「春夏」之交，受滯留鋒面停留影響，而出現較長雨期；芒種則變化較多，有時是雨季晚到，產生連日雨期，有時則對流雨旺盛造成豪雨情形。

　　由上述內容，我們或可進一步來推敲臺灣端午節前後的氣候特徵。臺灣俗諺有云：「四月芒種雨、五月無焦土、六月火燒埔」，或如客家諺語：「五月無燥地、六月火燒埔」〔註24〕、「五月南風漲大水」〔註25〕等說法，正指出四月、五月（農曆）連日多雨不停，到了六月才有穩定天候，使日照充足的現象，與前述氣象研究結論頗為吻合。再者，芒種是臺灣主要的豪雨時節，與

〔註20〕劉昭民，《臺灣的氣象與氣候》，臺北：前衛，1996年，頁34～37。
〔註21〕劉昭民，《臺灣的氣象與氣候》，臺北：前衛，1996年，頁34～37。
〔註22〕北部資料參見：陳筱蘋，《由二十四節氣看北臺灣的氣候變遷》，嘉義大學史地學系研究所，碩士論文，2009年，頁78～84。南部資料參見：胡敏玲，《由二十四節氣看南臺灣的氣候變遷》，嘉義大學史地學系研究所，碩士論文，2008年，頁91～99。
〔註23〕胡敏玲，《由二十四節氣看南臺灣的氣候變遷》，嘉義大學史地學系研究所，碩士論文，2008年，頁151。
〔註24〕羅肇錦，《苗栗縣民間文學集8──苗栗縣客語諺語謎語（一）》，苗栗：苗栗市文化局，2000年，頁76。
〔註25〕何石松，《客諺一百》，臺北：五南出版社，2001年，頁77。

小滿結合，對應著多對流雨及颱風降雨的小暑、大暑，形成夏日雨季的兩段主要高峰時期。夾在中間的夏至（有時是小暑較少雨），比小滿、芒種、大暑、立秋的降雨期、降雨量都要少，形成此時期的低峰，而擁有短暫性的穩定天氣〔註 26〕。其實，在時序上，臺灣端午節出現於陽曆五月中至六月中，每年隨陰曆變化前後調整，正是介於芒種、夏至節氣之交〔註 27〕，可看出此時正逢芒種轉換爲夏至的節氣；每年臺灣端午節前必爲小滿梅雨季，但有時時序提前，因此，受到芒種豪雨的影響，臺灣端午節當天在雨中競渡的情形，時有所聞，而在節後，則又進入旱期。如此特色，正驗證臺灣文化脈絡中的說法，俗諺有云：「五月端午前，風大雨袂停」，即指未到端午節以前，風雨不曾停歇；可見，臺灣端午節正是由春夏之交的雨季，漸趨平穩，邁向夏日短暫穩定氣候〔註 28〕之時節。

另方面，在氣溫記錄中，百年來的數據統計以夏至、小暑、立秋爲最熱的時節，有些地方的數據，小滿到芒種之間的差異並不大，而明顯在芒種往夏至期間開始升溫，也與前述雨季特徵略有相同，顯見，臺灣端午節不僅是雨漸少，更是氣溫漸高，由春夏之交通往夏季穩定的過渡期，在氣候上爲重要的中介指標。難怪臺灣自清代開始，便有俗諺說：「未吃五月節粽，破裘毋敢放」〔註 29〕，意指臺灣端午節以前，氣溫仍再乍暖還寒的階段，要從五月節起才會開始穩定。

透過氣候資料來看臺灣端午節，可窺知其夏季初始的位置，由氣溫多變過渡到氣溫炎熱，且連日陰雨轉爲短暫西北雨的氣候中介點；在此時節的氣

〔註 26〕 同前註，北部資料見：陳筱蘋，《由二十四節氣看北臺灣的氣候變遷》，頁 78 ～84。南部資料參見：胡敏玲，《由二十四節氣看南臺灣的氣候變遷》，頁 91 ～99。

〔註 27〕 論者曾比對百年新舊曆資料，發現端午節所對應之節氣，並非完全位於芒種，偶爾也與夏至初始日重疊（較少），顯然，端午節所在的農曆五月五日，正是位於芒種與夏至之間，也正符合林美容之說法，參見：林美容，〈臺灣「五日節」民俗及其意義的流變——兼籲訂端午節爲「藥草節」〉，《臺灣文獻》，第 54 卷第 2 期，2003 年 6 月，頁 47。

〔註 28〕 夏至是夏季氣候較穩定的一段時間，夏至後的小暑、大暑或立秋都有對流雨茂盛、颱風侵襲的情形，降雨量的表現，與夏至前的小滿、芒種梅雨季相似，屬於夏季的兩大高峰，而夏至位於兩大高峰之間，正是一小段穩定氣候的時節。

〔註 29〕 在清代文獻《淡水廳志稿》便曾有記載：「未食端午粽，破裘不肯放」。參見：鄭用錫，《淡水廳志稿》收於：臺灣史料集成編輯委員會編輯，清代臺灣方志彙刊第二十二冊，臺北：文建會，2006 年，頁 189。

候特徵，自然也影響著農作的進行，比如臺灣芒種時節，部分地區第一期稻作呈現黃熟，再等到夏至便可收成，如俗語云「小滿膭，芒種穗」，指出小滿時作物開始含苞，芒種便可結穗。到了夏至又云：「夏至早晚鋸」，即是說明夏至作物已經熟成，應勤快收割。由此得知，芒種與夏至之間，在臺灣是一個跟收成有密切相關的時節，此期間收成的豐富度，另也有應時水果的採收，故俗語云：「芒種夏至，檨仔落蒂」。若從民間《六月調》裡唱到五月的時序觀念，亦可知時下收成的情形：

> 五月開始卜收冬
>
> 趕工無 te3 叫工人
>
> 收冬的時齊振動
>
> 又擱無啊錢啊擱通倩工。〔註30〕

收冬亦即收成，此歌具體指出五月開始有作物收成，且有「趕工」之必要，集體收冬之下，恐有工人不足的情形。那麼，我們得以延續思考，端午節出現在此時的用意何在呢？收成時節遇到豪雨季，必然對作物有所影響，「趕工」一詞，除了是怕作物熟透外，更有可能是懼怕此時氣候多變，將對作物造成影響。倘若，回到一個原始住民所想像的生活信仰基礎底下思考，臺灣端午節因氣候而產生的諸多儀式，會不會就是跟許多原住民族面對夏季的歲時祭儀相同，是以祈求作物順利收成，產業能夠順利收穫的歲時節日內涵呢？再者，此時節的氣候條件惡劣，病媒孳長，人們是否也因此具體表現出渡過惡劣節日的儀式行為？

其實，透過現存臺灣端午節慶典、習俗與儀式的，確實能看出不少祈求「風調雨順」，達到農事順利、境安人和的對應儀式，將一一於後文所闡述的儀式過程中，逐一比對討論與分析。

第三節　多元族群交融形塑出臺灣端午節

臺灣位居亞洲重要樞紐地位，島上原始住民眾多，學者曾謂臺灣是南島民族的擴散中心〔註31〕，與亞洲有著長期的交流活動，漢人最早也遲至 400

〔註30〕胡萬川編，《雲林縣民間文學集3──閩南語歌謠集（二）》，雲林：雲林縣文化局，2000 年，頁 136～141。

〔註31〕李壬癸，《臺灣南島民族的族群與遷徙》（增訂新版），臺北：前衛，2011 年 1月，頁 57～67。

多年前，開始略具規模地進駐臺灣，並在清代出現最大移民潮，移民多來自中國東南沿岸，尤以福建泉州、漳州等地為最；隨後，客家人也大量移民臺灣，逐漸地人口增加，不同族群在臺灣展開彼此調適融合，一同遇上日本殖民統治，與戰後的華人統治政策，逐步形成現世意義的「臺灣」，各項歲時文化也因而呈現多元並茂的情景。

康熙年間，受到政治、地理因素影響，清廷統治臺灣之初，視臺灣為蠻荒廢地，而有：「……地廣人稀，蕭條滿眼……疲癃慘淡之狀，不堪睹聞。蓋緣地瘠而民貧，民貧而俗陋，誠可悲也，亦可念也。」〔註32〕的說法，當時官員對臺灣的風俗、歲時記載並未深入，卻也提出：「所在競渡，船不過杉板、小艇，大海狂瀾，難以擊楫，僅存遺意。」〔註33〕；顯見，在漢人始具規模移入臺灣，並在臺灣建立「教化系統」之前，臺灣島上即有「競渡」活動，形制則是以杉板、小艇在「海上」競渡，並非多數學者採信連雅堂於〈臺南古蹟志〉所載之說法，另外，康熙年間更已記載端午節有插松艾、繫長命縷、貼虎子花、吃角黍等習俗。

到了乾隆5年（1740），官方志書出現「我國家生聚教養，六十年於茲，雕題黑齒且習衣冠，水土天時亦轉氣候；而況殖產維饒，魚鹽、蔗稻，利甲他郡。」〔註34〕之說，雖仍視臺灣為敝屣之地，「海中彝島」，但逐漸可看出臺灣特色之記錄，歲時內容亦漸增撰述，除前述已有習俗，劉良璧增記競渡在農曆3月底、4月初，以及端午節當天皆有舉行；乾隆9年（1744）則增記初五日至初七日在淺海處以漁船競賽，勝者稱「得采」，初一日至初五日則有「龍船鼓」的習俗，並已有端午送節、插榕枝祈求老而彌健等記錄；若稍將清代各年度編纂志書之歲時內容，與今日對比，端午節習俗似乎在臺灣是「日漸增多」，由零星閩南漢人將端午節習俗帶入臺灣，似無疑義；但是當我們站在一個普世性的角度來看待夏季節日時，我們不得不問，臺灣原住民族難道沒有對應於夏季的本土儀式行為嗎？而漢人在臺灣與原住民儀式有無互相影響？

〔註32〕 蔣毓英，《臺灣府志》，卷五：風俗（1685年）。收於：臺灣史料集成編輯會編輯，清代臺灣方志彙刊第一冊，臺北：文建會，2004年，頁197。

〔註33〕 蔣毓英，《臺灣府志》，卷五：風俗（1685年）。收於：臺灣史料集成編輯會編輯，清代臺灣方志彙刊第一冊，臺北：文建會，2004年，頁202。

〔註34〕 劉良璧，《重修臺灣府志》，卷六：風俗（1740年）。收於：臺灣史料集成編輯委員會編輯，清代臺灣方志彙刊第六冊，臺北：文建會，2005年，頁192。

　　上述兩項問題，自然是肯定的，縱然在其他非端午節的臺灣民俗行事上，也經常可見漢人與原住民交融互動後的「成果」。猶如前述，臺灣端午節的時序位置應當被視爲夏季的年中行事，由此點看來，如臺灣阿美族在豐年祭前，也就是在漢人常用的「夏季」時分，在秀姑巒溪出海口的諸多部落，亦會進行競渡活動〔註35〕。甚且，最早在漁獵時期的阿美族獨木舟文化中，已有競渡技法，後來才改用漢人帶來的竹筏，而阿美族的中心母語分類，也存在著「競渡」這一個名詞，具有傳承謀生技能的原始文化意涵〔註36〕。另如：於住家門楣插避邪植物以求吉利的習俗，清文獻《臺海使槎錄》中，便曾記載「諸羅番」：「手腕縛草垂地，鬭走而歸，曰勞羅束；隨插此草戶上三日，以爲大吉。」〔註37〕，這種歲時祭儀，對漢人的直接影響雖很難印證，但「入境隨俗」，漢人與原住民（尤其是生活圈相同的平埔族）在交融過程中，相似或相近的習俗透過選擇性地或潛移默化地保留下來，是絕對可以想見的情形，一如臺灣節俗選擇性放棄清代所載部份習俗，卻也保留部份習俗的情形。文化的傳播是擴散繁複地滾動進行，而非單一輸入與繼承，族群交流互動，勢必也帶動節俗的交融。因此，這則文獻中的「鬭走」，在後來的發展中，也確實與漢人端午節、走標儀式有所結合，成爲今日臺中市南屯木屐競走，及屏東縣九如鄉端午走標活動。甚至，這些源自原住民的儀式，也都融入漢人的傳說與迷信概念，而成就臺灣在地的端午節特色。尤爲特別是，目前保存最完整的二龍競渡，亦曾有學者提出是源自噶瑪蘭族的祭河神儀式〔註38〕，值得思考在於，前述方志記載「簡陋的」海上競渡活動，或有可能爲臺灣原住民儀式，因而不見漢人浩繁的「龍舟」思想；恰好映證來臺漢人與原住民生活習俗相互影響，相互采用後，流傳演變的臺灣文化發展情形。

　　除阿美族有夏季儀式外，布農族每年 4 月舉行之驅疫祭，在許多儀式上與臺灣端午節習俗相似，其目的主要在驅除惡靈，儀式上，布農人製造粟酒，

〔註35〕田哲益，《細說端午》，臺北：百觀出版社，1994 年，頁 202。
〔註36〕羅榮康，《花蓮地區阿美族獨木舟文化歷史考察》，臺灣體育學院體育研究所碩士論文，2003 年 6 月，頁 92～93。
〔註37〕黃叔璥，《臺海使槎錄》，臺北：臺灣銀行經濟研究室，1957 年，頁 101。
〔註38〕最早由陳健銘提起，參見：陳健銘，〈祈安競渡話二龍〉，《民俗曲藝》，卷 60，1989 年，頁 66。後續，田哲益、陳孟君等人亦有提出此說，而目前官方資料中，亦認定二龍競渡源自噶瑪蘭族儀式，近來，礁溪二龍村與玉田村交界處，出土不少代表性的考古遺物，更深化了相關的論證。

並以草枝沾水擦揉眼睛、擦臉或灑遍全屋；另於 5 月時進行驅鳥祭，以確保農作可以在未來順利收成。〔註 39〕布農族的這兩項儀式不僅時間接近端午節序，亦屬夏季的儀式行為，在滌除儀式上，更與漢人現存的午時水沐浴，或是使用雄黃加米酒製成雄黃酒，以灑遍屋內的行為，有非常貼近的相似之處，整體看來，4 月、5 月正逢漢人觀念中的小滿、芒種，時序結構上，與前述的端午節氣候因素十分吻合。我們深知布農族的文化生成背景，自然與臺灣端午節的形成無直接關係，但其儀式時間，卻彰顯了臺灣地理環境特色，反映在臺灣土地上不同族群的共通性指標，這樣的儀式親近性，剛好可以開拓我們對「臺灣端午節」時序與習俗，在儀式傳承意義上的理解思維：即不同族群面對相同自然環境與農耕問題，採取不同的原始信仰脈絡，最後又顯現出相似的儀式過程，共同渡過此時節。

原住民族的文化發展歷史，比移民來臺的漢人早了數千年，對於臺灣海島的自然環境特性，調適的文化深度遠較漢人深層許多。前述歲時節日具有應合時空環境，配合農作、生產的「調節」目的，而民俗的傳播，是屬於動態多源的模仿或選擇性的使用、采借。漢人來臺後，必然與原住民遭遇相同自然環境的影響，長期「耳濡目染」之下，族群互動，便極有交融之可能。其實，與端午節相關的儀式行為，在其他國家的南島民族中也常看到相似的內容，面對夏季的多變氣候，可能是全球各民族共同面對的重要課題，因而產生許多相應的歲時祭儀。

從歷史發展看來，臺灣自大航海時代起，受到各統治政權的影響，尤其，清代開始全島統治，整套清帝國教化系統植入臺灣；後來的日治時期，受異族文化與現代化工程的影響，開始出現一些轉移的現象；戰後，則在以「中華文化」為核心的教育體制下被重新界定臺灣的位置。受到這層政治社會發展影響，臺灣節日習俗甚少是站在臺灣主體性來檢視其生產意義，自是失卻臺灣人自我詮釋民族節日的可能。霍布斯邦對「傳統」與「創發傳統」的理解，有助於我們撥開歷史的迷霧，看見臺灣多元族群交融的歷史事實，進而重新建構臺灣端午節的本土詮釋。其認為，傳統大致上都是「舊瓶裝新酒」被創造出來的，為了創發傳統，舊史料必須為了新目的而有新的形態〔註 40〕。

〔註39〕田哲益，《臺灣布農族的生命祭儀》，臺北：臺原出版社，1992 年，頁 64～66、124～125。

〔註40〕霍布斯邦，〈導論：創造傳統〉，霍布斯邦等著，陳思文譯，《被發明的傳統》，臺北：城邦，2002 年，頁 11～26。

由此，我們更應該去理解習俗有別於「傳統」的事實，亦即隨著時空演進，習俗所表現的意涵，並非是承接不變的，甚且，傳統習俗既是一種進行式，同時也包含著：「無論社會面臨決定變或不變，都能繼承先例、保持社會的連續性，以及符合歷史演進的自然律」〔註41〕。

臺灣社會發展至今，已兼容漢原風貌，甚至也有學者提出，大概有 85% 的臺灣人，都是屬於漢化番，身上流著臺灣原始住民的血液，且臺灣人的祖先並非全為正統中原人，而是流著中國東南沿海越族的血液〔註42〕。漢人血緣既無法全面代替臺灣人，漢人習俗亦不見得就能代表臺灣習俗。更何況文化並不是以血緣方式傳承，故以漢人習俗作為臺灣端午節文化的單一詮釋，其實尚有可議之處。若從臺灣端午節現行複雜的信仰儀式、水邊行事與過節活動看來，也確實有著雜融族群與臺灣歷史演進的軌跡可循，我們自是不應再透過「單一的」或「漢人的」端午節，來作思考核心，要討論「臺灣端午節」，甚至是「臺灣人的端午節」，建立屬於臺灣民族節日要項之一的端午節慶典；其實，還得透由一些「舊瓶裝新酒」的方法，在族群互動、歷史發展的角度，兼及臺灣本土特性的位置，以跨學科的研究方法，來重新檢視文獻，回顧各項習俗貫穿臺灣古今的節日意義才是。至於，長期以來臺灣官方為了達成特定目的，尤其是形塑想像的民族共同體，獲得人們的認同需求，往往也由「傳統」中，取獲重組的基因或元素，以建立「創發傳統」的本質，我們將在下文探討政治因素對臺灣端午節的影響中一併討論。

第四節　政治因素與社會變遷對臺灣端午節的影響

一、殖民政權更迭形成的惡月觀

中國古典文獻的記載中，端午節常被視為惡月的指標節日，更常有不舉五月子的情形；在臺灣清代方志中，雖無類似的記錄，且當時的書記、官員，看待臺灣經常採高傲的霸權視角，其筆下的文字，往往使我們較難探知全貌。五月作為一個惡月形象的普遍認知，常表現於現存的儀式過程中，尤其是與

〔註41〕霍布斯邦，〈導論：創造傳統〉，霍布斯邦等著，陳思文譯，《被發明的傳統》，臺北：城邦，2002 年，頁 12。

〔註42〕林媽利，《我們流著不同的血液：臺灣各族群身世之謎》，臺北：前衛，2010 年。

前述氣候不良的情形產生許多對應。其實，也曾有學者指出，民間稱五月節的「五」字，與臺語發音的「誤」同音，重複的五字，令人聯想起這一天是不吉利的。〔註43〕另外，民間俗信中，五月不結婚怕「誤」妻；或是臺灣酒拳中，也不使用數字「五」，足以見得臺灣民間俗信中，確實有刻意迴避「五」的文化。

臺灣因地理位置特殊，具有極高的戰略地位，自大航海時代開始，便是強權爭奪土地與資源的重要海島。在文獻中，五月不吉利的觀念，主要出現在日治時期，有許多臺灣人迷信政權更迭，與五月有密切關係，顯是結合著臺灣歷史脈絡，逐漸表現出的文化特色。文獻載：

> 臺灣百姓之喜歡捏造謠傳流言，進而動搖人心的成例，史上屢見不鮮，其中最不可思議的是五月與迷信，在其連串的偶發事件之中，竟然形成一歷史性的結合。如：目前被臺灣同胞尊奉為開臺始祖的鄭成功，他在臺灣罹患瘧疾，終而不起的時間是五月。又如康熙六十年朱一貴之亂，臺灣府城的淪陷就發生在五月，又如最近的光緒十年中法戰爭法軍在五月進逼臺灣。再如明治二十八年（光緒二十一年），日本軍之開始進征臺灣也在五月。以上這些偶發事件，竟牢固地印在相當迷信的臺民腦海裡，每當談起五月，他們就毫無依據地聯想到變亂……於是一時之間，民心鼎沸。所謂迷信之利用預言，肇因於偶發的事實，便是這個道理。〔註44〕

雖然這則記錄沒有明確指出五月「惡」的具體信仰內容，也無詳細陳述相關儀式、習俗，卻將當時臺灣人對五月恐懼不安的社會心理，加以批評的表述出來，而使我們得知當時的迷信盛況。細查因緣脈絡，正是臺灣人屢遭殖民統治與強權入侵而衍生的社會焦慮，這樣的累積，使五月形象不只是居民面對氣候險惡的困境，也有著百姓關心未來福祉的社會觀感、集體記憶在裡頭。

進一步，我們由這則報導，可思及前文提起臺灣民俗對中國采借的情形。鄭成功逝世、朱一貴之亂、中法戰爭或日軍侵臺等因素，民眾往往透過傳說與想像，來對政治事件提出具體感知的詮釋。當然，影響臺灣的政治事件不只五月發生的這些案例，更有甚者這些案例的發生，也不見得就跟民間傳說

〔註43〕董芳苑，《臺灣宗教大觀》，臺北：前衛，2008年，頁153。

〔註44〕臺灣慣習研究會原編，鄧憲卿等新編，《臺灣慣習記事》，第四卷，南投：臺灣省文獻委員會，1997年，頁97～98。

中的「五月」符合，民眾構成深刻的「迷信」觀，自然是來自於根深蒂固對「五月」有不良觀感的反應。顯然，五月是「亂」、是「誤」的想法，雖可能部分地、選擇性地采借自中國端午節「惡」的民俗思維，卻也結合著臺灣歷史的發展，與本土語言的想像而在臺灣島嶼重新組裝誕生。同時，我們也能夠明白，政治因素除了直接明令法定的影響，也會因民間傳說的渲染，於無形中，潛移默化地在民眾心理，產生對民俗、對節日的影響效果。

二、法令規範與統治者政策影響臺灣端午習俗存續

　　日治時期，臺灣風俗文化並非能夠完全被認同理解，常有官方站在統治者心態，遏止民俗活動之例，更有甚者，皇民化政策中，因「神佛歸天」也焚毀不少民間信仰神像。就臺灣端午節方面而言，文獻中，經常可見的「端午石戰」〔註45〕，便是在日本官方的明令禁止之下消失，這種風俗，最早為複雜的臺灣族群互動關係之產物，因著石頭的生命力象徵，而有「儀式性質與分類對抗」〔註46〕特質。最知名如屏東佳冬地區，居民認為端午節這天若參加石戰，未來一整年將平安無事，無災無病、免除禍害，規模之大，甚至出現聯合村落攻打他村的戰略模式，爾後，在村長配合之下，逐漸停辦。〔註47〕這種端午石戰在日治文獻中經常可見，並非僅有屏東，如具有禳疫特質的嘉義端午石戰，便有如下報導：

> 舊曆五月五日為端午節。嘉民臣遵古例聚群結隊。屯紮于平洋。兩還列陣勢。舉石相投蓋俗以投石為可禳疫。故多年不廢。甚至有傷者。人亦不以為怪焉。是日方酣鬥時忽有警官數名。馳到彈壓。眾遂紛紛作鳥獸散云。〔註48〕

地方居民雖然在警察出面後，驚作鳥獸散，但隔年，依然持續進行，因此，當官方再度面對這種有違殖民宗主國觀念的「惡習」，遂直接派出員警與壯丁團，進行強力彈壓，以嚴行禁止。〔註49〕另外，在《臺灣慣習記事》中，

〔註45〕部分地區石戰為元宵節或清明節。
〔註46〕戴寶村，〈臺灣的石戰舊俗〉，《歷史月刊》，第7期，1988年8月，頁123。
〔註47〕鈴木清一郎著，馮作民譯，《增訂臺灣舊慣習俗信仰》，臺北：眾文1989年，頁539～545。
〔註48〕〈嘉義通信／舊例猶存〉，《漢文臺灣日日新報》，湖海琅國，版4，1909年06月25日。
〔註49〕〈嘉義通信／禁止擲石〉，《漢文臺灣日日新報》，湖海琅國，版4，1910年06月16日。

亦曾記載石戰是出現在：「蓋或無大河賽船之地方」〔註50〕，同時，此文也另提出：不僅是路上對戰，亦有隔著河岸對戰之例。在鹿港地區，更甚至是施、黃、許三大姓族人，每年一度的爭戰，專選石頭多的河岸邊，或是有墓碑可防禦的墳場，大肆舉行，因為若是不舉行石戰，整個鹿港將會有大災難發生〔註51〕。而在臺中市北屯區，則是四張犁與七張犁居民在庄頭交界處互擲，石戰結束後，四張犁居民僅能使用大眾爺和萬善祠的香灰來止血，七張犁則是找土地公的香灰來抹受傷之處。〔註52〕

　　誠如前述，石戰具有強烈的族群對決意味，也極可能是庄頭對壘的延續，並且附加了強烈的信仰特質，是相當特殊的臺灣端午節行事，但在殖民統治者的眼中，成了不合理與野蠻的惡習，因而透過官方的強力壓制，加以摒除，最終，使這項習俗消失。除此之外，文獻亦曾載臺灣端午節有「造塔」的習俗，民眾認為造塔可以「消除疫癘」，以大稻埕一帶最為風潮，石塔越做越大，後來，是由警察分局出面勸告，終至消弭。〔註53〕由上述諸多案例可知，日治時期，統治官方力量介入臺灣端午節的變化情形。

　　不僅日本殖民統治使臺灣端午節習俗改變或消失，戰後的官方政策，也經常影響到臺灣各項習俗的辦理，比如說民國37年（1948）由內政部修正公布的「查禁民間不良習俗辦法」，便明文規定「崇拜神權迷信」之「不良習俗」應予以查禁，而所謂神權迷信，則包含「舉行迎神賽會者」〔註54〕，使之成為戰後第一波查禁節日活動的具體律令。到了民國52年（1963）8月臺灣省政府公告了：「臺灣省改善民間習俗辦法」，辦法第一條開宗明義寫著：「臺灣省政府為改善民間祭典習俗暨節省婚壽喪葬浪費起見，特訂本辦法。」〔註55〕。雖言謂改善，但其實是對民間祭典與節日活動的限制與掌

〔註50〕王世慶、黃連財等人編，《臺灣慣習記事》（中譯本），第一卷（下），臺中：臺灣省文獻委員會，1984年6月，頁38。

〔註51〕賴襄南，〈鹿港的對陣投石戰〉，收於林川夫主編，《民俗臺灣》，臺北：武陵出版社，1990年3月，頁83。

〔註52〕廖萬清總編，《臺中市國民中學──鄉土藝術活動輔助教材》，臺中：臺中市政府，1997年12月，頁13。

〔註53〕程大學等編，《臺灣慣習記事》（中譯本）第一卷（上），臺中：：臺灣省文獻委員會，1984年6月，頁124。

〔註54〕本段法條文字皆來自於：何鳳嬌編，《臺灣省警務檔案彙編──民俗宗教篇》，臺北：國史館，1996，頁1～2。

〔註55〕見：何鳳嬌編，《臺灣省警務檔案彙編──民俗宗教篇》，臺北：國史館，1996，

控，此次的影響範圍與後續效應相當大，甚至各縣市都有回文提出對應方針；其規定範圍如下：

一、農曆七月普渡統一規定於農曆七月十五日舉行一次。

二、各寺廟庵觀每年分別舉行祭典一次，其日期由各寺廟庵觀自行決定後報縣市政府備查，但在同一鄉鎮市區供奉同一主神之寺廟庵觀，仍應合併統一舉行。

三、平安祭典以鄉鎮市區或依當地習慣為單位，於稼穡收獲後每年舉行一次，其日期由鄉鎮市區公所商定之。

四、祭品應限用清香、茶果、鮮花，其須用牲祭者，寺廟以豬羊各一頭為限，信民共祭，不得以全豬羊作為祭品。

五、祭典日演戲以當天一天演出為原則。

六、寺廟庵觀記祭祀公業管理人，不得藉用祭典濫募斂財。〔註56〕

除了硬性的規範外，在本辦法後文所要求辦理的具體策略項目中，甚至要求村里動員配合，於村里大會推動糾察小組，並明令要求警察拒絕參加上述相關之祭典；同時，也招集地方人士組織「改善民俗實踐會」，以確保律令的執行推動。此後，全臺各項祭典活動皆受到嚴重影響，眾所皆知的例子，便是普度推行為農曆 7 月 15 日舉行，許多地方原有整月、多日的普度祭典都消隱成單一日。

而在各縣市政府積極配合辦理之下，成效更加「豐碩」。比如宜蘭縣政府為配合法令，曾公告：「各鄉鎮市公所應將推行成果統計比較表於祭典後一星期內報縣轉省憑核。」〔註57〕，如此積極面對的態度，直接影響到宜蘭縣礁溪鎮二龍村的端午節祭典，因此，民國 54 年（1965）宜蘭礁溪二龍村時任村長林趂，便將原本時間不固定，且延續多日辦理的二龍競渡，改在端午節單一日，至今，二龍競渡仍僅於端午節當天舉行〔註58〕。

頁 5。

〔註56〕何鳳嬌編，《臺灣省警務檔案彙編——民俗宗教篇》，臺北：國史館，1996，頁 5、6。

〔註57〕何鳳嬌編，《臺灣省警務檔案彙編——民俗宗教篇》，臺北：國史館，1996，頁 29。

〔註58〕二龍競渡於端午節當天舉行的原因，除了法令規範外，在後來的發展中，也還有受到地方勢力的影響。因官方介入二龍競渡後，帶來許多資源與利益，而產生地方互動問題。

三、官方創發的傳統對臺灣端午節產生之影響

　　如前述，在現存資料記載與回溯考察中，臺灣端午節最盛行的競渡活動，在日治時期達到最為廣泛，後因戰爭爆發而停辦。戰後初期，臺灣政治社會騷動不安，多數民間信仰、歲時節日活動未必立刻「復辦」或延續，有些民間祭典儀式更是斷斷續續舉行。此時，新的統治者，帶來新的官方教育政策，延續著戰爭期的軍事教育觀念，鼓吹愛國精神，端午節成為當時最早進入教科書專文介紹的代表性節日〔註59〕，並以屈原傳說為「教學」核心，引導屈原愛國精神植入民心，此舉影響頗深。諸多臺灣端午節習俗，都受其影響，如屏東縣九如鄉的走標活動，原是平埔族的賽跑儀式，卻在戰後衍生出走標是為「模仿古人爭相走告以搶救屈原」的詮釋說法。再如彰化寶廍里三塊厝的屈姓家族，於 1960 年代引進水仙尊王（屈原）輪祀，長期傳承的家族過爐活動，2007 年經臺灣媒體報導後，於 2009 年起，為港臺媒體炒作成屈原後代在臺灣有個「屈家村」，每年端午節舉行「祭祖」活動。事實上，當地並無屈家村，僅多戶屈姓家族，先祖移民自晉江，早年基於「姓林媽祖蔭子孫」的文化價值觀，開始奉祀水仙尊王──屈原，其信仰特質，乃由水神崇拜祈求「護海」轉變為宗親信仰以求「旺家」。〔註60〕這層刻意「誤解」的社會脈絡，一來是以屈原取代水仙尊王信仰背後的政治社會影響，二來應是受近來亞洲端午「申遺」競爭的效應影響，誘使媒體放大臺灣端午節有祭祀屈原的活動，激化媒體焦點，最後引發秭歸書記來此交流，塑造兩岸有相同習俗的假象。但這些刻意掩蓋臺灣民俗脈絡的習俗或詮釋，大多是被刻意創造發明而來，即如霍布斯邦所言之「創發傳統」：

> 舊傳統和「創發的傳統」有一個明顯的差異，值得大家注意。前者對社會實踐的束縛強烈和明確，後者則在價值觀、成員間的權利義務，如：「愛國」、「效忠」、「責任」、「光明正大的比賽」、「校風」等

〔註59〕端午節習俗最早見於 1950 年臺灣出版的《初級小學國語常識課本》，此版本是參考 1947 年的版本所編，內容部分相同，端午節為僅有的節日教材；並在 1967 年修訂暫用的《國民學校國語課本高級》，開始於課文中寫入端午節源於屈原的故事，延續至版本開放後，才有比較多元的歲時節令進到教科書；無獨有偶，1967 年正是中華文化復興運動大行其道之始，徹底展現「官方民族主義」的統治策略，可謂由教育與社會兩條管道，其頭並進，鼓吹在臺漢人的「中華民族」一體觀。

〔註60〕參見：溫宗翰，〈臺灣端午節信仰與儀式研究──以彰化地區為探討中心〉，《彰化文獻》，第 15 期，2010 年 12 月，頁 43～45。

　　等，顯得含混不清、曖昧不明。〔註61〕

在戰後國民政府統治政策中，如：社會化的教育體制、民間傳說再製傳播等，我們都能看出一個由官方推出的端午節「傳統」，經過意圖篩選被呈現出來。尤其，諸如曹娥、伍子胥、黃巢等故事，其實都是中國端午節知名的民間傳說，策略性獨尊「屈原」的目的，自然是爲了推崇「愛國」精神，在臺灣政權曖昧不明的年代，推崇愛國精神有助於當時政權對國家意識的凝聚。

　　回溯著臺灣官方政策對臺灣端午節影響的思考，自然還有民國 56 年（1967）7 月，國民政府推出中華文化復興運動推行委員會（後改名爲中華文化復興運動總會，即今日國家文化總會、中華文化總會之前身）帶來「中華正統」的強力詮釋；當時以蔣介石爲會長，以海內外中華文化復興之名，強力推出各項推廣中華文化之計畫，試圖藉由「文化正名」，來鞏固「中華民國」政權，此舉亦深深影響各地方政府的文化施政。

　　最明顯是，臺灣端午節的競渡活動，在這段創造傳統的背景影響推力下，漸於 1970 至 1980 年代之間，全臺陸續擴增了十多處競渡，原本廢止尚未復辦的，或未曾舉辦的地方，都開始出現足以象徵「中華文化」的龍舟競賽，成爲各縣市皆有，地方政府推動的局面，同時，也在鼓吹「龍」圖騰的中華民族象徵意義中，臺灣競渡才開始出現「龍舟」活動的推動，並透過賽事的制定，與縣市政府辦理時，邀集學校、公務機關、民間團體等共同參與，成爲今日常見，以「傳統」之名包裝，其實是官方創發的傳統，意圖使用節日反映人民共同體驗的現實，藉此凝聚中華認同感，並表現出現代觀光遊憩概念的端午節龍舟競渡活動。

　　這種由官方主導辦理，具有特殊政治目的的創發傳統活動，並不屬於習俗的一環，不是民間內在自發性構成的「傳統」，因此除了官方的大力策動外，其實無法永續或是被民眾自發性地繼承發動。尤其，官辦活動經常隨著經費的有無，地方首長的意願，時興時廢，每年的「傳統儀式」也不見得都會相同；更有甚者，臺灣在自由選舉的民主制度推動後，端午競渡活動也成爲政治人物表現實力或爭取選票的競逐場。雖說官方創發傳統的不穩定性極高，弔詭是，這樣附加而生的競渡活動，經過多年來地方政治勢力與角頭權力關係的互動下，結合大量觀光商機利益的帶入，再加上部分地方產業活動與端

〔註61〕霍布斯邦，〈導論：創造傳統〉，霍布斯邦等著，陳思文譯，《被發明的傳統》，臺北：城邦，2002 年，頁 21。

午節慶典的連結，現在，我們竟也可以看出不少人接受此類官方創發傳統成爲地方「新傳統」的現象，並由民間〔註62〕主動爭取要求地方政府籌辦。

最明顯的例子，便是 2011 年嘉義端午節龍舟競渡活動，縣府原欲改於布袋第三漁港舉行，引發東石鄉各界地方人士的反彈抗議，並聲張端午節競渡活動，是東石鄉「近 30 年的傳統優良文化資產活動」〔註63〕，同時，地方人士也獲得嘉義縣縣議會議長余政達的支持，要求嘉義縣政府改變初衷，否則將凍結嘉義縣教育處之預算。最後，布袋鎮的競渡活動，則由縣政府與布袋鎮長向企業界募款，採購新龍舟，2011 年嘉義端午節競渡活動，便分有兩地舉行。由這則案例可知，官方主導「創發的傳統」競渡活動，因帶來商機，成了東石港與布袋港兩地爭逐的對象，顯然，戰後至今，在官方力量的長期遙控之下，競渡原初的民俗意涵，其所反映人們面對自然環境、生存空間、歲時特徵所產生的儀式與習俗養分逐漸剝落，而被「孺慕傳統」、休閒娛樂、健體運動、選票保證、取得經費補助等多種新意涵取代，這將是我們在推展臺灣端午節民俗學研究時，必然要小心面對與思及的變項因素。〔註64〕

四、社會變遷影響臺灣端午節之更迭

除硬性的法令限制與官方的統治策略，自日本統治時期開始，臺灣引入現代化工程，並建立新式教育體制後，現代思潮與理性思維。也影響著臺灣民俗的傳承與否。如「新曆」文化引入臺灣，當時舊曆在民間雖有使用，且一度呈現新舊曆 5 月 5 日都是「端午節」的情形。〔註65〕而日本新曆端午節

〔註62〕當然，此處所言之民間，必須認清階級地位在節慶活動中的影響，因此這裡所指涉的民間，自不是一種新習俗生產的概念，主動要求由官方持續辦理端午節競渡活動者，大多具有地方政治實力，或擁有龐大地方權力者，其背後的結構因素，自然是利益關係的考量，而非發自原生信仰系統或民俗生產的文化價值觀。

〔註63〕新聞參見：謝敏政，〈嘉義縣議長余政達要求嘉義縣政府龍舟競渡回歸東石，否則凍結教育處預算〉，大臺灣旅遊網新聞，網址：http://news.sina.com.tw/article/20110222/4210970.html；上網日期：2011 年 4 月 30 日。

〔註64〕另如：二龍競渡自早年官方介入開始，便經常傳出與地方勢力介入有關，黃麗雲曾記載相關事項，詳見：黃麗雲，〈臺灣龍舟賽的現狀調查〉，《臺灣文獻》，37：4，1986 年 12 月，頁 91～102。

〔註65〕日本自明治 6 年（1873）起，即改以新曆 5 月 5 日爲端午節，雖然明治 20 年（1887）開始，日本許多傳統節日逐漸恢復，但如後文所列舉之文獻記載，確實也曾短暫影響臺灣。

插鯉魚旗、擺設「武者人形」等風俗，也於此時傳入臺灣，〔註66〕不僅在學校有此行事，一般百姓家中，尤其是「日語家庭」，更有此習例，共顯臺、日兩種風俗。〔註67〕

　　競渡活動的舉辦，日治初期雖曾出現官方禁止的新聞〔註68〕，後來則有越演越烈的跡象，轉變爲官方主導居多，不僅端午節可以競渡，神社活動、港滬關建、天長節、運動會等，都可以看到由官方策動的競渡活動，成爲現代生活的活動；一時之間，競渡的原始信仰意涵，漸被沖淡，而出現「娛樂」、「運動」等內涵。黃麗雲進一步認爲，日治時期因社會經濟餘裕，所以在賽制、船形、禮品等相關行事上，都能表現比清代豐富、興盛。〔註69〕最後，則因太平洋戰爭爆發，競渡風氣才逐漸消沉停辦。顯然，官方對曆法的制定、節日政策的推動，以及現代社會的動態，都是影響歲時節日的關鍵因素。

　　前文已知臺灣端午節極有可能表現屬於歲時祭儀之一環，那麼透過集體性的團體行爲，來傳達信仰意念，庇佑農事的概念，自然會受到戰後側重工商業，輕視農業發展的影響；若僅由現存的各地競渡活動或是與端午節有關的文化節活動來看，臺灣端午節受到現代社會的洗禮，傳統社會特質的確逐漸消失，即便部分地區因信仰行爲延續，而有苟延殘喘之勢，對比於過去的盛況，卻是有逐漸消沉情形。如臺灣日日新報過去經常記載端午競渡的謝江儀式，岸邊觀者如堵，酬神演戲更甚於競渡，現代，則因假期僅於端午節，觀光性質最爲明顯，帶有信仰成分的謝江儀式，乏人問津，僅成爲主辦單位的固定行事而已，有些地區甚至不再辦理謝江儀式。

　　因此，在面對端午節成爲世界文化遺產時，我們如何探索己身臺灣端午節的在地性，發掘在地文化脈絡，以區別出不同國家的差異性，發現地方特殊性，已成爲現代社會看待端午節的重要課題。得要在臺灣獨特的年中行事上思索，觀察端午節的現代意涵，才能策動臺灣端午節進入世界舞臺，迎向國際之列。

〔註66〕臺灣慣習研究會原編，鄧憲卿等新編，《臺灣慣習記事》，第四卷，南投：臺灣省文獻委員會，1997年，頁124。

〔註67〕林衡道，〈日治時期臺北日籍市民的歲時節令〉，《臺灣風物》，卷44第4期，1994年，頁141。

〔註68〕〈榕垣近信／禁止競渡〉，《漢文臺灣日日新報》，湖海琅國，版六，1910年6月17日。

〔註69〕黃麗雲，〈日治時期研究資料中的扒龍船──「地方」與「官方」、「主流」與「非主流」〉，《臺灣史料研究》，頁102～121。

第三章　臺灣端午節的家庭行事與身體儀式

第一節　臺灣端午節的家庭行事

一、拜公媽與拜地基主習俗

在清代臺灣古典文獻中，甚少有關於漢人拜公媽（pài kong-má）與拜地基主（tē-ki-tsú）的直接文獻，如前述，部分方志筆調略帶鄙視，難以藉此理解節日全貌。但間接提及端午祭祀文化者，最早有《臺灣縣志》之記載：

> 祭者，所以追遠報本也。臺鮮聚族，鳩金建祠宇，凡同姓者皆與，不必其同枝共派也。祭於春仲、秋仲之二望，又有祭於冬至者。祭則張燈、結綵、作樂，團飲祠中，盡日而散。常人祭於家則不然：忌辰、生辰有祭，元宵有祭，清明、中元有祭，除夕有祭，端午則薦角黍，冬至則薦米圓而已。此之謂祭祀之俗。〔註1〕

由此可知，康熙末年的臺灣，在過節祭祀上，便曾出現元宵、清明、中元、除夕祭祀的例子，而同姓者，則多集資建立祠堂，舉行較大型的春、秋兩季祭祖活動，表示節日祭祖行為是長期延續的概念。在日治初期的報紙中，我們另可看到端午祭祀祖先的明確記載：「昨因端午之節。島俗于祭祖先而後。

〔註1〕　王禮，《臺灣縣志》。收於：臺灣史料集成編輯委員會編輯，清代臺灣方志彙刊第四冊，臺北：文建會，2005年。

例應爆竹。」〔註2〕。

　　文中「祭祖先」一詞，其實應作爲拜公媽理解，在臺灣文化脈絡中，拜公媽通常指涉著兩種不同的祭祀意涵，一是特別盛宴款待祖先，二爲每日燒香祭祀神主牌位之行爲；同時，拜公媽也與隆重的家族「祭祖」（tsè-tsóo）略有差異。祭祖多以家族爲單位，並以清明節爲主，冬至次之，進行年度慎終追遠的祭拜儀式〔註3〕；拜公媽則以家庭爲單位，不僅出現於端午節，大抵上進行時間爲「重要節日」，諸如：二九暝（除夕）、開驚（大年初一）、農曆七月普度、中秋、尾牙、結婚、生子等，使拜公媽具體表現出歲時節令與生命禮俗的通關儀式特質，有著在特定節日中，通知祖先協助子孫渡過關卡的意義。其中，屬於年中行事的歲時節令，往往伴隨地基主祭祀，彰顯出歲時祭儀中，以家戶爲祭祀單位的重要性。

　　簡炯仁曾提出崇祀地基主，乃是漢人與原住民在族群融合後，將祭祀祖靈的方式進行轉型〔註4〕。姑且先不論此說歷史考據的效度爲何，當我們進入漢原族群互動的歷史思維，單純站在儀式結構的視角，來看待拜公媽與拜地基主時，兩者同祀的儀式時間，與同在屋簷下的祭祀空間，其實便具有同質性特徵。且公媽多於住屋入門正廳，地基主則於出口後門灶腳的空間隱喻，也使我們看見此項節日祭祀，具有前、後儀式的關連。再者，拜公媽與拜地基主都使用煮熟的祭品，祭祀時的祭品煮熟與否，在臺灣民俗文化脈絡中，象徵著關係的親疏遠近，相較於鬼月普度時，不祭拜熟食，多爲半生半熟，或未煮熟之食品。顯見，地基主必然是跟祖先所表現的意義一樣相似、親近，才會使用熟食。另方面，拜地基主與拜公媽都有奉飯的情形，或是部分家庭祭祀時，用整隻雞拜公媽，但是雞腿則留著拜地基主；又地基主與公媽祭祀都會焚燒刈金。由這些儀式特徵可知，拜公媽與拜地基主確實應被視爲相同結構的儀式，亦即是爲了要祭祀此居住空間中，不同層級位置的祖靈。

　　若再延續推敲，簡炯仁的說法或許具有民族交融的參照價值，畢竟，由儀式可知，拜地基主極有可能是漢人選擇性放棄平埔文化中的「阿立祖」〔註5〕

〔註2〕〈爆竹爲災〉，《臺灣日日新報》，里港瑣聞，版5，1908年6月5日。
〔註3〕參見民俗詞彙之詮釋：吳瀛濤，《臺灣民俗》，臺北：眾文，1992年，頁53。
〔註4〕簡炯仁，〈臺灣人拜地基主的由來〉，《臺灣開發與族群》，臺北：前衛，1995年，頁424～429。
〔註5〕簡炯仁比對阿立祖（Aritus）一詞，與菲律賓塔卡羅格語「Aritu」相似，推論應同樣被視爲「祖神」的意涵。參見：簡炯仁，《臺灣開發與族群》，臺北：

祭祀，卻因渡過節日的信仰需求，而只得采借了原住民祭祀祖靈的行為模組，再結合自身文化背景的祭祀內容，才造就今日拜地基主的形式，所以表現出來的信仰內涵，也與祭祀祖先的儀式頗為相近。整體而言，由儀式整體與信仰發源，我們可以推知拜公媽與拜地基主應屬於同結構整體的家庭行事。

另一值得注意是，簡炯仁曾提及漢人取得住屋的過程並不光明，因對阿立祖作崇產生恐懼，才開始以開基祖的形式祭祀阿立祖。其實，我們也可以將之延伸，思及現今入住新屋有祭祀地基主必要的心理需求。於信仰上，地基主常被視為「宅地的先住者」〔註6〕，亦即原本位於房屋裡的「魂體」。新入住的祭祀，即是為了取得住屋主人的認同，進而與自家祖先共同形成「一家人」，地基主便是以「住屋祖靈」的形象現身。

從民間傳說來看，地基主常被視為管理一個家的氣場與運勢，不能得罪。為此，許多商家在初二、十六祭祀土地公時，同時祭拜地基主，以祈求商運亨通。同時，也有民間故事相傳，地基主曾為保護家中成員與鬼差交換身體，致使身材縮小，為感念其作為，並獲得地基主捨身庇護，因此祭祀地基主時應使用矮桌祭拜，祭品更要有地基主最喜歡吃的雞腿，以免失禮。由以上諸種說法可知，地基主在家庭住宅中，具有重要地位。而在實際的祭祀行為中，地基主使用紙錢是金、銀紙合用，顯示地基主既非陰鬼亦非神靈，與脫去「鬼靈」特質的「祖先」相近〔註7〕。在原始信仰中的祖神／祖靈，往往被視為家庭、部屋的守護者，民間信仰中的地基主亦然；那麼，我們得以理解，在逢年過節共同向地基主與自家祖先祭拜，無非就是希望部屋中的諸多「先民們」能夠庇佑家庭門戶平安。

在臺灣端午節之前，氣候持續不穩定，尤其連日雨季恐有水患之慮，而到了端午節，氣溫雖趨於穩定，卻又有颱風與對流雨時興的隱憂，面對生產稻作即將收成，且常規的日常生活運行被氣候打亂步驟，此時正處於「環境災難」的節日之中；那麼，適逢陰邪之氣逐漸衰退，我們便可理解，在端午節這天祭祀家中祖靈，無非就是希望獲得家族、住屋守護者的庇佑，而祭祀單位以住家為核心，正形成通過住家溝通宇宙，串連超自然神秘互動的信仰想像，藉著儀式來達到住屋內的寧靜和諧。由此可知，展現於不同季節的特

前衛，1995年，頁426。
〔註6〕 吳瀛濤，《臺灣民俗》，臺北：眾文，1992年，頁50。
〔註7〕 呂理政，《傳統信仰與現代社會》，臺北：稻鄉出版社，2002年12月，頁89～109。

徵，在信仰者的心靈、居住生活反映上，乃至於身體祥和健康的基本訴求之下，拜公媽與拜地基主，正是過節儀式中，不可被抹視的家庭儀式。

二、插榕艾

康熙 24 年（1685）蔣毓英《臺灣府志》載：「五月五日，家折松艾懸之門首」〔註8〕，是為臺灣清代較早關於端午節採取植物插於門楣之習俗記錄，其中，松即為榕樹，艾屬植物種類則較多，今日民間常用者為「芙蓉」。在《重修福建臺灣府志》中曾增記：「五月五日，各家懸菖蒲、艾葉、榕枝於門」〔註9〕，但臺灣端午節是否有「懸菖蒲」的習俗，學者曾表示反對的看法〔註10〕；在澎湖地區，也曾有報導顯示當地因無菖蒲種植，所以僅用艾草、茉草、榕枝的習俗〔註11〕。

就論者實際田野調查經驗所見，實以榕枝、艾草搭配使用最多，次則在不同地區有民眾增加香茅、茉草、雞冠花〔註12〕、莿桐〔註13〕、仙丹花〔註14〕、稻米〔註15〕等植物。其實菖蒲之造型與香茅類同，種類多，在臺灣低海拔地區僅見「石菖蒲」一種，比對於艾草、榕枝、茉草、香茅在民間居家種植的情形，菖蒲甚少；顯見，民間對菖蒲的需求並不高，在臺灣文化脈絡中，平時避邪用植物也無菖蒲之身影，就避邪植物而言，菖蒲在臺灣民間的使用情

〔註8〕 蔣毓英，《臺灣府志》。收於：臺灣史料集成編輯委員會編輯，清代臺灣方志彙刊第一冊，臺北：文建會，2004 年，頁 202。

〔註9〕 劉良璧，《重修福建臺灣府志》。收於：臺灣史料集成編輯委員會編輯，清代臺灣方志彙刊第六冊，臺北：文建會，2005 年，頁 200。

〔註10〕 楊久瑩，〈臺灣端午節 不掛菖蒲掛榕樹枝〉，自由時報，2010 年 6 月 13 日，參見：http://www.libertytimes.com.tw/2010/new/jun/13/today-life10.htm；上網日期：2010 月 6 月 13 日

〔註11〕 蔡文彬，《澎湖日報》，網址：http://blog.xuite.net/penghu.dialy/blog/6643107；上網日期：2011 年 4 月 28 日。

〔註12〕 論者自小生長於高雄，多見使用雞冠花，另其他學者亦有相關記載：董芳苑，《臺灣宗教大觀》，臺北：前衛，2008 年 8 月，頁 153。

〔註13〕 又稱頹桐，諸羅縣志曾載：「葉微似桐，高五、六尺。青幹繁花，鮮紅如火。沈文開《雜記》名「天仙花」。內地名「龍船花」，以其初開正在競渡之候也。又呼「百日紅」，臺則終歲皆紅矣。」周鍾瑄，《諸羅縣志》。收於：臺灣史料集成編輯委員會編輯，清代臺灣方志彙刊第三冊，臺北：文建會，2005 年，頁 309。

〔註14〕 關於仙丹花之使用，可見：楊玉君，〈佩掛與驅邪──仲夏民俗的比較研究〉，《漢學研究》，第 27 卷，第 4 期，2009 年 12 月，頁 343。

〔註15〕 論者於礁溪、羅東、蘇澳等地皆有見使用稻米作為門窗上插青之習俗。

形，確實也不如文獻所載之普遍，甚或也有可能是昔人將菖蒲與香茅混淆。
而對於採菖蒲插於門上之行為，高拱乾增記的文獻中，具體表明了這項習俗
的象徵意義：「端午日，昔人取艾懸戶，採蒲泛酒，今合艾與蒲共懸之，謂蒲
似劍也。」〔註16〕。「蒲劍」的說法，在日治文獻中，也曾記載民間於端午節
這天，以黃紙撰寫對聯：「蒲劍沖天皇斗現，艾旗坤地神鬼驚。」〔註17〕，貼
於門上，達到驅邪治病的象徵功用。論者曾於彰化鹿港地區看過延續性的做
法，但並非當地普遍長期的做法，而是在鹿港端午文化節開辦後，才延續復
出的特殊案例，該對聯上書：「艾旗招百福、蒲劍斬千妖」。

圖1　寫著：艾旗招百福、往　　圖2　寫著：蒲劍斬千妖、大
　　　來天忌知君是　　　　　　　　　精大全輪王勅

　　雖謂如此，細看此戶人家門上所搭配懸掛之植物，如【圖3】所示，卻是：
榕枝、艾草、香茅，可見，蒲劍在臺灣，僅是一種象徵性的說法，香茅極有
可能就是臺灣端午節采借中國端午節習俗後，配合本土自然植物改造的「臺

〔註16〕高拱乾 周元文，《臺灣府志》。收於：臺灣史料集成編輯委員會編輯，清代臺
　　　灣方志彙刊第二冊，臺北：文建會，2004年，頁322。
〔註17〕鈴木清一郎，馮作民譯，《臺灣舊慣習俗信仰》（增訂版），臺北：眾文，1989
　　　年，頁537。

灣版蒲劍」；只要符合最終目的，具有「劍」的效果，能「斬千妖」即可做為端午節直條狀的懸掛植物之一，而這項直條「劍」狀的特徵，並非完全必要，許多地區也選擇不用，比如【圖5】二龍村僅插榕、艾之習俗。在各地略有差異的情形下，唯獨榕枝、艾草是完全不變動，且一定會出現的重要佩掛植物。顯見，蔣毓英《臺灣府志》所載雖僅有榕枝與艾草兩種植物，的確較符合臺灣現實之傳承脈絡。

圖3　鹿港玉渠宮旁住戶，主要懸掛榕、艾、香茅

　　臺灣因地理位置與環境特色影響，榕枝是最常見的本土植物；也因其蔓延性佳、生命力旺盛，呈現多枝雜的「福態」樣貌，故常為民眾加以崇拜祭祀，諸如：福樹公、榕仔公、松王公等信仰繁多。同時，在臺灣民間俗信中，也常視榕枝為重要避邪物，如：探病時摘取七片榕枝放在身上，可防沖犯穢氣，或於收驚時使用榕枝沾「淨水」沐浴或揮灑，都具有潔淨去邪的象徵功能，有時淨水還搭配艾草使用，是臺灣道教科儀中常見的驅邪植物，具有清淨的效果，其他如：茉草、鹽、米也都是使用淨水時常見的自然物品，藉以增加靈性之力，用以避邪。

圖 4　鹿港龍王祭時，道長所使用的淨水，即是搭配艾草使用

　　延續前述，懸掛避邪植物雖以榕、艾為主體，卻也有搭配其他避邪植物的情形，如南部地區常用雞冠花，因其火紅形象，充滿喜氣，且常用於祭祀，被視為「神明花」（sîn-bîng-hue）；或是自古以來，即被用於祭祀的莿桐花，在文獻中即如此被闡述：

> 莿桐，木高不盈丈，葉似桐；花紅如火，一穗數十朵。五月開最盛；
> 土人於競渡時，必採數枝供瓶案，故俗又名「龍船花」。開至九月方
> 止；結子色藍，子老而花瓣尚未凋。〔註18〕

可知其特點是「花紅如火」，又常被「土人」用於祭祀行為。楊玉君認為這等避邪植物的特徵，與太陽象徵有關，因此說明：「凡艷紅如火，又在仲夏端午時盛放的花朵，均可能成為驅邪植物」〔註19〕，其論點也一併解釋了使用仙丹花的原因。另一項值得注意是，這些紅色佩掛植物的使用，往往是最頻繁使用於祭祀中的植物，因此，除了楊玉君所謂象徵太陽火紅形象有關外，使用吉慶喜色的常用祭祀物品，以彰顯靈力效果也是另一項可能的因素。

　　不少地區除了將榕、艾等避邪植物插於門楣外，亦有插於窗戶或插於「公

〔註18〕余文儀，《續修臺灣府志》。收於：臺灣史料集成編輯委員會編輯，清代臺灣
　　　方志彙刊第十六冊，臺北：文建會，2007 年，頁 767。

〔註19〕楊玉君，〈佩掛與驅邪──仲夏民俗的比較研究〉，《漢學研究》，第 27 卷，第
　　　4 期，2009 年 12 月，頁 342。

媽龕」﹝註20﹞之例；顯見，這類懸掛植物並不單純是一種可以任意選擇的植物，民眾是否感到具有太陽火紅性質的代表性是一回事，但此物必然要是具有「神聖性」的植物，才能施用於住家房屋內（公媽龕）、外（門窗）。比如：榕枝、艾草（芙蓉）、茉草最常用於各種祭典儀式中，本身即被視為具有淨化的效果，顯然，這種索取具有靈力效用的植物，插於門窗，其實正是展現出以家庭為單位的儀式作用，若再透過「艾旗招百福、蒲劍斬千妖」的思維對照，可知其使用目的可能在於確保居家空間的潔淨，並驅走侵擾住家安寧的邪祟，保護全家人的平安。

圖5　榕枝與艾草是端午節佩掛植物中，較常見的兩項植物

最後，清代文獻也云：「榕一枝，謂老而彌健。」﹝註21﹞，顯然插榕枝也與個人的身體保健有關，一如俗諺云：「插榕較勇龍、插艾較勇健」﹝註22﹞，具體指出插榕、艾的習俗，對應著五月節氣有保健祈安的效果，並且也解釋了為何民間在懸掛自然植物時，可以選擇性的剔除菖蒲、香茅或紅色系植物，

﹝註20﹞洪麗完，《二林鎮志（下）》，彰化縣：二林鎮公所，2000年，頁421～422。

﹝註21﹞范咸，《重修臺灣府志》。收於：臺灣史料集成編輯委員會編輯，清代臺灣方志彙刊第九冊，臺北：文建會，2007年，頁535。

﹝註22﹞清文獻已載有插榕、艾習俗求老而彌健之意，而此句完整的諺語，在日治文獻中即有記載，參見：鈴木清一郎著，馮作民譯《臺灣舊慣習俗信仰》（增訂版），臺北：眾文，1989年，頁537。

但一定不會遺漏榕枝與艾草的深層文化脈絡。

三、灑雄黃

　　文獻常謂端午節「飲雄黃酒」，如《澎湖記略》、《彰化縣志》、《淡水廳志》等，但飲用雄黃酒的習俗，在臺灣並不普遍，且雄黃含砷，有毒，日治時期便開始有新聞建議民眾不要飲用雄黃〔註23〕，並曾有報導云：

> 居民插艾懸蒲。謂可以招福斬邪。且以雄黃酒遍灑屋隅。所以除毒
> 而婦人無識。恒欲誘兒童飲些。是不知其有害於衛生也。〔註24〕

由此報導可知，雄黃酒是用來灑遍全屋角，而非飲用，戰後的報紙或新聞，也常播報雄黃酒有毒的特性，但民眾受《白蛇傳》故事影響頗深，常誤以為雄黃酒避百邪。其實，雄黃會被使用，是因為在民間俗信的脈絡中，與「硃砂」具有同等概念，且多用於開光、點睛，如各地的龍舟競渡點睛儀式都有使用，藉以去煞避邪，點醒靈力。套用在灑雄黃酒的儀式上，具有空間滌淨的象徵意味，可知，配合端午節陽氣，對惡氣頻繁的情形進行斬除，乃是深根民間的節日特性。

　　雄黃酒的這項特點，另可於午時聯的書寫取得印證，清代文獻載：「各家門牆俱用雄黃書寫吉慶字樣，以為辟除不祥。」〔註25〕可知，雄黃酒寫午時聯，具有保護居家安寧，辟除不祥的重要信仰意涵。另方面，跨越戰爭期，1912 年出生的廖漢臣，曾經記載有「雄黃袋」的用法，主要是懸掛的床柱上避邪〔註26〕，但戰後已經不復存在，證明雄黃的使用，極有可能是日治以後開始減少。

　　整體而言，臺灣端午節當天的家庭行事，主要是由一大早進行插榕艾開始，接著是拜公媽、拜地基主，部份地區並於午時前，持雄黃酒灑遍屋內，同時，家庭行事也就到此為止，接著是等候午時取用午時水，進行個人身體的潔淨儀式。凸顯了臺灣端午節重視居家行事順序的概念，是由外在的、空間的居所淨化，才逐漸轉移到個人的潔淨儀式之中。

〔註23〕文見：《漢文臺灣日日新報》，分類：國民須知，版 2，1911 年 5 月 31 日。
〔註24〕引自：〈蟬琴蛙鼓〉，《漢文臺灣日日新報》，分類：雜報，版 3，1911 年 6 月 1 日。
〔註25〕胡健偉，《澎湖紀略》。收於：臺灣史料集成編輯委員會編輯，清代臺灣方志彙刊第十二冊，臺北：文建會，2004 年，頁 191。
〔註26〕廖漢臣，《臺灣的年節》，臺中：臺灣省文獻委員會，1973 年 4 月，頁 107。

第二節　臺灣端午節的身體儀式與其信仰意涵

一、浴、飲午時水及其慶典化的發展

　　清代文獻中，可見臺灣端午節曾有采借自中國古代沐浴之習俗〔註27〕，同時，也因著來臺移民的居住地不同，結合著居所環境植物的使用，在不同地區有不盡相同的採摘植物，藉以進行端午沐浴之習俗。如：澎湖用蒺藜之蔓煮湯浴身求消風〔註28〕、「苗栗縣」取六月薜沐浴〔註29〕、「彰化縣」於午時採苦草爲小兒沐浴以辟邪氣〔註30〕等，明顯是具有藥理觀念的端午沐浴習俗。

　　但是，這些方志的記載，都未特別提起民間常見之「午時水」，僅強調了沐浴的功能，當時周璽也曾提出質疑：「午時采苦草浴兒，以辟邪氣，即古祓除釁浴之意；然修褉在三月上巳，今乃行於午節何也？」〔註31〕。大抵上，我們僅能從日治文獻之記載，才能推知這種藥浴觀念，甚或是上巳水邊修褉習俗與現存浴、飲午時水不同之處。比如吳尊賢〈午時水の俗信〉一文，便記載由午後零時（即正午12點）到2點期間，曝曬午時水；將之密封可以長期保存不變質；用以服藥，更可治療皮膚病〔註32〕。更早以前，1934年，鈴木清一郎也記載端午節午時，至古井取水，所得午時水終年不腐，具保健強身之作用；〔註33〕且自越古老的井中取獲水源，越具靈力，不僅可用於沐浴或擦拭身體，更可取之飲用。由此可知，清代原本強調的「午時」沐浴，延續至日治時期，已明顯有所轉變，午時行事的觀念具體出現信仰意涵。除此

〔註27〕不少研究中國古代端午節習俗之學者，皆由大戴禮記中，討論到「五月五日，蓄蘭爲沐浴」的說法，認爲在仲夏時節，沐浴有實質的解熱效果，因此南朝宗懍在《荊楚歲時記》中說五月五日爲「浴蘭節」。可參見：俞美霞、何星亮、蕭放、婁子匡、黃石、陸家驥等人之論述。

〔註28〕胡健偉，《澎湖紀略》。收於：臺灣史料集成編輯委員會編輯，清代臺灣方志彙刊第十二冊，臺北：文建會，2004年，頁204。

〔註29〕沈茂蔭，《苗栗縣志》收於：臺灣史料集成編輯委員會編輯，清代臺灣方志彙刊第三十一冊，臺北：文建會，2006年，頁137。

〔註30〕周璽，《彰化縣志》收於：臺灣史料集成編輯委員會編輯，清代臺灣方志彙刊第二十二冊，臺北：文建會，2006年，頁437。

〔註31〕周璽，《彰化縣志》收於：臺灣史料集成編輯委員會編輯，清代臺灣方志彙刊第二十二冊，臺北：文建會，2006年，頁437。

〔註32〕吳尊賢〈午時水の俗信〉，《民俗臺灣》第二卷：第九號，1942年9月，頁45。

〔註33〕日治時期文獻中不乏此記錄，學者的特別記載如：鈴木清一郎，《增訂臺灣舊慣習俗信仰》，（增訂版），臺北：眾文，1989年，頁538。

之外，日治資料中，亦曾有詩人以午時水爲題，如此述說：

　　有汝方能克火烖。復經半日我欣欣。

　　一條如編看貓眼。汲井攜瓶仗細君。〔註34〕

由詩文可知，午時水克火烖的功能是近代較少人論及之事，且當時確實是以井水爲最主要的汲取對象。由此亦可推敲，午時水是不斷演變的習俗。延續至今日，臺灣俗諺：「午時水飲一嘴，較好補藥吃三年」，或是「吃午時水，無肥亦水」〔註35〕，都顯示出民間相信午時水是一種「無形的特效藥」，並且可治療夏季疾病，或是用於小孩發燒時予之飲用，具解熱強效，這極可能是日治時期穩定傳承至今的結果。

　　近代，不少地區因井水荒廢，溪河截流，民眾遂改於屋前擺設水盆，內盛「自來水」，並於水盆中，放上榕枝、芙蓉、茉草等植物，使其接受端午節正午時分的陽光，而後取用之。其信仰因素，乃源自端午節陽氣旺盛的觀念，視純淨的「水」爲「妙藥」，信仰意涵有逐年提高之態勢，並且透過辟邪植物的加持，使午時水不僅單純有解熱、治皮膚病等藥理保健功能，更加深了去除身體邪祟，迎接新且良好氣場等新的儀式象徵意義。其實，在信仰儀式的文化思維中，不管是浴或飲午時水，都同時有「身體清潔」、「除疫去病」的重要信仰意義，可知，前文提述的插榕艾與灑雄黃等活動，乃是爲求得「空間潔淨」；稍加比對，臺灣端午節當日的行事，到了取午時水儀式的時間點，則有著由空間延續至個體潔淨層次之意味，有整體個人與空間相互對應的信仰結構意涵。

　　另方面，近年來午時水的取用，也有透過廟宇進行的集體儀式，顯得較爲複雜，如：水里吉仙宮、鹿谷鶴山廟、朴子安福宮、大林隆天宮、善化慶安宮、臺南五瘟宮、臺南大天后宮、新園澄瀛宮、鹿野聖安宮、阿蓮薦善堂等，以中南部地區的廟宇最爲興盛；又以端午節集體至「山區」取「靈泉水」、「龍泉水」的信仰活動，最爲熱絡，不少神明壇、私建或新建的宮廟，都常用這類的集體活動，動員信徒朝聖。不僅單純取用午時水，這類儀式更結合了進香或刈香、交香的神聖意涵，有時不見得每年舉行，由主祀神決定取水的年份與地點，因此午時水也長期保存於廟中，或是分發信徒家中，放置地點則多於神桌下方。

〔註34〕魏清德，〈午時水〉，《臺灣日日新報》，4版，1937年7月3日。

〔註35〕最早在吳尊賢的記錄中發現本語。參見：吳尊賢〈午時水の俗信〉，《民俗臺灣》，第15號，1942年9月，頁45。

　　由廟宇主導的取午時水活動，多半比個人取水更具有強烈的儀式性，甚必須經由乩童或道長才能取水，象徵讓午時水的「靈力」加倍，增強信仰效果。同時，有些尚未成為地方公廟、或未有名氣的廟宇，也因午時水帶來的靈力效果，取得信徒更多的支持，相得益彰，使端午節取午時水的「集體行動」越來越多。

　　值得注意是，這些儀式性的內容，都搭配著艾草、茉草、靈符、火等淨化元素的使用，論者於鹿港玉渠宮所見：午時一到，道士先於取水現場安五營，接著田都元帥之乩身開始起乩，神明來降後，亦安頓一次五營兵馬，接著由田都元帥持寶劍「開水路」，象徵引「靈泉」至廟前榕樹下的汲水幫浦處，經過田都元帥的比畫作法後，插香於幫浦孔蓋，象徵靈水已到，眾人才開始汲取所需的「午時水」，取水後，田都元帥更賜靈符數道，焚燒於已汲好午時水的容器中，同時剪取茉草放入洗浴用的午時水裡。

　　從清代透過煎藥草煮湯沐浴，到後來直接取古井午時水來飲用或沐浴，再接續到現在取自來水經過日曬後，放入榕枝、艾草、茉草淨化才內容之作法，或是由信仰團體進行儀式性的「取靈泉水」；表現出午時水的儀式內容日漸增多，並加強了類似「淨化之水」的意念。由使用功能來看，午時水具有身體與心靈雙重潔淨之信仰效果，但無實質「保健」功能，取午時水的儀式，正表示民眾治療身體的「靈藥」，並非隨手可得，須要表現出「神聖性」的過程，才能確保飲用的水是「聖潔」，才能達到傳說效果的靈性之水。這種越來越強調淨化過程，來達到神聖性概念的諸多信仰儀式，也有可能是受到近代衛生觀念影響，對自來水以外的「水」抱持質疑，因此當代比日治時期單純記載日曬即可使用的行事，多了許多淨化儀式的過程。

　　畢竟在傳統社會中，單純信仰的意念，不見得需要透過這麼繁複多重的儀式來表達；只有透過長期累積的民俗概念，以辟邪植物，如：榕枝、艾草、茉草所代表的健康、自然意向，或是靈符與火本身具有的淨化象徵，才能促進生活於現代社會的民眾，去相信、使用午時水，而加以傳承不輟。

　　端午節正午為極陽之時的陰陽概念，可推知是源於漢文化之知識系統，但民間詮釋端午陽氣的說法，不盡然是如學者所言，認為：端午等同夏至，又夏至日曬最足，之後日曬逐漸變短節日轉陰。此種夏至日陰陽轉換的觀念〔註36〕在民間並不彰顯，多數民眾是認為：端午節是夏季開始炎熱的一天，

〔註36〕支持端午節源於夏至的學者，多有此認知，可見：黃石、李亦園、楊玉君等人之論述。

端午節過後，氣候趨於穩定，當日正午是陽氣極盛之時〔註37〕。因此，透過日曬得以使午時取得的水，具有飽足的陽氣。值得注意是，爲何民間多以爲是「陽氣」升高？而非此日過後陰氣逐漸增多？且普遍民眾與儀式進行者，當下並不意識到自己正面臨日曬縮短，反而是感知較多陰陽氣體強弱變化的感受？再者，已經明知端午節與夏至不同日，日治以來臺灣使用陽曆的情形殊爲普遍，爲何仍延續在端午節，而不改回於夏至取水？這些問題，或透過氣候特色即可辨明。如《淡水廳志稿》記載：

> 淡水二、三月雖屬平和，然乍燠乍寒，薄裘常不離體，稍弗戒備，
> 則陰邪一中，必有風寒之疾【俗云：「未食端午粽，破裘不肯放。」】。
> 〔註38〕

一直以來，氣候特徵主導著臺灣民眾看待陰陽之氣的觀念；也如第二章所述，臺灣端午節位於芒種後段夏至前段的交替時節，而芒種正值臺灣「豪雨季」，於端午節過後，節氣才會進入氣溫最高的夏至、小暑等時節。因此早有「五月端午前，風大雨不停」的說法，或是「未吃五月粽，破裘不敢放」。顯然，視端午節爲氣候穩定且溫度升高的過渡中介點，自是形成陽氣旺盛觀念的重要來源，再配合前述諸多儀式的構成概念，我們得以發現臺灣氣候的特殊性，才是常民重視端午節的重要意蘊，午時水的使用，自然也有其環境、人文因素複合生成的背景，表現出臺灣端午節的核心特質。

二、避邪防疫的點雄黃與身體佩掛習俗

《臺灣府志》云：「以五色絲繫兒童臂上，呼爲長命縷；又以繭作虎子形，帖兒額上，到午時，脫而投之。」〔註39〕，其中，虎子繭頗值得注意，在現代部分地區的志書中，亦曾記載臺灣端午節當天，取雄黃書寫「王」字於小

〔註37〕論者自 2008 年起，開始進行端午節之調查，期間曾以：士林屈原宮、礁溪協天廟、龍潭南天宮、竹南慈裕宮、竹南德勝宮、竹南光明宮、南屯萬和宮、彰化泰和宮、鹿港天后宮、鹿港龍山寺、麥寮拱範宮、永康禹帝宮、安平鎮海宮、東港東隆宮等廟宇，就其端午節行事，向祭祀圈內之居民或廟方執事人員進行訪問；發現多數人認爲端午節陽氣最盛，是因爲「夏季到來」，而在此之前陰陽之氣變化無常，顯然是受到氣候觀念的影響。

〔註38〕鄭用錫，《淡水廳志稿》，臺灣史料集成編輯委員會版，臺北：文建會，2006年，頁189。

〔註39〕蔣毓英，《臺灣府志》，卷五：風俗（1685年）。收於：臺灣史料集成編輯委員會編輯，清代臺灣方志彙刊第一冊，臺北：文建會，2004年，頁202。

孩額頭之上的辟邪行為；由此看出相同透過「虎印」來祈求平安的觀念。顯然，「虎」的辟邪效果，甚早就為臺灣人所注意，並常用於端午節。

清代方志不乏記載著：戴五色長命縷、戴虎子花，甚至是插月桃花於頭上等習俗，但在現今卻已不見於民俗行事當中。周璽曾於《彰化縣志》中，記載：「家製繡囊，實以香屑，令兒佩之，以五綵線繫兒手足曰『長命縷』」〔註40〕。可知，**繡囊**極有可能是最早期的香包，並與長命縷共同出現於當時的文獻記載。值得注意是，臺灣現存的長命縷，多與換絭的習俗結合，或許這類具有「續命」、「避邪」等儀式性的習俗，其實已透過辟邪圖騰的象徵作用，逐漸簡化，結合芬芳香囊的效果，成為戴香包習俗。即如廖漢臣所說：「這種香囊，似由繭虎和長命縷演變而成，用以辟邪的。」〔註41〕。受到臺灣端午節氣候背景產生的惡劣環境觀念影響，董芳苑也曾說明虎仔香是用「以驅除時疫」〔註42〕，意即解決時節的疫病問題；顯見，戴香包是端午時節具有貼近人體的驅邪功能，再者，虎仔香避邪圖騰的形制又比五色縷等物更為明顯，不僅攜帶較方便，又發出清淡芬芳，因此在農村社會階段，民間常稱香包為「虎仔香」，可推測其信仰功能較長命縷、月桃花等物更具體，也更能被信任與存續流傳，形成獨特的身體儀式。

但受到現代化生活的影響，香包形制也不像早期傳統農村社會以老虎、動物造形為主要製作方向，現代社會更有了各式各樣花俏的嶄新改變，尤其是各種卡通圖案的製作，沖淡了過去香包所具有的信仰、避煞特質，原始意涵漸漸淡，甚至也不再是「家製」〔註43〕，可以透過買賣行為獲得；此種情形，我們大可推至日治初期的商業風氣，如新聞報導云：

> 本島例年端午。其香艸香珠。購買者紛紛不絕。而最著名者。則推鹿港施錦玉。近日亦在內宮後街。某桶店內寄售。若香珠上等一串。定價金圓。至少亦須五角。其外幼香每束五占。消售甚廣云。〔註44〕

同年同月另一訊息則指出：「去廿二日。為島俗天中節。島人皆衣華服。掛香

〔註40〕周璽，《彰化縣志》，卷九風俗（1832年）。收於：臺灣史料集成編輯委員會編輯，清代臺灣方志彙刊第二十二冊，2006年，頁437。

〔註41〕廖漢臣，《臺灣的年節》，臺中：臺灣省文獻委員會，1973年4月，頁107。

〔註42〕董芳苑，《臺灣宗教大觀》，臺北：前衛，2008年8月，頁153。

〔註43〕周璽，《彰化縣志》，卷九風俗（1832年）。收於：臺灣史料集成編輯委員會編輯，清代臺灣方志彙刊第二十二冊，2006年，頁437。

〔註44〕參引：〈鯤南近信／香料暢消〉《漢文臺灣日日新報》，4版，1909年06月23日。

珠香囊。攜兒童遙於布街各處。」〔註45〕顯然，當時已有今日娛樂形制的佩掛香包，而這類用以「販售」的商品，與昔時長命縷、五色線乃至於虎仔香等物，更有意義上的不同，並且在廣受好評，商業風氣日漸發展下，自然形成今日多樣化又不具積極信仰特質的香包；這也使得我們很難單純透過現代的香包來表述其儀式性的象徵作用，佩戴於身，貼近身體辟邪的觀念，正岌岌可危。

　　前文曾述及臺灣端午節的雄黃酒，主要是用於灑遍屋內，具有清潔環境的意涵，或是用以書寫午時聯，達到保護居家不受邪祟侵擾；而在近代的文獻裡，則多記載點畫於成人、小孩臉上，如：「以雄黃酒書王字於小孩額頭」〔註46〕，希冀藉此驅除邪煞，結合著香包與雄黃兩項個人儀式，我們可看出在充滿邪氣、煞氣的背景下，人們以老虎形象作爲個人貼身保護、除疫圖騰，企求安然順利渡過此節日，使身體避免於此時損傷。但近來，香包已經明顯轉爲休閒娛樂應和節日的效果，昔時的信仰概念不復存在，而雄黃也僅是少數地區保留的儀式效果。

第三節　感應陽氣祈求轉運的立蛋習俗

　　立蛋習俗在清代文獻或日治時期文獻中，都未看見相同或類似的行爲，顯然，極有可能是屬戰後發展的儀式，長期傳承下，成爲臺灣普遍的端午節習俗。其信仰來源，與民間普遍相信端午節中午爲極陽之時有關。

　　臺灣民眾常於端午節正午十二點，取雞蛋立於地面，透過陽氣的導引，讓雞蛋挺立。但事實上，任何時候只要專心一致，角度正確，都有辦法將雞蛋豎立起來。據說，立蛋成功將可帶來一整年度的好運，使相當多民眾躍躍欲試；並因其趣味性十足，而成爲縣市政府舉辦活動的一項重點，甚至經常傳出打破金氏世界紀錄的千人立蛋娛樂活動。就立蛋的信仰意涵看來，其背後有著龐大的陰陽觀、宇宙觀。人們期待透過個人身體的「活動」，去感受節氣力量；在陽氣最興盛之時，與宇宙大氣互動，目的即爲取得感知節日的方法，進而與宇宙之氣產生協調互動，在渾沌敗惡的五月裡，獲得行氣與好運。同時，立蛋也可視爲祈求生命力的延續，更加吻合了端午節是節氣轉戾點的信仰情形。

〔註45〕參引：〈輕鐵傷人〉《漢文臺灣日日新報》，5 版，1909 年 6 月 26 日。
〔註46〕曾春長，《伸港鄉志》，彰化：伸港鄉公所，2003 年，頁 526。

這種感應的方式，也不見得需要具有生命力象徵的雞蛋才能進行，另有立硬幣的例子，論者亦曾於彰化地區發現另一特殊方式：「浮針」（phû- tsiam）。其進行過程，與立蛋意義相似，在端午節正午十二點前，取細針置於紙上，並取臉盆裝水，力求紙、針皆浮於水面，待正午十二點一到，輕輕將紙抽離，針便會因陽氣影響，而浮於水面〔註 47〕。先不論其眞實性與否，浮針運用到陽氣興盛的概念，與立蛋、立硬幣原理相同，都是民眾意圖透過己身的行爲，去印證端午節陽氣旺盛的觀念，促使人們感應到陽氣的存在，獲得正向的能量，與前述眾多儀式相似，有感知宇宙秩序的傾向。

整體而言，端午節這天由個人所進行的儀式，除了家庭環境的淨化與祭祀祈禱，表現在個人身體搭配時的儀式，具有淨化的象徵意涵。其實，若視「身體」爲一個儀式的單位，在臺灣端午節氣候表現出來的轉換意義上，也應被視爲是一個獨立循環的宇宙，而上述諸多的身體儀式，便都是透過取得外來的「靈力」，驅動體內的「氣運」，藉此換得個體宇宙秩序之平衡、和諧；難怪如洗午時水、立蛋等習俗，都傳說具有轉運的效果。同時，這種身體儀式，也是彰顯人們設法渡過時節的原始想像，畢竟自端午節開始，氣候炎熱，蚊蚋孳生，具有清涼效果的「水」，或是避邪效果的「雄黃」，再搭配兼具避邪與芳香驅蚊效果的香包，都能表現出人們應付時節的特色。也因此，我們更可以確信，臺灣端午節的個體儀式，特別表現出面對氣候特徵的反應，極可能是自然環境的徵候，才使端午節習俗得以傳續不輟。

第四節　臺灣端午節的飲食習俗

一、儀式性飲食與臺灣端午節文化之關聯

（一）臺灣端午食粽之儀式意涵

臺灣端午節的飲食習俗頗多，大抵上可分爲儀式性飲食與季節性飲食兩種。粽子是最普遍的儀式性飲食，且不見得僅於端午節食用，甚至在亞洲諸國家，甚至是南島民族，都有相似以葉包糯米的食品，僅形制、名稱、內容物與包裹方式不同，但多半配合著祭祀行爲，於祭祀後食用，另方面，各族群的祭祀時間則有很大差異，因此食用時間點也有很大的不同。

〔註47〕2010 年 6 月 27 日訪問屈肆鎮先生所得。

　　粽子最早爲夏至飲食，是受到大、小端午節混同，節日習俗演變影響而成爲端午節之飲食；而關於粽子最早的起源，在中國古代有被稱爲角黍，黍是最早的祭祀飲食，做成「角」狀的主要原因，何宏認爲與古代帝王以「太牢」〔註 48〕祭祀有關，由於農業社會民間對鬼神、祖先相當敬重，牛隻取得不易，且祭祀的等級有別，不可逾越，故以「黍」包裹成牛角形狀代替，表達出人們最謹慎、隆重的祭祀觀念。同時，角黍由北方傳入南方後，受到筒粽影響，才出現現代結合南北文化的粽子習俗。〔註 49〕何宏的論述，表達了中國粽子文化的發展情形，若再延續參考《風土志》所載，就粽子形制所表現的意涵而言：「蓋取陰陽包裹未散之象也。」〔註 50〕，顯示粽子原始意涵即具有強烈的儀式性特質。

　　前述大部分端午節儀式都具有潔淨、驅邪、除煞等象徵意涵，更有取得宇宙秩序平衡的深層意蘊，且爲表現臺灣端午節氣候特徵之行爲。若吃粽確實被視爲儀式看待，便應是一種「調和陰陽」進而達到身體秩序合諧之作用，此特點，在這個被視爲混亂無序的臺灣端午節中，更顯重要。最具體的例子是，民間包粽時，往往將幾十顆粽子綁在一起，以「粽索」（tsàng-soh）串連粽子，綁成繩結爲「粽篰」，據說具有「拔除不祥」〔註 51〕的信仰功能，在端午節意圖拔除不祥，自然有其配合節日的象徵用意。

　　再者，清代文獻常載包粽子所用之葉子爲月桃葉，而月桃在臺灣端午節文獻記載中，亦是小兒避煞時，取來插於頭上之「虎子花」〔註 52〕，顯然，粽子於端午節飲食，應有其特殊信仰功能。另方面，臺灣端午節在食粽前，通常會先「拜公媽」，祭畢才有食用的習慣，而食用時，大人通常令小孩不能吃粽角，楊雲萍曾記載此習俗是怕小孩「長紅瘡」，但又評論此爲迷信，實際原因應與粽角最先發爛有關〔註 53〕。論者於調查時發現，小孩不能吃粽角另

〔註 48〕以牛、羊、豬全備稱爲太牢。

〔註 49〕見：何宏，〈粽子起源考〉，《中華飲食文化基金會會訊》，卷 16，期 2，2010年 5 月，頁 41～53。

〔註 50〕周處，《陽羨風土記》，張智編《中國風土志叢刊》，中國揚州：廣陵書社，2003年，頁 19。

〔註 51〕徐福全，《臺灣民間祭祀禮儀》，新竹：新竹教育館，1995 年，頁 177。

〔註 52〕最早見於《鳳山縣志》，參見：李丕昱，《鳳山縣志》。收於：臺灣史料集成編輯委員會編輯，清代臺灣方志彙刊第五冊，臺北：文建會，2005 年，頁 176。其後，各時期的志書都有所記載。

〔註 53〕楊雲萍，〈臺風瑣話〉，林川夫編譯，《民俗臺灣》，第三輯，1990 年，頁 149

有說法是怕「抾角」（khioh-kak），由這些具有信仰習俗觀念的行爲看來，亦可證明粽子做爲祭祀飲食，必有儀式所表現的信仰功能。

　　臺灣端午節使用粽子祭祀的情形，自是受到中國端午節的影響，但使用粽子餽贈的習俗卻非常獨特，在臺灣清代文獻中經常有誤會之處，如：「端陽節，裹角黍相饋遺」〔註54〕或是：「端午日，作角黍相遺送」〔註55〕；其實端午節贈送粽子，名曰「送節」，《彰化縣志》、《淡水廳志》曾明確標示出來，如：「以竹葉包糯米曰『粽』，即古之角黍，用以投贈曰『送節』。」〔註56〕。但當時對送節的習俗卻未加以詮釋，其實送節是因喪家不能「縛粽」（pák tsàng），故由親友餽贈，喪家收到後，再以「冰糖」〔註57〕回禮。日治文獻曾經對這樣的習俗有比較具體的描述：

> 粽子與除夕夜的甜粿一樣，有將其贈與服喪中的親友的習慣。因爲喪家在守喪期間，不能包裹祭神用的甜粿與粽子，否則便是大不敬。
>
> 〔註58〕

從這則記錄可以知道，人們對粽子所代表的神聖性，是相當看重的，並與過年做粿的習俗具有相似的信仰之處。作爲祭祀飲食，必然需要有「聖潔」的特點，甚至身體不潔，也不能於過年時做粿，否則會「不發」〔註59〕。

　　因此，由端午節縛粽、結粽篰、去粽角、送節等習俗看來，正彰顯粽子具有祭祀飲食的神聖性，人們在此過渡的時節食用粽子，正是透過陰陽包裹之物，感應祖先（拜公媽），通彙節日之氣，求得安穩渡日之方法。

　　　　～150。原刊於：楊雲萍，〈臺風瑣話〉，《民俗臺灣》，第9號，1942年3月，頁4。

〔註54〕胡健偉，《澎湖紀略》。收於：臺灣史料集成編輯委員會編輯，清代臺灣方志彙刊第十二冊，臺北：文建會，2004年，頁191。

〔註55〕陳淑均，《噶瑪蘭廳志》收於：臺灣史料集成編輯委員會編輯，清代臺灣方志彙刊第二十四冊，臺北：文建會，2006年，頁273。

〔註56〕周璽，《彰化縣志》收於：臺灣史料集成編輯委員會編輯，清代臺灣方志彙刊第二十二冊，臺北：文建會，2006年，頁437。

〔註57〕楊久瑩，〈臺灣端午　不掛菖蒲掛榕樹枝〉，自由時報，2010年6月13日，參見：http://www.libertytimes.com.tw/2010/new/jun/13/today-life10.htm；上網日期：2010月6月13日

〔註58〕川原瑞源，〈作爲禮物的粿與粽〉，林川夫編譯，《民俗臺灣》，第六輯，1990年，頁221。原文刊於：川原瑞源，〈遺ひ物としての粿と粽——鄉土食生活隨想五〉，《民俗臺灣》，第18號，1942年12月，頁28～31。

〔註59〕做粿透過蒸籠炊熟時，會膨脹開來，具有「發財」「大發吉祥」的象徵意義。

（二）煎堆補天穿之信仰傳說

另一項具有儀式性兼容信仰功能之飲食，為臺北龍山區、彰化鹿港、臺南安平、嘉義北港等地吃「煎堆」之習俗〔註60〕；根據楊玉君的訪談研究，補天的信仰以客家人的「天穿節」為核心，但其習俗、傳說與端午節吃煎堆補天稍有不同，有端午節吃煎堆習俗者，僅於彰化鹿港、臺南安平、嘉義北港等地，其他鄰近地方皆無，而這三地正好又都是泉州移民的對口〔註61〕。

值得注意是，鹿港、北港地區關於端午節吃煎堆的習俗，都與端午節多雨的特性有密切相關，傳說中，吃煎堆乃因為端午節經常下雨，「而此時又接近稻穀收成的時機，所以要煎堆補天把天空的破洞補起來」〔註62〕，藉此希望減少雨水避免災害。顯見前述沈光文詩作提及臺灣端午節「多雨」、潮濕的特性，也於此再度得到印證，端午節做為進入夏季的指標意義，顯然是民間對此時節最直接的感知，祈求平安渡過氣候多變的時節特徵，也展現在這則儀式性的飲食習俗。

二、臺灣端午節之季節性飲食

季節性的飲食，雖較不具信仰儀式結構，卻是人們渡節時，必然面對的飲食習俗，甚且，也常做為祭祀物品；有時，更結合了部分的信仰意涵，只是儀式性較低。比如，臺灣客家俗諺提及：「五月毋食蒜，鬼在溷頭轉」，意指五月若不吃「蒜」，厲鬼可能就會在身邊兜轉，蒜做為五月時令植物的概念，在此也結合了驅邪的象徵意涵。此外，臺灣俗諺亦云：「吃紅皮菜皮膚紅」，紅皮菜為茄子的別稱，皮膚紅表示吃了茄子後，將會「紅光滿面」，其意義與「吃茄恰鵲趒」頗為相似，鵲趒（tshio-tiô）原意指植物活躍的樣子，引申吃了茄子之後，可以事事順心，而表現出活躍與得意洋洋的喜態。另有俗諺指出：「吃豆吃到老老」，其意蘊在南北各地皆有不同，北部地區多以為吃「長

〔註60〕 煎堆之習俗，廖漢臣曾經記載臺北市龍山區、彰化鹿港、臺南安平等地，後來楊玉君則補記北港亦有此俗。參見：廖漢臣，《臺灣的年節》，臺中：臺灣省文獻委員會，1973年，頁108。及：楊玉君，〈一枚煎餅補天穿：談閩南的煎餅補天習俗〉，《2009閩南文化國際學術研討會論文集》，臺南：成功大學，2009年，頁147。

〔註61〕 楊玉君，〈一枚煎餅補天穿：談閩南的煎餅補天習俗〉，《2009閩南文化國際學術研討會論文集》，臺南：成功大學，2009年，頁143～154。

〔註62〕 楊玉君，〈一枚煎餅補天穿：談閩南的煎餅補天習俗〉，《2009閩南文化國際學術研討會論文集》，臺南：成功大學，2009年，頁146。

豆」（即茱豆）可求得長壽，南部則多指吃「皇帝豆」，亦具有求壽、求富貴的象徵意蘊。

其他端午節的飲食習俗，尚有如中北部地區常見俗諺有云：「桃仔肥、李仔瘦，吃檨仔躺杉板。」其語意指端午前後時節，桃子正逢時節，李子已經開始過時，但檨仔（芒果）雖為時節的盛產作物，卻因其性質耐寒、燥熱，在夏季多吃，容易使身體感到不適，反而有「躺杉板」（意指死亡）的危險；這段諺語的語意，與「三月三，桃仔李仔雙頭擔；四月四，桃仔來李仔去」的情形，有異曲同工之妙，意指三月時，桃李雙雙出產，因而開始擔貨販售，但是到了四月時，只剩桃子盛產，李子已逐漸減少產量。此外；全臺僅中部地區〔註63〕於端午節食用「麻薏」，是取自黃麻的嫩葉，以其清涼退火的實質功能著稱。相同具有消暑功能者，另如：嘉義、臺南一帶盛行吃西瓜，或是全臺皆有的吃鹼粽等都有消暑的實際功能。

事實上，端午飲食大多與祭祀有關，季節性飲食多用於拜公媽或拜地基主，祀後再進行食用，具有達成祈禱目的的意涵。或如二龍競渡的下水儀式，必須要有桃子作為祭品，顯見，即便是季節性飲食，且屬於個人的飲食行為，在固定用於信仰祭祀時，也將成為信仰儀式中的重要食品，而有著儀式性的祝禱成分。所以，不管是儀式性飲食如吃煎堆、吃粽子，或是季節性飲食如吃桃李，都與整個臺灣端午節的家庭行事、個人儀式息息相關。透過家庭祭祀，完成飲食所具備的儀式性，再由人體食用吸收，我們得以發現臺灣端午節表現於順應自然，欲解決環境惡劣條件，達成人與自然互動的需求。

〔註63〕論者目前於彰化縣、臺中：市（包含舊臺中：縣海線地區）、南投水里、苗栗通宵等地都有發現吃麻薏的習俗，而麻薏的種植，最早於清代文獻便可發現，在日治時期因工業需求達到全臺普及。

第四章　臺灣的端午競渡

第一節　臺灣端午競渡的歷史發展

　　長期以來，臺灣端午競渡的研究，大多以「龍神」信仰為主要核心，因而導引出龍神為雨神，競渡為祈雨的觀念。但比對前文討論臺灣端午節的氣候情形，可知祈雨乃是遺棄臺灣本土競渡環境脈絡下的詮釋。在臺灣端午節形成過程中，經常可見選擇性采借自中國風俗的例子，若不加細探，容易誤以為臺灣具有直接繼承性，因此，龍舟文化的詮釋也不例外地被套入漢文化脈絡之中。但當我們透過臺灣作為主體性的思考視角時，重新爬梳清代方志與風俗圖繪後，將可發現臺灣端午競渡活動，極可能有本土自發的原型，卻在漢人移民與官方策動後，才逐漸「漢化」；再者，論者於前文曾經提述，臺灣端午節的發展，在戰後受到政治權力的運作，由官方主導的「中華民族主義」，在臺灣長期進行「中華文化」正統的詮釋與創制，尤其是足以形成民族共同體認同的各種傳統節日，正是戰後官方政策底下最中意的「傳統」元素。那麼，當我們要詮釋臺灣端午節競渡文化的本土性與特殊性時，免不了要由過去的儀式記錄與歷史脈絡中，重新回溯一個具有臺灣主體性的發展歷程，同時要區別出「創發的傳統」演繹了甚麼內涵，是與臺灣本土型的競渡文化不同之處。

一、臺灣端午競渡之濫觴

　　過去的研究討論，多誤以為連橫於〈臺南古蹟志〉中，提及蔣允焄疏通

南湖，建立半月池後，臺灣才開始出現端午競渡的習俗。事實上，連橫所載之內容爲：

> 端午之日，召妙齡妓女，衣輕綃，持畫槳，競渡於此。水花一濺，脂肉畢呈。太守顧而樂之。〔註1〕

此種召妓娛樂，只爲滿足官方需求的競渡遊戲，自然不會是臺灣端午節競渡的本源。長期以來，對於臺灣本土競渡發展的漠視，即容易造成此種誤判的現象。其實，早在康熙24年（1685）蔣毓英《臺灣府志》中，便有記載臺灣本土競渡的原型，只是清代統治初期，對臺灣甚有鄙意，故記錄不多，其文曰：「所在競渡，船不過杉板、小艇，大海狂瀾，難以擊楫，僅存遺意。」〔註2〕；由此可知，當時臺灣競渡活動並不盛大，而且主要的進行場域是在「大海」，使用的競船是「杉板、小艇」，對有不同競渡經驗的中國官員而言，臺灣競渡似乎不夠看，而有「難以擊楫，僅存遺意」的說法。

到了康熙33年（1694），高拱乾《臺灣府志》則增記：「所在競渡，雖云弔屈，亦以辟邪，無貴賤，咸買舟出遊，中流簫鼓，歌舞凌波；遊人置竿船頭，挂以錦綺，捷者奪標而去。」〔註3〕。這樣的說法，顯然記錄了當時端午競渡的繁榮景象，且不分貴賤都會「買舟出遊」，目的在「辟邪」，具有「儀式」的基礎原型。另方面，遊人以錦旗掛於竹竿，放在船頭供人「奪標」，在後來康熙55年（1716）的《諸羅縣志》中也有記錄，具有相同競渡方式的地點，另還有笨港、鹽水港等處。顯見清統治初期，臺灣便已經有了與中國競渡內容不盡相同的競渡活動。到了康熙62年（1722），首任巡臺御史黃叔璥在《臺海使槎錄》中，又有更多的記載：

> 自初五至初七，好事者於海口淺處用錢或布爲標，杉板魚船爭相奪取；勝者鳴鑼爲得采，土人亦號爲鬥龍舟。〔註4〕

文中所提的競渡時間，是在初五日至初七日，進行方式是以杉板、魚船，得勝者稱爲「得采」，奪標物爲「錢」與「布」，而競渡的地點是在「海口處」

〔註1〕 連橫，《雅堂文集》（二），臺北：臺灣銀行經濟研究室，1964年，頁249。
〔註2〕 蔣毓英，《臺灣府志》。收於：臺灣史料集成編輯委員會編輯，清代臺灣方志彙刊第一冊，臺北：文建會，2004年，頁202。
〔註3〕 高拱乾 周元文，《臺灣府志》。收於：臺灣史料集成編輯委員會編輯，清代臺灣方志彙刊第二冊，臺北：文建會，2004年，頁322。
〔註4〕 黃叔璥，《臺海使槎錄》，收於《臺灣文獻叢刊》，臺北：臺灣銀行經濟研究室，1957年，頁41。

〔註5〕，同時競渡被當地人「也」稱爲「鬥龍舟」。

　　這些文獻的描述，都是反映臺灣南部地區競渡的情形，我們大致可以獲得一些與現行競渡方式完全不同的概念，或有可能是臺灣端午競渡的原初方式。在清廷透過各種教化系統，將漢文化大量移植來臺前，臺灣就有於港口競渡的活動，時間並不固定的端午競渡活動，通常得勝者能獲得布標錦旗與錢幣。那麼這種競渡是否具有信仰的意涵？還是僅爲單純的娛樂活動？

　　我們若比對乾隆年間的文獻，便可發現信仰的特質，是過去康熙年間較沒記錄的內容，如乾隆 5 年（1740）劉良璧《重修福建臺灣府志》，其記載與康熙年間的記錄相仿，但另有增記：「近海居民，群鬥龍舟……三月盡、四月朔望、五月初一至初五日，各寺廟及海岸各船鳴鑼擊鼓，名曰『龍船鼓』。」〔註6〕，由此可知，在農曆五月初一至初五期間，甚至是三、四月間，各寺廟及海岸邊的魚船都會進行「龍船鼓」。甚至，乾隆 9 年（1744）在記錄頹桐花時，曾經補述：「五月開最盛；土人於競渡時，必採數枝供瓶案，故俗又名『龍船花』。」〔註7〕；顯見，當時臺灣人於競渡前，都會有採頹桐花插瓶祭祀的情形。

　　此後的記載，則要到道光年間，因行政區劃擴張，才有不同地方的增記，否則，自康熙延續到嘉慶年間，文獻記載的情形大多不脫上述諸多內容。透過這些記錄，我們大致可了解清治初期以來，中國官員所見的競渡情形，其實與中國競渡有很大的不同。就前文的理解脈絡底下，民俗傳播的方式，並非直系傳承，臺灣端午節是「選擇性」地對中國端午節進行采借，在接受後，還必須透過本土環境進行改造，才能凝聚成屬於臺灣端午節的特殊形式。由此似可理解，因何臺灣競渡的模式，並不如諸多方志撰述者的期待，而常有：「僅存遺意」、「好事者」、「蓋龍舟錦標之遺云」〔註8〕等略帶鄙意的說法。推測，應就是漢番共處的情況，使臺灣端午競渡在當時具有本土信仰的文化脈絡，而其內容與清代來臺官員見解不同，站在優越政治地位思索，陳述才會如此帶有貶抑。

〔註5〕　若配合蔣毓英《臺灣府志》的說法，可知清代競渡多是在海港舉行。

〔註6〕　劉良璧，《重修福建臺灣府志》。收於：臺灣史料集成編輯委員會編輯，清代臺灣方志彙刊第六冊，臺北：文建會，2005 年，頁 200。

〔註7〕　范咸，《重修臺灣府志》。收於：臺灣史料集成編輯委員會編輯，清代臺灣方志彙刊第九冊，臺北：文建會，2007 年，頁 654。

〔註8〕　柯培元，《噶瑪蘭志略》收於：臺灣史料集成編輯委員會編輯，清代臺灣方志彙刊第二十三冊，臺北：文建會，2006 年，頁 371。

在文獻中也可以發現，受到臺灣海島特殊性的影響，競渡之進行都以海港爲主，幾乎各方志都是記載端午競渡於「海濱」、「海港」舉行；且競渡所使用之船隻，是屬於杉板舟與小艇，這種形制，其實就是臺灣最常見的漁船，在北部地區，更有「駁仔船」之稱。顯見，甚早從事龍舟雕刻的劉清正，回憶臺灣最早並無龍舟的說法，實屬臺灣自古以來長期發展的事實〔註9〕。同時，我們也在日治時期的許多文獻中，可以看到具體圖片之印證，如【圖6】採自《日本地理風俗大系》所展示之龍舟，便是一般漁船造型，未有雕刻龍頭，僅有船邊的彩繪圖騰。

圖6　日治時期淡水地區的龍舟競渡情形〔註10〕

那麼，彩繪有龍的圖騰，是否就是龍神信仰的一環？比較確實的印證，其實還要透過儀式內容來對應檢視，將留待後文進行本土競渡的儀式過程討論時，一併說明。而在文獻方面，清代方志中，確實曾有提過迎龍頭的說法，

〔註9〕　臺灣龍舟製作知名藝師劉清正，原是舢舨船藝師，於24歲（1965）製作第一艘龍船，接受訪問時，特別提起早期的龍舟並沒有龍頭、龍尾，後來請畫家協助打草稿後，才研發出來。參見：陳志豪，〈傳藝焦點：龍舟的設計藝術及製作過程〉，《傳統藝術》卷7，2000年6月，頁32～33。另見：邱莉苓，〈臺灣龍舟達人阿正師造船親水55年〉，參引網址：http://news.rti.org.tw/index_news Content.aspx?nid=246666；最後上網日期：2011年4月29日。

〔註10〕　仲摩照久編輯，《日本地理風俗大系》第15卷，日本東京：新光社，1932年，頁177。

如道光 12 年（1832）《彰化縣志》所載：

> 近海處作龍舟競渡之戲，兼奪錦標。先是初一日，以旗鼓迎龍頭，
> 沿門歌唱曰「採蓮」，所唱即採蓮曲也。寺廟海船皆鳴鑼擊鼓，謂之
> 「龍船鼓」〔註11〕

文中的「龍船鼓」，與前引劉良璧《重修福建臺灣府志》的記錄相同，但值得
注意之處在於，龍船鼓、迎龍頭與競渡三者之間是否相互有關？迎龍頭唱採
蓮曲究竟為何？解開謎題前，我們得先釐清在整個清代文獻中，僅有《彰化
縣志》特別提出「迎龍頭」的說法，因此值得比對彰化日治時期的文獻，來
確認彰化迎龍頭與競渡是否有關。可惜，在日治報紙中，我們僅見如此說法：

> 彼馬芝堡。鹿港。鳳山寺前。有池沼一堀。深八九尺。闊一甲左右。
> 該街殷戶。楊宣氏。同寺僧。慕奪錦之遺風。作為午節之餘興。購
> 買金字鳥紙扇拾枝。繡腹圍拾個。縛在竹標上。插於池邊。令兩人
> 各駕一竹筏。競鬥高低。先至者。給賞紙扇。腹圍。各一件。如是
> 者。數十回。來觀者。若堵牆。各在池邊喝彩。駕筏者。爭先恐後。
> 水花濆天。其樂也融融。迨至午後五時。各盡興而散云。〔註12〕

這則新聞雖為 1908 年的記錄，與《彰化縣志》（1832）兩者差了 76 年，但文
中提及「彼馬芝堡」顯然是回溯式的記錄，故或可再往前推至清末與日治初
期的時間點。細探其記載之競渡模式，與前述清代文獻頗為相似，僅有地點
是海濱與池沼的差異。競船使用則是「竹筏」，且無「迎龍頭」記載。值得思
考在於，此活動由鹿港在地寺廟推動，何故鹿港具有重要信仰地位的「龍神
尊王」〔註13〕卻未出現於其中？且全文也未有提及龍船鼓、採蓮曲之內容。
再者，這則鹿港競渡的情形，竟與李獻章所編〈臺灣民情風俗圖〉中，所謂
「迎水標」，有完全相同的情形，如【圖 7】所示。此外，莊松林記載臺南五
條港扒龍船之內容，也可供比較參考，其文：「在前一天即盛大地舉行了『迎
標』的行列，係將各界贈送的錦標和獎品整隊遊行，伴著雄壯的音樂繞了街
市。」〔註14〕可見，這項「迎標」的行列，與前引文獻中的「龍船鼓」相似，

〔註11〕周璽，《彰化縣志》收於：臺灣史料集成編輯委員會編輯，清代臺灣方志彙
　　　　刊第二十二冊，臺北：文建會，2006 年，頁 437。
〔註12〕作者不詳，〈彰化通信／端午奪標〉，《臺灣日日新報》，版 4，1908 年 6 月 12
　　　　日。
〔註13〕祀奉於龍山寺中，每逢端午節由內殿抬至外殿，供信眾膜拜。
〔註14〕莊松林，〈臺南的端午節〉，《文史薈刊》，復刊第七輯，2005 年 6 月，頁 75～

但五條港未有迎龍頭的作法，反而是迎被搶奪的布標，並搭配雄壯音樂的遊行活動。

圖 7　臺灣民情風俗圖──搶水標〔註 15〕

　　若細查比對【圖 7】與鹿港日治時期新聞可知，臺灣端午節競渡除了清文獻所載之「杉板小船」，亦有使用竹筏為競船的例子，且進行模式是在岸邊插著竹篙，上面綁紙扇與腹圍做為競渡的獎賞，由最先奪標者獲得，命名為「搶水標」，又此點與清代文獻所載的「奪錦標」意義相同。或許，由這些相同之處，再加上與臺南記載相同事例，可以推敲：鹿港新聞所載的競渡情形，絕非鹿港一地方之特殊案例，應是相當普遍〔註 16〕，才會出現於風俗圖繪中，

76。

〔註 15〕李獻章，〈日據時期臺灣民情風俗圖卷〉，《臺灣風俗》，卷 38，期 2，1988 年 6 月 30 日，序頁。

〔註 16〕但莊松林記載臺南的迎標在隔日的端午節下午舉行競渡奪標，且競渡的情形延續到「月半」，顯見時間大約有十天。莊松林，〈臺南的端午節〉，《文史薈

成為具有代表性的重要競渡內容。搶標或得采的說法，正是競渡獲勝的最終
價值，故奪標前的迎標活動，即是一種展示的過程，搶水標極有可能是清代
競渡的最原始形制，「迎標」與「龍船鼓」也可能是相似的活動。

那麼為何臺南競渡並沒有像鹿港一樣有「龍頭」的出現？長年對泉州原
鄉進行田野調查的鹿港文史研究者陳仕賢，在民國 94 年（2005）7 月前往中
國安海龍山寺調查後得知：採蓮曲與「迎龍王」的遶境儀式，很有可能是源
自泉州習俗。〔註17〕陳仕賢亦指出：「遶境時需唱采蓮歌，其曲調與我小時候
在鹿港所聽到的旋律是一樣的」〔註18〕，顯然，在鹿港迎龍王所需傳唱之採
蓮曲，與周璽《彰化縣志》所載之採蓮曲習俗相同，且直到戰後仍曾有傳唱。
通常，傳唱採蓮曲是跟著「龍頭」遶境一起舉行，在泉州安海的採蓮歌舞又
稱為《唆囉嗹》，是最早於明代就出現的活動，民間相信「龍上天能吞雲吐霧，
下地能吐水吸水」〔註19〕，所以，才會抬出龍王神像出巡，途中唱著《唆囉
嗹》。〔註20〕由此可知，迎龍王原是一種單獨存在的活動，《彰化縣志》記載，
是有所誤解地將之與「龍船鼓」混同。其實迎龍王活動，是屬於端午節競渡
之外的一項遶境活動，此點亦可在日治時期記載艋舺於陸地上「賽龍船頭」
的新聞取得印證：

> 該地艋舺與大稻埕等處。例年即於舊五月一日起至初五日止。集一
> 班年少。賽龍船頭於市上。其龍形木彫而成之也。龍頭滿飾艾葉及
> 松葉。沿街為人祓除。有人向乞松葉。珮之身上。式插之髻中。（俗
> 稱之曰插松可勇龍）須給以兩三百文。獨不思龍船即競渡也。〔註21〕

這則新聞陳述了迎龍神習俗與競渡無涉的情形，而龍頭的造型（見【圖8】）、
信仰內容與儀式過程，都與今日在鹿港龍王祭所見極為相當；文中更提及，

刊》，復刊第七輯，2005 年 6 月，頁 75～76。
〔註17〕 相關論述參見：陳仕賢，〈端午迎龍王〉，《彰化文獻》，卷 7，2006 年 8 月，
頁 177～180。
〔註18〕 陳仕賢，〈鹿港龍王祭〉，網址：http://tw.myblog.yahoo.com/jw!Bgm.kP.RGEL0y
HFex.1F5X7y/article?mid=212，上網時間：2010 年 7 月 8 日。
〔註19〕 鄔明華，〈從亞細亞「端午文化」的比較研究看文化遺產保護的意義〉，《第十
二屆國際亞細亞民俗學會年會暨東亞端午節國際學術研討會論文集》，臺北：
樂學書局，2013，頁 71。
〔註20〕 鄔明華，〈從亞細亞「端午文化」的比較研究看文化遺產保護的意義〉，《第十
二屆國際亞細亞民俗學會年會暨東亞端午節國際學術研討會論文集》，臺北：
樂學書局，2013，頁 71。
〔註21〕 作者不詳，〈賽龍船頭〉，《臺灣日日新報》，版 5，1907 年 6 月 15 日。

當時有人祈求榕樹葉佩戴在身上的習俗，目前在鹿港所見，則是改爲求餅與求玉蘭花；前者祈求平安，後者則有求子之意涵。此外，論者亦發現有民眾拿家中珠寶，或塑膠珠鍊，於龍王神像前之香爐過火，並於龍王口中繞晃一圈，取獲得「龍珠」之意涵，當時也有不少民眾表示藉此獲利不少。另方面，也有民眾以錢包、卡片，解下結於龍舟上之紅繩，於龍王尊神面前過爐，據說亦可藉此庇祐萬事順利、心想事成。由這樣的信仰與儀式意涵來看，整個迎龍王的信仰內容、儀式結構確實都與競渡無直接對應。那麼爲何今日鹿港競渡活動中，會出現「迎龍頭」的做法？甚至使多數研究者們，誤認爲龍王祭就是龍船下水儀式的一環？

圖 8　鹿港的龍王尊神信仰

　　因爲，鹿港迎龍神與競渡的結合，是源自民國 67 年（1978）開辦「第一屆端午節全國民俗才藝活動」時，爲增加熱鬧感，才將迎龍頭、競渡兩相獨立的活動結合一起。當時不僅復辦曾經停擺的「迎龍王」活動，更作爲龍舟點睛活動時，迎奉水仙尊王的開場，由此可知，目前所見迎龍王與端午競渡結合在一起，實是官辦活動創發之下的結果。值得注意是，不少論述經常性的將競渡與迎龍頭（採蓮）的意涵混同，並且判斷龍神信仰就是競渡的核心意涵，其思維背景，顯然是受到戰後官方「創發傳統」的文化活動影響。戰後「創發傳統」的時代背景與脈絡，已是我們在思考臺灣端午節競渡意涵時，

不得不檢閱的重要議題。

檢視自清代至今非官辦活動的競渡形制，可知臺灣端午競渡與搶水標，具有原始儀式的親近性，最早的競渡，與「龍」圖騰無關，那麼又爲何會有彩繪龍圖騰的情形出現呢？早在光緒4年（1878）《澎湖廳志》中，便已記載：「將小漁船彩畫五色，鳴鑼角勝，謂之『鬥龍舟』。」〔註22〕，由此可知，起初彩繪的目的，並非是崇拜龍圖騰，而是彩繪「五色」，當時端午節小兒戴「五色縷」的習俗，仍在臺灣傳遞，尚未消失，可以推知，五色即是一種具有辟邪功能的節日裝飾，到後來，日治時期記載競船彩繪圖騰中，則衍生出八卦圖的情形〔註23〕，使象徵意義更爲明確。同時，我們也可以在日治文獻中，發現這種杉板船、鴨母船，船體所繪的圖騰有不同於「龍」的內容，猶如國分直一在日治末期所記載的情形：「龍船船尾上象徵稻子的圖案乃是龍船儀式和農作有密切關係的證明」〔註24〕，可知到了日治時期，人們已經開始將自己的祈求慾望，彩繪於競船之上，龍圖騰只是諸多彩繪圖案的選擇之一。比如在潘迺禎繪給國分直一的圖形中，除稻米外，也有鳳凰的圖騰，如【圖9】所示。

圖9　龍舟上有鳳凰圖騰也有稻米圖騰。〔註25〕

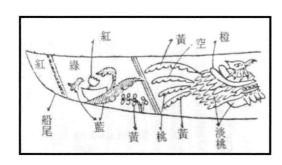

〔註22〕林豪、薛紹元，《澎湖廳志》收於：臺灣史料集成編輯委員會編輯，清代臺灣方志彙刊第三十冊，臺北：文建會，2006年，頁410。

〔註23〕潘迺禎，〈士林歲時記〉，收於林川夫編譯，《民俗臺灣》，第一輯，臺北：武陵，1990年，頁224。原文刊登於：潘迺禎，〈士林歲時記〉，《民俗臺灣》，第6號，1941年12月，頁12。

〔註24〕國分直一，〈淡水河的民船〉，收錄於林川夫編譯，《民俗臺灣》，臺北：武陵，第四輯，1990年，頁175。原文刊登於：國分直一，〈淡水河の民船〉，《民俗臺灣》，第32號，1944年2月，頁11。

〔註25〕國分直一，〈淡水河的民船〉，收錄於林川夫編譯，《民俗臺灣》，臺北：武陵，第四輯，1990年，頁178。原文刊登於：國分直一，〈淡水河の民船〉，《民俗臺灣》，第32號，1944年2月，頁11。

　　最後，在有關臺灣端午競渡的文獻中，清代文獻經常以「鬥龍舟」或言「龍舟錦標」的說法來詮釋臺灣端午競渡活動，其實很有可能帶有外加詮釋系統的觀念，一如日治新聞中，曾以日語「競漕大會」來指稱端午競渡；其實，在其說法中，另也有競渡、鬥艇之詞，或如佐昌孫三《臺風雜記》所記為「鬥船」。〔註26〕畢竟，不同族群看到類似行為的詮釋，在使用我族的語彙上，自然會與該民俗活動的本質有所差異或訛誤，通常臺灣端午競渡的名稱，在民間則較盛傳為「扒龍船」、「扒龍舟」等語彙，因此當我們透過儀式過程再重新檢視其代表意涵時，我們依然得以發現，「龍」字的使用，極有可能是對中國端午節采借而來的概念。儀式上，並非以端午競渡，做為祭祀龍神的文化載體。那麼沿用「龍舟」、「龍船鼓」等稱謂，既然與龍神信仰無關，又為何有龍字的使用？論者以為，須要透過儀式過程來細究其文化脈絡，留待後文討論臺灣端午競渡之儀式過程時，一併檢視。

　　總結而言，臺灣端午競渡的濫觴，其實與海濱、岸邊或池沼的魚船、小艇奪水標有關，時間點常是端午節前後數日，而競渡的目的，在清代文獻中僅有「辟邪」一說，其實不僅只如此，還需要靠後文進行更多儀式過程的探討，才能發現本土競渡歷經時間演變後，最核心的文化意蘊。

二、日治時期端午競渡的發展

　　誠如前述，日治時期保存的文獻記載、照片，大致上還能發掘臺灣競渡活動的特殊意涵，尤其是具人類學觀點的采集。另外，日治時期的報紙資料，亦有相當多的競渡記載，彙整後，可知日治時期臺灣端午競渡活動是相當熱鬧踴躍，許多地方顯然是清代文獻未能記載之處，比如光是臺北地區便有：八芝蘭（士林）、洲仔尾（洲美）、艋舺（萬華）、稻江（大稻埕）、枋橋（板橋）、新店等地都有競渡活動，另全臺各地：基隆社寮島、宜蘭北門溪口、宜蘭員山、宜蘭羅東、宜蘭礁溪、宜蘭南方澳、桃園大溪、桃園龍潭、新竹舊港、苗栗竹南、苗栗後龍、嘉義東石、臺中大甲、臺中烏日、臺南運河、高雄港、屏東東港、馬公西瀛等地，也在日治時期有數筆競渡的記錄。其中，宜蘭南方澳、桃園大溪、桃園龍潭、桃園市、臺南運河、高雄港、屏東東港等，明顯是在日治時期才開始出現競渡，其他地方在新聞中多提及「循舊例」

〔註26〕林美容編，《白話圖說臺風雜記：臺日風俗一百年》，臺北：臺灣書房，2007年，頁94。

舉辦，極可能就是清代文獻未載的結果。

　　在這些新聞資料中，如：明治30年（1897）艋舺競渡之報導，可知當時主要競渡隊伍只有兩組，爲艋舺轄內大溪口與竹巷尾兩地的比賽，但競渡時間比清代所記更長，文載：「自舊曆五月五日鬥起迄今十天」，且當時岸邊觀衆「觀約有二三千人之多」〔註27〕。在同年度的報導中，則另有指出：「臺俗端陽節前後最尚鬥龍舟。如八芝蘭及州尾艋舺等處。業已次第舉行。昨稻江人興會。擬來日爲始。一連十日欲大興龍舟之舉。但往年龍舟一事他處俱不及稻江。想這番又大熱鬧矣。」〔註28〕，可見端午競渡的景象，在日治初期便已經是非常興盛，動輒數千人，再者，競渡的時間可達十日，並非固定端午節舉行，而是在端午節前後可以任意調整，這點與戰後端午節往往急於當天比完所有賽事的現象完全不同。

　　整體言之，日治時期新聞記載的盛況，多與謝江有關。謝江屬於競渡結尾的末端儀式，往往比先前的競渡或「獻江」（即龍船初次下水祭江）更受重視，且必定有「梨園」戲曲之演出。1898年7月6日之新聞，便曾記載黃克家邀集久壽街吳文章集資舉辦競渡，在雙方辦理申請登記後，原本預計進行十天的競渡活動，卻因競渡參與者彼此不服勝負，而一天鬥不上二、三回合，在考量資金耗費之下，只得停辦；然而，雖是充滿不悅的臨時中止，雙方仍然議定吉日，完成謝江習俗，並無草草了事〔註29〕，突顯出謝江的重要性。另一項1907年的報導，則是如此詮釋謝江儀式：「聞定至本日止。加鬥數回。演戲謝江。並祭江神。告畢其事。」〔註30〕；可見謝江的目的在於「告畢其事」因此必須要慎重以對。除此之外，新店競渡的資料中，也記載著謝江時才開始招來藝妓與南管演出：

　　　　新店一帶，數月前，黑疫極盛，即軍隊亦多傳染，直至日前始稍靖
　　　　故，紳董會議擬大興競以祓除不祥。一連十餘日，亦覺頗形熱鬧，
　　　　至昨日謝工遂招艋妓數名，併梨園數臺排場演唱，想見一場興會也。
　　〔註31〕

〔註27〕作者不詳，〈艋舺艫懽〉，《臺灣新報》，版1，1897年6月16日。
〔註28〕標號爲論者所加，作者不詳，〈稻江競渡〉，《臺灣新報》，版1，1897年06月23日。
〔註29〕參見：〈競渡復興〉《臺灣日日新報》，版5，1898年7月6日與：〈競渡停擺〉，《臺灣日日新報》，版5，1898年7月15日兩則新聞。
〔註30〕作者不詳，〈競渡謝江〉，《臺灣日日新報》，版5，1907年7月17日。
〔註31〕作者不詳，〈新莊競渡〉，《臺灣新報》，版1，1897年7月28日。

此文不僅載及謝江之繁貌，同時也映證了清代記載競渡是爲了要「辟邪」的說法，在此疫病繁衍的時節，總令人想起透過競渡來拔除不祥之氣。於其他日治新聞中，也能找到數項記載，得以補充這樣的信仰概念，如：

> 今有擺接、星直兩堡交會之溪，名曰雙港口，近來溺死多人，皆云不鬪龍舟，至有魍魎作禍，理或然歟，爰是枋橋街人約同新莊街人，各備龍舟二條互相往鬪。〔註32〕

此則新聞即是表示，因爲溺死許多人，又無龍舟競渡，所以導致鬼魅作崇，必須靠競渡來鎮壓鬼魅，亦爲「辟邪」目的之一

　　由上述文獻可知，日治時期的臺灣端午競渡，有著信仰習俗的傳承。然，受到日治時期現代化社會制度的形成，以及日本政權的推動，端午節競渡活動也逐漸轉型，亦從新聞資料可看出，在日治時期加入官方紀念文化。如大正 6 年（1917）曾有新聞將艋舺迎北港媽祖及競渡的活動，刻意牽連到始政紀念日的舉行〔註33〕，以塑造臺灣人去認同日本「始政」之正當性；其實，究其因緣，乃臺灣端午節競渡活動所耗時日甚長，結束後往往正接逢始政紀念日，故容易讓殖民者運用在合理化政權的詮釋之中。直到後來，大正 10 年（1921）南方澳築港，每年都配合始政紀念日舉行龍舟競渡的活動〔註34〕，亦有如三峽競渡也是配合始政紀念日進行，這才開啓臺灣端午競渡由官方介入之先例。除此之外，即便不同競渡目的都在日治時期產生，但也都是由民間主導居多，如屏東東港修築堤防後開始競渡〔註35〕，後來興築海水域場後，擴大競渡的規模〔註36〕；或如龍潭陂的商街形成後，地方人士黃阿昂、劉成房等人提倡進行競渡活動，以拉攏人氣〔註37〕。亦如，高雄港修築完成後〔註38〕，競渡也成爲其中一項趣味運動；再者，也曾有體育俱樂部組成短艇

〔註32〕標號爲論者所加，作者不詳，〈新枋競渡〉，《臺灣日日新報》，版 4，1899 年 6 月 28 日。

〔註33〕作者不詳，〈始政紀念及艋舺　恭迎北港媽祖　繼以龍舟競渡〉，《臺灣日日新報》，版 6，1917 年 6 月 17 日。

〔註34〕作者不詳，〈祝始政記念日　南方澳競渡〉，《臺灣日日新報》，版 8，1932 年 6 月 16 日。

〔註35〕作者不詳，〈東港街籌備　龍舟競渡　五月三日　起五日間〉，《臺灣日日新報》，版 4，1926 年 6 月 11 日。

〔註36〕作者不詳，〈東港競渡　九日起三日間〉，《臺灣日日新報》，版 4，1929 年 6 月 7 日。

〔註37〕作者不詳，〈龍潭競渡　四日起三天〉，《臺灣日日新報》，版 4，1935 年 6 月 4 日。

〔註38〕作者不詳，〈高雄港祭盛況閉幕有龍舟競渡等〉，《臺灣日日新報》，版 4，1937

競渡會〔註39〕，來進行競渡的「娛樂遊戲」。

　　由以上諸多情形可知，日治時期的競渡活動有了很大的改變，開始成為一種娛樂性強烈的健體運動，有時並隨著統治者起舞。黃麗雲曾將日治時期的競渡活動分成明治、大正、昭和三期，並分成官方、半官方與地方籌辦等類型，其歸納認為，日治時期的經濟發展是臺灣端午競渡發生改變的一項重要因素，因此，競渡的物件變得複雜多樣。對官方而言，端午競渡的目的則在於展示帝國主義的時代意義和社會價值，藉以擴張政權塑造共同體想像。〔註40〕

　　大抵上，對於日治時期的發展，論者部份同意前行研究者黃麗雲的看法，並將視角轉向屬於庶民流傳的核心價值觀，察其是否有所改變。在前述幾項文獻中，我們可以發現臺灣端午節競渡的一些特點，於日治時期具有傳承與創新演化兩種特質。首先，由儀式時間的角度來看，日治時期的端午競渡非常擴張，由清代記載為初一日開始到初五日的活動，轉變成可達數十日以上，無怪乎臺灣文化脈絡中，特別稱呼端午節為「五月節」，即有屬於整月行事的特殊傾向。再者，日治時期臺灣人對謝江儀式的看重，也是過去清代文獻所無記載之事。競渡舉行之目的，雖有文獻延續清代說法，稱是要驅邪與逐疫，但大抵上都是日治初期所生產的概念，我們或許得以從更後來且詳細的文獻記錄與儀式過程中，來發現競渡的意涵究竟為何。

　　另一方面，日治文獻中，關於龍舟形制的記錄，除了前文【圖9】潘迺禎繪出的競渡圖騰外；潘氏於〈士林街洲美の扒龍船〉文中，則更詳細地描繪了日治時期競渡的形制。〔註41〕其文載：日治時期北部競船的特徵是紅、綠兩色為主，搭配黑白條紋與太極圖騰，在船舷的兩側繪有「龍船目」，船身則前繪龍、後畫鳳，船軸上插著一對紅色長形旗幟稱為龍目旗，上書：「四時無災、八節有慶」或「風調雨順、國泰民安」等字樣，而在船艫之處，插著三角旗，稱為送尾旗，寫著水仙尊王之稱，並註明何地信徒叩謝之字樣。如此形制，在論者調查全臺灣各地競渡活動中，目前僅發現二龍村之競渡有相似作法，只是船體彩繪稍有不同，如【圖10】所示。

　　年 3 月 31 日。

〔註39〕作者不詳，〈競渡延期〉，《臺灣日日新報》，版 6，1912 年 9 月 7 日。

〔註40〕黃麗雲，〈日治時期研究資料中的扒龍船——「地方」與「官方」、「主流」與「非主流」〉，《臺灣史料研究》，第 35 期，2010 年 6 月，頁 102～121。

〔註41〕潘迺禎，〈士林歲時記〉，收於林川夫編譯，《民俗臺灣》，第一輯，臺北：武陵，1990 年，頁 226、227。原文刊登於：潘迺禎，〈士林歲時記〉，《民俗臺灣》，第 6 號，1941 年 12 月，頁 11～13。

圖 10　二龍村競船圖

　　顯然，透過現存仍保有與日治文獻相同內容的二龍競渡，即能推測端午競渡諸多原始意涵。過去的研究，咸以李清蓮對日治時期的回憶著述，認為是二龍競渡最早之記錄，但事實上，《臺灣日日新報》中，便曾有如此記載：

> 宜蘭郡礁溪庄淇武蘭州子尾兩庄。例年端午。龍舟競渡。者番訂
> 來舊五月六日起。六日間。在淇武蘭港州仔尾港。各輪流一日競
> 渡。而十、十一日兩日間。兩庄各演唱梨園數臺該處龍舟競渡。
> 參加團體概屬兩處之人。向來之說若優勝地。今年農產物定見豐
> 收。然固競渡之日。兩庄人。宛如仇敵。不讓寸步。各逞勇力決
> 雌雄云。〔註42〕

此新聞說明了宜蘭礁溪二龍村的競渡活動是歷來傳承，而競渡的時間歷時有六日。尤其，我們得以知道，日治時期所保留的競渡活動，除了辟邪、逐疫之外更有上方引文中所載的祈禱「豐收」意涵。猶如潘迺禎記載祝禱語之內容，有求得風調雨順、國泰民安的意蘊，但究竟真實情況如何，我們還是得透過實際的儀式過程來討論，加以分析探述才行。值得注意是，日治時期的競渡類型，在臺灣戰後卻發展出迥然不一的樣貌，龍圖騰的使用與龍舟的出現，以及戰後競渡的目的，完全遮掩了過去日治時期具有信仰力量的延續發展，這種改變與戰後臺灣社會的變革，及官方所推動的競渡形態有密切相關，這也是為何二龍競渡能成為現階段溯源臺灣端午競渡原初意涵的重要關鍵。

〔註42〕作者不詳，〈礁溪兩庄民　龍舟競渡競爭甚烈〉，《臺灣日日新報》，版 8，1935
　　　年 6 月 6 日。

三、戰後官方民族主義推動下的端午競渡

　　競渡為目前臺灣端午節活動中，最鮮明且普遍的慶典儀式，誠如前述，臺灣競渡活動幾經朝代更迭遞變，再加上體育化、賽則化的影響，表現出強烈的娛樂、健體意味。此現象由日治時期開始，在戰後積極延續，各地方政府籌辦龍舟競渡時，往往站在觀光文化節角度思考，頗有以「傳統」之名，渲染施政「績效」之實。在閃耀的鎂光燈與施政經費影響下，民俗活動根源自俗民生活需求的特性，以及原生的「常民知識系統」，是否能夠展示與闡述，表現出民間力量的活躍，實在令人質疑。畢竟，民俗的定義中，即有著民間自動自發形成、傳承的特質。那麼，我們在看待戰後的競渡活動時，必然要清楚了解官方政策的目標，以及其形塑端午競渡的形象，方能在其展演的慶典儀式中，了解復辦競渡的目的。此時，前文曾經討論霍布斯邦提出「創發傳統」的觀察，便有助於我們思考這則問題。

　　在日治末期，因為太平洋戰爭爆發，全臺各地的競渡活動全面停止。戰後初期，雖曾有些地方斷斷續續地復辦，但並不踴躍，也不普遍。直到民國63年（1974）由救國團、國際獅子會中華民國總會創辦「端午節中正盃龍舟錦標賽」後，成為戰後臺灣第一場「全國性參與」的龍舟競渡活動，後來，由中央警官學校連續接辦3年，至民國68年（1979）才改由臺北市體育會承辦，此後臺北淡水河的競渡活動迄今未曾停歇，並成為戰後官方辦理競渡活動的最大示範。臺灣現存各地的端午競渡，其辦理模式與競賽規則，大致上都延伸自此。

　　從臺影新聞史料留存的影片，我們大可看出民國65年（1976）端午節的辦理情形。當時，臺北中正盃龍舟錦標賽於淡水河畔中興橋舉行，而點睛下水的龍舟共有四艘，船上置有大鼓，在影片最後另有提及臺南端午競渡的情況〔註43〕。仔細比對可知，當時的龍舟已有木雕龍頭的出現，且在臺南的龍舟上，更可看到龍頭插著榕枝、艾草與香茅，而船尾則也插著日治時期潘迺禎所著之「送尾旗」，但臺南市的形制，在臺北中正盃的龍舟上卻完全看不到。

　　透過影片記錄看來，臺南於戰後的龍舟競渡，顯然還適度保留著日治時期的競船形制，只是，多出了龍頭與龍尾的雕刻。那麼，我們必須得問，臺

〔註43〕作者不詳，〈龍舟競技度端節〉，臺灣省電影製片廠出版，1976年。典藏單位：財團法人國家電影資料館，典藏日期：2008年11月27日；參引自：《數位典藏與數位學習聯合目錄》網址：http://catalog.digitalarchives.tw/dacs5/System/Exhibition/Detail.jsp?OID=3807896；上網日期：2011年6月8日。

灣有龍舟形制的出現，究竟是何時？前文提述劉清正在接受訪談時曾經表示，北部地區龍頭與龍尾的形制，是在戰後才出現，且是他委託畫家協助描繪龍的形體，才開始有龍舟構圖的定制。這樣的說法，除了在日治時期保存下來的諸多圖片得到印證外，在國家電影資料館典藏新聞影音史料中，因保存了戰後初期龍舟競渡的影片，也能就此獲得驗證，讓我們看到有關「龍舟」在臺灣出現及發展的大概情形，並能藉此判斷究竟是何時引入臺灣。

首先，在民國42年（1953）6月15日中影製作的新聞片中，基隆海軍軍區司令部曾經在基隆海灣舉行一場龍舟競渡，當時參與者主要是駐守在基隆的海軍。由其新聞記錄可以得知，臺灣當時尚未有龍船的雕刻出現。因此，中國來的軍人所划龍船，是以板拼舟改造，在龍舟上之龍頭造型，則是以布類道具裝飾製作而成，並以布與繩索結合，縫製了龍尾與龍身；在競渡進行中，龍頭方向站立一人，手持方旗，於龍舟行進時大力揮舞，舵手則是以反坐拉槳的方式進行，與今日正坐提槳划動的情況完全不同，此相關圖片可見【圖11】所示。〔註44〕

圖11　臺灣最早的「龍」舟其實是在戰後出現〔註45〕

〔註44〕作者不詳，〈龍舟競賽〉，中國電影製片廠出版，1953年。典藏單位：財團法人國家電影資料館，典藏日期：2008年6月28日；參引自：《數位典藏與數位學習聯合目錄》網址：http://catalog.digitalarchives.tw/dacs5/System/Exhibition/Detail.jsp?OID=3807896；上網日期：2011年6月8日。

〔註45〕作者不詳，〈龍舟競賽〉，中國電影製片廠出版，1953年。典藏單位：財團法人國家電影資料館，典藏日期：2008年6月28日；參引自：《數位典藏與數位學習聯合目錄》網址：http://catalog.digitalarchives.tw/dacs5/System/Exhibition/Detail.jsp?OID=3807896；上網日期：2011年6月8日。

　　基隆海軍的端午競渡模式，與臺灣在地傳承演變之內容有別，顯然是當時來臺駐守之軍隊，透過家鄉記憶，模仿塑造出來的端午節競渡。若將此影片史料之內容，加以比對民國 65 年（1976 年）「端午節中正盃龍舟錦標賽」之記錄影像，再配合劉清正接受採訪時的回憶，可以推敲：真正由臺灣人打造的第一艘「龍」舟，應大約是在民國 54 年（1965）左右〔註46〕完成，而且劉清正是結合畫家所繪的龍圖騰為基底，並非長期文化脈絡傳承底下，對龍產生認知、進行描繪。因此後來民國 65 年（1976），臺北中正盃龍舟錦標賽的新聞影片，才會開始出現劉清正的龍舟造型。

　　由此現象亦可推測，在終戰以後至臺灣龍舟打造成功的這段時間裡，臺灣各地的端午競渡活動雖然多為時興時廢的狀態，但應仍是固守於傳統杉板舟的模式，所以才會使臺南在使用龍舟時，仍有結合著安插送尾旗形式進行競渡的情況。

　　臺北龍舟錦標賽的舉辦，是由官方策動，在後來各地競渡的「復辦」情形中（其實應該說是新辦），具有代表性的地位，因此全臺各地的龍舟造型才拓展開來，大量複製。黃麗雲曾經詳記戰後各地競渡活動的辦理時間，論者將之改作如【表 1】，從中發現，戰後臺灣端午競渡的復辦，或者是新辦，大致上有兩段時間點，第一段時間多集中在 1970 年代中至 1980 年代中；第二段時間大約是 1990 年代末期以後。這樣的時間差異，自然有其社會發展的背景因素可以探究。

表1　戰後臺灣各地端午競渡新辦與復辦時間〔註47〕

地　　點	新辦、復辦時間	地　　點	新辦、復辦時間
臺北淡水	民國 63 年（1974）	桃園大園	民國 60 年（1971） 民國 86 年（1997）
桃園龍潭	時興時廢	桃園觀音	民國 64 年（1975）

〔註46〕劉清正在 65 歲時受訪表示：二十四歲時，他獨立打造出人生第一艘龍舟。因此，可以藉此推測，劉清正大約於 1964 年才打造。參見：郭美瑜，〈龍舟師傅劉清正　打造龍船揚名海內外〉，中央社，2006 年 5 月 31 日；本文參引自：http://www.epochtimes.com/b5/6/5/31/n1335519.htm；上網時間：2011 年 4 月 29 日。

〔註47〕本表資料已經由論者略加修改添補，原始資料參引自：黃麗雲，《臺灣における「端午扒龍船」の研究：長崎ペーロン及び沖繩ハーリーと》，日本：兵庫教育大學大學院聯合學校教育學研究科，博士論文，2008 年，頁 76〜82。

桃園八德	民國 70 年（1981）	新竹新豐	民國 74 年（1985）以前
苗栗竹南	時興時廢	南投日月潭	民國 71 年（1982）
彰化鹿港	民國 67 年（1978）	嘉義東石	民國 72 年（1983）
臺南運河	1、戰後復辦，民國 51 年（1962）因事故停辦 2、民國 64 年（1975）復辦	高雄愛河	民國 61 年（1972）
臺東（活水節）	民國 88 年（1999）	屏東東港	民國 78 年（1989）
宜蘭礁溪	民國 72 年（1983）	花蓮鯉魚潭	民國 65 年（1976）
金門雙鯉湖	民國 98 年（2009）	澎湖馬公	民國 68 年（1979）

　　戰後，國民政府暫為接管臺灣，在面臨中國政權失卻後，遂直接視臺灣為「反攻大陸」之基地，爾後，為塑造臺灣人的中華民族認同觀，以國家機器的力量，從各種角度介入臺灣人的生活當中。尤其是戰後的節日政策，經常特別強調出忠君、愛國、敬祖、念祖、中華正統等思想，在屬於常民生活的節日部分，民國 43 年（1954）公布紀念日辦法中，僅有民族掃墓節屬於民俗節日的一環，其餘的放假或紀念時間，都屬特殊紀念日居多。直到民國 64 年（1975）才特別列出有實際休假需求的民俗節日，端午節亦為當時可放假之列的民俗節日〔註48〕。如前述，戰後的端午節教育中，經常僅有「屈原」一項，除了最早於民國 39 年（1950）開始出現端午節教材外；在民國 57 年（1968）年的《國語》課本中，也以屈原為故事主軸，闡述端午節的由來，並且強調其熱愛國家，出力抵禦殘暴秦國的故事〔註49〕。這些屈原故事的教學，對臺灣端午節本土性的遮掩，在前文中已有述及，藉此可知，戰後國民黨的政權體制，對臺灣端午節影響甚鉅，已然成為官方強力推銷版本的「端午節民間故事」。比如說，臺南市的競渡影片中，也曾經記錄時任臺灣省主席的謝東閔，在致詞時，特別向全體民眾說「龍舟比賽不但能鍛鍊身體，又能紀念屈原，是一項很有紀念意義的活動」。〔註50〕顯然，由官方出資，主動辦

〔註48〕周俊宇，《塑造黨國之名——中華民國國定節日的歷史考察》，政治大學臺灣史研究所碩士論文，2008 年 7 月，頁 81～88。

〔註49〕參見:《國民學校國語課本》，第十冊，臺北:國立編譯館,，1968，頁 57～58。

〔註50〕作者不詳，〈端節龍舟競賽〉，臺灣省電影製片廠出版，時間不詳（應為 1975～1978）。典藏單位:財團法人國家電影資料館，典藏日期:2008 年 11 月 27 日;參引自:《數位典藏與數位學習聯合目錄》網址:http://catalog.digitalarchives. tw/dacs5/System/Exhibition/Detail.jsp?OID=3807832；上網日期:2011 年 6

理的端午競渡，不僅在龍舟形制與規則上有別於臺灣本土競渡的發展，甚至連儀式表現的意涵，也要在愛國思想的框架下，在中華民族共同體的想像底下蘊釀。

這種特定只選擇部分傳統元素，諸如只選擇：龍、屈原、愛國來建構臺灣人對端午節想像的節日詮釋，正是官方以其力量建立「創發傳統」的最佳例證，夾帶了大量的意識形態。比如，前述鹿港端午節的「迎龍頭」活動，爲了彰顯龍的特殊性，因而透過官方辦理文化節的力量，重新詮釋這項習俗，將之與龍舟競渡結合，藉以凸顯端午節是「龍的節日」，最終目的，仍然是意圖建立中華民族精神象徵在臺灣傳衍的假象。亦或者，如臺北屈原宮原是以「水仙尊王」爲主要稱呼，在 1970 年代改建時，屈原的形象被強調了出來，雖定名爲「屈原宮」，但神像仍是以水仙尊王爲主的崇祀，而臺北競渡活動中，即經常被官方定調爲紀念愛國英雄屈原。顯然，對臺灣而言，這一個帶有傳統元素，卻又是嶄新發展的「中華端午節」文化，成功於戰後取代臺灣端午節的發展。更具體的傳統節日創制，如民國 55 年（1966），由孫科、王雲五、陳立夫、陳啓天、孔德成等人發起的「中華文化復興節」，在隔年旋即成爲中華文化復興運動；長期以「傳統文化」作爲號召，在臺灣建立中華民族共同體的想像，而傳說具有愛國情懷特色的端午節，自是被改造爲中華民族共同體的最佳利器，無怪乎於 1970 年代起，以中華文化復興之姿，各地陸續成立端午競渡活動。

戰後的官辦競渡活動，目前幾乎徹底取代臺灣本土競渡的發展，上述社會背景，僅闡述了 1970 年代至 1980 年代左右，因官方策動的民族主義方向，而開始辦理的端午競渡活動。其實，官辦競渡也有爲了觀光而設立之例，比如說：臺東森林公園的競渡，就是爲了活水節而辦，或是金門與東港的競渡活動，也是屬於以觀光爲導向的推動。當然，各地官辦活動其實都免不了以觀光爲導向的思維，並以首長旨意爲最高中心，使得各地端午競渡經常無故中止，或因經費、政策而有所改變，更有甚者，具有民間信仰力量的儀式性與習俗觀念，也不見會被官方立場尊重，實在難以永續發展或具備民間的認

月 8 日。由影片中闡述謝東閔擔任省主席的時間點來看，應是在 1972 年 6 月 6 日至 1978 年 5 月 20 日之間的影片，另方面，黃麗雲曾記載臺南端午競渡的復辦，是自 1975 年開始，顯然，影片的拍攝時間，應是介於 1975 年至 1978 年間。

同價值。

　　我們也確應注意到「創發傳統」的這項特點，不見得可將官方創發的傳統節日，等視爲一個具有活力、有能量的或是完整的、民間的、可傳承的、自發性的民俗項目。我們勢必得將官辦的競渡活動，與民俗自發性的端午競渡有所分隔，才能針對臺灣端午競渡的民俗意蘊，進行闡釋與重組。另方面，若細察現存臺灣端午競渡的內容，雖然官辦競渡具有特定意識形態目的，但仍可發現其部分儀式，仍有許多臺灣民俗觀念的牽引，尚能表現出民俗特質；比如，端午競渡的祭祀行爲就是一例。

　　顯然，必須透過官辦活動與民間自發性等兩種類型之儀式過程，來作比較研究的基礎，才能探討其背後的民俗意涵與時序地位，進而突顯民間自發性籌組端午競渡的精神內涵。就現存情況而言，實以宜蘭縣礁溪鄉二龍村的端午競渡活動，在競船形制、賽事規則、信仰形態上，都能表現出日治時期的延續，而且也有特定的民間信仰背景在支撐，保存最多常民的能動性。因此，下文則就全臺競渡與二龍競渡的儀式比對，由儀式過程的討論，思索競渡之形成，探討臺灣端午競渡目的與功能意涵。

第二節　臺灣官辦端午競渡之儀式

　　一般競渡慶典、活動尚可將之細分爲：下水儀式、祭江儀式、競渡儀式、謝江儀式等四項，在四項儀式下，又可細分一些具有儀式性的行爲，環環相扣，藉以達到整個競渡的舉行過程。比如下水儀式通常又含有：龍船出廠、綁船、請神、迎龍船、淨船、點睛、下水等儀式工作；祭江則又有祭拜主祀神、祭拜好兄弟、灑紙錢、灑經衣等內容；另再比對日治文獻所載的內容〔註51〕，競渡通常包含接龍船〔註52〕、選定〔註53〕、競漕〔註54〕、送龍船〔註55〕等內容，

〔註51〕此處競渡儀式的介紹，除了援引潘迺禎之論文，另有論者田野調查所得之內容。潘迺禎，〈士林歲時記〉，收於林川夫編譯，《民俗臺灣》，第一輯，臺北：武陵，1990年，頁226。原文刊於潘迺禎，〈士林歲時記〉，《民俗臺灣》，第6號，1941年12月，頁8～16。
〔註52〕早期競渡的籌辦，同常爲兩庄輪值，擔任主辦方需至受邀方邀請對手競渡，而受邀方見到主辦方來請，旋即鳴鑼相應，即稱爲接龍船。
〔註53〕競渡開始前，雙方先選定所要奪標的浮竹與河道，並確認比拼的次數及條件，即稱爲「選定」。
〔註54〕競漕是日本語的用法，其實即指競渡比賽。
〔註55〕比賽結束雙方敲鑼送離對方。

其實還應包含奪標。最後的謝江儀式，則包含有：辭神、搬龍船、謝江、謝戲、請客等內容；儀式過程繁複，結構重層。

在這些儀式中，包含有信仰特質的儀式，以及社會功能的儀式，比如：請神、淨船、點睛、下水、拜好兄弟、灑紙錢、灑經衣、扒龍船、奪標、辭神、謝戲等，都屬於具有信仰特質的儀式；而龍船出廠、綁船、接龍船、選定、送龍船、搬龍船、請客儀式，則具有十足的社會性，具體展現凝聚村庄居民，團結齊心的交誼關係。本論文主要扣緊在信仰與儀式的串連析論，兼及儀式社會功能的理解，藉以梳理臺灣端午競渡儀式的原初知識背景，同時理解儀式變化的歷程。

在現存多數官辦競渡中，部分具有信仰特質的競渡儀式內容仍有被保留，尤其是下水、祭江與謝江等，許多具有社會功能的儀式則已消失，再者，競渡本身所具有的儀式性質，早已被娛樂健體的形象給沖淡，此即官方在創發傳統之時，選擇性保留的結果；從競渡發展的歷史觀察，選擇保有下水、祭江與謝江儀式，很有可能是來自民眾信仰心理反應，另方面則是因為戰後臺灣開始出現龍舟，為彰顯「龍」的信仰特質，以及再現端午競渡的儀式具有傳統特質，因此，官辦競渡才會有所保留；但對於競渡本身具有的信仰內蘊，卻無法在這層儀式改造的過程中，被具體保存，因為民眾對競渡的信仰心理需求不再，且賽制化、規則化對競渡產生嚴重的扭曲改變，因此競渡的儀式性功能才會蕩然無存。論者自 2008 年開始走訪臺南、鹿港、淡水、礁溪、竹南、東港等地的下水儀式，將以這幾個地方的儀式，做代表性的綜述。

一、異質空間的聯結與進入──由水、火元素之使用看下水儀式

各地的下水儀式略有不同，但多由地方廟宇進行，亦有如二龍村未透過崇祀神的案例；通常下水儀式最大的目的就是完成龍舟點睛，每年最早舉行下水儀式的地方，常是鹿港「慶端陽」活動。提早下水主要是為提供報名競渡之團隊可以事先進行練習，其他地方也有相同於競渡前提早下水的情況，因而下水典禮與點睛祭江儀式也必然跟著提前；透過儀式的安排順序，大致可以理解龍船點睛在信仰上具有重要的提示作用；點睛在民間俗稱「點青」，其方式與信仰神像的「開光」類似，龍舟是由木頭搭建，乃不具有靈力特質之物品，點睛儀式象徵神靈附體，使坐在船上的人能夠達到心安，同時點睛儀式也暗示著競渡行為背後的信仰原型，而整個下水儀式又可以將之細分為

淨船、點睛兩項儀式來看待：

（一）淨船儀式

各地的淨船儀式略有不同；臺北屈原宮的淨船儀式，必須先迎奉屈原宮的主祀神——屈原（水仙尊王）至江邊坐鎮，行進間由五位道士手持五方旗帶領，以臺灣獅、太子團為前導熱鬧陣頭；隊伍浩浩蕩蕩地至江邊的點睛現場，由四位道士手持火把遶行置於江邊的龍船；每經船頭、船尾須以火把加強劃圈潔淨，再由主祭道長手持「淨水」，灑向龍船體。

圖 12　由五位道士手持五方旗帶領隊伍至江邊

而鹿港慶端陽的淨船儀式，則是先於龍山寺迎請龍王尊神，再至鹿港天后宮迎水仙尊王至江邊鎮守現場。在此行進過程中，水仙尊王之神象通常坐於龍舟之上，由拖車拉行。在龍王、水仙尊王於岸邊行館安座完畢後，現場道士開始進行普度儀式，論者於 2010 年龍王祭時，詢問主持之道長（鹿港保真壇）得知，此為鹿港地區較有人情味之特色，因點睛前將進行押煞儀式，特先普施孤魂，希冀現場邪煞吃飽後盡速離開。此後道士再以淨水灑淨龍舟。

圖 13　淨船前先行普度　　　圖 14　手持淨水灑淨

　　最複雜的淨船，應屬竹南、臺南與東港等地，臺南在淨船前，須進行煮油淨鼎，並透過淨油之烈焰，來使龍舟獲得潔淨。而東港端午競渡之淨船儀式，則是與王船啓航前的儀式相似，在點睛前須先由道士進行調營，由道士帶領，地方官員手持開光鏡進行點睛，點睛結束後，再行複雜的和瘟壓煞儀式來進行淨化。另外一種類型：竹南則是奉請神靈到祭江現場後，進行祭拜，並由乩童帶領，與中壇元帥的輦轎一同遶行龍舟，象徵爲龍舟建立隔界，驅離邪魅。

圖 15　東港淨船儀式前的調營儀式

　　上述的淨船脈絡，在儀式上大抵都可以看到水、火兩種元素在淨船儀式裡的使用概念，龍舟平時放在龍舟厝裡保存，船體非屬靈力之物，但人們透過火的使用，令龍舟「脫俗入聖」進而產生神聖性質。因此當我們細看臺北屈原宮的火把、臺南鎮海宮的油鍋，便會發現這都是人們利用「火」的能量，進行俗物焠煉的元素，才能進一步達到昇華的效果。另外，也會先使用「淨水」來作為潔淨、滌除船體的前置作業，透過「淨水」揮灑，代表了清除晦氣，辟邪驅煞；多數製作淨水的方式，必須先將鎮邪符籙焚燒入碗中，再添滿水，使用時以艾草〔註56〕蘸水向外揮灑，〔註57〕「辟邪」之寓意強烈；再者，淨水的使用也需透過「火」的元素，來進行加持與轉化，使原本屬於自然界的水，超脫轉化為神聖界、超自然界的水。水、火的對應是陰、陽的觀念，無論是用水或用火，都是屬於自然與超自然，俗與聖之間的中介、轉化，且使用時，更具有超脫陰陽，相輔相成的意味。這點亦符合了上述透過水的潔淨與火的焠煉元素，使龍船「超脫」的象徵。

　　在淨船儀式中，道士的焚香或神壇上的檀香，亦是火元素使用的另一種形態，除了祝禱的使用意義外，更具有維持「神聖性」，彰顯「靈力」的象徵用途。由此可知，點睛前不可或缺的淨船儀式，必然是透過水來淨化龍舟，並以火作為轉換的中介，使一般的「龍舟」具有靈性，進而予以信仰或崇拜，並且只有在淨船儀式後，龍舟才有機會進入超自然想像的神聖範疇，成為民眾舉行競渡的信仰來源。但，現在所見官辦端午競渡活動中的「競渡」行為，已然不再具有神聖特質，也無民眾的信仰需求，因而官辦淨船的儀式，通常會忽略掉一些禁忌項目，是與「傳統競渡」〔註58〕淨船儀式不同之處，比如

〔註56〕除艾草外，亦經常使用榕枝、茉草等植物，用於灑「淨水」儀式時，蘸水的自然物。此三種亦是端午節被插於門楣上的避邪物；除這類植物外，另如鹽、米，也經常被用來製作「淨水」，灑鹽、米或將鹽、米放於水中用榕枝蘸水揮灑，都是常見的潔淨儀式；這類自然物都可以被視為跨越自然與超自然界的介質，但其類型並非如此均質化，在不同的祭儀裡，都可以看到不同的能量力度與使用程度差異。

〔註57〕臺北屈原宮使用的淨水，則是以焚香祝禱後祭祀用水為淨水；民間使用的淨水種類繁多，亦有將香灰放入碗中和水而成；製作方式各有不同，卻大多同樣透過「火」的元素，進行能量的轉換，除其信仰意涵不同外，儀式作用層面應可等視之。

〔註58〕在此思考的比較基礎，是來自於二龍村的競渡禁忌，由於二龍村的競渡活動保有日治時代文獻中的幾乎全部特質，又信仰的觀念強烈，可作為繼承自傳統社會競渡活動的基準。

女性、孕婦、服喪者不碰競船，或者是不在祭祀或儀式進行時說不好聽的話等俗信。

（二）點睛儀式與龍舟下水

淨船完畢，則開始進行龍舟點睛儀式，點睛多半由政要或有聲望之人士進行，點睛須以毛筆蘸墨水於龍頭左眼畫圈或以「點」作象徵式動作，結束後才進行右眼；點睛使用的墨水，大多以硃砂混水製成，部分地區有添加雄黃，透過筆與硃砂、雄黃的使用，才能使靈力得以彰顯；值得注意是，有些地區如鹿港、東港更會用白雞與鴨的血，結合雄黃與朱砂，有壓煞的作用，更能象徵靈力的提升。

綜觀點睛儀式各地大抵相同，值得注意是點睛儀式背後的信仰元素，可以看出其區域特色差異的對象。如臺北屈原宮與鹿港競渡皆需迎奉水仙尊王，臺南以媽祖為主，竹南有媽祖、玉皇太子、大眾爺、三府王爺等神像，東港則為東隆宮溫王爺（如【表2】）；可知，這些神靈，都是來自地方信仰的核心廟宇，因而具有信仰公信力，可以做為當地人們在下水前一切淨化儀式。賴以寄託的信仰對象

表2　臺灣端午節龍舟競渡各地迎奉神靈表

地　區	公　廟	主　祀　神	點睛迎請神／靈
臺北士林	屈原宮	屈原（水仙尊王）	屈原（水仙尊王）
苗栗竹南	慈裕宮	媽祖	港墘光明宮玉皇太子
			塭內鎮安宮大眾爺
			塭內德勝宮三府王爺
彰化鹿港	龍山寺	觀世音菩薩	龍神
	天后宮	媽祖	水仙尊王
臺南安平	鎮海宮	鎮海元帥	鎮海元帥
	天后宮	媽祖	媽祖
	城隍廟	城隍爺	城隍爺
屏東東隆宮	東隆宮	溫王爺	溫王爺

部分地區的點睛儀式略有不同，如東港競渡由道士帶領，在龍船的眼、耳、頭、肚、身、心等處，配合開光鏡進行點睛，並且於點睛結束後，還得邀請溫王爺上船，使龍舟沾染神聖之氣，最後和瘟壓煞的儀式結束，還得為

龍舟開水路，使其能順利下水。鹿港則由普度祭拜開始，由道士誦唸，請孤
魂吃飽後先行離去，接著才進行請神、壓煞、點睛儀式。臺北的儀式架構也
都與東港基本部分類同，只是無和瘟壓煞或供請主祀神上龍船鎮壓，點睛也
只有點在龍目。而竹南的點睛則是點於眼、鼻、耳、口、腹，更在龍舟下水
前，讓人們抬著「過火」才下水。由此可推知，點睛在點醒靈力的同時，也
懼怕不良邪靈入侵，因而有開光鏡、壓煞、過火等儀式，並由地方主祀神，
來確保點睛現場的純淨。

圖16　東港競渡會為龍船開水路

　　點睛著重於「神靈」附著於神聖物品上，因此請神到現場，具有接引神
靈鎮守，奉請神靈附著的多重意涵，自迎神淨船開始到點睛，都是在為龍舟
下水作準備。事實上，點睛的差異性僅只於小儀式與細節脈絡，但結構確實
是相同的，甚至，我們在一般民間的漁船下水，也可以看到有相同的儀式，
可以推知，淨船、點睛等下水儀式，目的都是要使下水順利，其概念乃認為
龍舟即將進入的是迥異於陸地的異質空間，而人們又必須在水域上划行龍
舟，因此淨化、請靈、祭拜的行為，便顯得相當重要。

　　整體而言，前述淨船時，透過複雜的水元素進行潔淨功能，與借用火元
素來焠煉，使龍舟先由俗物轉化成為聖物，即是希望在點睛時能夠順利完成，
並使龍舟有「正當」神靈附著，或是祈禱龍舟具有「好」的靈力，藉此人們
方能於點睛過後，搭乘龍舟下水，並於水上活動。同時，也因水上活動的需

求，而舉行祭江，藉著祭祀與龍舟巡遶江面，向異質世界的水鬼、水靈、水神溝通交涉求得下水順利。

二、祭江、謝江儀式的功能與意義

延續上述，龍舟點睛下水後將舉行祭江儀式，大抵上有兩種類型，一為潔淨、驅邪功能取向，二為弔祭水鬼取向。

第一種類型，如臺北屈原宮在龍船下水後，由道長五人，分持五色旗上船，並將屈原神像與金爐迎奉上船，開始進行河上的祭江儀式，同時與諸艘龍舟，划行到龍舟競渡的現場。祭江儀式除道長們讓五行旗於河面上遶行外，每艘龍船的鼓手、奪標手必須將原先安置於船上的肉粽、銀紙、甲馬、金白錢、黑豆、紅豆、綠豆、黃豆、海鹽等物灑入河中。祭江的範圍由屈原宮緊鄰的河堤開始，沿基隆河支流接主流上溯到大佳碼頭的龍舟練習場地，並於此處舉行另一次的祭五方與點睛儀式，結束後便延續上面的祭江儀式，將五穀、金銀紙、肉粽灑向水面。整個祭典儀式結束，屈原宮迎回神像，工作人員開始於河邊焚化金銀紙、經衣，並將龍船頭口中塞住的刈金一同焚化。臺南安平的祭江另在水面上增有灑淨水的舉動，灑淨水的避邪自然物仍為榕枝、香茅、芙蓉，淨水與上述的製作方式相同。由此可知，這兩地的祭江儀式，極可能是人們透過已經點睛、神聖化的龍舟，在水上進行一連串的驅邪儀式，並透過岸邊水神的祭祀，來驅除邪煞，接著在水面上揮灑淨水，投入辟邪豆類與五穀，強烈地將淨化水域的意涵提示出來。

圖17　臺北屈原宮的祭江將具有辟邪效果的豆類灑入河裡

第二種祭江類型如鹿港、東港與竹南的祭江儀式。首先，鹿港在點睛前，甚至必須先進行普度，待淨船、點睛儀式都已經處理完畢，則於岸邊焚燒大量的金銀紙錢。接著，由拖吊車協助，將龍舟一一吊入河裡。下水後，準備預演練習的舵手們，則是手持金白錢向河面灑去。而竹南則是結合謝江的特色，在岸邊進行祭祀〔註 59〕，慰撫水中孤魂野鬼，與前項驅除水鬼的模式相比，較為省略。

圖 18　祭江儀式之一，鹿港龍船行進間，向河面灑出金白錢

林美容闡述末端儀式的概念，在此也值得讓我們用來檢視思考祭江、謝江的意義與儀式過程。其認為，漢人信仰祭儀大致上都會有一項「末端儀式」，來做為整個祭典、慶典或個人信仰儀式的結尾，表現出完整、圓滿觀念，甚至，末端的結尾，有時會比前面的儀式還要來的熱烈〔註 60〕。在前文曾經出現的日治時期史料中，確實也表現出端午競渡活動，在末兩日或是末日時，特別熱鬧的情形，當時參與競渡者，也必然參與了謝江儀式的進行，並召來藝妓與梨園戲〔註61〕。

〔註 59〕 此處之祭江是指當地於龍舟競渡結束後，居民紛紛持著祭品到岸邊祭祀，當地人稱為：祭港或祭江，這項儀式與中港溪下游處舉行的洗港不同。

〔註 60〕 前文已曾有更多的闡述，林美容之論述參見：林美容，〈末端儀式──漢人宗教的儀式結構〉，發表於「2008 臺灣人類學與民族學年會──人類學的挑戰與跨越學術研討會」，中研院民族所臺大人類學系臺灣人類學與民族學會合辦，2008 年 10 月 4～5 日。

〔註61〕 前引史料眾多，其中新莊競渡有特別提到謝江時召來藝妓與演梨園戲的情

透過前後儀式結構的對應理解，我們可以合理推知，在競渡前的祭江儀式，其實與保護人們進入水域活動的祈禱有關，因此在祭江前先行下水儀式，確保競船具有靈性，使人們下水後能平安，而下水後，除了透過祭江來淨化水域，驅除水鬼，另一種類型，則以普度為延伸，其目的即透過祭祀江河中的「靈」〔註62〕，來確保水上行事安全；這些行事大致上都表現著慎重其事的感受。由於開端儀式慎重並且信仰意念深重，人們在競渡時才能大膽施展，對異質空間的水域不至懼畏。這種開端儀式的信仰概念，在二龍競渡中相當突出，可見下節之論述。

在競渡結束後，則要透過謝江作為整個儀式的完美結束，其信仰觀念自然是要感謝江河之「靈」的庇蔭，並藉以「酬神謝戲」的內容，作為端午競渡的「圓滿」結束，也因著圓滿結束，謝江儀式表現的意涵，就會顯得比較瘋狂與熱鬧。只是，現代的端午競渡活動，在謝江儀式的舉行已經不再慎重，許多競渡參與者，甚至也沒有參與謝江，顯然是因為競渡的賽則化，沖淡了競渡本身的信仰觀，參與競渡者，通常只顧輸贏，而缺乏感謝江河之靈庇佑競渡平安的意念，因此謝江儀式於現存的官辦活動中顯得相當薄弱。

三、競渡娛樂化使信仰功能消失

在祭江儀式結束後，人們才會開始競渡，透過競渡，則能表現出相當慎重的信仰意涵。比如潘迺禎所載，在龍目旗上書寫祈禱詞，並於送尾旗上寫：「水仙尊王、芝蘭一堡洲美庄協勝和（或金蘭社）同志人等誠心叩謝」〔註63〕等字句；顯然，是將有水仙尊王分靈象徵的令旗，安置於船上，才進行競渡，而龍目旗寫四時無災、八節有慶、國泰民安、風調雨順等字樣，更是民間常見的祈禱詞彙，有著信仰象徵的意味，表現競渡最原初的信仰心理。但戰後臺灣端午競渡的發展，已然成為官方策動下的「創發傳統」，雖然保有部分的傳統元素，卻不見得是有機的整體信仰結構，尤其「競渡」本身所表現的意

　　形：作者不詳，〈新莊競渡〉，《臺灣新報》，版1，1897年7月28日。

〔註62〕在此以靈來代稱「水鬼」或神靈，是因為不同地區灑向水面的紙錢都各有不同，鹿港以金白錢與刈金，顯然是祭祀神靈，而二龍村是銀紙與經衣，顯然是祭祀水鬼。

〔註63〕潘迺禎，〈士林歲時記〉，收於：林川夫編譯，《民俗臺灣》，臺北：武陵，1990，頁225。原文刊於潘迺禎，〈士林歲時記〉，《民俗臺灣》，第6號，1941年12月，頁12。

涵，更是有很大的改變，或許我們可以從下【表3】記載臺灣端午競渡的各項儀式，窺知一二。

表3　現存臺灣各地龍舟競渡進行之儀式 [註64]

地點	請神	普度	調五營	淨船 水	淨船 火	淨船 植物	點睛	道長	儀式性的下水	祭江 灑淨	祭江 鹽米	祭江 紙錢	競渡信仰象徵	競渡禁忌	競賽規則	謝江 祭祀	謝江 謝戲
臺北	水仙尊王		●	●	●	●	●	●		●	●	●			●	●	
竹南	三府王爺		●	●	●	●	●	●	●			●			●		
鹿港	水仙尊王 龍王尊神	●	●	●	●	●	●	●				●			●		
臺南	媽祖 王爺		●	●	●	●	●	●		●	●				●		
屏東	溫王爺		●	●	●	●		●	●		●				●		
三龍競渡	老大公	●			●	●	●		●	●	●		●	●		●	●

　　從【表3】記載可知，在全臺各地端午競渡活動裡，能代表信仰價值的競渡象徵物品，如送尾旗、順風旗等，或是龍圖騰之外的信仰圖騰，僅於二龍村民間自發籌辦的競渡出現。而在龍舟下水的儀式方面，除了竹南、屏東之外，各地也都缺乏儀式性的作用，僅單純將龍舟推入水中；更有甚者，因爲競渡規則化、賽事化，也使信仰意涵降低，體育比賽的用意增加，人們不再視競渡爲攸關身家性命的儀式 [註65]；同時，在龍舟、競船上的禁忌，目前也僅於二龍村可見，諸如：女性不能上船，服喪者、懷孕者不能碰觸競船，乃至於江邊祭祀時不可拍他們背部，盡量不喊他人姓名等，應注意之禁忌，在一般端午競渡中完全打破。

〔註64〕在儀式性下水中，僅有東港與二龍村兩地，東港：王爺登船與開水路儀式；二龍村則有猛烈敲鑼的行爲。另方面全臺僅二龍村保有競渡象徵物：順風旗、進江標，可推知其信仰意涵。

〔註65〕李清蓮，〈「五日節」懷往事，礁溪淇武蘭扒龍船〉，《蘭陽會刊》，1975年，頁122。

最後，我們在屬於末端儀式的謝江中，也可看到現代端午競渡在整個結構上，信仰意涵的弱化。由於，日治時期所載的謝江儀式，通常都伴隨大量的酬神謝戲活動，民間戲曲在祭祀行為中，往往不單純是一種表演藝術的展現，更蘊含濃厚的社會價值觀，並因戲曲演出中的「扮仙」，呈現出神聖性的信仰結構，展現人、神交感的意涵，透過是否有邀請傳統戲曲來「作戲」，我們可以看出謝江儀式在信仰體系中的連結，更可理解民間對謝江儀式的重視成分，但戰後的端午競渡中，大多數的謝江儀式都無謝戲的習慣，甚至，岸邊祭祀已不被全體參與競渡者重視，僅僅成為主辦單位的例行公事之一。

因此我們可以推知，臺灣各地官辦的端午競渡，大抵都已不具有虔誠的信仰意涵，只有在龍舟下水前，因人們仍有於陸地進入水域時，轉換異質空間的身體、心理變化需求，而保存了下水儀式，並同時進行祭江，藉以祈禱龍舟競渡能順利舉行，因此擴增了驅除水鬼的內容，安撫亡靈的面向減少。端午競渡原本可能保有的民俗意蘊，已然轉移為強身健體、觀光娛樂的社會功能，同時，也是政府官員展現績效，地方派系展現實力，建立政治勢力的活動。

第三節　扒龍船亦為扒靈船——臺灣本土競渡探析

猶如前文所述，二龍競渡所擁有的傳統競渡內容，與日治時期潘迺禎所寫的競渡模式極為相似，諸如龍船造型與形制，乃至於祭祀方法，或是官辦競渡已經缺乏的接龍船、選定、死船對活船、送龍船、作戲、吃點心等內容，都在二龍競渡現存的儀式中可以考掘。顯然，是較能考據出臺灣端午競渡原始意蘊的競渡活動，並有十足的代表性。

值得注意是，民國 82 年（1993）官方力量開始介入二龍競渡活動，再加上地方勢力的影響，使得傳統競渡儀式，被制式化的競賽所取代。當時，甚至有學者因而提出「二龍村競渡擱淺了」的說法。雖然隔年在多方奔走之下一度恢復，卻又出現上下兩庄紛爭，而分開競渡的窘境，因此官方再度掌握著淇武蘭溪的「使用權」，將堅硬的賽事規則「制」入二龍競渡當中。所幸，二龍村民對於競船的信仰保存相當良善，因二龍村上下兩庄各有兩艘競船，而得能保持原有的信仰禁忌不被破壞，屬於年代較久遠的競船，一般是較不提供給官辦活動使用。

　　顯然，淇武蘭、洲仔尾這兩地的競渡儀式能夠保存傳承至今，實屬不易；二龍競渡雖屢次遭逢變化，但其傳統精神，卻透過信仰祭祀苟活下來。並於民國 97 年（2008）起，在二龍村居民自覺意識下，於現代官辦的賽事舉辦前，「偷偷」先進行傳統二龍競渡的賽程；而民國 99 年（2010），在多方注目下，漸次與官方協商，再恢復僅見於傳統競渡技法中的「啓航大繩」，現存的二龍競渡已經漸次回到民間自發性需求的辦理核心。

一、相關二龍競渡緣起之辯證

　　二龍競渡的特殊性，在戰後曾受到許多學者的關注，但甚少對整體文化脈絡進行考據；且受到中華文化意識的影響，常有學者認爲二龍競渡與屈原祭祀有莫大關係，但二龍競渡源自紀念屈原而辦的說法，不甚可靠；如黃清河於〈二龍村的龍舟競渡〉一文中，介紹完二龍競渡後，卻突然於結語寫著：「以紀念愛國詩人屈原不屈不撓的志節」〔註 66〕。而另一說法，則擺脫「紀念」觀點，改以信仰的概念切入，黃麗雲於〈臺灣龍舟賽的現狀調查〉認爲，透過門聯上的「弔屈原」與「二木成舟聊學楚國之俗，龍爭虎鬥因施屈原忠誠」〔註67〕門聯，可理解「祭祀屈原」的「意識行爲」，甚而推演這是一種「褒忠」現象；連後來的研究者趙函潔，也在碩論《臺灣端午節起源與節日習俗研究》中，引出龍船厝的門聯；另外，田哲益更於《細說端午》一書中，認定二龍競渡具有紀念屈原之目的。

　　事實上，產生二龍競渡源自於紀念屈原的說法，有兩大主因，一爲民國 54 年（1965）林趖當任二龍村村長，將原本時間不固定，且延續多日的活動改爲端午節單一日，並提出三點理由：「一：在端午節要拜拜，競渡活動也要拜拜，兩者合併可以節省資源。二：端午節仍處農忙時期，但活動只有一天的話，不會耽誤農事。三：同時紀念屈原。」〔註 68〕。如是說法，顯然是受到官方創發傳統過程的影響，一來，以屈原作爲競渡合理的紀念對象，是官方意圖建立臺灣人具有中華民族意識的重要表徵。二來，對於節省拜拜習俗的觀念，則是因爲民國 52 年（1963）8 月臺灣省政府頒布：「臺灣省改善民間習俗辦法」乙案的延伸。

〔註 66〕黃清河，〈二龍村的龍舟競渡〉，《臺灣月刊》，卷 54，1987 年 6 月，頁 45

〔註 67〕洲仔尾龍船厝門聯下聯寫著「龍爭虎鬥因施屈原忠誠」，淇武蘭則爲「誠忠」。

〔註 68〕引自：賴峰育，《禮讓一寸得禮一尺——礁溪二龍龍舟競渡活動略述》，宜蘭：礁溪淇武蘭龍船厝，2009 年 5 月，頁 4。

另一種紀念屈原的陳述，乃是黃麗雲藉由二龍村「龍舟厝」門聯之文字，來斷定二龍競渡有著信仰屈原之儀式。但經論者多方探問得知，二龍村的對聯，是在戰後才出現，由當地漢文老師林滄浪所題〔註69〕。而戰前龍船厝的門聯，僅寫著：「風調雨順、國泰民安」。現存龍舟厝分別為民國74年（1985）與民國70年（1981）改建成屋型後，為求美觀，才把林滄浪之對聯嵌入。顯然，二龍競渡乃為紀念屈原的說法，皆於戰後黨國教育體制推行後才出現，其背後隱含著政治力量（官方教育）的介入，並非民間原初的知識背景，屈原從來不是二龍村居民的祭祀對象，多數論述實屬穿鑿附會之說。

此外，因二龍村原為平埔族噶瑪蘭族淇武蘭社之居住地，因而不少論者，以源自於平埔族祭河神的說法，來理解二龍競渡的起源，但此說較難得到印證，如陳健銘於〈祈安競渡話二龍〉一文，引了林趖的說法認為：「……相傳是延續一百八十餘年前該處的淇武蘭社和鄰近的瑪僯、打拿岸、抵美、武暖等地的平埔族蕃社，為感謝上蒼賜給他們豐富的水源以供飲用、灌溉的一種祭典儀式……」〔註70〕其後，《礁溪鄉志》仍延續這樣的說法，由於目前無相關儀式的完整記錄可茲比對，實在難以就此論斷。

《礁溪鄉志》曾補述另一說詞：「或謂嘉慶年間，墾民端午節祭河神之習俗」。〔註71〕顯然，此說乃認定二龍競渡是漢人的「祭河神」儀式，與原住民無直接關係。隨後在民國89年（2000）出版的《宜蘭縣鄉土史料》中，紀錄著林月昇於民國81年（1992）之回憶，其認為：在大正13年（1924）淇武蘭修築堤防之前，許多沿著淇武蘭溪（二龍溪）的住戶，經常失足落水，因此「有人想起仿照大陸中原古風，端午節扒龍船的目的在祭拜河神，因此自嘉慶元年（1796）起，便在淇武蘭江上扒龍船祭河神。」〔註72〕囿限於文獻記載，以上兩種互異的說詞，並不能互相辯證；因而陳孟君於〈宜蘭縣礁

〔註69〕2009年5月19日，論者於宜蘭縣礁溪鄉二龍村淇武蘭龍船厝訪問賴峰育、賴鴻遠、賴清泉、何政儒等地方耆老、文史工作者數人。得知門聯書寫者為大頭隆，但已過世，其後裔搬遷至臺北，難以考據。後經地方文史工作者賴峰育協力追蹤調查，始得知大頭隆本名為：林滄浪；為二龍村早期的漢學先生，在龍船厝遭逢天災而重建時，特別為龍船厝題字。就連戰前的門聯，也是出自林滄浪之筆。

〔註70〕陳健銘，〈祈安競渡話二龍〉，《民俗曲藝》，卷60，1989年，頁66。

〔註71〕林萬榮，《礁溪鄉志》，宜蘭：礁溪鄉公所，1989年，頁705。

〔註72〕臺灣省文獻委員會編，《宜蘭縣鄉土史料》，南投：臺灣省文獻委員會，2000年，頁57。

溪鄉二龍村龍舟發展之研究（1912～1995）〉〔註73〕一文，主要的文化報導人
也是林趖，便同時列了三項緣由，一為平埔族習俗，二為驅除水鬼，三為紀
念屈原；論述雖閃爍，卻較偏向認同是驅除水鬼。

　　究竟二龍競渡是否「源起」自平埔族河神祭，實在難以就此論斷，與其
討論無法映證的「源起」，不如論其「緣起」，即如邱彥貴在《宜蘭縣重要民
俗調查計畫期末報告》中所關注的：「為何而划？為何而賽？」，探討文化脈
絡（culture context），比用無法映證的文獻來探究「根源」，還來的重要。此一
觀念使邱彥貴一文在二龍競渡研究裡，顯得重要許多。其文透過二龍競渡舉
行之儀式過程，發現到整個二龍競渡有著強烈的信仰儀式意味，加上參引李
清連自 1930 年代以來多次觀察二龍競渡之說法，認為二龍競渡應是為了「超
渡」亡靈，並引述林月昇回憶多有溺水事件的回憶；認為屈原說與噶瑪蘭人
祭河神說都「似乎是來自其他人的詮釋」〔註74〕。然而，臺灣民俗文化脈絡
中，競渡本身並不具「超渡」亡靈的效果，清代漢番雜居下的競渡活動，是
稱為「辟邪」，具有驅除的意涵。顯見，超渡之說法，僅能代表李清連觀察競
渡後的想像，同時也附和林月昇的片面說詞。再者，同為端午節舉行的江邊
祭祀活動，在苗栗中港便出現「牽水轍」的超拔儀式，兩相比較，二龍競渡
在儀式過程中，都無拉拔水鬼脫離苦海的細節儀式，顯然其目的，並不在於
「超渡」。其實，林月昇所說的「祭拜水鬼」，反倒值得重提，祭拜與超渡在
信仰意義上是有很大差距的，超渡有超拔亡靈，使其解脫現階段痛苦的意義；
祭拜則是提供水鬼祭品，供其享用，並無法改變水鬼的身分或苦難。同時，
我們也可以得知，二龍競渡因未提供的豐富的食物分享，並展現對老大公（水
鬼）的崇敬，在儀式過程表述中，辟邪或驅邪之說，實在令人質疑。

　　其實，不管是超渡或是祭祀水鬼，都無法完全抹除二龍競渡與噶瑪蘭人
祭河神有關的說法，況且，在臺灣民間信仰脈絡中，水神、河神在某些祭祀
行為裡，與水鬼是質性相當的祭祀〔註75〕；除非有更明確的證據來推估，否
則目前我們僅能就耆老所回憶得知，二龍競渡確實是平埔族與漢人共同參與

〔註73〕陳孟君，〈宜蘭縣礁溪鄉二龍村龍舟發展之研究（1912～1995）〉，《中華民國
　　　　體育學會體育學報》，卷21，1996年，頁86。
〔註74〕邱彥貴，〈二龍村龍舟賽〉，收於邱彥貴主持，《宜蘭縣重要民俗調查計畫期末
　　　　報告》，（宜蘭：宜蘭縣文化局， 2007年6月）頁108。
〔註75〕李進億，〈淡水河下游地區的「水信仰」──以水神及水鬼崇拜為中心〉，《臺
　　　　灣風物》，58：1，2008年3月，頁53～96。

的儀式〔註76〕。

　　顯然，二龍競渡是在臺灣歷史發展脈絡底下，融合族群關係、自然環境等條件，逐步形成、建構出今日的模樣。為此，我們得能透過下文闡述的儀式過程，來更細節地理解二龍村居民對老大公的虔誠信仰與祭祀，並理解競渡的「原始」價值與意義，尋找臺灣端午競渡的文化脈絡。

二、二龍競渡下水、祭江與謝江儀式的連結意涵

　　二龍競渡的特殊性不僅只於競賽的方式，其競船下水與祭江儀式亦有別於一般競渡，不僅沒有請來道士，更沒有固定、公開舉行時間；且上庄淇武蘭又與下庄洲仔尾在儀式上略有差異，下水儀式中，僅洲仔尾會迎請神尊坐鎮，淇武蘭則奉請老大公庇佑。以下就其進程脈絡述之：

（一）下水：空間轉換、儀式求安

　　下水儀式的時間，主要由龍船厝負責人與村內耆老共同決定，並全程保密至競船下水當天。而下水前，另擇定時間，以臨時邀集的方式，請地方青年協助將競船扛「出厝」〔註77〕，進行「絞船」（ká-tsûn）〔註78〕、「絞尾槳」（ká-bué-tsiúnn）〔註79〕、「力度」（lát-tōo）〔註80〕、插順風旗、插榕艾與古仔紙〔註81〕等工作；隨後耆老才交代競船下水的大約時間。〔註82〕自官方介入二龍競渡後，為配合公所舉行的官辦競渡活動，下水儀式被調整為兩次。第一次下水時間延續傳統模式，但須配合在公所提供選手練習的時間點前完

〔註76〕邱彥貴，〈二龍村龍舟賽〉，收於邱彥貴主持，《宜蘭縣重要民俗調查計畫期末報告》，宜蘭：宜蘭縣文化局，2007年6月，頁95。

〔註77〕出厝即是將競船扛出「渡船厝」，另稱為「龍船厝」。

〔註78〕另說為「絞車」（ká-tshia），須使用泡軟的藤索，將木柁（船骨）與船體緊密綑緊，乃為穩固船隻運行的先行工作，此時地方耆老將來巡視綑綁是否緊實與正確，尤其必須特別注意中軸兩端的長短比例，避免吃水過深、不均。而洲仔尾之船骨，因風災受損而改為固定鋼釘與鋼索，故無法如淇武蘭那般自由拆卸。

〔註79〕以泡軟的藤索，將尾槳綁於船尾，以便於競賽時，得以靈活控制，尤其如「相尾扒」等動作，往往為得勝的關鍵。

〔註80〕主要是透過藤索，輔以鋼索、鐵絲等，將龍骨分段鎖緊、固定，力求前、後、左、右平穩與緊實，有助於船體的平衡。

〔註81〕此說古仔紙，乃二龍村當地居民使用之說法，其形制為常見的金白錢、黃紙。

〔註82〕下水正確時間通常難以知曉，耆老特別保密，據說是為預防對手「破壞」，或是「天時」洩漏，有損比賽結果。

成，等待競渡選手練習完畢，於端午節前再將競船扛上岸；並於端午節當天舉行第二次下水儀式。

圖19　絞　船

圖20　絞尾槳

圖21　力度

圖22　絞龍骨

圖 23　插榕、艾、古仔紙　　　　圖 24　插順風旗

　　第一次的下水儀式，須以鳴鑼的方式邀集地方居民聚集於龍船厝，淇武蘭由龍船厝負責人賴清泉持香向江邊祭祀，一方面祭祀船公〔註 83〕使其靈體附船，另方面於岸邊告知水中的「老大公」競船即將下水。洲仔尾則是祭祀由庄頭迎請來的客神，並迎請船公附船。二地祭祀時間各有不同，現場眾人持香祭祀競船後，另為江邊老大公上香；全部祭祀完畢，進行點睛儀式〔註 84〕，隨後折香放於瓷盤中或點燃檀香，遶行船體，由右至左一圈，再由右遶回，並將瓷盤、檀香放置於船上，使現場瀰漫在一陣香煙裊裊中，凸顯靈性的意涵。隨後眾人於江邊焚燒金銀紙與經衣，待金紙焚燒完畢，意味著老大公已享用祭品，並領款、著裝後，眾人才抬著競船下水。

〔註 83〕船公或船婆，即為船的守護神，但仍以老大公為主要祭祀核心，在其他漁船
　　　　信仰中，也有相同的信仰脈絡。
〔註 84〕二龍競渡的點睛相當簡單的點於船眼，並不像有些地區以「龍」為信仰核心，
　　　　如東港，點睛時，須點眼、耳、舌、肚、尾等處，以喚醒整隻龍的靈力。

圖 25　敲鑼召集地方居民　　　圖 26　至江邊迎請老大公

圖 27　拜龍船　　　　　　　圖 28　點睛於船眼而非龍目

　　第二次下水，於端午節當天清晨進行，節省了絞船、絞尾槳、力度等工作，但必須要換上新的順風旗，亦要進行淨船、點睛。競船下水前仍須鳴鑼與燃放鞭炮，競船下水後即開始進行祭江儀式，岸邊居民則於鳴鑼後開始普度。〔註85〕

〔註85〕2011 年開始，宜蘭縣礁溪鄉公所再度展現官方力量，第一次下水改為官辦，民間的下水儀式，則於端午節當天上午舉行，傳統下水便改為端午節當天上午舉行。

圖29　焚燒刈金、大小銀、經
　　　衣等

圖30　洲仔尾的拜龍船

圖 31　競船下水前必定敲鑼
　　　引之

圖 32　淇武蘭敲鑼引競船
　　　下水

　　結合兩次下水儀式，可發現其祭祀對象，對著船公與老大公兩者分開祭
祀，於競船前置一香爐祭祀船公（或作客之神像），而老大公的部分，則插香
於岸邊；祭祀完畢，必須焚燒刈金、壽金、經衣與大小銀。民間對金銀紙錢
的使用脈絡認為，大小銀與經衣皆在祭祀「陰鬼」或「孤魂野鬼」時使用，
而刈金、壽金則是為了祭祀神靈，祈福還願。〔註86〕民眾以刈金、壽金祭祀

〔註86〕張益銘在《金銀紙的秘密》中提及，銀紙又稱為「冥紙」，分有純陰與陰中之
　　　陰兩種類型，小銀則屬於陰中之陰，而銀紙的用途為「事生如事死的奉獻、
　　　求平安」；參見：張益銘，《金銀紙的秘密》，（臺中：：晨星，2006 年），頁
　　　134～136。

船公，顯然是有意為了求得競船航行時順利，獲得船公加持。而以小銀祭祀老大公，則為了告知「競船即將下水」，深怕厭勝物傷害到水中亡靈。再者，競船移動時，岸邊大鑼與奪標手的小鑼皆會奮力敲打著，並燃放鞭炮，借以提升下水的隆重，同時，也具有通知水鬼（老大公）的意味。下水前，則由耆老點燃小火堆，讓競船跨躍而過，具有最後一次淨化而入水的意涵

在上述的儀式敘述中，我們得以發現二龍競渡下水儀式之特殊性。有別於官辦競渡活動常以驅除水鬼為重心的思考，比如，二龍村並無迎請地方公廟之主祀神祇，上競船或直接下水域去鎮壓水鬼，反而在競船下水前，事先通知老大公們。顯然，由於競船原屬於平凡俗物，由陸地進入水域空間舉行的點睛儀式，將使競船帶有靈性，可知下水儀式取得空間轉換後，突然進入水域，恐怕也會引起波瀾，二龍村的下水儀式，從點睛前，就已經先行焚香告知水中老大公即將下水，再加上居民們嚴肅以對的態度，以及下水前的刻意喧鬧，確實都表現著對水鬼的尊敬。此點，亦可由下水後的祭江儀式，找到更具體的印證。

圖33 淇武蘭競船下水（下水前競船將先過火，下水時大小鑼仍敲打著）

圖 34 洲仔尾競船下水（下水前競船無過火，下水時大小鑼仍敲打著）

（二）祭江：水陸共祭、境安人和

二龍競渡的祭江儀式，是由全村一起進行，競船下水後，居民先划著競船於二龍溪水面上「獻紙頭」。所謂獻紙頭，乃是用「經衣」〔註87〕將「小銀」摺成紙團，競船行進時，奪標手猛然敲鑼，向天空拋出，讓經衣與小銀自然落下，是敬畏老大公、老大媽的重要表現。獻紙頭是二龍競渡水上祭江最主要的行為，上下兩庄形制不同。淇武蘭所製「紙頭」較為仔細，以十二張經衣攤平作底，將小銀包成長橢圓形，遇閏年須改為十三張，「代表老大公每月都有衣衫可更換」〔註88〕，而洲仔尾較簡單，直接以不等張經衣將小銀包成

〔註87〕 施晶琳云：「經衣亦有人稱為「經衣」，用於祭祀孤魂野鬼、好兄弟，通常在七月中元普度時及拜門口使用，一般認為這些紙上所印製的圖案（如衣服、日常生活用品）在燒化之後，可以在陰間讓好兄弟得到使用」，參見：施晶琳，《臺灣的金銀紙錢——以臺南市為考察中心》，（臺北：蘭臺出版社，2008年），頁75。

〔註88〕 邱彥貴，〈二龍村龍舟賽〉，收於邱彥貴主持，《宜蘭縣重要民俗調查計畫期末報告》，（宜蘭：宜蘭縣文化局，2007年6月），頁102。論者2009年於板橋

圓球形；最終都希望以最順手的方式，大範圍地灑向河面。

圖 35　洲仔尾獻紙頭（讓經衣自然落下）

　　就邱彥貴的比對，獻紙頭的地點上、下庄幾乎相同，〔註89〕惟部分河段，分屬兩部落的各自水域，而有差異。但論者實地調查時發現，僅涵孔或競船在過橋前後，或於居民溺水處，才會有固定的獻紙頭儀式，其他則以某河段應獻幾份來決定，如：淇武蘭固定於舊河道獻上七份，新河道獻上三份，〔註90〕實際的位置不見得每次都一樣，但憑執灑者之直覺。

　　另方面，在二龍競渡下水儀式舉行後，岸邊居民，則開始普度老大公，由陸地上的普度，呼應著水面上祭江之舉行。前文曾闡述官辦活動在祭江儀式時，可分有兩種類型：一為潔淨水面、驅邪功能取向，二為弔祭水鬼、普

　　　採訪賴峰育時，亦有相同說法。
〔註89〕邱彥貴〈二龍村龍舟賽〉，收於邱彥貴主持，《宜蘭縣重要民俗調查計畫期末報告》，（宜蘭：宜蘭縣文化局，2007 年 6 月），頁 103。
〔註90〕賴峰育，《礁溪二龍龍舟競渡活動略述──禮讓一寸得禮一尺》，（宜蘭：礁溪淇武蘭龍舟厝，2009 年），頁 16。

施祭品予亡靈。二龍競渡的屬性應與後者相同，即與鹿港、竹南等地的祭江有異曲同工之妙，但二龍村對亡靈的敬畏卻更加隆重。

　　由於二龍村於競船下水時，全村居民皆慎重以待，得知競船下水後，立即於自家門口，甚至至岸邊進行普度，具有地方共同體生活的表現特性。另一方面，在儀式的表現意涵上，進行水域祭江儀式時，獻紙頭僅使用小銀與經衣獻祭〔註91〕，並無使用五穀、鹽米、淨水等物質來向河面灑淨，亦即沒有驅除水鬼的表現。同時；岸邊普度以豐盛的祭品祀奉老大公，供老大公食用，也表現著對老大公等水鬼之尊敬。具有整合二龍村水陸兩個空間的想像，以祝禱的儀式，來求得整體空間秩序之和諧，而非透過儀式來強力取得寧靜，此點，彰顯二龍村居民面對空間環境的態度，較視祭江爲境安人和的儀式表現。

圖 36　二龍村民對老大公特別敬畏，圖為下水後，居民於岸邊普度

[註91] 透過經衣與紙錢的使用脈絡，將更能理解二龍村民對老大公的信仰精神。由於經衣上印製著衣服、電視、梳子等物品；小銀在常民文化中，則被視爲「冥幣」，專屬陰鬼使用；獻紙頭執出的這些物品，都是在向水鬼討好的表徵。

（三）謝神謝平安——兼談老大公信仰

二龍村雖舉行謝神儀式，但僅於競渡當天，牽引競船回龍船厝時，進行酬謝。通常於競渡結束後，由龍船厝負責人於岸邊祭祀，感謝老大公庇蔭本年度競渡順利。同時，在競船回到龍船厝前，競船所經過之水域與陸域，都須點燃鞭炮迎接，具有隆重迎接返航的表現；此外，在龍舟厝也須展開演戲酬謝，與日治時期，新聞記錄謝江儀式中的謝戲相同。

由下水延伸至祭江，我們可以看出這些屬於前端儀式特性的習俗，主要表現著競渡前的籌備意涵，確保人們下水競度能夠平安順利。而競渡結束後的謝神，則可看出是為了感謝老大公之庇蔭，讓競渡圓滿達成，屬於呼應下水、祭江乃至於競渡舉行的末端儀式〔註92〕。

圖 37　龍船厝前的謝戲

〔註92〕前文曾討論謝江具有末端儀式的特性，乃是指競渡儀式的圓滿達成，在日治時期的文獻中，謝江通常都被看得比前面的所有儀式還要盛大。而關於末端儀式的理論概念，則可參見：林美容，〈末端儀式——漢人宗教的儀式結構〉，發表於「2008 臺灣人類學與民族學年會——人類學的挑戰與跨越學術研討會」，中研院民族所臺大人類學系臺灣人類學與民族學會合辦，2008 年 10 月 4～5 日。

　　若稍加延伸上述諸多儀式內容的討論，我們可以確知二龍村居民對老大
公有特別的信仰心理。在諸多的祭祀行爲，以及在此慶典之時的交感對象，
都是老大公，顯然，要了解二龍競渡謝神的信仰本質，得先了解老大公信仰
的文化脈絡，這項特點，或許可以比對國分直一討論南方澳漁船的信仰情形，
來獲得理解：

　　　南方澳的一般民船，通常沒有漁眼。筆者探訪南方澳，正值颱風季
　　　節，某天黃昏，風浪大興，漁夫們趕緊將船拖到岸上，這些船都沒
　　　有船眼。詢問他們爲何沒有船眼，回答說，船眼與漁撈沒有關係。
　　　而於龜山島前的龜山海岸收集到的資料中，當地的漁民認爲船假使
　　　沒有眼睛，不能發現魚，所以船都必須加上眼睛。……據說，有船
　　　眼的船，必須奉祀老大公。老大公是閩系漁村中，被認爲支配海和
　　　漁撈的神。〔註93〕

國分直一的記錄，表現了幾種值得關注的議題，首先，在宜蘭南方澳與龜山
島附近的民船，有著兩種不同的類型，一是有船眼的漁船，二是無船眼的漁
船，雕塑船眼的有無，還有著能否發現魚的信仰傳說；其二，有船眼的船，
必須祭祀老大公；其三，在國分直一的觀念中，老大公是海神與漁撈之神的
象徵。

　　目前，我們已可得知北部地區的漁船，確實擁有兩種形式，即船眼有無
的差異，透過國分直一的記載，我們還能知道跟老大公的信仰有密切關係。
稍加比對於二龍競渡所使用的競船，以及，前述下水儀式與祭江儀式裡，老
大公的信仰情形，我們或許可以發現，二龍競渡對老大公之信仰情形，或許
就是來自於駁仔船這類民船的傳統信仰。但，國分直一認爲老大公是屬於海
神或漁撈之神，這項觀念與我們目前所能認知的信仰脈絡卻互相違背，老大
公在北部地區，多指陰鬼信仰，比如基隆地區的老大公信仰即是崇祀野死孤
魂，那麼，有船眼的鴨母船祭祀老大公，不見得就是在崇拜海神或信仰之神，
儀式與傳說之間，不見得有前後因果關係。

　　在其他漁船的信仰習俗中，國分直一其實也有記錄著崇拜老大公對應的
內容，比如，關於淡水八里庄的記載：

　　　每月的初一、十五日，漁民都在網寮點香祭拜老大公，祈求漁撈的

〔註93〕國分直一，〈蘇澳南灣──南方澳的民俗〉，《臺灣民俗學》，臺北：莊家，1980
　　　年，頁188。

安全與豐收。〔註94〕

這種初一、十五的祭祀行為，跟一般商家在初二、十六拜門口的習俗頗為相似，拜門口需要祭祀土地公外，還得祭祀過路「好兄弟」〔註95〕，或如工地開工也應祭祀好兄弟，由此可知，行業祭祀中尊重當地已逝者的特色，反映了民間脈絡認為陰鬼無處不在的特性，欲求得行業事務的順利推動，自應表現普施的行為，才能有所獲，因而可知，漁民祭祀老大公，是民間常見的文化脈絡，而非海神信仰。其實，國分直一在〈東海岸的捕魚船〉一文中，曾經記載了漁民例祭老大公的日期是農曆七月十五日〔註96〕，此亦及中元普度的時間，可確實了解老大公即是陰鬼。值得注意是，二龍村不僅有老大公祭祀，更有拜船的儀式，故出現拜船公、船婆的說法，這些人物神顯然是後來才出現協助管理船隻者的信仰概念。論者以為，這是當代人對「拜龍船」的誤解，是面對龍船祭祀老大公的行為與祭祀「龍船」守護者混淆，才成就船公、船婆等神靈為新的祭祀對象，但其實拜龍船，依然是祭祀老大公。

若透過二龍競渡的祭祀內容，我們也可發現老大公信仰的一些陰鬼信仰面貌，比如：在下水儀式中，龍船點睛前有兩項祭拜的對象，一是拜龍船，二是於水邊祭祀老大公，焚燒紙錢時則有刈金、小銀、經衣等內容，凸顯祭祀鬼靈的文化脈絡。再者，獻紙頭時，必須挑選有溺死事件發生之處，顯然就是針對水中亡靈的獻祭行為，最值得注意是，在二龍競渡的謝神儀式中，並無「送水神」、「收龍船」等儀式，競船亦不用「退神」〔註97〕，完成競渡後，龍船厝負責人將燒香感謝老大公庇佑，同時，眾人立即將競船抬上岸，顯見，感謝老大公庇佑與否，並不是影響競船是否要收入龍船厝的關鍵，謝神儀式僅是對競渡順利完成的反應。可知二龍競渡中的老大公，確實還是有很大成分是屬水鬼祭祀。

綜合而言，我們得從國分直一諸多關於漁船民俗的紀錄中發現，二龍競渡儀式對老大公的信仰，極可能來自於一般民船的信仰脈絡，只是在競渡儀式中，被擴大增繁了，也無怪乎一般民船的下水儀式，與競渡的下水儀式都有極相似的結構。而視老大公為祭祀亡靈或陰鬼，也並非就是邪祟、作怪等

〔註94〕國分直一，〈淡水──八里庄的民俗〉，《臺灣民俗學》，臺北：莊家，1980 年，頁 209。

〔註95〕即陰鬼的民間暱稱。

〔註96〕國分直一，〈東海岸的捕魚船〉，《臺灣民俗學》，臺北：莊家，1980 年，頁 221。

〔註97〕不須退神，顯示點睛是點醒船的靈性，而非點出一位神靈，由此點亦可證明，請船公附著於船之說法，其實是祭祀老大公的混淆。

負面的形象，二龍村居民與老大公的互動，其實比較像是祖靈或先民的崇拜。因此，下水儀式祝禱時，也會特別希望老大公庇佑競渡旗開得勝，居民並對老大公充滿敬意，無任何驅趕、壓制的儀式內容，祭江時甚至是以獻祭為表現形態，老大公信仰在二龍競渡的文化脈絡中，儼然已成為二龍村居民的信仰核心，並以一種介乎於神靈與鬼魅的矛盾身分被信奉者。

三、二龍競渡的「儀式性」與其時間意義

（一）競渡的儀式性

二龍競渡最膾炙人口之處，在競渡的方式與形式最為特殊，每次競渡時，皆須達到雙方同時敲鑼，才能認定該場次是否要分出勝負；若有單一方未敲鑼，則該場次不算勝利。但究竟要如何分出最終的勝利，二龍村上下庄的說法紛雜，也有說是要比誰能得最多標者獲勝。因為大家都不想輸，最後往往是各自詮釋，雙方都認為自己贏得比賽。就因如此，外地人在看待二龍競渡時，往往以為二龍競渡是不分勝負的活動，其實，是否勝出，兩庄各自有一套理解的辦法。

宜蘭地區曾有擊仔話說：「二龍村扒龍船──看人幹譙」，一方面形容岸邊觀者如堵，鼎沸之聲，熱中賽事，其實也指出居民經常爭吵「誰是『勝利的』得標者」；早年便經常因為競賽結束，雙方在各自解讀之下，間接引發兩庄的紛議。

由二龍村歷時頗長的競賽情形，可以想見當地人對競度的熱衷：「至少要四天，通常都是六天。一天還不只扒一趟，起碼扒個八趟以上」〔註98〕。競賽時，插旗方式、揪尾索的方式等，都會影響著比賽結果，因而也經常在議定的過程中，鬧得不愉快，要確保能夠得勝才要舉行，表現出每次競渡必定勝利的概念。

因此，也使得兩庄在競渡期間的對決意味凝重，也都宣稱各有得勝的秘訣或禁忌。目的就是要能夠勝出對方。這種重視賽事的表現，動輒牽引全庄的互動，難怪李清蓮便曾記載，這是賭上身家性命與村莊整體興衰安危的活動〔註99〕。顯見二龍競渡不僅是娛樂性的輸贏勝負計較，其背後更有著龐大

〔註98〕　臺灣省文獻委員會編，《宜蘭縣鄉土史料》，（南投：臺灣省文獻委員會，2000年），頁57。
〔註99〕　李清蓮，〈「五日節」懷往事，礁溪淇武蘭扒龍船〉，《蘭陽會刊》，1975年，頁122。

的村庄互動，以及對競渡獲勝的信仰隱喻。這個特點，提示了「競渡」透過長時間、多次、頻繁、重複往返於二龍河道上，所呈現的秩序性、模式化且具文化象徵意義的儀式特質。

再者，因勝利攸關部落興衰，使競渡也具備構建和組織部落群眾之特點，而儀式過程的信仰禁忌頗多，更使二龍競渡擁有重大「信仰慶典」之特性。

除此之外，祭江結束後，兩庄按輪值年，擔任「邀請」〔註100〕的工作，傳統上，每年競渡由兩庄輪值邀請方，值年庄須向對方以敲鑼方式表示迎請，獲得對方也敲鑼回應後，雙方划至值年方選定之競賽場；而此競賽場通常在值年庄所屬水域內，這種民眾所認定的「特定地點」，對應於庄民所屬的陸地空間，亦影射著具有空間神聖性的祈禱性質，競渡自然也就是一種儀式的表現。

圖 38 邀請（此年度為洲仔尾擔任邀請方，淇武蘭則於江邊等候敲鑼應和）

事實上，將競渡視為儀式看待相當普遍，最多人對話的聞一多，在〈端

〔註100〕邀請乃是前往鄰庄水域，邀請對手前來划龍船。

午考〉文中，由文獻討論，提出端午節乃「龍的節日」〔註 101〕，競渡則爲祭祀龍的儀式，延續其後，李豐楙則認爲端午呈現的龍蛇圖騰，乃「與水澤有關的圖騰物」，「在濱水部族的生活中，對於圖騰神物需要定時舉行祭祀」；〔註 102〕道出龍蛇圖騰在濱水部族祭祀的常態性質，競渡即爲祭祀儀式之一，亦彰顯龍圖騰在端午節信仰結構中的特殊性。何根海與李豐楙有著相同的觀點，更深入提出「祭龍」作爲一種厭勝、祈雨、祈子巫儀的討論。〔註 103〕

這些論述，都說明了競渡可以被分割視爲祈禱的一項「儀式」，而非單純的體育、娛樂、競賽活動，那麼，值得探究的是，二龍村的競渡究竟是要祈禱什麼？

在民俗觀念中，「雲從龍、風從虎」，若自此定義看來，許多學者往往認爲端午競渡具有「祈雨」的信仰功能，但如是看法難以套用於二龍競渡。一來，二龍競渡並無「龍神」的祭祀，二來，在邱彥貴的調查記載中，地方人士賴清泉與林趁，曾說明往昔二龍競渡之渡船是自二結租賃而來，直到日治時期（約 1920 年代），二龍村民才集資「釘船」，爾後才有「彩龍繪鳳」的出現；〔註 104〕因此龍圖騰顯然不屬於二龍競渡的原始圖騰，儀式也非「祭龍」；僅是爲了「美化」船體。

此說，除了透過前文考掘臺灣龍舟形制於戰後才出現的時間點，可得印證外，另可自點睛儀式獲得驗證：由於二龍村上下庄在點睛時，都是點在漁舟雙眼上，並非龍圖騰的雙眼，可知二龍競渡的點睛儀式，是爲了點出船的靈力，讓競船活躍起來；在洲仔尾傳說裡，「船公顧船頭、船婆顧船尾」，淇武蘭雖僅有老大公庇護船隻之說法，但由傳說與信仰功能看來，二龍競渡的龍圖騰使用，顯然與「祈雨」無直接關係。

〔註 101〕 參考：聞一多，〈端午考〉，收錄於《神話與詩》，上海：上海人民出版社，2005年，頁 180～195。

〔註 102〕 李豐楙，〈端午節民俗活動〉，《傳統藝術》，卷 7，2000 年 6 月，頁 26～31。

〔註 103〕 參引自何根海，〈端午龍舟競渡的新解讀〉，《歷史月刊》，2002 年 6 月，頁 76～81。另如林茂賢、田哲益等人皆將端午節的龍圖信仰視爲祈雨的現象，而臺灣傳統藝術中心在編輯《傳藝》的「傳藝焦點」裡，則更延伸認爲「爲的不只是祈福求雨……人乘龍舟，也反映了乘龍升天的思想。」（另參引自傳統藝術編輯室，〈民俗端午競渡沐蘭五月五禳毒辟邪歲平安〉，《傳統藝術》，卷 1，1999 年 6 月，頁 3）。除上述的討論，當然也有反對的思考，但聞一多的論述仍是相當重要且普遍地，被接受與延伸。

〔註 104〕 邱彥貴，〈二龍村龍舟賽〉，收於邱彥貴主持，《宜蘭縣重要民俗調查計畫期末報告》，（宜蘭：宜蘭縣文化局，2007 年 6 月），頁 96。

由此亦可驗證先前所論述：祭祀船公、船婆的目的，是在於「下水順利」，使居民於異質空間中進出能獲得平安，甚至是祈求競渡得勝，而競渡得勝所獲得之好處，與競渡行為反映的象徵意義，或許才是整個二龍競渡作為一個祈禱儀式的祈求重點。

（二）儀式時間

一個節慶儀式舉行的時間，必然是「神聖」的，代表著人們於此一神聖時間內，藉由儀式與生存空間的現實，回到宇宙原生時間的秩序想像，〔註105〕因此就慶典、儀式發生之時間點來討論，具有啟示作用，我們得以理解這儀式背後的神聖性與原始意涵。

傳統二龍競渡的時間，主要定於稻作「前青後黃」期間舉行，此時間通常為稻作即將收割的前十日左右，〔註106〕據賴峰育於二龍村長期追溯的結果，認為傳統競渡為期12天，而日治時期改為6天，後又改為4天，二戰前夕僅剩2天。〔註107〕戰爭期間則停辦，戰後初期又受二二八事件影響，於民國36年（1947）至42年（1953）停辦，民國43年（1954）再度復辦，並於民國53年（1964）響應政府節約拜拜，才將2天的競渡活動再改為端午節當天。〔註108〕

但據林金渥之回憶，日治時期曾出現約定於收割後才進行競渡。〔註109〕另一位同為追憶日治時期的李清蓮，卻是紀錄為農曆5月3日至5月8日之間，〔註110〕顯然早期的競渡時間，相當不穩定，一來是配合農作，有歲時祭儀的意味，二來與政府力量有關；如戰後，二龍競渡便為官方力量介入的幾乎快要面目全非。但無論如何，就時間點看來，競渡確實經常於端午節前後舉行，因此，我們應將焦點繼續放在「前青後黃」的說法，來看其「原初」意涵。

〔註105〕相關論述可見伊利亞德（Mircea Eliade），楊素娥譯，《聖與俗——宗教的本質》，（臺北：桂冠出版社，2000年）。

〔註106〕邱彥貴，〈二龍村龍舟賽〉，收於邱彥貴主持，《宜蘭縣重要民俗調查計畫期末報告》，（宜蘭：宜蘭縣文化局，2007年6月），頁97。

〔註107〕賴峰育，《礁溪二龍龍舟競渡活動略述——禮讓一寸得禮一尺》，（宜蘭：礁溪淇武蘭龍舟厝，2009年），頁4。

〔註108〕陳孟君，〈宜蘭縣礁溪鄉二龍村龍舟發展之研究（1912～1995）〉，《中華民國體育學會體育學報》，卷21，1996年，頁7。

〔註109〕林金渥說的稻作收割後，大約是夏至，參見：臺灣省文獻委員會，《宜蘭縣鄉土史料》，（南投：臺灣省文獻委員會，2000年），頁57。

〔註110〕李清蓮，〈「五日節」懷往事，礁溪淇武蘭扒龍船〉，《蘭陽會刊》，1975年，頁122。

　　所謂的「前青後黃」，即稻作收獲前尚未完全成熟的階段，在臺灣的時節中，應是界於小滿或芒種之間，二十四節氣中，所謂的「小滿」意指稻穀結實，小有（略有）盈滿之意，但還不能收割，芒種則是長芒作物種植時機的最底限，過了此時節種植的稻、麥將不易採收；同時，芒種也代表著夏季作物盛長的時節，南部地區多於此時採收春稻，臺灣於這兩個時間為梅雨、豪大雨季節，氣溫時冷時熱，尤其芒種更常與端午節重疊，前述臺灣俗諺有言：「未吃五月粽，破裘不敢放」，足以映證在端午節前，氣候必然是多變的現象。此外，礁溪的稻作屬於一年二期，但「冬季低溫多雨，影響二期作稻米產量與品質」，因此目前第二期已不種稻，改種綠肥作物休耕。〔註111〕就礁溪的作物生長時序看來，第一期稻作勢必最受重視，競渡儀式於作物生長茂盛且氣候多變的時期舉行，必然有其特殊意義。

　　在前文討論脈絡中，揭示了下水與祭江儀式的舉行目的，乃是為確保「競渡」順利，顯然競渡的意義尚須進一步理解，而競渡時間與其具備的信仰意涵之結合，亦要檢驗具有信仰意義的圖騰、文物之使用，或許透過象徵物在儀式過程中的使用情形，得以進一步說明二龍競渡與作物生長茂盛、氣候多變這兩個特點的關係，且了解臺灣端午競渡背後的文化意涵。

四、二龍競渡的象徵物使用

　　象徵的使用，可以說是人類文化發展的關鍵，它可以是語言、文字、圖騰、動作或表演，甚至是儀式的最小單位：一個不起眼的行為等等，德國哲學家卡西勒便曾認為，人是屬於符號的動物，因此了解儀式中的符號與象徵物，具有了解人們如何透過儀式來表達心理層面的意義；而此處的象徵物，指的是，在儀式行為中，具有象徵意義的文物，可能是單純的圖騰，亦有儀式作用的信仰物品。

　　整個二龍競渡最叫人注意的象徵物莫過於龍船，但如前述，龍圖騰的使用，在二龍村是日治時期開始的「添加物」，原意為彩繪、美觀之功能，其後逐漸發展出「船公」與「船婆」說法，居民將此兩個想像的信仰對象，視為保護競船，並且可以協助競船運行以獲得勝利的神祇；顯然龍圖騰的信仰作用不大，況且點睛儀式中，並未點於「龍眼」，更加說明了龍圖在此的美學考

〔註111〕參考礁溪鄉農會「稻米產業」資訊網頁。2009/1/21，檢索自：http://www.jsfa.org.tw/p4.php?model=incV_6&page_inc=1

量重於信仰考量。整艘船不僅繪有龍紋，洲仔尾更繪有仙桃、牡丹與蓮花，淇武蘭的船上，則繪有鳳凰、蓮花，這些象徵圖騰各有其意義，仙桃乃爲祈求長壽，牡丹爲富貴，鳳凰是祥獸，具有祈求吉祥之意涵，而蓮花意味著光明、潔淨，並具有神聖的意涵。

除了龍圖騰與祈福圖案外，二龍村兩艘舟上，亦有著辟邪圖案，使用最多者爲太極圖騰，畫於船頭、船尾與搖槳上，競船滑動時，整個船體都爲太極所包圍，而太極之分布位置，因舵槳的配置多於水線以上，其作用在於保護龍船與船上的選手不爲水中邪煞所入侵，並非深入水中驅趕水鬼，辟邪防鬼的意義較大；〔註112〕而在船體前後，另須於四個角的縫隙插入榕枝、芙蓉與古仔紙，亦作爲辟邪之意。細察其佈局，似乎以太極與榕枝等，將船體與水面徹底隔絕，更加突顯前文所述，人們透過下水儀式中的淨船及開光，使一般的漁舟具有靈性與神聖性；且爲避免在船上划動時，遭到水鬼入侵，故以辟邪圖騰環繞著漁船，船上則更穿插畫著人們心理藉由競渡所欲祈求的象徵物。除以仙桃、牡丹作爲祈福象徵物外，最醒目顯眼的象徵物，在於船尾尖起的兩片尾舺上，插有兩隻「順風旗」，旗上並寫著「風調雨順」、「國泰民安」。

圖 39　順風旗又稱爲尾後帳，是二龍競渡中最重要的信仰象徵物

以上陳述了整個競船的象徵物使用情形，順風旗在二龍競渡中，扮演著

〔註112〕2009 年 5 月 19 日訪問所得。

極重要之角色，但以往論述者卻都跳過這個關鍵文物，殊為可惜。順風旗的製作，須挑選「大葩尾」（tuā-pa-bué）〔註 113〕的竹青作為支架，以借重其旺盛、豐沛的生命力；二龍村人特別重視順風旗的信仰力量，順風旗會為村莊帶來好運，由於目前的競渡分有賽前練習與競渡當天，因而出現兩組順風旗，較具「信仰力量」的旗子，當然於競渡當天才換上；且順風旗過舊，須要淘汰時，其歸向還必須獲得耆老同意，才能決定歸於誰家，足見村民對順風旗之敬重。

　　與順風旗有相同信仰力量者，為「進江標」，受官方介入二龍競渡後的影響，現多稱其為「龍舟旗」，進江標乃競渡時，雙方所奪之錦旗，每於賽後，便有不少公司、工廠、礦場、漁船、養豬場、養鴨場、養雞場等前來索取。〔註 114〕地方人士相信，進江標與順風旗會為家庭、事業帶來好運，而每年獲得進江標或獲得順風旗者，則必須再製作一對，於隔一個年度後，贊助競渡使用。

　　在傳統儀式上，二龍競渡結束完祭江儀式後，所進行的是連續多日的競渡，顯然競渡儀式本身較下水與祭江儀式重要許多，在競渡儀式裡，我們得以清楚看到人們為了競得勝利的進江標，在一艘充滿祈福意味與厭勝圖案的船上，不斷來回移動，並希望船公或老大公〔註 115〕能庇佑競渡得勝，而船上插著順風起舞的順風旗，即是當地居民對競渡的期待與想像投射。這又與進江標能帶給索求者的信仰功能相同，擁有進江標，將帶來漁獲、生意興隆、豬雞鴨量產等等，無怪乎二龍競渡的賽事特別，雙方沒有把握獲得絕對勝利，真正的競賽不會開始，否則勝利且拿到第一靈力的進江標將由對方陣營帶走，這一切賭上的，當然是一整年豐收與否的「身家性命」。正好說明了競渡的原始意義，透過來回重複的儀式性行為展示，並投射在所有的象徵圖騰、文物上，藉以祈求：「風調雨順、國泰民安」。

〔註 113〕大葩尾（tuā-pa-bué）語意指茂盛、碩大的末端。

〔註 114〕參見：賴峰育，《礁溪二龍龍舟競渡活動略述——禮讓一寸得禮一尺》，（宜蘭：礁溪淇武蘭龍舟厝，2009 年），頁 12。論者於當地探訪時，亦發現競渡前便有人登記索取。

〔註 115〕論者探問賴峰育時，賴曾表示祭祀對象為龍船公，而於其出版著作中，註明祭拜辭為：「老大公，我們的龍船跑給人家追」，事實上，在儀式中，老大公與龍船公都是信奉對象，而無論是老大公或龍船公，即便對象性質有異，祈求意涵完全相同，並非為了驅趕水鬼（老大公即為鬼之尊稱），也無超拔的儀式功能，而是祈禱龍船競渡得勝。賴峰育之說明見：賴峰育，《礁溪二龍龍舟競渡活動略述——禮讓一寸得禮一尺》，（宜蘭：礁溪淇武蘭龍舟厝，2009 年），頁 16。

在日治時期的文獻中，潘迺禎〈士林歲時記〉〔註116〕一文繪出的龍船形體，與今日礁溪二龍村「競船」相同，皆爲北部常見的「駁仔船」、「舢舨舟」〔註117〕，明顯可看出龍圖騰僅是船體周邊的「選擇性」裝飾，因爲國分直一在引用潘迺禎其他龍船繪圖中，亦有出現鳳凰圖徽，及代表農事的稻作圖騰。最值得注意是，潘迺禎的文章，記錄與今日二龍競渡形制完全相似的文化模式，僅有競渡的過程、如何競渡，沒有被記錄下來，而順風旗在當時甚至也有寫著「四時無災、八節有慶」的字樣，顯然，祈求無災，以使五穀豐收而能民安物豐，安然渡過節慶的信仰心理，正是二龍競渡最主要的核心價值；那麼過去的論述中，特別提起競渡爲祈雨的觀念，顯然有誤。畢竟在此時節，臺灣正處長期雨季，梅雨季過後緊接著是炎熱的對流雨季，偶爾還有颱風侵襲，由二龍競渡的對應，我們得以發現，臺灣端午競渡其實是配合著解決氣候惡劣、豪雨侵襲的儀式思維。

圖40　奪標用之進江標　　　　圖41　進江標上放扇子、
　　　　　　　　　　　　　　　　　　香菸、水粉等物

〔註116〕潘迺禎〈士林歲時記〉，收於林川夫編，《民俗臺灣》，臺北：武陵，1990年，頁222～228。原文刊於潘迺禎，〈士林歲時記〉，《民俗臺灣》，第6號，1941年12月，頁8～16。

〔註117〕南方澳、烏石港、基隆、臺北等諸多地方，早期都是使用這種駁仔船競渡，這類型民船，多爲漁業或載運貨物使用，國分直一在日治時期記載這些民船的信仰禁忌如：必須祭祀老大公、女性不得上船、要定時向船祭拜、釘子不可釘船眼或船底板，在船上不可說不吉祥的話語等，都與今日二龍競渡的信仰儀式有密切相關，可見主要是面對「船」的信仰，不必然是面對「龍」的信仰。可參見：國分直一，《臺灣民俗學》，臺南：莊家出版社，1980年，頁184～241。

五、二龍競渡表現出臺灣端午競渡的文化底蘊

臺灣端午節的競渡活動，於戰後有著相當大改變，競渡活動已逐漸少由民眾自發性組成，多由政府提撥經費舉辦，自然不具民俗意義，反而有較多的官方強力詮釋意味，間接影響本土競渡意義的思索，並有損競渡原始的儀式性與信仰性質。原本對於端午競渡目的之討論，有學者認爲與「送瘟」儀式相關，甚是華南地區之龍圖騰崇拜，但對具備臺灣在地獨特性的二龍競渡而言，兩者之間似乎不那麼謀合，反而顯現非屬臺灣「詮釋系統」的套疊；因而本文透過臺灣文化脈絡的系譜，討論二龍競渡尚保存的傳統儀式，並論及耆老追憶所得，重新思考端午競渡於臺灣演遞中的特殊性與在地性意義。

總結整體看來，二龍競渡相當特別，在下水儀式與祭江儀式上，與一般具有驅邪象徵的儀式意涵不同，也無「超渡」功能，反而透過競渡行爲，表現出強烈的祈福意味，透過信仰與儀式過程的探究，我們應該重新推論，賦予二龍競渡一個與儀式意義較吻合的理解，可得以下幾點：

（一）下水與祭江儀式之意涵

下水儀式乃因人們由陸地空間進入屬於異質空間的水域，因而需要進行神聖化的轉換，此舉與競船上的厭勝圖案有著相似的目的，都在避免人類活動於異質空間中，被水中亡靈侵犯，或是有不適應之處。過去，常有論述僅就下水儀式，便論定競渡的祈禱意義，事實上，漁船下水儀式，或是原住民族的漁船下水，也都必然需要透過儀式行爲，來取得進出異質空間的原始信仰意涵，足以見得下水儀式僅是進出不同空間屬性的能量轉換儀式，而非代表競渡的信仰目的。

仔細探究儀式過程便可發現，祭江儀式主要是人們對水神／水鬼進行獻祭，奉上一整年的衣物、服飾，希望獲得水域的平靜，並於岸邊普度老大公，其主要目的都是要祈禱即將舉行的競渡儀式，能夠順利進行，可能是害怕翻船，也可能是怕競渡不順利，避免任何事故影響，使自己所屬的村莊無法拿到「第一」，失去具有「獲勝」的機會，損及競渡象徵物的靈性，同時也要祈禱避免任何天然災害的不斷發生。當然，在競渡順利完成之後，則必須感謝老大公的庇護，因此要舉行謝神／謝江儀式，感謝江河裡的神／靈，讓競渡順利完成。

（二）扒「靈」船之祈求目的

在前述儀式中，我們發現龍神信仰在二龍競渡儀式中並不彰顯，居民感

知與思考脈絡中，亦無迎請龍神，或說競渡與龍神相應的想法。如此，我們得以重新思考民間稱競渡爲「扒龍船」的概念，扒龍船音唸：「pê-lîng-tsûn」，其中，龍（lîng）與靈（lîng）同音，站在儀式發展的角度，扒靈船的說法似乎較爲貼切。扒靈船，即是透過具有靈力的競船，以進行祝禱；而驗證競船、「靈」船所有靈力之表現，便是儀式中，被視爲珍寶且能庇佑合境平安、產業豐收的順風旗與進江標。

在前面章節中，曾經討論清代競渡奪標與日治時期搶水標儀式，都與現存的二龍競渡，具有相似內涵。首先，文獻所載之布標，在日治時期又有稱爲龍目旗，二龍競渡則稱之爲進江標，這三項稱呼，雖然似無關聯，卻可發現標旗上的懸掛物品中，皆同樣有扇子的使用，顯然應是有延續性的同質意義，同時，也表現了強烈的信仰需求。

猶如前述，二龍村傳統作物爲水稻，並以淇武蘭溪（二龍溪）進行魚、蝦、鴨等養殖業，早期居民更藉溪流捕魚，居民爲擔心經常氾濫且改道的淇武蘭溪（二龍溪）釀成災害，因此在雨季舉行競渡儀式，祈求能「風調雨順、國泰民安」。由此可知，大凡歲時祭儀，多與在地的自然環境有著緊密關係；也隨著社會的變遷，儀式內容逐漸遞嬗，信仰特質只能保留在最顯義的象徵物裡，使得二龍競渡的進江標、順風旗，成爲企業、公司、工廠，或是種植、養殖業，甚至是漁業，從業人員爭取的對象，希望能獲得加持，而有「頭等」的勞穫、業績第一或生意興隆的信仰功能。

（三）臺灣端午節之節令秩序

由上述的脈絡可見，前引國分直一曾經記載競渡是要祈禱「五穀豐收」的觀念，確實有其文化脈絡的背景所在，而新聞報紙亦云：「參加團體概屬兩處之人。向來之說若優勝地。今年農產物定見豐收。然固競渡之日。兩庄人。宛如仇敵。不讓寸步。各逞勇力決雌雄云。」〔註118〕。顯然也是符合二龍村文化脈絡的事實。

在節氣與年度時間序上，二龍競渡舉辦時間曾爲作物積極生長的「前青後黃」時期，其時間點確實爲小滿、芒種兩個節氣左右，此時作物正逢盛長期且爲多雨季節，時間意義與儀式本身有著緊密的關聯，競渡活動爲了祈禱於多變的此時節能「風調雨順」，使作物在採收前，減少不可抗拒的自然災害。

〔註118〕作者不詳，〈礁溪兩庄民 龍舟競渡競爭甚烈〉，《臺灣日日新報》，版8，1935年6月6日。

並且要祝禱二龍村能在水患頻繁的季節中,「國泰民安」,使「部落」(村庄)能安穩、規律運作,而這樣的部落整體概念,自然令兩庄人馬不得不激烈競爭「不讓寸步」,事關整年度的收成與部落的安寧,使慶典、儀式在時間、空間上,都有著身家財產在背後牽引的重要執行目的。

　　二龍競渡為臺灣重要的端午競渡活動,有著一定的典範性,透過二龍競渡,我們得以發現臺灣的端午競渡活動,在年度時序上的位置,並不與黃河中心思考的「夏至」節令契合,由於臺灣的實際節氣與中原地區略有差異,因此中原地區的節令理論,較難套用在二龍競渡上來理解,在臺灣反而可在芒種的時間點上找到線索。其實,臺灣民間稱端午節為「五月節」,彰顯端午節為夏季節令的意義,遠較實際形成或發展源起於夏至與否來得明確許多,我們亦可透過二龍競渡的時間性與儀式性,理解端午競渡極可能為夏季起始的過渡儀式。俗諺亦云:「未吃五月粽,破裘不敢放」,五月節的氣候轉換特徵,也具體表現在儀式行為之中,因此,端午節的諸多儀式,也特別注重水陸的轉換,或水上活動的表現,具有對應炎熱夏季的集體本能反應。透過本論文,我們得以重新思考臺灣端午節在年度時間秩序上的區段線譜,以及競渡的儀式目的,並能理解大凡歲時祭儀或節令慶典,都與農耕時間、部落生態、生活秩序密不可分。

第五章　臺灣本土發展的端午節慶典

第一節　水域滌淨與陸域保安的竹南洗港儀式

一、苗栗竹南洗港的歷史發展

　　前文提及自然環境、多元族群與政治社會皆對端午節家庭行事、個人儀式與競渡活動等，產生了一些本質改變的影響，另方面，亦具體展現於苗栗竹南鎮的「洗港」活動中。

　　竹南鎮之媽祖信仰，有內外媽祖之分，外媽祖為龍鳳宮，內媽祖則為慈裕宮，長期以來慈裕宮扮演著地方信仰核心的角色；每年端午節，於中港溪畔，皆舉行遶境暨祭江儀式；事實上，整個竹南中港洗港儀式，是複合性進行，有不少庄頭廟宇共同參加，除慈裕宮的祭典外，又以光明宮的祭祀活動最興盛，並搭配道教科儀進行超拔儀式，其目的，在於弔祭過去溺死於中港溪的孤魂野鬼，以及自家祖先，但受限於記載文獻不足，中港祭江已不知正確起始年，僅能推測至晚起於清末之祭典〔註1〕。

　　對於祭江的起始眾說紛紜，主要也是受到中港溪流域變化多，且經常發生事故影響。中港溪出海口原為海港，民間相傳以介於淡水、鹿港之間而得名，展現當地居民的重視程度。其實，在清代文獻中，「中港」，屬「海汊」〔註2〕地形，且康熙55年（1716）《諸羅縣志》才出現中港溪的說法，中港

〔註1〕　田哲益，《細說端午》，臺北：百觀，1994年，頁228。
〔註2〕　海汊意指海水延伸深入陸地而形成的小港口，臺灣西半部多屬這類地形。

一詞是因凸出的陸地，原為平埔族「中港社」所在〔註3〕，而竹塹地區的開發，與後來的族群發展，都與中港有密切關聯。

地方相傳，康熙年間在今日塭仔頭中港溪口便已有設案祭拜冤魂的習俗。後來，因南庄發生洪災，不少居民溺斃，於是開啓了端午節的祭典儀式，爾後形成今日「洗港」之活動〔註4〕。此外，亦有一說，指道光6年農曆5月，黃文潤事件引發北部地區的閩粵械鬥，在中港也因南庄原住民加入，而擴大戰況，不少罹難者葬身河中，誘發後來端午祭祀活動。再者，竹南俗諺流傳「土虱好吃，不過沒死人頭多」也加劇地方居民對中港溪的恐懼，而投入祭江儀式之辦理。

近代，在昭和18年（1943）中港溪南岸有一大鯨魚擱淺，參觀者眾，其中一艘滿載之渡船翻覆，共死32人，又再度擴大了祭江、洗港複合型的儀式舉辦。〔註5〕值得注意是，這項祭江兼含洗港的活動，在日治時期並非單純於端午節一日，昭和6年（1931）的記錄中，是連續三日的活動，且被視為媽祖遶境的一環〔註6〕。顯然，不管是洗港或祭江的儀式，都彰顯此活動非一時形構而成，並隨著不同時代發生的重要變故，使竹南居民以虔誠的信仰心態面對，也展現了臺灣族群融合的重要特徵；雖然時大時小，卻是延續不輟的一項重要臺灣端午節祭典。

二、苗栗竹南洗港的儀式過程與分析

目前對於苗栗竹南洗港的來歷，大致可知是居民為祭弔中港溪亡魂及祖先，而舉辦洗港（又稱淨港、祭江）活動，但其實，端午節當天，洗港、祭

〔註3〕 金鋐，《康熙福建通志臺灣府》，卷二，山川，收於：臺灣史料集成編輯委員會編輯，清代臺灣方志彙刊第一冊，臺北：文建會，2004年，頁48。

〔註4〕 陳漢璋，《苗栗縣九十年度龍舟錦標賽暨中港文化節祭江活動成果專輯》，苗栗：苗栗縣文化局，2002年，頁24～34。

〔註5〕 論者於2010年端午節當天，訪問光明宮進行祭江的耆老4～5人，年齡層含括60至80多歲，大多對賞鯨漁船翻覆事件印象深刻，並表示祭江於日治時期開始，多在競渡後傍晚時分立刻進行，與今日的行事相當；而漁船翻覆事件後，慈裕宮與地方廟宇更曾一度邀集居民舉行大型祭祀，爾後延續至今。但祭江與洗港是兩的不同的概念，後者有清除的意味，無怪乎同一河段分上下兩段舉行，進行之內容也有兩種意涵，顯然，竹南的祭江活動，是一連串複合式的季節儀式。

〔註6〕 作者不詳，〈中港慈裕宮媽祖繞境〉，《臺灣日日新報》，版4，1931年6月21日。

江的祭典分有兩處進行，主要都是沿著中港溪河畔，一為中港慈裕宮媽祖廟於五福橋附近的岸邊進行拜祭，另一處為光明宮，在港坺里龍舟競渡舞臺旁進行超拔儀式。雖為兩地且性質不同，卻也有相互牽引影響之處，媽祖鑾駕須先遶境經過光明宮所駐守之處，才往下游走去，而光明宮在上端祭祀，慈裕宮則在臨海處舉行祭典。

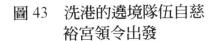

圖 42　光明宮玉皇三太子神像　　圖 43　洗港的遶境隊伍自慈裕宮領令出發

　　端午節當天中午過後，進行洗港的遶境隊伍，將由慈裕宮廟程出發，沿途除神轎外，另有官將首在轎前作除煞的象徵動作，隊伍中偕同眾多在地宮廟與交陪境，因此神靈頗多，如：水仙尊王、神農大帝、關聖帝君等皆有，具有集合眾神之力，驅趕邪煞到江邊的意味。

圖 44　神轎沿中港溪海口堤防至下游臨海處

當遶境隊伍行走到光明宮一帶後，便開始沿中港溪河岸行走至祭江場域。通常在龍舟舞臺前，港墘里一帶居民甚早備妥祭品，奉請道長於岸邊進行牽水轆儀式，同時，光明宮乩身又會以扶乩降筆的方式，敕符令焚燒於需要淨化之遶境空間；或是協助道士進行牽水轆儀式。等待媽祖鑾轎一經過，競渡一結束，居民便蜂擁到江邊祭拜，並焚燒大量金銀紙錢，當地人稱爲：「拜港墘」或「做初五」。而此時，光明宮所設之祭壇，則開始祭祀水鬼，焚燒經玉皇三太子降筆敕化過的經衣，或是將敕化過的肉粽投入水中。

圖45　敕經衣焚燒給水鬼

圖46　敕肉粽

圖47　乩首協助牽轆

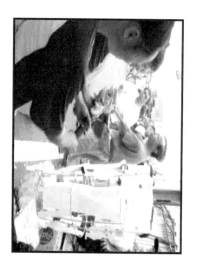

圖48　超薦港墘里溺死孤魂

　　另一方面，由慈裕宮主導，在近海處進行的洗港儀式，甚為隆重；遶境隊伍抵達岸邊時，各地神轎將拜會媽祖神壇，並在一旁等候。待祭江儀式所進行之疏文誦念完畢，一同洗港的諸多神轎，在數位乩童帶領下，於岸邊進行安五營儀式。有時，乩童將帶領神轎倏地衝入已經退潮的水域，旁邊隨伺人員則拿香擔跟隨；在乩童指定地點，焚燒金銀紙，同時將持鹽、米、金白錢、經衣或冥紙向被指定的地點丟灑，最後再由乩童帶領，一干人等回到岸邊；而在回程時，神轎將以背面回到岸邊，正面持續向著方才作法安置水鬼的祭化之處；參與人員則在回程途中，不得發出聲音或呼喊別人姓名，亦不可隨便回頭，以免沖犯水鬼，而有被「抓交替」或沖犯之疑慮。

圖 49　乩童帶領下衝入退潮的海域

圖 50　岸邊安五營

圖 51　人們正面向前走回岸邊，神像背反面海，確保鬼魅沒有跟隨

等到洗港祭典將近完成時間，岸邊按照五個方位設好的金銀紙堆也即將焚燒完畢，神轎與工作人員則開始準備遶境回程，以結束江邊儀式。此時，在所有人員於溪中逐漸上岸後，工作人員特別會於水、陸交界之處，燃放一長串鞭炮；而慈裕宮的太子神轎則進行最後一次岸邊安五營的儀式，整個祭典儀式就在祭江隊伍遶境回到慈裕宮後完成。

圖52　於水陸交界處點燃鞭炮　　**圖53　安置五營後隊伍返慈裕宮交令**

透過洗港的儀式過程，明顯可看出驅除地方邪祟，趕走或壓制水中亡魂的作為，但另方面，儀式中也焚燒銀紙，施與水鬼使用，甚至上游地段又有著薦拔祖先英靈免於水厄困擾等多項儀式；顯見是經過長時間演變而產生，並具有複合式的信仰內容。整體而言，「洗江淨港」祭典由信仰中心慈裕宮開始進行遶境，無非是希望使陸地生活擁有一個神聖滌淨後的乾淨空間，寓意著民富境安的概念；同時，祭江的最後，對水、陸兩個異質空間進行隔絕，以防止鬼煞來到陸地。人們無非就是藉此機會，塑造家園的神聖性，提升住家與廟宇之間的緊密度，劃分出家園的域境範圍，形成一個想像中的宇宙位置，而公廟慈裕宮即成了宇宙中心，藉以確保能永遠護衛地方人們。洗港活動即是由儀式對異質的水域進行安撫、鎮壓、溝通、想像與串聯，達到心靈與住家上的和諧寧靜與均衡。

第二節　端午走標

一、走標的原始意涵

走標（tsáu-pio）意為「賽跑」，最早為臺灣平埔族的歲時儀式，後因漢人融入其文化，而增添了不少信仰傳說，現階段，全臺兩大端午節走標儀式，主要於臺中市南屯區與屏東縣九如鄉兩地舉行，在文獻記載中，更有屏東縣萬金村於端午節走標之例，但今已消失。

清代方志資料中，曾經闡述：「小番以善走為雄，繫紅布於竿上，令十餘人於數里之外競走奪之，名曰『奪標』。」〔註7〕。可知走標原始的形制，乃是跟平埔族小孩的擅於行走能力有關，「奪標」可能是一種經常性舉辦的遊戲或儀式，而在《臺海使槎錄》中，則更載明諸羅番的麻達「手腕縛草垂地，鬪走而歸，曰勞羅束；隨插此草戶上三日，以為大吉。」〔註8〕，彰顯這種鬪走競逐的行為，具有特別的信仰儀式性質。而所謂麻達，即是「番之未娶者」〔註9〕。麻達經常是平埔族人使役的對象，其手臂綁有「薩鼓宜」之特徵，使行走時，遠方即可聽到聲音，並用鐵片繫在腰間，利於行走〔註10〕。

由此可知，走標最早的起源，應是來自於平埔族的競走。李亦園曾經透過人類學的比較方法，認為平埔族具有「賽跑形的祖靈祭」的特徵，其實是揉和了原住民的入會式與祖靈祭兩種慶典，原始意涵並非相同，然而在人文環境與漢族生活互動的融合情形下，才使兩者緊密結合在一起。〔註11〕因此，我們可以推測，走標極有可能是源自平埔族人的成年禮，隨後才慢慢發展擴散而成為一種年度的歲時祭儀。

二、臺中南屯穿木屐暨鯪鯉之發展與儀式分析

南屯最早為平埔族「貓霧捒社」的活動區域，屬巴布薩族之一支，漢人

〔註7〕 見：尹士俍，《臺灣志略》，收於：臺灣史料集成編輯委員會編輯，清代臺灣方志彙刊第五冊，臺北：文建會，2005年，頁281。

〔註8〕 黃叔璥，《臺海使槎錄》，臺北：臺灣銀行經濟研究室，1957年，頁101。

〔註9〕 見：尹士俍，《臺灣志略》，收於：臺灣史料集成編輯委員會編輯，清代臺灣方志彙刊第五冊，臺北：文建會，2005年，頁279。

〔註10〕 黃叔璥，《臺海使槎錄》，臺北：臺灣銀行經濟研究室，1957年。

〔註11〕 李亦園，〈臺灣平埔族的祖靈祭〉，《臺灣土著民族的社會與文化》，臺北：聯經，1982年，頁29～47。

移墾後，因農具打造風氣興盛，以販賣「犁頭」著稱，今日南屯老街一帶才開始稱爲「犁頭店街」。漢人在犁頭店的發展，深深影響了臺中盆地的漢番接觸情形，犁頭店不僅是拓墾的據點，更是南北交通的前端點。〔註12〕無怪乎後代發展了充滿漢人「開荒闢土」的威權傳說，而平埔族的原始生活形態，則被掩蓋。

相傳犁頭店地區爲一穿山甲穴，早期先民拓墾不易，因此才想到要把地底下的穿山甲吵醒，使其協助翻動泥土，讓土氣活絡；而老一輩的南屯人，也都因風水觀，認爲只有讓穿山甲翻身，才會使南屯地區不斷出現人才，反之，南屯就會沒落衰亡；另一說法，則是先民張國等人開墾不易，到了端午節這天，氣候炎熱，百獸走避，而民眾怕在地底下的穿山甲貪睡，將影響農作之收成；因此有了「躦鯪鯉」〔註13〕的行爲。鯪鯉即穿山甲，這則故事，與臺灣民間傳說中，鯪鯉的形象頗有關係，據說鯪鯉原本是一名貪睡的男子，越睡越沉，終於沉到地底下去了。〔註14〕由此可知，穿山甲貪睡的傳說，與漢人對此類動物的文化觀感有密切關係。

每年端午節，臺中市南屯區皆會舉行「穿木屐躦鯪鯉」的活動，最早地方人士稱爲「赤腳躦鯪鯉」，進行方式主要爲賽跑活動，舉行的時間並不完全固定在端午節，是於端午節前後的夏季時間內擇日舉行。戰後，因居民繁忙才統一於端午節舉辦。並因昔時的「赤腳躦鯪鯉」的概念，常常伴隨著敲鐵盆打鍋蓋等吵雜方式進行，因此，民國 71 年（1982），由時任里長的張宗雄倡議，將躦鯪鯉的形式，改爲四人一組的木屐競走，兼具吵鬧的特性又有趣味意義，隨後，成爲今日相當有地方特色之端午節活動。

此項儀式的進行，最早原型實與平埔族的鬥走走標儀式有密切相關，但隨著後來漢人拓墾傳說的串引，則逐漸掩蓋了原始走標的形制。我們得以理解漢人面對夏季「炎熱」的對應方式，重新融入平埔族的歲時儀式中。

同時我們也可以看到端午節在臺灣漢人心中，確實具有夏季節日的代表性地位，因此才會順利推動原本屬於夏季儀式的躦鯪鯉，固定在端午節這天

〔註12〕 孟祥翰，〈藍張興庄與清代臺中盆地的拓墾〉，《興大歷史學報》，17，2006 年 6 月，頁 395～430。

〔註13〕 鯪鯉（lâ-lí），即爲穿山甲，地方稱木屐競走爲「穿木屐・躦鯪鯉」，但更早以前多僅稱躦鯪鯉或赤腳躦鯪鯉。躦字爲南屯地方用詞，但查教育部閩南語字典用法爲：「蹔」。

〔註14〕 參見：吳瀛濤，《臺灣民俗》，臺北：眾文，1992 年，頁 531。

舉行。一如前文曾經提述臺灣端午節氣候的陰晴變異，使民眾具體的感知到端午節過後，走入穩定的氣候特徵。我們亦可發現南屯暨鯪鯉的習俗，正是結合漢人傳說、漢人節日與平埔族儀式的民俗活動，且在長期傳承之下，打破族群的文化疆界，反映臺灣族群文化交融的成果。

圖 54　南屯木屐競走

三、屏東九如端午走標之發展與儀式分析

　　屏東縣九如鄉的走標儀式，又稱為「傾尾逝」（khing-bé-tsuā）。最早為武洛溪南北沿岸之阿猴社、巴轆社等地原住民的走標活動，鄰近的鹽埔鄉、屏東市、九如鄉、里港鄉、高樹鄉的住民，皆曾投入競賽。而九如鄉番社、耆老村一帶過去為平埔族重要的貿易地點，因此，聚集在九如鄉走標情形便顯得相當盛大，甚至曾有連賽兩日的情形。而競賽的激烈情形，更曾引發屏東市海豐人與九如鄉民間的仇對，1948 年民聲日報便曾經報導此事：因當時海豐組曾瑞得非法阻擾九如選手前進，引發糾紛，隨後海豐居民因不滿九如派出所之調停，便埋伏於崇蘭農場，待九如人經過，便痛毆一場〔註 15〕。此次鑄下分裂的動機，後來又因複雜的地方關係停辦，直到 2009 年，地方人士則秉著重視地方文化的決心才又復辦〔註 16〕。

　　戴炎輝在〈赤山地區的平埔族〉一文，曾記載端午節進行走標的習俗：

〔註 15〕作者不詳，〈端午賽跑熱鬧中〉，《民聲日報》，版四，1948 年 6 月 18 日。
〔註 16〕2010 年端午節訪問盧繼寶先生，其為里港國小校長，為本項活動復辦之推手。

……五月節舉辦年輕人的競賽，參加者一律發給獎品，包括三百米
距離的二人競賽，勝利者可以獲得獎賞。此外，五月節有包粽子的
習俗……〔註17〕

此文主要是1940年戴炎輝受金關丈夫請託，對今日萬巒鄉赤山村、萬金村一
帶，進行調查訪談的成果，當時的文化報導人，都是漢化後的平埔族後裔，
由文字所載內容可知，當時「五月節」舉行的賽跑，與目前九如鄉進行的複
賽模式相同，亦與九如鄉耆老對走標活動的回憶相似。由戴炎輝的記錄亦可
知，日治時期屏東地區的平埔族走標，確實已與漢人的端午節緊密結合，復
辦的九如走標，絕非特殊個案，或許在更多漢原共融的村庄，也都存有這種
走標慶典。

可惜是，戴炎輝並未詳細記載當時的信仰情形，或較深層的文化脈絡。
就目前論者於九如鄉的調查所知，原始的信仰意涵已不得而知。即使有斷落
的情形，耆老們仍表示，走標可以驅趕邪祟，逼走陰氣，而且有走標「地方
會比較安寧」〔註18〕的說法。因此走標的地點，才會一直位於九如鄉公墓上。
顯然，漢原雜居影響下，端午節的除穢概念，影響了走標的原始特質，而在
鄰近居住地的墳墓上賽跑，確實也展現了境域平安的祝禱概念。

圖55　現代人認為，九如走標於公墓大路賽跑，具有逼走陰氣的效果

〔註17〕參見：戴炎輝，〈赤山地方的平埔族〉，收於鈴木質著，《臺灣蕃人風俗誌》，
　　　　臺北：武陵出版社，1991年2月，頁292。此外，戴炎輝亦曾將本文中文版
　　　　彙整於：戴炎輝，《清代臺灣之鄉治》，臺北：聯經出版社，1979年，7月，
　　　　頁748。比較兩篇內容，雖稍有不同，但在端午走標的記錄上卻大同小異。
〔註18〕2010年端午節訪問張順奮等人。

第三節　廣義的臺灣端午節慶典儀式

一、廣義臺灣端午節形成之概念

　　透過前文諸多慶典儀式、習俗的討論，我們大致了解臺灣端午節的信仰輪廓，但除了上述常知的端午節習俗外，其實於端午節前後，經常有許多儀式內容、儀式內涵與臺灣端午節相應，但又非根源於端午節，實在值得我們檢視其儀式結構，進而推知臺灣端午節的內蘊為何。

　　畢竟，臺灣端午節原本的慶典儀式時間，也都不見得固定於端午節當天，在前幾章的討論中，我們可以發現臺灣端午節的相關慶典，往往並非單純於農曆五月五日，若由清代文獻所載，應是三月初、四月溯望都有相關的儀式內容，而在日治文獻中，我們更可以知道端午節的活動，甚至經常延續至農曆五月的月半過後，透過前引林美容對末端儀式的理解概念，可以得知，必然要由儀式過程的前後呼應，才能完整了解祭典儀式的結構性意涵。顯見，由端午節農曆三月、四月即出現的開端儀式，直到結束於農曆五月十五日的的末端儀式，正是常民共同面對端午節的重要儀式時間，而端午節的意涵，也必須透過這段時間的理解，才能夠比較完整地認識端午節。

　　再者，臺灣端午節的稱呼繁多，諸如：五月節、五日節、肉粽節等名詞，其中五月節一詞，指出端午節的「月份」概念。本論文第二章與第四章，都曾論及氣候與臺灣端午節的關係，由氣候特徵、文化語境、儀式脈絡等三大理解進路，我們可以發現，臺灣端午節應屬芒種過渡到夏至的節氣特點，因夏季於芒種開始變熱，經常在芒種時節產生對流雨，豪雨不停的現象，到了夏至趨於穩定；端午節即是由雨漸少進入日漸熱的重要中介點。因此，時雨時晴，時陰時陽，多變的特徵，產生人們認定五月為「誤月」的想法，才對應於儀式中，進行滌淨空間環境、潔淨身體、感應陽氣等相關的儀式內容。若再將各種端午節儀式表述之目的彙整製表，我們也可以得到一些橫向比對的視角，如下【表4】所示：

表4　臺灣端午節儀式目的列表

類型	儀式名稱	夏季相關	脫離雨季	祈求豐收	境域平安	感應陽氣	調理陰陽	滌除惡氣	保健除疫
團體	端午競渡	●	●	●	●		●	●	●
	中港洗港				●		●	●	

	南屯競走	●		●		●	●	●	
	九如走標	●			●	◎	●	●	●
家庭	祭祀祖靈		◎	◎	●	●		◎	◎
	插榕、艾	●			●			●	●
	灑雄黃酒	●			●				
身體	浴午時水	●				●			●
	飲午時水	●				●			●
	取午時水	●			●	●			
	點抹雄黃	●						●	●
	佩戴香包	●						●	●
	立蛋	●				●			
	食粽	●					●		
	食蒜	●						●	●
	豆茄桃李	●							●
	食煎堆	●	●						●
	食麻薏	●							●

　　論者彙整臺灣端午節各項儀式意涵後，發現大致上各種儀式都與夏季的形成特色有密切相關，即前述表現出五月的渡節形象。在團體儀式與家庭儀式所共有的特色，則是儀式表述最多的祈求意涵，乃以境域平安與滌除惡氣為主要思想核心。另於個人身體儀式的表現，則是以保健為中心，兼及滌除惡氣、感應陰陽等意涵，反映了人們在渡過夏季的核心思想。顯然，「五月節」之五月，其所表述的文化脈絡，才是臺灣端午節文化意涵的核心宗旨，那麼，在此時節產生的各項儀式，與臺灣端午節產生的連結，即可作為我們思考廣義臺灣端午節的特點。

　　畢竟節日形成是動態持續的進行，具有相似背景與類似文化脈絡之慶典儀式，雖非相同起源或共通目的，但經過時間的傳承，確實有可能聚合成新的節日，因此，許多生產於夏季初始之慶典，與臺灣端午節具有相似文化脈絡者，我們確實應該視之為廣義的臺灣端午節，而未來其成為臺灣端午節之一環與否，則端看其自主發展能否擴張。下文就本研究認為可擴及之廣義臺灣端午節內容，進行簡述，並析論其文化意涵，理解何以界定在廣義的臺灣端午節中，又表現出甚麼樣的渡節習俗，能提供我們想像臺灣端午節的界定。

二、與夏季社區祈安有關的祭典

（一）夏季暗訪與五月遶境

　　臺灣夏季多雨，疫病叢生，前文諸多慶典儀式，都扣緊這項環境特性，表現出人們渡過此時節的核心意涵，若由此點看待臺灣端午節前後的遶境活動，尤其是暗訪、城隍祭等，表現為驅邪除煞象徵頗為強烈的慶典，不僅在儀式時間上與端午節相近，同時在信仰儀式的結構元素上也與端午節頗有關係，因而能被視為臺灣端午節的廣義型態。惟獨這些暗訪或遶境活動，其發展源起不必然與端午節有直接相關，而是基於信仰需求才展開，也因此僅能被視為一種夏季祭典的內涵，單純是與廣義臺灣端午節慶典具有相似性質的夏季儀式。

　　臺北霞海城隍廟在端午節前後的活動，相當值得我們作為範例參考，其例祭日主要為每年農曆 5 月 13 日，將盛大舉行聖誕遶境活動，然而，霞海城隍祭典的前端儀式時間，卻至少可推到農曆 5 月 6 日的海內會祝壽祭典以及放軍儀式，此項習俗至少於昭和 9 年（1934）便已出現，但也有耆老認為在光緒就有。〔註19〕城隍信仰本為一種城與護城河守護者的崇拜，具有強烈的地方護衛神觀念；霞海城隍廟在遶境時會舉行放軍儀式，將五營兵將安鎮於五方土地廟內，具有鎮壓邪煞的象徵意義。在儀式時間上，城隍遶境與臺灣端午節文獻中，競渡的時間點幾乎重疊，也因此常可在日治文獻中，看到城隍遶境與競渡同時出現之例。

　　另外，每年淡水祖師廟暗訪於農曆 5 月 5 日、5 月 6 日舉行，新莊大眾爺廟的暗訪則於農曆 4 月 30 日、5 月 1 日舉行，更是與端午節緊密重疊。偶爾，鹿港的暗訪活動也大約於農曆 4 月便開始出現。所謂暗訪即是主祀神在夜晚進行巡境，具有「趁其不備」驅趕邪煞的意思，因此不貼香條，也不大肆張揚；鹿港暗訪的範圍，擴及大街小巷，除陣頭最前端有七爺、八爺作前鋒外，其餘皆由神轎組成進行，收服鬼魅之後另要舉行送祟的儀式，代表將所有邪煞送走，使地方保持乾淨聖潔。

　　這些儀式在信仰內涵上，與端午節有相似的結構，如：潔淨境域空間，以及強烈的驅邪防禦儀式。再者，這些遶境儀式在這多惡不良的五月裡面，試圖維持空間境域的寧靜，也有著儀式目的之密切相應，更能呈現出人們度

〔註19〕謝宗榮、李秀娥，《臺北霞海城隍廟》臺北：臺北霞海城隍廟，2005 年，頁126～135。

過「五月」的情形，因而成爲廣義臺灣端午節儀式的表現之一。

（二）女媧傳說與補天慶典

關於端午節女媧補天之傳說，在前文煎堆飲食習俗中曾有陳述，因端午節的氣候多雨形象，使得女媧補天的傳說能夠與煎堆習俗一起擴張傳播。臺灣祭祀女媧的宮廟不多，尤其以農曆五月爲誕辰日者更爲罕見。

相傳，宜蘭大福補天宮於清道光 8 年 5 月時，有一尊浙江女媧娘娘的神像漂流來此，當地居民基於對信仰的尊重，遂將之安奉於草寮內祭祀。幾年後，香火鼎盛，屢現奇蹟，因而於咸豐元年 5 月 9 日建廟，此後，每年 5 月 9 日成爲補天宮之例祭日，居民皆進行遶境與過火儀式，來做爲女媧娘娘的主要慶典。〔註 20〕此則祭典主要是儀式內涵與目的之反映，與臺灣端午節的境域平安、滌除惡氣、身體保健有關。並以夏季「過火」爲主要的儀式連結，民間對過火的概念，乃是滌除一切邪煞，有重新開啓靈力之意，顯見，在氣候不良的五月裡過火，顯然是一種爲個人生活重新定位的儀式，具有透過信仰度過節日的「通關」儀式效用。

（三）水仙尊王信仰祭典

誠如前文提及端午節與「水神／水靈」崇拜的關係，在炎熱的夏季，與「水」相關的儀式必然是端午節習俗中，不能被省略的結構元素。但在競渡活動中，臺北淡水屈原宮原始「水仙尊王」信仰的情形，是於戰後的政權發展鼓吹下，改以祭祀愛國忠臣屈原的形式，尤其表現在端午節競渡的活動中。最明顯之例證，即是日治時期文獻雖曾記載：洲美龍目旗上，居民敬呈著水仙尊王爐下之弟子敬獻；但 1970 年代地方公廟修建，卻改以「屈原宮」定名，而有了嶄新的面貌。

事實上，臺灣自漢人移居以來，關於水仙尊王的信仰情形踴躍。尤其是沿海居民對水仙尊王的信仰崇祀情形高，屈原也僅是諸多水仙尊王信仰角色之一。最原始的水仙尊王信仰僅是海神、水神之祭祀，甚至，水仙尊王的角色，也與水鬼、水靈有密不可分的關係。屈原、伍子胥、項羽、李白、王勃等，死於水難、江河者，或如治水有功的大禹，都是擬人化後的信仰情形。

也因神靈的擬人化，才使得信仰祭祀與其得道日（死忌日）與誕辰日有密切的相關。端午節對屈原的祭祀與對水仙尊王的信仰，便是在這樣的文化

〔註 20〕張坤三等著，《宜蘭縣壯圍鄉寺廟信仰沿革誌》，宜蘭壯圍：李東明出版，1998年，頁 11。

脈絡底下展開，當然，戰後特別強調於端午節祭祀水仙尊王的情形，自然是與前文闡述臺灣戰後官方刻意將端午節創制爲具有中華民族主義色彩的傳統節日有關，而忠死於端午節的屈原傳說便成爲最能顯耀的例子。如臺南市永康區的禹帝宮，原本對水仙尊王之信仰爲項羽，後來依次迎奉屈原、大禹等神像，早期對於屈原的祭祀僅是單純信仰祭典，但自民國 85 年（1996）起，則開始積極推動民俗活動，並於民國 90 年（2001）開始，獲得當時永康市公所之補助，而推動端午慶典，放大舉辦屈原祭祀，同時增加立蛋、取午時水等千人活動〔註21〕。

另外，如彰化寶廍里的水仙尊王過爐，過去並不著名，由於祭祀範圍僅限於寶廍里 12 鄰的屈姓宗親參與，活動未曾擴及全里，故也不盛大。2007 年由於聯合報記者江良誠之報導才開始聞名，中國、香港、臺灣的新聞爭相報導，言謂屈原後代子孫在彰化有個「屈家村」，並以端午節祭祀屈原，作爲主要的家族悼念。

但據論者實地調查，彰化市從來沒有「屈家村」的存在，僅是寶廍里三塊厝的屈姓宗親居於此地，地方耆老亦表示，當地原應有上百位屈姓人士，受到求職謀生影響，而逐漸遷離。據民國 85 年（1996）《彰化市志》之調查記錄，〔註22〕整個寶廍里僅剩 15 戶屈姓人家，人口外移情形嚴重。而屈家村的說法，即是刻意炒作之下的產物。事實上，整個寶廍里三塊厝的屈姓宗親，原鄉都是來自晉江市，而非有屈子祠的湖北秭歸。

至於屈姓宗親會每年端午節舉行的過爐活動，主要源於 1960 年代。屈姓族人因隨進香團南下，在南鯤鯓見到水仙尊王——屈原之神像。因同爲屈姓，而感到驚奇。臺灣民俗認爲：「姓林的媽祖顧子孫」，同姓氏之神祇，往往讓人們感到較能信賴。因緣際會下，屈姓族人便對水仙尊王產生強烈認同，攜香火回到庄頭廟泰和宮祭祀。不久後，〔註23〕當地居民發起共雕神像祭祀之議，但屈姓宗親會，則另雕新屈原神像，並以每年一屆，於端午節當天舉行過爐輪祀的儀式；整個屈姓家族，便藉晚餐時間共聚一堂。

〔註21〕參見：戴文鋒，《在地的瑰寶：永康的民俗祭儀與文化資產》，臺南：永康市，2010 年，頁 187～189。

〔註22〕周國屏，《彰化市志（上冊）》，彰化縣：彰化市公所，1997 年，頁 228。

〔註23〕報載爲民國 52 年（1963），但論者訪談時，並未有耆老記起相關時間點，僅表示大約是 40 多年前；江良誠亦未註明雕刻時間是哪一尊水仙尊王金身完成時間。參見：江良誠，〈彰化泰和宮 奉祀屈原〉，《聯合報》，彰化地方新聞版，2007 年 6 月 20 日。

　　細查其歷史脈絡可發現，屈姓宗親原先組成的祭祀儀式，與臺灣常見的分香、過爐輪祀類同，其目的旨在保佑族人平安，將屈原視為同宗族人的信仰核心，目的並非為了紀念屈原，而是產生紀念先祖的「移情作用」。在信仰原型的概念中，寶廓里應屬水仙尊王分靈之祭祀，但透過家族經營模式進行，卻出現家族神的信仰概念；並自 10 多年前，開始出現前往洲美屈原宮會香、祭祀的活動，有著特殊的家族過爐儀式。稍加摒除穿鑿附會的民族意識，我們更能發現其祭祀行為，代表著臺灣水仙尊王在地化延續的傾向，水仙尊王原是討海人、河濱住民的守護神，在屈姓祖先的分靈輪祀下，信仰功能轉移，而成為重要的宗親信仰神，由祈求「護海」轉為「旺家」，有其臺灣在地的發展特質。

　　總結來看，臺灣端午節與水仙尊王祭祀活動，主要是來自於屈原的例祭日，為農曆五月五日；但又表現著兩種特色，其一，為夏季原始水神／水靈的祭祀，如各地以屈原為水仙尊王之祭祀活動；其二，為受到戰後官方創發傳統的影響，開始擴張「祭屈」活動之表現，比如永康禹帝宮祭屈大典，與彰化市寶廓里的過爐。前者表述臺灣端午節祭典受到環境影響的多樣性，後者則可看出臺灣歷史發展的「特質」。

三、與災疫、防病有關的祭典

　　前述端午節的信仰儀式意涵中，有許多與藥草治病有關的儀式行為，尤其在疫病孳生的端午節，醫藥觀念極為重要，而在臺灣端午節前，每年通常於農曆 4 月 25 日或 4 月 26 日各地都會舉行神農大帝的祭典，神農又被尊奉為五穀先帝、藥王大王等，具有藥理之神的形象。而在臺南地區永樂路上的「藥皇廟」也頗值得看重，其建廟約於康熙 24 年（1685），長期以來，每年於農曆 4 月 28 日皆會有遶境活動，而所謂藥王雖為神農氏。但仍有不同之看法，如洪敏麟認為應是扁鵲信仰。〔註 24〕這種以神農氏表現的藥理、保健精神成了渡過夏季的重要開端祭祀。

　　另方面，在嘉義鹿草鄉的圓山宮，主祀王孫大使，例祭日原為農曆 5 月 5 日，後因地方人士反應，端午節當天諸多祭祀活動繁忙，因而為配合端午節的舉行，將祭典時間改於農曆 5 月 4 日，顯然於祭祀活動上，與端午節有很

〔註 24〕洪敏麟，《臺南市區史蹟調查報告書》，臺中：：臺灣省文獻委員會，1979 年，頁 164。

大之重疊。關於王孫大使之信仰來歷，曾有傳說云：王孫大使原爲南宋人，後來因爲家鄉有田螺精作怪，發生水災，王孫大使奮勇與田螺睛爭鬥，死後被尊奉爲神。夏季水難頻繁的情形，爲此時節的重要特徵，此傳說正凸顯王孫大使於夏季祭祀的重要意義。

　　此外，每年端午節當天，苗栗地區的石母祠皆會有祭祀活動的舉行，地方居民相信，石母爲小孩的守護神，因此多會帶小孩前去祭祀，祈求平安順利長大。此項信仰特點，與清代端午節文獻中，特別強調小兒防疫的概念有十足的親近性，當然也應屬廣義臺灣端午節的一環。由此可知，臺灣端午節所表現的夏季災疫與防疫特點，並不單純只發生在端午節當天，而是透過不同地方不同信仰結構反射在同一個夏季五月裡，如此，更加凸顯了以「五月節」作爲理解臺灣端午節的重要文化脈絡

第六章　結　論

　　本研究以臺灣端午節慶典儀式與信仰習俗為研究對象，就社區進行之團體儀式，如：競渡、洗江、淨港、木屐競走、走標等；與家庭行事，如拜公媽、拜地基主、插榕艾香茅等內容，再結合個人身體儀式，如：洗午時水、插榕艾、點雄黃等，進行觀察與交叉析論，著重於儀式過程之記錄，與信仰結構之分析；並思及自然環境、歷史條件、族群關係與移民社會的形態等，探究臺灣端午節的在地特質；同時扣緊夏日求無災與節氣慶典意涵等面向，討論臺灣端午節於整年度節日中的重要地位，並了解臺灣人如何透過這項年中行事，來度過夏季節氣。最後可知，臺灣端午節所進行之儀式，大都與夏季氣候特徵密切有關，如：最盛大的臺灣端午競渡活動，即與消解芒種豪雨有關，呈現了臺灣自然環境與人文條件之特色。透過本文，得了解臺灣歷史與政治社會對節日產生之影響，並能理解臺灣端午節形成的在地特質，另方面，則可透過本文所討論之臺灣端午節儀式內涵，來探討臺灣端午節的文化內蘊，發掘屬於臺灣民族節日的本土化現象。最後，本論文綜合各項儀式內容，大致提出三項關於本研究的核心內容：

一、氣候條件影響下的臺灣端午節信仰儀式

　　臺灣俗諺云：「四月芒種雨、五月無焦土、六月火燒埔」、「五月端午前，風大雨袂停」，或如客家諺語：「五月南風漲大水」等說法，都表明了農曆四月至五月是梅雨季，會有連日多雨情形。部分地區此時正逢稻收，連日多雨將醞成災害，有些地區則是在夏至收成，所以與芒種重疊的端午節，正是黃熟結穗，等待收割之際；面對收成時的大雨成災，人們透過信仰的力量，求

得風調雨順、四時無災,去面對惡劣的天氣條件,正是端午節各項習俗所表現的核心意涵。

目前,多數競渡爲官辦活動,較不具原始民俗意涵,惟獨二龍競渡仍有在地信仰保存,可藉此了解細緻的臺灣端午競渡之目的。早年二龍競渡時間並非固定於端午節當天,而是在稻作的「前青後黃」時期,即稻作可收獲前,尚未完全成熟的階段,且多與芒種重疊。此時氣候惡劣,對農民而言,有極大的影響,尤其,礁溪鄉的稻作雖屬一年二期,但多季低溫多雨,影響二期農作產量與品質,第一期稻作勢必極受重視。二龍競渡在最受重視的作物生長期間舉行,即是希望透過儀式求得二龍河莫因雨季氾濫,保住沿岸的住戶能平安順遂,在地的農漁業能順利收成。二龍競渡不設裁判、無鳴炮、不計時且不管次數,長期以來,上、下兩庄居民自有一套「理解獲勝」的方法,勝負判斷全憑兩庄居民自我詮釋。因二龍村居民普遍相信,競渡獲勝將帶來一整年好運,而運氣來源即是競渡得勝時的進江標與順風旗之取得。競渡後的順風旗多會被供奉著,以祈求全莊有好運;更是闔家平安、產業豐收、財源廣進的保證。由這些特點可知,臺灣端午競渡具有歲時祭儀的核心概念,乃是面對環境所產生的通關儀式。

歲時祭儀有年度循環的特質,在不同時節點,反映各節令秩序的意義,使每種節日被常民放在不同特殊位置,彰顯出年度行事的必要性。常民於生活中的感知感覺,更是節日能否延續的關鍵。由前述我們得知端午節正逢臺灣梅雨季,亦是夏季節日轉熱的開端,民眾明顯可以感受到具體的威脅,爲避免豪雨成災,除了透過社區團體進行的競渡活動外,不少地區更有集體進行「吃煎堆」的習俗。乃由女媧補天的故事取得靈感,透過吃煎堆,來祈求填補多雨的天,使之不再「漏水」,化解連日多雨的梅雨季節。民眾亦於此時節透過祭祀,秉知祖先與地基主,「五月節」已經來臨,藉以祈求平安度過。其實,每逢重要年節類似之祭拜,不僅表現出向祖靈祈求「過節順利」,呈現前述「四時無災、八節有慶」的信仰心理;更有尋求家庭或個人,面對環境變化,探求與宇宙世界互動,求得和諧、調順的過節心理。

另方面,濕熱也使蚊蚋孳生,每逢夏季最爲嚴重。因此,早於清代文獻曾有端午節當日「送蚊」的記載,避免蚊蟲帶來的疾病纏身。常見的插艾草或榕枝,日治文獻稱「插榕勇過龍,插艾較勇健」,不僅具有實質防蚊效果,亦被衍生爲避邪,以祈求健康,成爲對抗氣候不佳,防止衍生疫病的重要習

俗。而悶濕現象所呈現的惡氣，使人們在端午節具體感覺到開始「變熱」，認為陽氣正盛，故由立蛋，或取午時水淨身的過程，去感受陽氣的存在，以達到「轉氣」（即轉運）的效果。民間並有：「午時水飲一嘴，較好補藥吃三年」之說法，希望解決氣候帶來的疾病或燥悶不順遂。再者，臺灣端午節前後常有許多應節的食品，符合臺灣人常透過「吃」來尋求身體健康的文化脈絡；如嘉義吃西瓜習俗，或中部地區盛行的麻薏，都以清涼退火的實質功能著稱，一解端午節的悶濕。或如：「吃紅皮茱皮膚紅」、「吃茄恰鵲趒」、「吃豆吃到老老」等求健康、求壽、求富貴的象徵飲食，都是符合此時節特點而發展的祈安保健習俗。

由上述諸多信仰與儀式的對應，可知氣候特徵主導著民眾如何看待端午節，一來是對於梅雨季的集體應對行為，二來是感受到自端午節起，氣候逐漸穩定，如俗云：「未吃五月粽，破裘不敢放」，使端午節當天的悶濕特徵，讓民眾起了陽氣旺盛的想法，於是透過儀式，取得陽氣，藉此度過此「年度大關」；足以見得，臺灣端午節發展的自我生成脈絡。

二、臺灣人形成臺灣端午節

臺灣族群眾多，最早的原始住民在臺灣已發展數千年歷史，漢人最遲於四百年前開始略具規模的移民臺灣，面對氣候特徵惡劣的夏季，原始住民都有其一套度過的祭儀，漢人入臺後，兩者相互影響，族群交融的情形，絕對是形構臺灣端午節的重要一環。

全臺於端午節走標的兩大儀式，便是族群交融產生新節日習俗的主要力證，分別於臺中市南屯區與屏東縣九如鄉兩地舉行。其中，南屯走標已自 1982 年起，由里長張宗雄倡議改為四人一組的木屐競走活動，並配合漢族傳說，成為兼融著漢人形式的信仰儀式。由於民間相傳，南屯為穿山甲穴，為使地方活絡，便希望透過木屐競走的行為，使潛伏於地底下的穿山甲能夠甦醒，讓地氣不斷翻動，亦可顧全農作，使收成豐富。有著祈禱地方產業順利，達到富庶「國泰民安」的概念。另方面，屏東縣九如鄉的走標儀式，最早為武洛溪沿岸平埔族共同參加，走標情況相當盛大，目前，信仰儀式的成分已略有消失，成為單純的賽跑活動，但當地仍有走標可以驅趕邪祟、逼走陰氣的說法，因此走標的地點，才會一直位於九如鄉的公墓上，符合居民相信，走標能使地方較為安寧的說法。顯然，漢原雜居影響下，端午節的除穢概念，

影響了走標的原始特質,而在鄰近居住地的墳墓上賽跑,也展現了境域平安的祝禱概念。

　　另方面,臺灣清治時期的族群關係複雜,閩粵械鬥時有所聞,保持村莊的健體防禦系統與信仰核心甚爲重要,因此,日治時期曾有端午石戰的習俗,即爲各地方族群互動下的產物,又因相傳參與石戰可驅除疫病而具有多元複合的意涵,可惜在日治時期已被官方明令禁止。

　　現存的端午節活動中,竹南鎮洗港、祭江之活動大小僅次於競渡,集合自然環境、多元族群與政治社會的影響。祭江起始原因說法甚多,有謂是祭祀洪災死難者而設的活動,亦有說因道光 6 年黃文潤事件引發閩粵械鬥死傷慘重,居民特別爲此祭祀枉死的孤魂;另方面,昭和 18 年(1943)中港溪南岸曾發生船難,當時罹難者也成了今日祭儀的重要對象。可知洗江、淨港所包含的遶境、牽水轆儀式;無非是希望使陸地生活擁有一個神聖滌淨後的乾淨空間,寓意著民富境安的概念,並塑造家園的神聖性,同時也因家園位置的共同體認,使這項信仰活動的舉行,幾經歷史的沖和,早已跨越族群藩籬,不僅集體超拔祖先,更透過信仰力量,形成共同護衛居所的慶典。

　　另方面,各時期官方對曆法的制定、節日政策的推動,以及社會動態乃至於爭戰,都是影響歲時節日的關鍵因素。戰前,如日治時期引入新曆的使用,日本端午節於新曆 5 月 5 日的諸多習俗,也曾出現於臺灣;戰後,政府透過屈原推行愛國主義,端午節成爲最早進入教科書專文介紹的代表性民俗節日,使諸多端午節習俗,都受其影響,如九如競走、二龍競渡,都曾傳出是紀念屈原的活動,但實際研討卻發現並無關聯。中華文化的復興熱潮,在從 1960 年代末期開始特別燃燒,也使得全臺各地過去未曾有競渡,或早已停辦的競渡活動,於此時間擴展開來。可知政治社會脈絡對端午節的影響不在話下;但也惟有透過上述諸多的政治、社會與歷史背景,才能得知臺灣端午節的文化脈絡和發展歷程,有其獨樹一格之特色。

　　顯見,臺灣端午節的複合性,使其具有強烈的民族節日性格,這將使我們更加清楚的了解,唯有臺灣人才會產生臺灣端午節。因爲臺灣端午節的發展,必然是經歷臺灣獨特的歷史脈絡,以及臺灣本土地理環境特色、農作生產與產業結構、政治權力與社會關係等繁複多元的面向,臺灣端午節並非天生如此,一如多數的節日形成,都必須經過歷史的考驗與民間傳承的能量、動力。

三、五月節儀式的研究擴張與展望

　　在過去的研究成果中，臺灣端午節的各類儀式大多被拆解開來單獨論述。關於競渡方面的討論，不少學者主張與龍神信仰有關，其實，透過本論文討論儀式過程之理解，龍神信仰在儀式中並不彰顯，尤其龍圖騰的使用情形，與戰後的官方政策有密切關係，在臺灣民間自發性的本土競渡活動中，並不普及。故本論文提出，扒龍船應為扒「靈」船之延伸，文獻中的「搶水標」、「奪標」或「迎標」等重視布標的習俗，才是臺灣端午競渡活動的核心信仰價值，扒靈船的目的，即是為了透過競船獲勝，使布標能具有「勝力」或「第一」的靈力。關於家庭行事的討論，過去研究者較少觸及拜公媽與拜地基主之論述，而僅著重於插榕艾等習俗與身體佩掛儀式進行綜合論述；事實上，臺灣端午節當天由家庭所進行之儀式，應是由插榕艾開始，與拜公媽、拜地基主、灑雄黃、取午時水等，結合為一完整結構的整體，即便部份地區將舉行社區團體儀式，仍不忘於家中祭祀祖先，甚至有普度的習俗；結合家庭行事的各項儀式內容可知，其目的乃是以住家為溝通宇宙的中心，達到淨化居所，祈求境域和諧平安的信仰情形。最後，關於個人所進行的身體儀式，過去的研究者也是獨立討論較多，大抵上不脫面對惡月的信仰心理，然而，當我們將之與家庭儀式結合，則更能看出由家庭到個體所產生的儀式，反映著由空間到身體的淨化過程。

　　透過空間到個體的詮釋，我們得以了解臺灣端午節各項儀式的研究，若透過整合論述，將更能反映歲時祭儀的特性，顯然，臺灣端午節作為一種年中行事，當可視為解決夏季五月的通關儀式。最後，整合以下二種核心意涵，將可提供我們對擴展臺灣端午節研究的一些概念：其一，為渡過「五月節」，由團體到個體的儀式，都反映著滌淨惡氣遠離惡運，欲解決夏季惡劣環境對人們居住空間與身體的不良影響；其二，透過個體儀式，產生許多感應陽氣，獲得治療夏季疫病的能力，並衍生出集體尋求治百病良藥的信仰行為，達到保健除疫的效果。

　　過去，曾整合臺灣端午節各種儀式進行論述之學者，有林美容〈臺灣五日節民俗及其意義的流變──兼籲訂端午節為藥草節〉一文，開拓了我們認識五日節（即端午節）的新視野，其文將臺灣端午節於文獻記載中的各種儀式，彙整成表，藉此了解臺灣端午節習俗中的結構原則，最後提出「藥草節」的概念，然而該文討論較著重於文獻分析，部份未曾於清代記載的慶典儀式，

實可擴充延續討論。透過上述的這些核心概念，我們因此可以為臺灣端午節劃分出下列幾個核心與邊緣的對應關係圖。

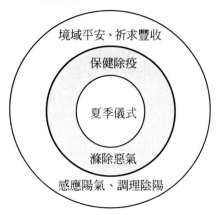

在這樣的思維底下，本論文曾提出廣義臺灣端午節的看法，分別是「與夏季社區祈安有關的祭典」及「與災疫、防病有關的祭典」。論者以為，這兩種類型的祭典與信仰活動，不僅在時間序與「五月節」相互吻合，更符合臺灣端午節的信仰核心，甚至，其中有些活動一直都被當地人視為端午節的活動，諸如：淡水大拜拜（淡水暗訪）、彰化水仙尊王過爐、嘉義鹿草圓山宮祭典、苗栗石母祠祭祀等。雖然這幾項信仰活動，最原始的發起動念，並非為了度過「五月節」，但選擇在這夏季的重要節日進行，必然有其共通的核心背景，我們也確實應當將這類的信仰活動，視為臺灣端午節的一環；猶如下表所反映親疏關係：

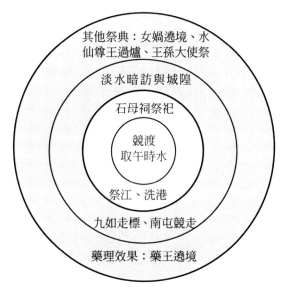

　　由此可知，臺灣端午節的慶典儀式，尚有許多可以擴充發展的空間，畢竟節日的形成與發展，並非單一固著，我們透過信仰儀式所反映的結構，釐清臺灣端午節的核心意涵後，對於廣義的或狹義的祭祀與慶典儀式，便能清楚的釐清他們所屬的位置，以及與端午節核心意涵之間的親疏關係。面對亞洲地區端午節尋求在地特殊性的時代來臨，端午節的變革或將有更大的轉型，本論文基於環境、族群、政治社會等基礎，探討端午節的發生、發展脈絡，得知其演變的複雜性，然而，透過信仰與儀式背後結構性的「不變」特質，則能為我們找到屬於臺灣端午節永續經營發展的重要根基，那麼可以變動的祭祀或儀式，以及本文所未能詳細討論的夏季儀式，能如何豐富臺灣端午節研究的向度，使臺灣端午節展現其於亞洲端午節的特殊性，或是多樣性，則是未來猶能擴充論述之處。

　　再者，臺灣本土的端午競渡活動具有其在地性的特質，與鄰近的日本、中國、香港等地，都略有不同，其比較性議題，也是可以延伸開拓之處。尤有甚者，臺灣屬於海島國家，端午節儀式中的海洋文化，展現了臺灣節慶文化的特殊性，諸如自古在海濱、海港競渡；以漁船使用習俗融入節慶儀式；乃至於反覆於水陸二域所展現的海島文化內涵；都是可以延神探究，深化臺灣端午節文化底蘊的主題。本論文於文末附錄，增記二龍競渡的文化詞彙，記錄其文化脈絡與意涵，意圖使這項頻臨滅絕的本土競渡，能有更多推廣的可能，冀望對於國內無形文化資產的保存工作，能提出一些基礎研究內容。畢竟，臺灣目前在無形文化資產保存中，關於歲時節日的國家指定民俗活動，僅有登陸基隆中元祭，其實，面對亞洲端午節的申遺競逐，競渡活動的在地特質必然是未來能相互交流討論的核心議題，或許透過本文的申論，未來在臺灣端午節保存議題的討論，以及臺灣本土競渡的指定保存作業裡，能更容易擴充與延伸，進而強化臺灣在亞洲地區的文化競爭力。

參考書目

一、文獻史料

姓氏筆劃：4

1. 王禮，《臺灣縣志》，臺灣史料集成編輯委員會編輯，清代臺灣方志彙刊第四冊，臺北：文建會，2005 年。

2. 王必昌，《重修臺灣縣志》，臺灣史料集成編輯委員會編輯，清代臺灣方志彙刊第十一冊，臺北：文建會，2005 年。

3. 王瑛曾，《重修鳳山縣志》，臺灣史料集成編輯委員會編輯，清代臺灣方志彙刊第十三冊，臺北：文建會，2006 年。

4. 尹士俍，《臺灣志略》，臺灣史料集成編輯委員會編輯，清代臺灣方志彙刊第五冊，臺北：文建會，2005 年。

姓氏筆劃：5

1. 臺灣慣習研究會原編，鄧憲卿等新編，《臺灣慣習記事》，第四卷，南投：臺灣省文獻委員會，1997 年。

2. 臺灣省文獻委員會編，《宜蘭縣鄉土史料》，南投：臺灣省文獻委員會，2000 年。

3. 末次保・金關丈夫主編，《民俗臺灣》（1941～1945），第一卷，臺北：南天書局，1998 年再版。

4. 末次保・金關丈夫主編，《民俗臺灣》（1941～1945），第二卷（上），臺北：南天書局，1998 年再版。

5. 末次保・金關丈夫主編，《民俗臺灣》（1941～1945），第二卷（下），臺北：南天書局，1998 年再版。

6. 末次保・金關丈夫主編,《民俗臺灣》(1941～1945),第三卷(上),臺北:南天書局,1998 年再版。

7. 末次保・金關丈夫主編,《民俗臺灣》(1941～1945),第三卷(下),臺北:南天書局,1998 年再版。

8. 末次保・金關丈夫主編,《民俗臺灣》(1941～1945),第四卷(上),臺北:南天書局,1998 年再版。

9. 末次保・金關丈夫主編,《民俗臺灣》(1941～1945),第四卷(下),臺北:南天書局,1998 年再版。

10. 末次保・金關丈夫主編,《民俗臺灣》(1941～1945),第五卷、索引,臺北:南天書局,1998 年再版。

姓氏筆劃:7

1. 沈茂蔭,《苗栗縣志》,臺灣史料集成編輯委員會編輯,清代臺灣方志彙刊第三十一冊,臺北:文建會,2006 年。

2. 李丕昱,《鳳山縣志》,臺灣史料集成編輯委員會編輯,清代臺灣方志彙刊第五冊,臺北:文建會,2005 年。

3. 余文儀,《續修臺灣府志》,臺灣史料集成編輯委員會編輯,清代臺灣方志彙刊第十六冊,臺北:文建會,2007 年。

姓氏筆劃:8

1. 金鋐,《康熙福建通志臺灣府》,卷二,山川,臺灣史料集成編輯委員會編輯,《清代臺灣方志彙刊第一冊》,臺北:文建會,2004 年。

2. 周處《陽羨風土記》,張智編《中國風土志叢刊》,中國揚州:廣陵書社,2003 年。

3. 周璽,《彰化縣志》,臺灣史料集成編輯委員會編輯,清代臺灣方志彙刊第二十二冊,臺北:文建會,2006 年。

4. 周鍾瑄,《諸羅縣志》,臺灣史料集成編輯委員會編輯,清代臺灣方志彙刊第三冊,臺北:文建會,2005 年。

5. 林川夫主編,《民俗臺灣》,第一輯,臺北市:武陵出版有限公司,1990 年。

6. 林川夫主編,《民俗臺灣》,第二輯,臺北市:武陵出版有限公司,1990 年。

7. 林川夫主編,《民俗臺灣》,第三輯,臺北市:武陵出版有限公司,1990 年。

8. 林川夫主編,《民俗臺灣》,第四輯,臺北市:武陵出版有限公司,1990 年。

9. 林川夫主編，《民俗臺灣》，第五輯，臺北市：武陵出版有限公司，1990年。

10. 林川夫主編，《民俗臺灣》，第六輯，臺北市：武陵出版有限公司，1990年。

11. 林豪 薛紹元，《澎湖廳志》，臺灣史料集成編輯委員會編輯，清代臺灣方志彙刊第三十冊，臺北：文建會，2006年。

12. 〔宋〕孟元老原著，姜漢椿譯注，《東京夢華錄全譯》，中國貴州：貴州人民出版社，2009年。

姓氏筆劃：9

1. 胡健偉，《澎湖紀略》，臺灣史料集成編輯委員會編輯，清代臺灣方志彙刊第十二冊，臺北：文建會，2004年。

2. 范咸，《重修臺灣府志》，臺灣史料集成編輯委員會編輯，清代臺灣方志彙刊第九冊，臺北：文建會，2007年。

3. 洪麗完，《二林鎮志（下）》，彰化縣：二林鎮公所，2000年。

4. 高拱乾 周元文，《臺灣府志》，臺灣史料集成編輯委員會編輯，清代臺灣方志彙刊第二冊，臺北：文建會，2004年。

5. 柯培元，《噶瑪蘭志略》，臺灣史料集成編輯委員會編輯，清代臺灣方志彙刊第二十三冊，臺北：文建會，2006年。

姓氏筆劃：11

1. 國分直一，《臺灣民俗學》，臺南：莊家出版社，1980年，頁184～241。

2. 陳壽祺，《道光福建通志臺灣府》，臺灣史料集成編輯委員會編輯，清代臺灣方志彙刊第二十五冊，臺北：文建會，2007年。

3. 陳淑均，《噶瑪蘭廳志》，臺灣史料集成編輯委員會編輯，清代臺灣方志彙刊第二十四冊，臺北：文建會，2006年。

4. 陳培桂，《淡水廳志》，臺灣史料集成編輯委員會編輯，清代臺灣方志彙刊第二十八冊，臺北：文建會，2006年。

姓氏筆劃：14

1. 劉良璧著，《重修臺灣府志》，卷六：風俗，臺灣史料集成編輯委員會編，臺北：文建會，2005年。

2. 劉良璧，《重修福建臺灣府志》，臺灣史料集成編輯委員會編輯，清代臺灣方志彙刊第六冊，臺北：文建會，2005年。

3. 鄭用錫，《淡水廳志稿》，臺灣史料集成編輯委員會編輯，清代臺灣方志彙刊第二十二冊，臺北：文建會，2006年。

姓氏筆劃：15

1. 蔣毓英，《臺灣府志》，卷五：風俗（1685 年），臺灣史料集成編輯委員會編輯，清代臺灣方志彙刊第一冊，臺北：文建會，2004 年。

姓氏筆劃：16

1. 謝金鑾、鄭兼才，《續修臺灣縣志》，臺灣史料集成編輯委員會編輯，清代臺灣方志彙刊第十八冊，臺北：文建會，2007 年。

2. 盧德嘉，《鳳山采訪冊》，臺灣史料集成編輯委員會編輯，清代臺灣方志彙刊第三十三冊，臺北：文建會，2007 年。

新聞資料

1. 臺灣日日新報資料庫。

2. 漢文臺灣日日新報資料庫。

3. 中時電子報資料庫。

4. 聯合報、經濟日報和聯合晚報全版資料庫。

5. 自由時報電子報。

其他

1. 《初級小學國語常識課本》，臺北：國立編譯館，1950 年。

2. 《國民學校國語課本高級》臺北：國立編譯館，1967 年。

二、專書著作

姓氏筆劃：4

1. 中華文化通志編委會編，《民間風俗志》，上海：上海人民出版社，1998 年。

2. 中國民俗學會，北京民俗博物館編，《傳統節日與文化空間："東岳論壇"國際學術研討會專輯》，北京：學苑出版社，2007 年。

3. 方寶璋，《閩臺民間習俗》，福州：福建人民出版社，2003 年。

4. 王世禎，《中國結令習俗》，臺北：星光出版社，1988 年。

5. 王秋桂，《端午》，臺北：文建會，1995 年。

6. 王詩琅，《艋舺歲時記》，臺北：海峽學術，2003 年。

7. 王熹、李永匡，《中國節令史》，臺北市：文津出版社，1995 年。

8. 王邦雄等編，《中國哲學史》，臺北：空大，1995 年。

9. 王霄冰主編，《儀式與信仰——當代文化人類學新視野》，北京：民族出版社，2008 年。

10. 王銘銘，《想像的異邦──社會與文化人類學散論》，上海：上海人民出版社，1998 年。

姓氏筆劃：5

1. 田哲益，《細說端午》，臺北：百觀出版社，1994 年。

2. 田哲益，《臺灣布農族的生命祭儀》，臺北：臺原出版社，1992 年。

3. 田哲益，《臺灣古代布農族的文化與社會》，南投：南投縣立文化中心，1995 年。

4. 布朗尼斯勞·馬凌諾斯基（Bronislaw Malinowski）著、費孝通譯，《文化論》，北京：華夏出版社，2002 年。

姓氏筆劃：6

1. 江紹原，《江紹原民俗學論集》，中國上海：上海文藝出版社，1998 年。

2. 朱啓新、朱筱新，《中國古代漢族節日風情》，臺北：臺灣商務出版社，1994 年。

3. 伊利亞德（Mircea Eliade），楊素娥譯，《聖與俗：宗教的本質》，臺北：桂冠圖書股份有限公司，2000 年。

4. 安格魯西諾（Michael Angrosino），張可婷譯，《民族誌與觀察研究法》，臺北韋伯文化國際出版有限公司，2010 年。

5. 安倍明義，《臺灣地名研究》，臺北：武陵，1998 年。

姓氏筆劃：7

1. 阿蘭·鄧迪斯（Alan Dundes），陳建實、彭海彬譯，《世界民俗學》，（中國上海：上海文藝出版社，1990 年）。

2. 阿蘭·鄧迪斯（Alan Dundes），盧曉輝譯，《民俗解析》中國：桂林：廣西師範大學出版社，2005 年。

3. 克洛德·列維－斯特勞斯，于秀英譯，《種族與歷史·種族與文化》，北京：中國人民大學出版社，2006 年。

4. 西格蒙德·弗洛伊德（Sigmund Freud），楊庸一譯，《圖騰與禁忌》，臺北：志文出版社，1989 再版。

5. 何石松，《客諺一百》，臺北：五南出版社，2001 年。

6. 何培夫，《臺灣的民俗辟邪物》，臺南：南市府，2001 年。

7. 何星亮，《中國自然崇拜》，南京：江蘇人民出版社，2007 年。

8. 余世謙、余娟，《中華節日風采》，上海：上海人民出版社，2004 年。

9. 余錦虎、歐陽玉，《神話·祭儀·布農人》，臺中：晨星出版社，2002 年。

10. 吳瀛濤，《臺灣民俗》，臺北：眾文，1992 年。

11. 吳志堅、李惠芳,《楚風楚俗》,湖北:湖北美術出版社,2003 年。

12. 李維史陀(Claude Levi-Strauss),楊德睿譯,《神話與意義》,臺北:麥田.城邦文化,2001 年。

13. 李岩齡、韓廣澤,《中國古代詩歌與節日習俗》,臺北:百觀出版社,1995 年。

14. 李豐楙、謝聰輝,《臺灣齋醮》,臺北:傳藝中心籌備處,2001 年。

15. 李露露,《中國民間傳統節日》,江西:江西美術出版社,1992 年。

16. 李亦園,《宗教與神話》,臺北:立緒出版社,1998 年。

17. 李亦園,《信仰與文化》,臺北:巨流圖書公司,1978 年。

18. 李亦園,《文化的圖像(下)》,臺北:允晨文化,1992 年。

19. 李壬癸,《臺灣南島民族的族群與遷徙》,臺北:前衛,2011 年增訂本。

20. 李瑞歧、楊培春編,《中華龍舟文化研究》,貴陽:貴州民族出版社,1991 年。

21. 呂理政,《傳統信仰與現代社會》,臺北:稻鄉出版社,1992 年。

22. 呂理政,《臺灣生活圖曆:黃金田民俗畫・當代當令事典》,臺北:向陽文化出版,2006 年。

23. 呂理政,《天、人、社會——試論中國傳統的宇宙認知模型》,臺北:中央研究院民族學研究所,1990 年。

24. 邱德文、吳家榮、夏同珩編,《本草綱目彩色藥圖》,臺北:薪傳出版社,2001 年。

25. 宋光宇,《宗教與社會》,臺北:東大圖書股份有限公司,1995 年。

姓氏筆劃:8

1. 林川夫,《打狗歲時記稿》,高雄市:高市文獻會,1994 年。

2. 林聖欽,《臺灣北部王爺信仰文化的發展及其陸域性格分析——以竹南地區為例》,臺北:師大地理系,2010 年。

3. 林茂賢,《臺灣民俗記事》,臺北:萬卷樓,1999 年。

4. 林美容,《人類學與臺灣》,臺北:稻香出版社,1992 年再版。

5. 林美容,《媽祖信仰與臺灣社會》,臺北:博揚文化,2008 年。

6. 林美容編,《白畫圖說 臺風雜記 臺日風俗一百年》,臺北:臺灣書房,2007 年。

7. 林修澈主持,《巴宰族民族誌調查》,臺北:原民會,2007 年。

8. 臺中市政府編印,《鄉土藝術活動輔助教材》,臺中市政府,1997 年。

9. 林河,《中國巫儺史:中華文明基因初探》,廣州市:花城出版社,2001 年。

10. 周桂鈿，《秦漢思想史》，石家庄：河北人民出版社，1999 年。

11. 杰夫瑞·C·亞歷山大（Jeffrey C. AleXander）、史蒂芬·謝德門（Steven Seidman）主編，吳潛誠總編校，《文化與社會》，臺北：立緒文化，1997 年。

12. 季鴻崑，《歲時佳節古今談》，濟南，山東畫報出版社，2007 年。

姓氏筆劃：9

1. 苑利主編，《二十世紀中國民俗經典·物質民俗卷》，北京：社會科學文獻出版社，2002 年。

2. 苑利主編，《二十世紀中國民俗經典·社會民俗卷》，北京：社會科學文獻出版社，2002 年。

3. 苑利主編，《二十世紀中國民俗經典·信仰民俗卷》，北京：社會科學文獻出版社，2002 年。

4. 苑利，《龍王信仰探秘》臺北市：東大圖書股份有限公司，2003 年。

5. 苑利主編，《亞細亞民俗研究 第七輯》，北京：學苑出版社，2009 年。

6. 胡萬川，《鍾馗神話與小說之研究》，臺北：文史哲出版社，1980 年。

7. 柯塔克（Conrad Phillip Kottak），徐雨村譯，謝繼昌校訂，《文化人類學——文化多樣性的探索》，臺北：桂冠圖書公司，2005 年。

8. 夏本奇伯愛雅（周宗經），《雅美族的社會與風俗》，臺北市：臺原出版社，1994 年。

9. 洪敏麟、屈慧麗，《犁頭店歷史的回顧》，臺中：臺中市立文化中心，1994 年。

10. 范勝雄，《府城的節令與民俗：透視府城月令習俗》，臺南市：臺灣建築文化，2000 年。

11. 范良文、曾新蓼《龍潭陂之旅》，桃園：龍潭國際青年商會，1997 年。

姓氏筆劃：10

1. 張君，《神秘的節俗》，南寧：廣西出版社，2003 年。

2. 張寅成，《中國古代禁忌》，板橋：稻香出版社，2000 年。

3. 張澤洪，《道教神仙信仰與祭祀儀式》，臺北：文津出版社，2003 年。

4. 張祖基等著，《客家舊禮俗》，臺北：眾文圖書，1986 年。

5. 馬里奧·佩爾尼奧拉（Mario Perniola），呂捷譯，《儀式思維——性、死亡和世界》，北京：商務印書館，2006 年。

6. 海通（Hantyh,H.E.），何星亮譯，《圖騰崇拜》，桂林：廣西師範大學出版社，2004 年。

7. 殷登國，《歲節的故事》，臺北：時報文化，1987 年。

8. 卓克華，《臺灣舊慣生活與飲食文化》，臺北：蘭臺出版社，2008 年。

9. 班納迪克・安德森（Benedict Anderson），吳叡人譯，《想像的共同體：民族主義的起源與散布》，臺北：時報文化，2010 年。

10. 愛彌爾・涂爾干（Durkheim,E.），芮傳明、趙學元譯，《宗教生活的基本形式》，臺北：桂冠圖書，1992 年

姓氏筆劃：11

1. 黃石，《端午禮俗史》，臺北市：鼎文書局，1979 年。

2. 黃文博，《臺灣信仰傳奇》，臺北：臺原出版社，1990 年。

3. 黃文博，《臺灣風土傳奇》，臺北：臺原出版社，1989 年。

4. 黃文博，《趣談民俗事》，臺北：臺原出版社，1993 年。

5. 黃英哲，《「去日本化」、「再中國化」：戰後臺灣文化重建（1945～1947）》，臺北：麥田，城邦文化出版，2007 年。

6. 黃美英，《文化的抗爭與儀式》，臺北市：前衛出版社，1995 年。

7. 黃有志，《社會變遷與傳統禮俗》，臺北：幼獅，1991 年。

8. 陳瑞隆，《臺灣民間年節習俗》，高雄：世峰出版社，1982 年。

9. 陳正之，《臺灣歲時記：二十四節氣與常民文化》，臺中：省新聞處，1997 年。

10. 陳仕賢，《臺灣的媽祖廟》，臺北：遠足文化，2006 年。

11. 陳俊傑，《彰化縣福興鄉巴布薩族馬芝遴社平埔族人現況調查報告》，彰化：彰化縣文化局，2000 年。

12. 黃嘉煥、胡亦禮，《紀念節日概覽》，臺南：博文書局，1971 年。

13. 陸家驥，《端午》，臺北：商務印書館，1996 年。

14. 莊錫昌等編，《多維視野中的文化理論》，杭州：浙江人民出版社，1987。

15. 郭于華，《儀式或社會變遷》，北京：社會科學文獻出版社，2000 年。

16. 郭佩宜、王宏仁，《田野的技藝：自我、研究與知識建構》，臺北：巨流，2006 年。

17. 郭興文、韓養民，《中國古代節日風俗》，臺北：博遠圖書，1992 年再版。

18. 陶立璠，《民俗學》，北京：學苑出版社，2003 年。

19. 陶立璠主編，《亞細亞民俗研究 第六輯》，北京：學苑出版社，2006 年。

20. 國立中央圖書館臺灣分館編，《民俗系列講座》，臺北：國立中央圖書館臺灣分館，1993 年。

21. 國立花蓮師範學院民間文學研究所主編，《2001 海峽兩岸民間文學學術研討會論文集》，花蓮：國立花蓮師範學院民間文學所，2001 年。

22. 國立歷史博物館編輯委員會編輯,《午日鍾馗畫特展》,臺北:史博館,1996年。

23. 常人春主編,高巍編著,《北京民俗史話》,北京:現代出版社,2007年。

24. 喬繼堂,《細說中國節》,北京:九州出版社。

姓氏筆劃:12

1. 博美琳等編,《中國風俗大辭典》,北京:中國和平出版社出版,1994年。

2. 曾強吾、曾娟娟、胡莉明:《民俗禮儀萬年曆一百年中國民間曆書》,北京:氣象出版社,1998年。

3. (英)斯圖爾特·霍爾(Stuart Hall)編,徐亮、陸興華譯,《表征:文化表像與意指實踐》,中國北京:商務印書館,2005年,第二版。

姓氏筆劃:13

1. 雷蒙德·弗思著(Raymood Firth)著、費孝通譯,《人文類型》,北京:商務印書館,1991年。

2. 路先列維布留爾著(Lucien Levy-Bruhl)、丁由譯,《原始思維》,北京:商務印書館,1997年。

3. 鈴木清一郎著,馮作民譯,《臺灣舊慣習俗信仰》(增訂版),臺北:眾文,1989年。

4. 詹姆斯·喬治·弗雷澤(James George. Frazer)著、汪培基譯,《金枝》,臺北:桂冠出版社,1991年。

5. 愛德華·薩依德(Edward W. Said)記述,梁永安譯,《文化與抵抗》,臺北:立緒文化,2004年。

6. 楊琳,《中國傳統節日文化》,北京:宗教文化出版社,2000年。

7. 楊玉君,《端午》,臺北:文建會,1995年。

8. 楊碧川,《臺灣歷史辭典》,臺北:前衛,1997年。

9. 萬建中,《禁忌與中國文化》,北京:人民出版社,2001年。

10. 萬建中,《中國民間禁忌風俗》,北京:中國電影出版社,2005年。

11. 萬晴川,《巫文化視野中的中國古代小說》,北京:中國社會科學出版社,2003年。

12. 董森永,臺灣省文獻委員會編,《雅美族漁人部落歲時祭儀》,臺東:蘭嶼(達唔)漁人教會,1997年二版。

姓氏筆劃:14

1. 趙東玉,《中華傳統節慶文化研究》,北京:人民出版社,2002年。

2. 趙杏根,《中華節目風俗全書》,合肥:黃山書社,1996年。

3. 劉還月，《臺灣人的歲時與節俗》，臺北：常民文化，2000 年。

4. 劉還月，《臺灣的歲節祭祀》，臺北：自立晚報，1991 年。

5. 劉還月，《臺灣民間信仰小百科》上冊，臺北：臺原出版社，1989 年。

6. 劉還月，《臺灣民間信仰小百科》下冊，臺北：臺原出版社，1989 年。

7. 劉還月，《臺灣民間信仰小百科〔節慶卷〕》，臺北：臺原出版社，1994 年。

8. 劉枝萬，《臺灣民間信仰論集》，臺北：聯經，1983 年。

9. 劉筱紅，《神秘的五行》，臺北：書泉出版社，1996 年。

10. 劉昭民，《臺灣的氣象與氣候》，臺北市：常民文化事業有限公司，1996 年。

11. 劉曉峰，《東亞的時間：歲時文化的比較研究》，北京：中華書局，2007 年。

12. 劉璧榛，《認同、性別與聚落——噶瑪蘭人變遷中的儀式研究》，南投市：臺灣文獻館，2008 年。

13. 維克多・特納（Victor Turner），黃劍波等譯，《儀式過程：結構與反結構》，北京：中國人民大學出版社，2006 年。

14. 廖漢臣，《臺灣的年節》，臺中：臺灣省文獻會，1973 年。

姓氏筆劃：15

1. 聞一多，《神話與詩》，中國上海：上海人民出版社，2006 年。

2. 潘江東：《白蛇故事研究》，臺北：臺灣學生書局，1981 年。

3. 鄭志明，《臺灣的宗教與秘密教派》，臺北市：臺原出版社，1990 年。

4. 鄭依億，《儀式、社會與族群：向天湖賽夏族的兩個研究》，臺北：允晨文化，2004 年。

5. 黎亮、張琳琳，《節令》，重慶：重慶出版社，2006 年。

6. 蔡百銓，《南島民族與國家：臺灣篇・太平洋篇》，臺北：前衛，2010 年。

姓氏筆劃：16

1. 謝宗榮：《驅邪納福：辟邪文物與文化圖像》，宜蘭：國立傳統藝術中心，2004 年。

2. 謝宗榮，《臺灣的廟會文化與信仰變遷》，臺北：博揚文化事業有限公司，2006 年。

3. 賴峰育編著，《礁溪二龍競渡代代傳》，宜蘭：礁溪淇武蘭龍舟厝，2011 年。

4. 賴貫一，《認識臺灣的族群關係》，南投：臺灣基督長老教會，2000 年。

5. 默西亞·埃里亞德（Mircea Eliade），吳靜宜、陳錦書譯，《世界宗教理念史卷一：從石器時代到埃勒烏西斯神祕宗教》，臺北：商周出版：城邦文化，2001 年。

6. 默西亞·埃里亞德（Mircea Eliade），廖素霞，陳淑娟譯，《世界宗教理念史卷二：從釋迦牟尼到基督宗教的興起》，臺北：商周出版：城邦文化，2001 年。

7. 默西亞·埃里亞德（Mircea Eliade），董強譯，《世界宗教理念史卷三：從穆罕默德到宗教改革》，臺北：商周出版：城邦文化，2001 年。

姓氏筆劃：17

1. 蕭放著，《歲時──傳統中國民眾的時間生活》，中國北京：中華書局，2002 年初版，2008 年 3 刷本。

2. 韓養民、郭興文，《中國古代節日風俗》，臺北：博遠圖書，1992 年。

3. 韓養民，《中國節日風俗》，西安：陝西人民出版社，2002 年。

姓氏筆劃：19

1. 簡炯仁，《臺灣開發與族群》，臺北：前衛，1995 年。

2. 簡博士，《漳州民俗風情》，福州：海風出版社，2005 年。

3. 羅姆巴赫（H.Rombach），王俊譯，《作為生活結構的世界：結構存在論的問題與解答》，上海：上海書店，2009 年。

姓氏筆劃：21

1. 露絲·本尼迪克特（Benedict，R·），王煒譯，《文化模式》，北京：社會科學文獻出版社，2009 年。

三、期刊論文

姓氏筆劃：4

1. 文崇一，〈九歌中的水神與華南的龍舟賽神〉，《中央研究院民族學研究所集刊》第十一期，臺北：中央研究院民族學研究所，1961 年。

2. 王耀庭等人，〈端午節的民間藝術〉，《傳統藝術》，2000 年 6 月。

3. 王勝璋，〈江水鼓盪粽葉香──永恒的端午〉，《婦女雜誌》，165，1982 年 6 月，頁 44～47。

4. 方紹能，〈端午慶屠龍：清水江龍船節〉，《大地地理雜誌》，27，1990 年 6 月，頁 46～57。

5. 木齋，〈端午節俗的來源及有關人物〉，《察哈爾省文獻》，9，1981 年 7 月，頁 90～94。

姓氏筆劃：6

1. 江錫賢，〈端午節探微〉，《臺灣文獻》，第 52 卷第 2 期，2000 年 6 月。

姓氏筆劃：7

1. 李清蓮，〈「五日節」懷往事，礁溪淇武蘭扒龍船〉，《蘭陽會刊》，1975 年，頁 122。

2. 李豐楙，〈煞，一個非常的宇宙現象〉，《歷史月刊》，第 132 期，1999 年 1 月。

3. 李豐楙，〈端午節的民俗活動〉，《傳統藝術》，2000 年 6 月。

4. 李豐楙，〈辟邪、安鎮與吉祥〉，《傳統藝術》，2004 年 5 月。

5. 李獻章撰，李柏如譯，〈中國的歲時祭典〉，《民俗曲藝》，61，1989 年 9 月，頁 32～37。

6. 李富軒；羊非，〈端午節習俗探源〉，《歷史月刊》，101，1996 年 6 月，頁 4～8。

7. 吳在野，〈說端午，話屈原〉，《歷史月刊》，第 124 期，1998 年 5 月號。

8. 吳福蓮，〈臺灣民間的交感巫術信仰〉，《歷史月刊》，第 132 期，1999 年 1 月。

9. 吳彰裕，〈端午話藥石〉，《民俗曲藝》，60，1999 年 7 月，頁 61～63。

10. 何根海，〈端午龍舟競渡的新解讀〉，《歷史月刊》，第 173 期，2002 年 6 月。

11. 余日猷，〈端午龍舟競渡〉，《交流》，58，2001 年 8 月，頁 60～62。

12. 辛鬱，〈「詩意」永恆的端午〉，《國魂》643，1999 年 6 月，頁 20。

13. 呂鳳英，〈龍舟競渡活動的起源探析〉，《國立僑生大學先修班學報》，12，2004 年 10 月，頁 217～228。

姓氏筆劃：8

1. 林衡道，〈日治時期臺北日籍市民的歲時節令〉，《臺灣風物》，卷 44 第 4 期，1994 年，頁 141。

2. 林茂賢，〈臺灣民俗漫談〉，《臺灣大百科網路版詞條撰寫計畫【民俗類詞條】報告書（上）》，（宜蘭：傳統藝術中心，2006 年），頁 93。

3. 林美容，〈臺灣五日節民俗及其意義的流變——兼籲訂端午節為藥草節〉，《臺灣文獻》，第 54 卷第 2 期，2003 年 6 月。

4. 林新欽，〈端午節二龍村扒龍船〉，《豐年半月刊》，47:10，1997 年 5 月，頁 63～66。

5. 林新欽，〈不賽龍舟來祭江——苗栗縣竹南中港地區端午節祭江洗港〉，《豐年半月刊》，46，1996 年 6 月，頁 94～97。

6. 林秀蘭，〈從「端午節插艾草」的傳說探討臺灣早期漢原之關係〉，《民間文學研究通訊》，2，2006 年 7 月，頁 65～83。

7. 林衡道，〈端午佳節與龍舟競渡〉，《中央月刊》，12:8，1980 年 6 月，頁 68～77。

8. 孟祥翰，〈藍張興庄與清代臺中盆地的拓墾〉，《興大歷史學報》，17，2006 年 6 月，頁 395～430。

9. 易煒，〈端午探源及其祭物考辨〉，《漢中師範學院學報》，1999 年第 3 期。

10. 易木，〈端午節民俗雜談〉，《六堆風雲》，129 期，2008 年 7 月，頁 28～31。

姓氏筆劃：9

1. 夏民安，〈端午節名集趣〉，《城鄉建設》，1994 年第 6 期。

2. 鍾麗珠，〈端午節是夏季的開始〉，《家庭月刊》，21，1987 年 6 月，頁 60～62。

3. 胡繼瓊，〈端午節起源論考〉，《貴州民族學院學報》，1997 年第 51 期。

4. 俞美霞，〈端午之源起與歲時飲食〉，《人文集刊》，1，民 92.04，頁 1～18。

5. 侯中一，〈談端午節掌故〉，《寧波同鄉》，168，1982 年 7 月，頁 10～11。

姓氏筆劃：10

1. 張國清，〈龍圖騰崇拜與中華民族的融合〉，《南平師專學報》第 21 卷第 1 期，2005 年 3 月。

2. 張程鈞，〈端午話龍舟〉，《臺灣月刊》，162，1996 年 6 月，頁 80～81。

3. 張乾元，〈鍾馗考〉，《宿州師專學報》，1999 年第 3 期。

4. 張釻星，〈韓國人過端午節〉，《民俗曲藝》，34，1985 年 5 月，頁 4～11。

5. 馬新，〈漢代民間禁忌與擇日之術〉，《民俗研究》，1996 年第 1 期。

6. 徐筱嵐，〈龍舟競渡鬧端午〉，《中華文化雙周報》，12，2005 年 6 月，頁 21～23。

7. 耿憶彭，〈話端午——艾草、龍舟、棕子香〉，《臺灣月刊》，78，1999 年 6 月，頁 60～61。

姓氏筆劃：11

1. 黃麗雲，〈日治時期研究資料中的扒龍船——「地方」與「官方」、「主流」與「非主流」〉，《臺灣史料研究》，第 35 期，2010 年 6 月，頁 102～121。

2. 黃麗雲，〈嘉義端午龍舟——東石港王船祭的前端儀式〉，《臺灣史學雜誌》，第 8 期，2010 年 6 月，頁 93～123。

3. 黃麗雲，〈臺灣龍舟賽的現狀調查〉，《臺灣文獻》，37：4，1986 年 12 月，頁 91～102。

4. 黃麗雲，〈臺北洲美里龍舟文化祭——屈原宮觀光化的期待〉，《臺灣風物》，57:2，2007 年 6 月，頁 165～180。

5. 黃博全，〈端午民俗探幽〉，《中國語文》，83:1=493，1998 年 7 月，頁 78～84。

6. 黃縷詩，〈江陵端午祭〉，《世界遺產》，期 3，2008 年 11 月，頁 114～119。

7. 陳志豪，〈傳藝焦點：龍舟的設計藝術及製作過程〉，《傳統藝術》卷 7，2000 年 6 月，頁 32～33。

8. 陳長文，〈歙縣鄭村鎮塌田端午嬉鍾馗〉，《民俗曲藝》，105，1997 年 1 月，頁 163～184。

9. 陳香端，〈午節在臺灣臺灣風物〉，23:3，1973 年 9 月，頁 30～32。

10. 陳仕賢，〈端午迎龍王〉，《彰化文獻》，7，2006 年 8 月，頁 177～180。

11. 莊松林，〈臺南的端午節〉，《文史薈刊》，復刊第七輯，2005 年 6 月，頁 75～76。

12. 莊伯和，〈國際化的端午節〉，《傳藝》，2007 年 6 月，頁 54～57。

13. 莊伯和，〈話龍〉，《傳統藝術》，第 49 期，2004 年 12 月。

14. 莊淑寶，〈端午節民間習俗記事〉，《父母親月刊》，145，1997 年 1 月，頁 61～63。

15. 陳健銘，〈祈安競渡話二龍〉，《民俗曲藝》，卷 60，1989 年，頁 66。

16. 崔榮華，〈試論中國哲學的宇宙觀和人生觀〉，《贛南師範學院學報》，1999 年第 2 期。

17. 都春屏，〈屈原與五月五日——端午的淵源及意義〉，《三峽大學學報（人文社會科學版）》，2003 年 7 月，第 25 卷第 4 期。

18. 郭珉，〈文化到寺廟——犁頭店端午節民藝活動〉，《臺灣月刊》，151，2005 年 7 月，頁 25～29。

姓氏筆劃：13

1. 傳統藝術編輯室，〈民俗端午競渡沐蘭五月五禳毒辟邪歲平安〉，《傳統藝術》，卷 1，1999 年，6 月，頁 3）。

2. 溫宗翰，〈臺灣端午節信仰與儀式研究——以彰化地區為探討中心〉，《彰化文獻》，第 15 期，2010 年 12 月，頁 30～51。

3. 溫宗翰，〈四時無災‧八節有慶——論臺灣端午節的信仰與儀式〉，《國文天地》，卷 27，第 1 期，2011 年 6 月，頁 50～55。

4. 溫宗翰，〈臺灣端午競渡之信仰與儀式——以二龍村為探討中心〉，《臺灣

學研究》，第 11 期，2011 年 6 月，頁 143～164。

5. 楊玉君，〈佩掛與驅邪——仲夏民俗的比較研究〉，《漢學研究》，第 27 卷，第 4 期，2009 年 12 月，頁 342。

6. 楊應財，〈端午話民俗〉，《六堆雜誌》，革新 13，1989 年 7 月，頁 39～40。

7. 萬建中，〈龍舟競渡習俗淵源新探〉，《四川文物》，1996 年第 2 期。

8. 楓城子，〈從端午節談到屈原〉，《僑協雜誌》，87，2004 年 6 月，頁 25～29。

9. 傳統藝術編輯室，〈民俗端午競渡沐蘭五月五禳毒辟邪歲平安〉，《傳統藝術》，1，1999 年 6 月，頁 3～5。

姓氏筆劃：14

1. 鄭曉江，〈論中國民間避邪文化〉，《中國文化月刊》，第 192 期，1995 年 10 月。

2. 劉德謙，〈「端午」始源又一說〉，《文史知識》，1983 年第 5 期。

3. 劉長林，〈論五行學說的形成〉，《中國哲學史》，1994 年第 1 期。

4. 劉燕萍，〈鍾馗神話的由來及其形象〉，《宗教學研究》，2001 年第 2 期。

5. 劉力，〈董仲舒陰陽五行說的雙重性〉，《重慶師院學報哲社版》，2001 年第 2 期。

6. 劉秉果，〈中流九龍舟，誰肯相參差——中國古代龍舟競渡的發展演變〉，《國立歷史博物館館刊》14:6=131，2004 年 6 月，頁 18～26。

7. 劉還月，〈臺灣四時民俗祭典——防疫過端午‧義犬將軍的祭日〉，《小作家月刊》6:2=62，1999 年 6 月，頁 13～14。

8. 趙岳，〈角黍龍舟過端午〉，《四海之友》，70，1980 年 7 月，頁 47～52。

9. 廖藤葉，〈由屈原到鄭成功：臺灣端午古典詩的主題演變〉，《歷史月刊》233，2007 年 6 月，頁 44～49。

姓氏筆劃：15

1. 鄭省三，〈端午節話民俗〉，《浙江月刊》，13:6，1987 年 6 月，頁 49～51。

2. 魯瑞菁，〈端午龍舟競渡底蘊考〉，《興大中文學報》，27 期（增刊），2010 年 12 月，頁 399～433。

姓氏筆劃：17

1. 戴寶村，〈臺灣的石戰舊俗〉，《歷史月刊》，第 7 期，1988 年 8 月，頁 123。

2. 謝宗榮，〈臺灣傳統厭勝物的信仰意涵與藝術風貌〉，《臺北文獻》，第 123 期，1998 年 3 月。

3. 謝宗榮，〈厭勝物所反映的民間信仰空間觀念〉，《臺北文獻》，第 124 期，1998 年 6 月。

4. 謝宗榮，〈臺灣傳統空間厭勝物的藝術風貌〉，《歷史月刊》，第 132 期，1999 年 1 月。

5. 謝宗榮，〈龍神信仰及其宗教儀式〉，《傳統藝術》，第 49 期，2004 年 12 月。

6. 蕭芸、宋雪茜，〈端午節驅邪避毒的內涵〉，《成都教育學院學報》，2004 年 12 月，第 18 卷第 12 期。

7. 顏杏真，〈看鯉魚旗去──在日本過端午〉，《光華》24:7，1999 年 7 月，頁 54～56。

四、學位論文

1. 周俊宇，《塑造黨國之名──中華民國國定節日的歷史考察》，政治大學臺灣史研究所碩士論文，2008 年 7 月。

2. 胡敏玲，《由二十四節氣看南臺灣的氣候變遷》，嘉義大學史地學系研究所，碩士論文，2008 年。

3. 張夢麟，《端午節的由來及其厭勝文化》，花蓮大學民間文學研究所，碩士論文，2005 年。

4. 趙函潔，《臺灣端午節起源與節日習俗研究》，中正大學中國文學所，碩士論文，2008 年，頁 1。

5. 黃麗雲，《臺湾における「端午扒龍船」の研究：長崎ペーロン及び沖縄ハーリーと》，日本：兵庫教育大學大學院聯合學校教育學研究科，博士論文，2008 年。

6. 陳筱蘋，《由二十四節氣看北臺灣的氣候變遷》，嘉義大學史地學系研究所，碩士論文，2009 年。

7. 羅榮康，《花蓮地區阿美族獨木舟文化歷史考察》，臺灣體育學院體育研究所碩士論文，2003 年 6 月。

附錄一　二龍競渡之文化詞彙

類　型	詞　句	拼　音	釋　義
地名	淇武蘭	kî-bú-lân	為今日二龍村之頂庄，詞語源自噶瑪蘭語，意指沙洲之地，另說為鴿子多之地。最早為噶瑪蘭族淇武蘭社之定居地，後來賴氏、林氏陸續進入，甚早成為漢原之處。
	洲仔尾	tsiu-á-bué	為今日二龍村之下庄，較淇武蘭稍晚形成，洲仔即為沙洲，因近海且屬二龍河末段，而稱為洲仔尾。
	渡船厝	tōo-tsûn-tshù	又稱為龍船厝（lîng-tsûn-tshù），平日停放「龍船」之處，最早為竹木所搭建，後因颱風侵襲搬遷且重建，目前為水泥磚屋；日治文獻曾記載值年爐主，須在初一、十五時，至渡船厝祭祀，現已無此例。
	龍船落崎	lîng-tsûn-loh-kiā	上下兩庄各有一處，乃「龍船下水」時之斜坡，淇武蘭庄於龍船落崎處祭祀老大公並焚燒金紙，「龍船」點睛後，到此處前，通常須先行「過火」後直接下水。通常，船到此處，大小鑼聲互應不絕，是下水儀式中，重要的場域；早期兩庄龍舟互相邀請對方時，即於此處相候。（但今已略有改變，詳見「邀請」詞彙。）
器物	尾後帳	bué-āu-tiùnn	又稱順風旗（sūn-hong-kî）。乃船尾兩隻方型旗幟，上書風調雨順、國泰民安，在插旗時，須先插上風調雨順。居民對尾後帳十分虔信，相傳不僅可以庇蔭產業順利豐收，更有庇護全庄安寧的信仰意涵，為二龍競渡中，重要的信仰象徵物品。

進江標	tsìn-kang-pio	現又稱龍船旗（lîng-tsûn-kî），與尾後帳同具有庇護產業與地方安寧的靈力。上掛毛巾、扇子、香菸、粉餅盒等物，與地方人士篤信老大公、老大媽有密切關係。通常插於浮舟，相傳，搶標時，率先奪得之進江標，是最具有信仰靈力效果之旗幟，因此早期除二龍村居民外，外地生意人、老闆等，亦都會前來索取，或是每年贊助製作，以方便取獲。亦曾有鎮江標之註記，顯是受到鎮壓江河之概念影響；若細究其語意與發音情形，tsìn 字實有前進之意，但亦有可能爲 tsing 之訛誤，tsing 爲爭，意指爲競爭；就目前採獲發音爲 tsìn，若有訛誤或演化之問題，實有待深入討論。
大葩尾	tuā-pha-bué	製作尾後帳時，須挑選尾端茂盛繁碩之竹青，這種枝葉發展龐雜，又生意盎然之竹尾，即稱爲大葩尾。
龍船鑼	lîng-tsûn-lô	有別於一般使用「龍船鼓」之概念，二龍競渡行進時，以銅鑼爲號。在兩庄對決時，亦須確認兩庄龍船鑼同時敲起，才能確認該場次競渡「有效」；若僅單方敲鑼，則代表該場次不分勝負。因此龍船鑼是引領「龍船」得勝與否之至要關鍵，持鑼之人又稱爲「搶旗仔」。（另參見「搶旗仔」之詞彙）
龍骨	liông-kut	在臺灣文化脈絡中，龍骨有核心之意涵，如：脊椎亦稱爲龍骨，此處指船體中樑。在二龍競渡中，僅淇武蘭之龍骨可拆卸，使用前，才重新丈量綁製，使用後可拆卸保存。因此較洲仔尾更重視綁船之時間點與方法。（另見「絞車」與「力度」之詞彙）
船目	tsûn-bak	即船的眼睛，臺灣北部之漁船，多有船目設計，相傳有船目之漁船，較會抓漁。在民俗禁忌中，船目不可破損或釘釘子。可知船目被視爲整艘船的靈魂象徵，二龍競渡在開光點眼時，都將硃砂、墨水點於船目。（另見「點睛」之詞彙）
駁仔船	pok-á-tsûn	爲臺灣常見漁船基本類型，可載重物，造型簡單，又稱舢舨舟。有些駁仔船繪有船目，有些則無，二龍競渡長期以駁仔船爲競渡船隻，爲求吉利，並於船體彩龍繪鳳，及畫有吉祥圖騰，如蓮花、仙桃、葡萄等。
藤索	tîn-soh	藤製繩索，使用前須先泡水至軟化爲止。競渡前，用藤索進行綑綁桅桿、尾槳、船體等工作。因藤索韌性較強，且較容易固著，不容易受頻繁使用影響而鬆弛，故傳統鴨母船皆使用藤索來綁船。

	古仔紙	kóo-á-tsuá	二龍村之競船船體前後四個角，在籌備工作時，皆由耆老插上古仔紙、榕枝、艾草等物，一以辟邪，二為象徵船體靈性之發揮。
	船櫓	tsûn-lóo	即為船槳，二龍競渡使用之船槳，皆在把手與槳面交界處，繪製太極圖騰。具有防止鬼魅侵襲划船之人的象徵意蘊。
	粗糠包	tshoo-khng-pau	即收集稻殼後，裝袋之包裝物；放置於船上，讓划船選手，可用膝蓋跪抵，是為配合二龍競渡跪姿划船所做。
競渡文化	頭搖	thâu iô	又稱為「吐籤」（thòo-tshiam），乃競船右舷第一順位之舵手。因船體於此處斜角上揚，舵手空間較大，故所用划槳亦較一般更長。在競渡比賽進入激戰時，吐籤才會奮力前划，此時將增加競船之速度，在傳統的二龍競渡得勝技巧中，吐籤與搶旗仔、尾舵、照搖四者之相互協調配合最為重要。
	照搖	tsiàu iô	照搖乃左舷第一順位之舵手，掌控著船體浮動的情形，並配合著頭搖之動作。但其位置與頭搖並非對齊，約為右舷第二順位之位置。
	搶旗仔	tshiúnn-kî-á	即為一般所稱之奪標手，是二龍競渡在賽賽時的重要帶領人物，手持龍船鑼，若觀察此趟扒龍船之舵手配合順利，且有信心贏得比賽，即開始猛烈敲鑼。而二龍競渡之賽事，即是由雙方搶旗仔同時敲鑼時，才算正式開始，否則若僅單方敲鑼，即便已划向終點並奪標，仍非歸屬正式賽事。除此之外，搶旗仔並為祭江時的重要角色，由其決定何時獻紙頭，於何處獻紙頭。（通常挑選陰氣較重或有人過世之處）
	擦膠	tshat ka	二龍競渡之競船並非長期泡置於水中，每次競渡結束都會收起晾乾。因此船體杉板銜接之處，多因乾燥變化，而有縫隙。下水前，須先進行補漆工作，並以特殊油脂塗抹於船體。待競船下水後，船體杉板吸水飽漲，油膠便會發生作用，有保養與防水之效果。
	絞車	ká tshia	又稱為絞船（ká tsûn）、縛船（pak tsûn），即是以藤索將龍骨中樑與船頭、船尾綁緊固定，使競船緊實有力。二龍競渡中，淇武蘭因保有傳統船體，因此在競船下水前，各項籌備工作都特別謹慎。絞車時間須先經由耆老討論挑選吉日吉時，並且秘密進行不任意公開，時間快到時才與地方青壯年人聯繫，合力扛競船出龍船厝，進行相關工作。

力度	la̍t tōo	以鋼索將龍骨與船體鎖緊，即稱爲力度，可避免龍骨移動或撐鬆，使競船行走時更爲穩固順利，力度進行時，須特別注意龍骨的滑動情形，以免划船時，船身浮動頻繁，失去穩定性。
絞尾槳	ká bué-tsiúnn	龍骨穩定安置好後，則開始在船尾綁置尾槳。尾槳之使用，乃控制競船前進時之方向，亦提供激烈競賽時的助力。因頻繁滑動，故綁尾槳之繩索通常爲藤索，且須於藤索上塗油。
拜老大公	pài lāu-tuā-kong	老大公爲二龍競渡中的重要信仰對象，在臺灣文化脈絡中，老大公即爲陰鬼之祭祀；通常於競船的籌備工作結束祭拜老大公，以祈禱老大公庇佑競渡獲勝，接續著則爲競船之下水。
點青	tiám-tshenn	即爲開光點眼，由耆老持筆，沾混有雄黃之紅墨水，點於船目上，象徵競船之靈力、靈性被提點起來。通常競渡活動中，龍船皆須點青後才可下水。二龍村的點青，不若一般龍舟競渡強調由道士進行。
扛龍船落水	kng-lîng-tsûn lo̍h-tsuí	祭拜完老大公，並且爲競船點睛後，即開始使用淨香來淨船，一方面有驅除邪祟的效用，另方面維持競船之靈力，使其具有「靈船」（lîng-tsûn）的效果，緊接著，眾人扛起 lîng-tsûn，往龍船落崎處走去，此時岸邊大小鑼聲不絕，並由耆老點燃「金紙火」（kim-tsuá-hé），讓龍船通過後下水。
獻紙頭	hiàn-tsuá-thâu	紙頭，乃是用「經衣」（或稱更衣，上印衣褲與日常生活用品，專門焚燒給鬼與靈使用），將「小銀」包裹成團，在競船下水行進時，由搶旗仔（參見搶旗仔詞彙）在猛然敲鑼後向天空拋擲而出，如此，使經衣與小銀自然落下，意即奉獻日常用品給老大公、老大媽使用。獻紙頭是二龍競渡水上祭江最主要的行爲，上下兩庄形制不同，通常挑選陰氣較重，或是有人枉死之處來獻紙頭。淇武蘭所製「紙頭」較爲仔細，以十二張經衣攤平作底，將小銀包成長橢圓形，週閏年須改爲十三張，「代表老大公每月都有衣衫可更換」，而洲仔尾較簡單，直接以不等張之經衣，將小銀包成圓球形；最終都希望以最順手的方式，大範圍地灑向河面。
開港路	khui-káng-lōo	於正式競度時，再獻一次紙頭，並燃放鞭炮，即是開港路。其表現，一方面象徵競渡已開始，另方面則是通知老大公、老大媽。

扒龍船	pê-lîng-tsûn	或唸「pue-lîng-tsûn」。宜蘭地區特殊孽仔話有云:「二龍村扒龍船——看人幹撟」(lī liông tshun pê-lîng-tsûn:khuànn lâng kiāu),指出二龍競渡繁盛熱鬧的情形。其文化背景,乃是因二龍競渡並無公制賽則,也無裁判或鳴槍手,勝負標準,往往是村內人才看得懂;而兩庄競爭激烈,各自詮釋勝負輸贏時,對峙的場面,或爭取勝出榮譽的對話激烈,因而使外地人在霧裡看花之下,發展出此句孽仔話。二龍競渡的扒龍船不管是在競技方式,或信仰儀式之內容,都相當獨樹一幟,並與清代、日治時期的競渡文獻記載情形吻合,是目前唯一臺灣本土發展傳承的競渡活動。
相尾扒	siàng-bué-pue	在其他記錄方面,亦有「向尾扒」之使用;但「向」字發音為 hiànn 或 hiòng,與當地人發言不同。「相」字語意多,其中一義,指趁機、看準時機之意,確實符合相尾扒之動作意涵。相尾扒是指尾舵舵手參與競船划動之劇烈動作,平時尾舵功能在於控制方向,但開始相尾扒時,舵手將槳面用力下壓,再奮力挑起,快速彈壓水面,使船體更浮起於水面,並在後端形成推進作用,有助於競船快速前進。通常為兩船相爭進入白熱化階段,尾舵舵手才會使出,因此,何時要相尾扒,並如何「看準時機」與搶旗仔、吐籤等相互配合甚為重要。
插旗	tshah-kî	插旗即是在浮板上,插上龍船旗(進江標),由於插旗的角度會影響競船奪標時的接觸距離,因此插旗常是判定勝負的關鍵。
搝尾索	khiú-bué-soh	自官方介入二龍競渡活動後,因制式的賽則取代傳統競渡方式,因此 1983 年以後不再有尾索之使用,後於 2009 年由居民主動復辦後才又有一次出現。由於二龍競渡沒有裁判也無鳴槍,因此並無起跑線,而是兩艘競船「對齊」抵壓著後端的大繩,由左舷最後一位舵手拉著尾索上的繩索,一放開後,競船便可劇烈前划。由於繩索擁有彈性,且無特別規定如何使用,衍生出搝尾索的特殊競技方式,利用船體後划緊繃尾索,產生彈性,當尾索一放開,船體便可迅速向前彈出,以求贏得比賽,現已成歷史名詞。
邀請	iau-tshiánn	二龍村之上下兩庄,輪流擔任二龍競渡之主辦方,傳統上,當年度競渡的各項前端儀式完成後,由主辦方主動出擊,划著競船到受邀方的龍

			船落崎處，奮力鳴鑼，代表前來邀請參與競渡，而受邀方若答應競渡，則須應鑼（ing-lô）回覆，敲打龍船鑼，表示同意參加，此時，雙方則划至競賽場地挑選比賽河道。今日邀請與應鑼，已不在龍船落崎處，而是在二庄交界的水門處舉行，競賽河道也固定在鄉公所規劃的河段，不再是雙方所屬水域輪流競賽的情形。
	交換	kau-uānn	二龍村上下庄輪流擔任主辦方，每年競渡之河道，通常由受邀方先選，划完一次後須交換河道，以示公平。
	搶標	tshiúnn-pio	另稱「搶旗」（tshiúnn-kî），即為一般競渡所稱之奪標。對二龍村民而言，搶標是攸關村庄年度興衰的大事，早期文獻即特別強調居民是賭上性命的決鬥。因所搶之龍船旗（進江標）具有靈力，且得勝者不僅擁有進江標之靈力，順風旗也一併具有「第一」的靈性，得以庇佑產業與地方安寧。（可參見進江標詞彙）
	謝戲	siā-hì	二龍競渡當天，於龍船厝大埕搭建戲臺，演出戲曲酬謝老大公庇蔭，即稱為謝戲，屬於整體二龍競渡的末端儀式，與日治文獻之「謝江」記載相同。而謝戲也與一般酬神相同，須先演出扮仙戲。

附錄二　清代方志所載臺灣端午節內容

※表格說明：本表格文字內容，皆摘採自文建會籌組「臺灣史料集成編輯委員會」所編「清代臺灣方志彙刊」之版本，爲避免不必要文字重復，表格中之參考出處，將著名原始作者姓名、書名、彙刊冊別、出版年代、頁數。其共同出版地爲「臺北：文建會」。

方志名稱	卷　別	年　代	摘　錄　文　字	參　考　出　處
康熙福建通志臺灣府	卷 19	康熙 22 年（1683）	清明、四月八日及端午，皆與福州同。	金鋐，《康熙福建通志臺灣府》。清代臺灣方志彙刊第一冊，2004 年，頁 94。
臺灣府志	卷 4	康熙 24 年（1685）	鼓子【正紅大穗，粗葉無香，端午盛開，俗呼「競船花」。】	蔣毓英，《臺灣府志》。清代臺灣方志彙刊第一冊，2004 年，頁 180。
臺灣府志	卷 4	康熙 24 年（1685）	鴝鵒【端午斷舌養之，能人言，俗呼「八哥」。】	蔣毓英，《臺灣府志》。清代臺灣方志彙刊第一冊，2004 年，頁 184。
臺灣府志	卷 6	康熙 24 年（1685 年）	五月五日，家折松艾懸之門首，以五色絲繫兒童臂上，呼爲「長命縷」；又以繭作虎子形，帖兒額上，到午時，脫而投之。所在競渡，船不過杉板、小艇，大海狂瀾，難以擊楫，僅存遺意。亦漬米裹竹葉爲角黍。	蔣毓英，《臺灣府志》。清代臺灣方志彙刊第一冊，2004 年，頁 202。

臺灣府志	卷7	康熙33年（1694）	端午日，昔人取艾懸戶，採蒲泛酒，今合艾與蒲共懸之，謂蒲似劍也。以五色長命縷繫兒童臂上，復以繭作虎子，帖額上；至午時，脫而投之。所在競渡，雖云弔屈，亦以辟邪，無貴賤，咸買舟出遊，中流簫鼓，歌舞凌波；遊人置竿船頭，挂以錦綺，捷者奪標而去。人家遞爲角黍食之；按《風土記》，取陰陽包裹未分之義也。	高拱乾，《臺灣府志》。清代臺灣方志彙刊第二冊，2004年，頁322。
臺灣府志	卷7	康熙33年（1694）	鴝鵒【端午斷舌，養之，能識人言。】	高拱乾，《臺灣府志》。清代臺灣方志彙刊第二冊，2004年，頁343。
臺灣府志	卷7	康熙33年（1694）	鼓子【一名「龍船花」，即「雨打無聲鼓子花」。】	高拱乾，《臺灣府志》。清代臺灣方志彙刊第二冊，2004年，頁340。
諸羅縣志	卷8	康熙55年（1716）	端午日，家製角黍，懸艾及菖蒲於戶。以五色長命縷繫兒童臂；復以繭作虎子，帖頭上，至午脫之。笨港、鹹水港等處，划舟競渡，遊人雜遝；亦有置竿掛錦，捷者奪標以去。	周鍾瑄，《諸羅縣志》。清代臺灣方志彙刊第三冊，2005年，頁233。
諸羅縣志	卷10	康熙55年（1716）	月桃【葉似蓮蕉。花黃白色，倒垂，香而濁；一莖可數十蕊。臺產五月始開。端午日，取其葉以爲角黍；摘花插小兒髻上，又名「虎子花」。】	周鍾瑄，《諸羅縣志》。清代臺灣方志彙刊第三冊，2005年，頁290。
諸羅縣志	卷10	康熙55年（1716）	午魚【鱸之別種。身圓厚，味差於鱸。內地端午間出，因以名之。臺海出九、十月間。俗作「鮇」，古無此字。《漳志》引周成王時揚州獻鰩，音容，鰩皮有文；非是。】	周鍾瑄，《諸羅縣志》。清代臺灣方志彙刊第三冊，2005年，頁233。
諸羅縣志	卷10	康熙55年（1716）	頹桐【葉微似桐，高五、六尺。青幹繁花，鮮紅如火。沈文開《雜記》名「天仙花」。內地名「龍船花」，以其初開正在競渡之候也。又呼「百日紅」，臺則終歲皆紅矣。】	周鍾瑄，《諸羅縣志》。清代臺灣方志彙刊第三冊，2005年，頁309。

諸羅縣志	卷 12	康熙 55 年（1716）	花多樹蘭，多頹桐、素馨、月下香、番蝴蝶。素馨野發。頹桐原湮籬落，無處不有，終歲爛然；遙望如內地之映山紅，時時皆春、時時皆龍船簫鼓也【頹桐，一名「龍船花」】。	周鍾瑄，《諸羅縣志》。清代臺灣方志彙刊第三冊，2005 年，頁 368。
鳳山縣志	卷 7	康熙 57 年（1718）	端午，家蒸角黍，取陰陽包裹之義。服雄黃酒，懸艾及菖蒲於門首。兒童帶繭虎，繫以五色縷。俗鬥龍舟，遊人放標，持豚酒餉之。	李丕昱，《鳳山縣志》。清代臺灣方志彙刊第五冊，2005 年，頁 153。
鳳山縣志	卷 7	康熙 57 年（1718）	益母草【宜於孕婦，故名「益母」也。花與草皆可用，取之端午日者為佳。】	李丕昱，《鳳山縣志》。收於：清代臺灣方志彙刊第五冊， 2005 年，頁 170。
鳳山縣志	卷 7	康熙 57 年（1718）	月桃【葉似蓮蕉而狹小；花黃、白相間，味濁。一莖數十蕊，倒垂，端午摘插小兒髻上，又名「虎子花」。採其葉包糯米，以為角黍。】	李丕昱，《鳳山縣志》。清代臺灣方志彙刊第五冊，2005 年，頁 176。
鳳山縣志	卷 7	康熙 57 年（1718）	龍船花【即「頹桐」也。其色鮮紅；競渡之時花正盛開，故名。本地則長年皆花，又名「百日紅」。】	李丕昱，《鳳山縣志》。清代臺灣方志彙刊第五冊，2005 年，頁 174。
臺灣縣志	卷 1	康熙 58 年（1719）	益母草【葉似艾，夏月節節開花，紅紫色，端午日取之，晒乾，花與叢皆可用，婦人之聖藥。】	王禮，《臺灣縣志》。清代臺灣方志彙刊第四冊，2005 年，頁 88。
臺灣縣志	卷 1	康熙 58 年（1719）	月桃【葉與蓮蕉相類，花白、紅相間，味香而濁，每莖十餘蕊。端午摘插小兒髻上，臺人呼為「虎子花」。取其葉，包秫米為角黍。】	王禮，《臺灣縣志》。清代臺灣方志彙刊第四冊，2005 年，頁 95。
臺灣縣志	卷 1	康熙 58 年（1719）	龍船花【端午競渡，其花盛開，故名。俗呼「百日紅」，內地惟五月開，臺則長年皆花也。】	王禮，《臺灣縣志》。清代臺灣方志彙刊第四冊，2005 年，頁 96。
臺灣志略	中卷	乾隆 3 年（1738）	凡洋中欻遭風浪，危急不可保，惟划水仙一事庶能望救。其法：在船諸人各被髮蹲舷，	尹士俍，《臺灣志略》。收於：臺灣史料集成編輯委

			以空手作撥棹勢，假口爲鉦鼓聲，如五日競渡狀。即檣傾柂析，亦可破浪穿風，疾飛抵岸；則其靈應如響，亦甚殊絕者矣。	員會編輯，清代臺灣方志彙刊第五冊，臺北：文建會，2005 年，頁 315。
臺灣志略	中卷	乾隆 3 年（1738）	有龍船花，亦名「鼓子」，瓣碎而紅，終年常茂，即雨打無聲鼓子花也。	尹士俍，《臺灣志略》。清代臺灣方志彙刊第五冊，2005 年，頁 309。
重修福建臺灣府志	卷 6 風俗	乾隆 5 年（1740）	《臺灣縣志》：臺鮮聚族，鳩金建祠宇，凡同姓者皆與，不必其同枝共派也。祭於春仲、秋仲之望，又有祭於冬至者。祭則張燈、結彩、作樂，團飲祠中，盡日而散。常人祭於家則不然：忌辰、生辰有祭，元宵有祭，清明有祭【或祭於墓】，中元祭，除夕祭；端午則薦角黍，冬至則薦米圓。泉人日中而祭，漳人質明而祭；泉人祭以品差，漳、潮之人則有用三牲者。此之謂祭祀之俗。	劉良璧，《重修福建臺灣府志》。清代臺灣方志彙刊第六冊，2005 年，頁 198。
重修福建臺灣府志	卷 6 風俗	乾隆 5 年（1740）	七月七日，日「七夕」，爲乞巧會。家家晚備牲醴、果品、花粉之屬，向簷前祭獻，祝七娘壽誕；畢，則將端午男女所繫五彩線，剪斷同焚。或曰魁星於是日生，士子多於是夜爲魁星會，備酒肴歡飲；村塾尤盛。	劉良璧，《重修福建臺灣府志》。清代臺灣方志彙刊第六冊，2005 年，頁 200。
重修福建臺灣府志	卷 6 風俗	乾隆 5 年（1740）	五月五日，各家懸菖蒲、艾葉、榕枝於門，製角黍。以五色長命縷，繫小兒女臂上，男左、女右，名曰「神鍊」；復以繭作虎子花，插於首。近海居民，群鬥龍舟，雖曰弔屈，亦以辟邪；無貴賤，咸買舟放中流，簫鼓歌聲，淩波不絕。或置竿船頭，掛錦綺器物，捷者奪標，鳴鑼而去，以爲得采。三月盡、四月朔望、五月初一至初五日，各寺廟及海岸各船鳴鑼擊鼓，名曰「龍船鼓」。	劉良璧，《重修福建臺灣府志》。清代臺灣方志彙刊第六冊，2005 年，頁 200。

重修臺灣府志	卷13風俗	乾隆9年（1744）	臺鮮聚族，鳩金建祠宇，凡同姓者皆與，不必其同枝共派也。祭於春仲、秋仲之望，又有祭於冬至者。祭則張燈、結彩、作樂，聚飲祠中，盡日而罷。常人祭於家則不然：忌辰、生辰有祭，元宵有祭，清明有祭【或祭於墓】，中元祭，除夕祭；端午則薦角黍，冬至則薦米圓。泉人日中而祭，漳人質明而祭；泉人祭以品羞，漳、潮之人則有用三牲者。此之謂祭祀之俗。【《臺灣縣志》】	六十七、范咸，《重修臺灣府志》。清代臺灣方志彙刊第九冊，2007年，頁533。
重修臺灣府志	卷18物產	乾隆9年（1744）	月桃，葉似蓮蕉；花黃白色，倒垂，香而濁，一莖可數十蕊。臺產，五月始開；端午日，取其葉以爲角黍；摘花插小兒鬢上，又名「虎子花」。【《諸羅縣志》】	六十七、范咸，《重修臺灣府志》。清代臺灣方志彙刊第九冊，2007年，頁655。
重修臺灣府志	卷13風俗	乾隆9年（1744）	五月五日，清晨燃稻梗一束，向室內四隅熏之，用楮錢送路旁，名曰「送蚊」。門楣間艾葉、菖蒲，兼插禾稗一莖，謂可避蚊蚋；榕一枝，謂老而彌健。彼此以西瓜、肉粽相饋遺。祀神用諸紅色物。自初五至初七，好事者於海口淺處用錢或布爲標，杉板魚船爭相奪取，勝者鳴鑼爲「得采」；土人亦號爲「鬥龍舟」。午時，爲小兒女結五色縷，男繫左腕、女繫右腕，名曰「神鍊」【三月盡、四月朔望、五月初一至初五日，各寺廟及海岸各船鳴鑼擊鼓，名曰「龍船鼓」；謂主一年旺相。以上並《舊志》。】	六十七、范咸，《重修臺灣府志》。清代臺灣方志彙刊第九冊，2007年，頁535。
重修臺灣府志	卷13風俗	乾隆9年（1744）	七夕，呼爲巧節。家供織女，稱爲「七星孃」。紙糊綵亭，晚備花粉、香果、酒醴、三牲、鴨蛋七枚、飯七碗，命道士祭獻；畢，則將端陽男女所結絲縷剪斷，同花粉擲於屋上。食螺蛳，以爲明目。黃豆煮熟洋糖拌裹及龍眼、芋頭相贈貽，名曰「結緣」。【《赤嵌筆談》】	六十七、范咸，《重修臺灣府志》。清代臺灣方志彙刊第九冊，2007年，頁536。

重修臺灣府志	卷18物產	乾隆9年（1744）	頫桐【一名「龍船花」。葉頗似桐，繁花鮮紅如火。】	六十七、范咸，《重修臺灣府志》。收於：臺灣史料集成編輯委員會編輯，清代臺灣方志彙刊第九冊，2007年，頁645。
重修臺灣府志	卷18物產	乾隆9年（1744）	頫桐，本高不盈丈，葉似桐；花紅如火，一穗數十朵。五月開最盛；土人於競渡時，必採數枝供瓶案，故俗又名「龍船花」。開至九月方止；結子色藍，子老而花瓣尚未凋。【《臺海采風圖》】	六十七、范咸，《重修臺灣府志》。清代臺灣方志彙刊第九冊，2007年，頁654。
重修臺灣府志	卷25藝文	乾隆9年（1744）	頫桐花【限龍字】 枝柔葉厚碧痕濃，色艷還看花發重。朱萼臨風迷紫蝶，丹鬚和露抱黃蜂。剪殘紅錦枝頭見，敲碎珊瑚月下逢。好是年年誇競渡，鮮妍如火映魚龍。	六十七、范咸，《重修臺灣府志》。臺灣方志彙刊第九冊，2007年，頁942。
重修臺灣縣志	卷2山水	乾隆17年（1752）	五月初一日【俗稱「南極星君下降」】、初五日【競渡風。洋船最忌】、初七日【俗傳「朱太尉忌」】、十三日【關帝降神】、十六日【天地合日，防惡風】、二十一日【俗呼「龍母暴」】、二十九日【俗稱「威顯暴」】。	王必昌，《重修臺灣縣志》。清代臺灣方志彙刊第十冊，2005年，頁160。
重修臺灣縣志	卷6祠宇	乾隆17年（1752）	水仙廟 在西定坊港口。 祀大禹王，配以伍員、屈原、王勃、李白。按鴟夷之浮，汨羅之沉，忠魂千古；王勃省親交趾，溺於南海，歿而為神；雖李白表墓謝山，前人經訂采石之訛，第騎鯨仙去，其說習傳久矣。今海舶或遭狂颶，危不可保，時有划水仙一法，靈感不可思議。其法：在船諸人，各披髮蹲舷間，執食箸作撥棹勢，假口為鉦鼓聲，如五日競渡狀。雖檣傾柁折，亦可破浪穿風，疾飛倚岸，屢有徵驗；非甚危急，不敢輕試云。	王必昌，《重修臺灣縣志》。清代臺灣方志彙刊第十一冊，2005年，頁266。

重修臺灣縣志	卷12風土	乾隆17年（1752）	五月五日清晨，燃稻梗一束，向室內四隅薰之，用楮錢，送於路旁，名曰「送蚊」。門楣間懸蒲艾兼插禾稗一莖，謂可避蚊蚋；榕一枝，謂老而彌健。彼此以西瓜、肉粽相餽遺。好事者於海口淺處用錢或布爲標，三板漁船爭相奪取，勝者鳴鑼喝采，土人亦號曰「鬥龍舟」。午時，爲小兒女結五色縷，男繫左腕，女繫右腕，曰「神鍊」。	王必昌，《重修臺灣縣志》。清代臺灣方志彙刊第十一冊，2005年，頁533。
重修臺灣縣志	卷12風土	乾隆17年（1752）	三月盡，四月朔、望，五月初一至初五日，各寺廟及海岸各船鳴鑼擊鼓，名曰「龍船鼓」；謂主一年旺相。	王必昌，《重修臺灣縣志》收於：臺灣史料集成編輯委員會編輯，清代臺灣方志彙刊第十一冊，臺北：文建會，2005年，頁533。
《重修臺灣縣志》	卷12風土	乾隆17年（1752）	七月七日，士子以爲魁星降靈，多備酒肴歡飲，村塾尤盛；又呼爲「乞巧節」，家供織女，稱曰「七星孃」。紙糊綵亭，備花粉香果酒飯，命道士獻畢，將端陽男女所結絲縷剪斷，同花粉擲於屋上，以黃豆煮熟，洋糖拌裹，及龍眼、芋頭相贈貽，名曰「結緣」。	王必昌，《重修臺灣縣志》。清代臺灣方志彙刊第十一冊，2005年，頁534。
重修臺灣縣志	卷12風土	乾隆17年（1752）	臺鮮聚族，鳩舍建祠宇，凡同姓者皆與，不必同支共派也。祭於春仲、秋仲之望，或祭於冬至。聚飲祠中，盡日而罷。常人自祭於家，忌辰、生辰有祭，上元有祭，清明有祭，或祭於墓，中元、除夕皆有祭。端午則薦角黍，冬至則薦米圓。泉人日中而祭，漳人質明而祭。	王必昌，《重修臺灣縣志》。清代臺灣方志彙刊第十一冊，2005年，頁536。
重修臺灣縣志	卷12風土	乾隆17年（1752）	龍船花頭【俱去風解熱。】	王必昌，《重修臺灣縣志》。清代臺灣方志彙刊第十一冊，2005年，頁563。

重修臺灣縣志	卷12風土	乾隆17年（1752）	賴桐花【身青，葉圓如桐，花燦似火。一穗數十朵，連莖萼皆深紅，爲夏、秋榮觀。五月開尤盛，土人於競渡時，必採數枝拱瓶案，故俗又名「龍船花」。開至九月方止，結子色藍，子老而花瓣尙未凋。】	王必昌，《重修臺灣縣志》。清代臺灣方志彙刊第十一冊，2005年，頁575。
續修臺灣府志	卷13風俗	乾隆25年（1760）	臺鮮聚族，鳩金建祠宇，凡同姓者皆與，不必其同枝共派也。祭於春仲、秋仲之望，又有祭於冬至者。祭則張燈、結彩、作樂，聚飲祠中，盡日而罷。常人祭於家則不然：忌辰、生辰有祭，元宵有祭，清明有祭【或祭於墓】，中元祭、除夕祭；端午則薦角黍，冬至則薦米圓。泉人日中而祭，漳人質明而祭；泉人祭以品羞，漳、潮之人則有用三牲者。此之謂祭祀之俗。【《臺灣縣志》】	余文儀，《續修臺灣府志》。清代臺灣方志彙刊第十六冊，2007年，頁639。
續修臺灣府志	卷13風俗	乾隆25年（1760）	五月五日，清晨燃稻梗一束，向室內四隅熏之，用楮錢送路旁，名曰「送蚊」。門楣間艾葉、菖蒲，兼插禾稗一莖，謂可避蚊蚋；榕一枝，謂老而彌健。彼此以西瓜、肉粽相饋遺。祀神用諸紅色物。自初五至初七，好事者於海口淺處用錢或布爲標，杉板魚船爭相奪取，勝者鳴鑼爲「得采」；土人亦號爲「鬥龍舟」。午時，爲小兒女結五色縷，男繫左腕、女繫右腕，名曰「神鍊」【三月盡、四月朔望、五月初一至初五日，各寺廟及海岸各船鳴鑼擊鼓，名曰「龍船鼓」；謂主一年旺相】。【以上並《舊志》】	余文儀，《續修臺灣府志》。清代臺灣方志彙刊第十六冊，2007年，頁641。
續修臺灣府志	卷13風俗	乾隆25年（1760）	七夕，呼爲巧節。家供織女，稱爲七星孃。紙糊綵亭，晚備花粉、香果、酒醴、三牲、鴨蛋七枚、飯七碗，命道士祭獻；畢，則將端陽男女所結絲	余文儀，《續修臺灣府志》。清代臺灣方志彙刊第十六冊，2007年，頁642。

			縷剪斷，同花粉擲於屋上。食螺螄，以爲明目。黃豆煮熟洋糖拌裹及龍眼、芋頭相贈貽，名曰「結緣」。【《赤嵌筆談》】	
續修臺灣府志	卷18物產	乾隆25年（1760）	頹桐【一名「龍船花」。葉頗似桐，繁花鮮紅如火。】	余文儀，《續修臺灣府志》。清代臺灣方志彙刊第十六冊，2007年，頁757。
續修臺灣府志	卷18物產	乾隆25年（1760）	頹桐，木高不盈丈，葉似桐；花紅如火，一穗數十朵。五月開最盛；土人於競渡時，必採數枝供瓶案，故俗又名「龍船花」。開至九月方止；結子色藍，子老而花瓣尚未凋。【《臺灣采風圖》】	余文儀，《續修臺灣府志》。清代臺灣方志彙刊第十六冊，2007年，頁767。
續修臺灣府志	卷18物產	乾隆25年（1760）	月桃，葉似蓮蕉；花黃白色，倒垂，香而濁，一莖可數十蕊。臺產，五月始開。端午日，取其葉以爲角黍；摘花插小兒髻上，又名「虎子花」。【《諸羅縣志》】	余文儀，《續修臺灣府志》。清代臺灣方志彙刊第十六冊，2007年，頁768。
續修臺灣府志	卷26藝文	乾隆25年（1760）	端陽前見籬菊作花 余文儀 清節秋霜世久知，東籬五月獨標奇。非關傲骨因人熱，要見炎涼總不移。	余文儀，《續修臺灣府志》。清代臺灣方志彙刊第十七冊，2007年，頁1171。
續修臺灣府志	卷26藝文	乾隆25年（1760）	海港龍舟奪錦標【端陽海口，或用錢、亦用布帛懸於竹竿爲標，漁船爭取之，爲龍舟之戲】，纏頭三五錯呼么【臺多漳、泉人，怯海風，以黑布包頭，到處鋪蓆聚賭；若遇勝會、戲場爲尤甚】。行看對對番童子，嘴裏彈琴鼻裏簫【番童頭梳兩髻，謂「對對」。嘴琴以竹爲弓，長四寸，虛其中二寸許，釘以銅片；另繫一小柄，以手爲往復，脣鼓動之。簫長二尺，截竹四空，通小孔於竹節之首，以鼻橫吹之】。	余文儀，《續修臺灣府志》。清代臺灣方志彙刊第十七冊，2007年，頁1192。

續修臺灣府志	卷26藝文	乾隆25年（1760）	安平晚渡 七鯤身外暮雲生，赤嵌城邊競渡聲。沙線茫茫連島闊，蒲帆葉葉映霞明。鳴榔惟有漁樵侶，捩舵時同犵狫行。新月一鈎懸碧漢，剛聽畫角咽初更。	余文儀，《續修臺灣府志》。清代臺灣方志彙刊第十七冊，2007年，頁1169。
重修鳳山縣志	卷3風土	乾隆27年（1762）	五月五日清晨，燃稻梗一束，向室隅薰之，用楮錢送於路旁，名曰「送蚊」。門楣懸蒲艾兼插禾稗，謂可避蚊蚋；榕一枝，謂「老而彌健」。彼此以西瓜、角黍相饋遺。好事者於海口淺處，用錢或布為標，三板漁船爭相奪取，勝者鳴鑼喝采，號曰「鬥龍舟」。午時為小兒女結五采縷，男繫左腕、女繫右腕，名曰「神鍊」。	王瑛曾，《重修鳳山縣志》。清代臺灣方志彙刊第十三冊，2006年，頁103。
重修鳳山縣志	卷3風土	乾隆27年（1762）	七月七日，士子多為魁星會，備酒殽歡飲；村塾尤盛。又呼為「乞巧節」，家供織女，稱曰「七星孃」。紙糊彩亭，備花果酒飯，命道士獻畢，將端陽所結絲縷剪斷，同花果擲於屋上。以黃豆拌糖及龍眼、芋頭屬相餽遺，名曰「結緣」。	王瑛曾，《重修鳳山縣志》。清代臺灣方志彙刊第十三冊，2006年，頁103。
重修鳳山縣志	卷3風土	乾隆27年（1762）	《府舊志》：「三月盡、四月朔望、五月初一至初五日，各寺廟及海岸各船鳴鑼擊鼓，名曰龍船鼓。」謂主一年旺相。中秋夜，士子飲博達旦；製大月餅，硃書元字以鬥采，取「秋闈奪元」之兆。侍御張鷺州有詩云：「畫餅香中人盡醉，嫦娥親見奪元歸。」	王瑛曾，《重修鳳山縣志》收於：臺灣史料集成編輯委員會編輯，清代臺灣方志彙刊第十三冊，臺北：文建會，2006年，頁104。
重修鳳山縣志	卷3風土	乾隆27年（1762）	祭禮 凡祭於大宗，於春分、於冬至；祭畢飲福。臺無聚族者，同姓皆與焉。家祭於忌晨，於元旦、清明、端午、中元、除夕；主未祔者，更於冬至。泉人日中而祭，漳人質明而祭。泉人祭以品饈，漳、潮之人有	王瑛曾，《重修鳳山縣志》。清代臺灣方志彙刊第十三冊，2006年，頁110。

			用三牲【雞、肉、魚】者，未免太簡；蓋沿海村落間有此，故至臺亦相沿耳【更有祀菩薩於中堂而置祖先於左右者，是祀先不如祀神，厚其所薄而薄其厚，亦習而不察耳】。	
重修鳳山縣志	卷 3 風土	乾隆 27 年（1762）	祭惟元旦、除夕、端午，餘皆無之。清明祭於墓，盡日潦倒而還；無忌辰。凡祭，極豐不過三牲，口誦祝詞，遍請城隍、土地諸神，云祖先不敢獨食也。夫僑祖先於神而並之，祖先能安坐而食乎？亦惑矣！	王瑛曾，《重修鳳山縣志》。清代臺灣方志彙刊第十三冊，2006 年，頁 110。
重修鳳山縣志	卷 11 雜志	乾隆 27 年（1762）	賴桐花【即「龍船花」。又名「百日紅」。】	王瑛曾，《重修鳳山縣志》收於：臺灣史料集成編輯委員會編輯，清代臺灣方志彙刊第十四冊，2006 年，頁 407。
重修鳳山縣志	卷 11 雜志	乾隆 27 年（1762）	月桃，葉似蓮蕉，花黃白色，倒垂，香而濁，一莖可數十蕊。臺產，五月始開；端午日取其葉以爲角黍，摘花插小兒鬢上，又名「虎子花」。	王瑛曾，《重修鳳山縣志》。清代臺灣方志彙刊第十四冊，2006 年，頁 423。
澎湖紀略	卷 2 地理	乾隆 34 年（1769）	凡洋中欻遭風浪，危急不可保，惟划水仙一事，庶能望救。其法，在船諸人各披髮蹲舷，以空手作撥棹勢，假口作鉦鼓聲，如五日競渡狀；即檣傾柁折，亦可破浪穿風，疾飛抵岸。其靈應如響，亦甚殊絕矣哉。	胡健偉，《澎湖紀略》。清代臺灣方志彙刊第十二冊，2004 年，頁 80。
澎湖紀略	卷 7 風俗	乾隆 34 年（1769）	端陽節，裹角黍相饋遺、插蒲艾、飲雄黃酒諸儀，亦與內地無異。門首家皆插榕葉一枝，謂之老而彌健。又將小漁船或小帖仔船彩畫五色，鳴鑼角勝，謂之「鬥龍舟」。好事者於海口處所豎標，招人相奪。其標用紅布一幅，銀牌一面，或一二錢、三四錢不等，銅錢	胡健偉，《澎湖紀略》。清代臺灣方志彙刊第十二冊，2004 年，頁 191。

			數十文，用紅繩串成一串，奪得者以爲得彩，即盧肇詩所云「報道是龍君不信，果然奪得錦標歸」者是也。午時，爲小兒女結五色縷，男繫左手、女繫右手，名曰「神鍊」。各家門牆俱用雄黃書寫吉慶字樣，以爲辟除不祥。	
澎湖紀略	卷8土產	乾隆34年（1769）	蒺藜【子有三角刺。《本草》云：「風家宜用刺蒺藜、補宜用沙宛蒺藜，乃腎、肝、肺三經之藥。」端午採其蔓煮湯浴身，亦能消風。】	胡健偉，《澎湖紀略》。清代臺灣方志彙刊第十二冊，2004年，頁204。
續修臺灣縣志	卷1地志	嘉慶12年（1807）	居臺灣者，皆內地人，故風俗與內地無異。正月元日慶新歲，上元燈節。二月春社。清明掃墳墓。端午戲龍舟，懸蒲艾祓除。七月七夕乞巧結緣，十五日仿盂蘭會。八月秋社。九月九日登高，放紙鳶。冬至餉米團。十二月二十四日祭灶送神。卒歲臘先祖及諸神祠，皆與內地無異。婚喪沿俗，禮以貧富爲豐歉，悉類內地。俗信巫鬼，病者乞藥於神，輕生喜鬥，善聚黨，亦皆漳、泉舊俗，然有其異者，《舊志》云：「民非土著，百貨皆取資於內地，男有耕而女無織，以刺繡爲工。視疏若親，窮乏貧苦相爲周卹。民雖貧不爲奴婢。」習尙華侈，衣服概用綾羅，雖輿隸庸販，衣褲率多紗帛。自內地初至者，恆以爲奢，久之習爲固然。宴客必豐珍錯，價倍內地，互相角勝。蓋其大略如此。然有爲甚害者，曰「鴉片」、曰「賭局」，充衢蔽野，富者以之而貧，中人以之爲不肖，不軌之徒於是聯絡。必革此二者，民乃久安，或曰難焉。	謝金鑾、鄭兼才，《續修臺灣縣志》。清代臺灣方志彙刊第十八冊，2007年，頁140。

			論曰：風俗之所繫大矣哉！傳曰：「修其教不易其俗，齊其政不易其宜。」此言寒暖燥濕之異制，剛柔輕重遲速之異齊。如歲時伏臘，飲食衣服之好，尚可以從乎俗者也。又曰：「一道德而同風俗」，又曰：「移風易俗，天下太平」，謂其偏且弊者，必一道德以同之，有所轉移更易，而後太平可致也。夫曰移之易之乃太平，苟其不移不易，其不能太平也必矣。然則臺灣之屢亂，豈無故哉？	
續修臺灣縣志	卷 5 外編	嘉慶 12 年（1807）	今海船或遭狂飆，危不可保時，有划水仙一法，靈感不可思議。其法：在船諸人，各披髮蹲舷間，執食箸作撥棹勢，假口為鉦鼓聲，如五日競渡狀。雖檣傾舵折，亦可破浪穿風，疾飛倚岸，屢有徵驗；非甚危急，不可輕試云。」	謝金鑾、鄭兼才，《續修臺灣縣志》收於：臺灣史料集成編輯委員會編輯，清代臺灣方志彙刊第十九冊，2007 年，頁 459。
續修臺灣縣志	卷 8 藝文	嘉慶 12 年（1807）	海港龍舟奪錦標【端陽海口，或用錢、或用布帛懸於竹竿為標，漁船爭取之，為鬥龍舟之戲】，纏頭三五錯呼么【臺多漳、泉人，怯海風，以黑布包頭，到處鋪蓆聚賭；若遇勝會、戲場，為尤甚】。行看對對番童子，嘴裏彈琴鼻裡簫【番童頭梳兩髻，謂「對對」。嘴琴以竹為弓，長四寸，虛其中二寸許，釘以銅片；另繫一小柄，以手為往復，唇鼓動之。簫長二寸，截竹四空，通小孔於竹節之首，以鼻橫吹之】。	謝金鑾、鄭兼才，《續修臺灣縣志》。清代臺灣方志彙刊第十九冊，2007 年，頁 723。
道光福建通志臺灣府	卷18風俗	道光 9 年（1829）	臺鮮聚族，鳩金建祠宇，凡同姓者皆與，不必共支派也。祭於春、秋仲之望，又有祭於冬至者。祭則張燈、結綵、作樂，聚飲祠中，盡日而罷。常人祭於家則不然。忌辰、生辰有祭，元宵有祭，清明有祭【或祭於	陳壽祺，《道光福建通志臺灣府》。清代臺灣方志彙刊第二十五冊，2007 年，頁 272。

			墓】，中元祭、除夕祭；端午薦角黍，冬至薦米圓。泉人日中而祭，漳人質明而祭；泉人祭以品羞，漳人有用三牲者。	
道光福建通志臺灣府	卷18風俗	道光9年（1829）	五月五日，清晨燃稻梗一束，向室四隅熏之，用楮錢送路旁，名曰送蚊。午時，爲小兒女結五色縷，男繫左腕、女繫右腕，名曰神鍊。【《府志》】	陳壽祺，《道光福建通志臺灣府》。清代臺灣方志彙刊第二十五冊，2007年，頁278。
道光福建通志臺灣府	卷18風俗	道光9年（1829）	七夕，呼爲巧節，家供織女，稱爲七星孃。紙糊綵亭，晚備花粉、香果、酒醴、三牲、鴨蛋七枚、飯七碗，祭獻畢，將端陽男女所結綵縷翦斷，同花粉擲於屋上。食螺螄以爲明目。黃豆煮熟，洋糖拌裹及龍眼、芋頭相贈貽，名曰結緣。【《赤嵌筆談》】	陳壽祺，《道光福建通志臺灣府》。清代臺灣方志彙刊第二十五冊，2007年，頁278。
道光福建通志臺灣府	卷19物產	道光9年（1829）	月桃【葉似蓮蕉，花黃白色，倒垂，香而濁，一莖數十蕊。臺產五月始開，端午日取葉以包角黍，又名虎子花。】	陳壽祺，《道光福建通志臺灣府》。清代臺灣方志彙刊第二十五冊，2007年，頁292。
噶瑪蘭廳志	卷5風俗	道光11年（1831）	村莊訓蒙，多自炊爨，其脩脯亦澹泊。但一贄而外，尚有立夏、端午、七夕、中秋、重陽諸節，薄治承筐。是日可以假館，然每授一書，即將前本退棄【如《易》授下經，即棄上經；《詩》授小雅，即棄國風之類】，不加溫習，至爲可惜。其授經者，亦惟《易》、《詩》爲多，《尚書》、《三禮》、《三傳》則寥寥無幾，即《四書集註》，讀至圈外者亦希；惟鍾選《千家詩》及彭氏《幼學須知》家絃而戶誦，眞有不可解者。	陳淑均，《噶瑪蘭廳志》。清代臺灣方志彙刊第二十四冊，2006年，頁269。
噶瑪蘭廳志	卷5風俗	道光11年（1831）	端午日，作角黍相遺送，各門楣懸艾插蒲，用雄黃酒，書午時對聯以辟邪。祀神以西瓜、桃果之品。至午後焚稻槁一束，遍薰幃帳，棄諸道旁，名	陳淑均，《噶瑪蘭廳志》。清代臺灣方志彙刊第二十四冊，2006年，頁273。

			日「送蚊」。沿溪上下，以小駁船或漁舟競鬥勝負，好事者用紅綾爲標，插諸百步之外，令先奪者鳴鑼喝采，蓋龍舟錦標之遺意云。	
彰化縣志	卷1封域	道光12年（1832）	逐月颶風日期五月：初一【南極星君下降】、初五【競渡風。洋船最忌】、初七【朱太尉】、十三【關帝降神】、十六【天地合日，防惡風】、二十一【龍母】、二十九【威顯】。	
彰化縣志	卷9 風俗	道光12年（1832）	家祭，一年凡數次，自忌辰以外，元旦、清明、三月節、端午、中元、多至、除夕皆祭。泉人日中而祭，漳人、潮人質明而祭；泉人祭以品羞，漳人、潮人有用五牲者。	周璽，《彰化縣志》。清代臺灣方志彙刊第二十二冊，2006年，頁434。
彰化縣志	卷9 風俗	道光12年（1832）	五月初五日，門懸蒲艾，和雄黃酒飲之。午時采苦草浴兒，以辟邪氣，即古袚除釁浴之意；然修禊在三月上巳，今乃行於午節何也？又以竹葉包糯米曰「粽」，即古之角黍，用以投贈曰「送節」。家製繡囊，實以香屑，令兒佩之，以五綵線繫兒手足曰「長命縷」。近海處作龍舟競渡之戲，兼奪錦標。先是初一日，以旗鼓迎龍頭，沿門歌唱曰「採蓮」，所唱即採蓮曲也。寺廟海船皆鳴鑼擊鼓，謂之「龍船鼓」。	周璽，《彰化縣志》。清代臺灣方志彙刊第二十二冊，2006年，頁437。
彰化縣志	卷十　物產	道光12年（1832）	賴桐【葉頗似桐，青幹繁花，鮮紅如火。沈文開《雜記》名「天仙花」，一名「龍船花」。】	周璽，《彰化縣志》。清代臺灣方志彙刊第二十二冊，2006年，頁478。
彰化縣志	卷10物產	道光12年（1832）	月桃【葉似蓮蕉，花黃白色。味香而濁，一莖數十蕊。或取其葉以包角黍，端午摘插小兒髻上，名「虎仔花」。】	周璽，《彰化縣志》。清代臺灣方志彙刊第二十二冊，2006年，頁481。

淡水廳志稿	卷4	道光13年（1833）	淡水天氣較寒。彰化以南，三月輒著輕紗，淡水二、三月雖屬平和，然乍燠乍寒，薄裘常不離體，稍弗戒備，則陰邪一中，必有風寒之疾【俗云：「未食端午粽，破裘不肯放。」】。九月朔風正發，天氣漸冷；十一、二月，風愈甚則寒愈烈，間亦有不甚寒冷者，是必風發過後，夜有隕霜，至曉，陽曦一照，霜氣自消，雖有微寒，尚不透體【俗云：「二日風，三日霜，三日大日光。」】。蓋淡水之寒，其寒在風。	鄭用錫，《淡水廳志稿》。清代臺灣方志彙刊第二十二冊，2006年，頁189。
淡水廳志稿	卷4	道光13年（1833）	龍船花【有紅、白二種。】	鄭用錫，《淡水廳志稿》。清代臺灣方志彙刊第二十二冊，2006年，頁162。
噶瑪蘭志略	卷之十一	道光15年（1835）	祭祀之禮，蘭無族祠，多祭於家。忌辰、生辰而外，元宵有祭，清明有祭【或祭於墓】，中元祭，除夕祭。端午則薦角黍，冬至則薦米圓。泉人日中而祭，漳人質明而祭；泉人祭以品羞，漳、潮之人則有用三牲者。	柯培元，《噶瑪蘭志略》收於：臺灣史料集成編輯委員會編輯，清代臺灣方志彙刊第二十三冊，2006年，頁370。
噶瑪蘭志略	卷11	道光15年（1835）	端午節，作角黍相遺送。各門楣懸插蒲艾，用雄黃酒，書對聯以僻邪。祀神以西瓜、桃果之品。至午，爇艾一束，遍熏幃帳，棄諸道旁，名曰「送蚊」。沿溪上下，以小駁船或漁舟競鬥勝負，好事者用紅綾旗為標，插諸百步之外，令先奪者鳴鑼喝采，蓋龍舟錦標之遺云。	柯培元，《噶瑪蘭志略》。清代臺灣方志彙刊第二十三冊，2006年，頁371。
淡水廳志	卷6武備	同治9年（1870）	其在五月，日初一、初五、初七、十三【尤烈】、十六、十九【申時】、二十一、二十八、二十九。諺云：「五月端午前，風高雨亦連。二九是分龍，更有夏至忌。」自正月下旬為始，算至五月一日以上，十日之內，主北風。	陳培桂，《淡水廳志》。清代臺灣方志彙刊第二十八冊，2006年，頁290～291。

淡水廳志	卷11 考1 風俗	同治9年（1870）	五月五日，懸蒲艾、柳枝，黃紙朱書貼之，曰「午時聯」。採苦草浴兒，和雄黃酒飲，以辟邪，先期以竹葉裏糯米曰「糭」，投遺所親曰「送節」。家製繡囊，實以香屑，令兒女佩之。濱海龍舟作競渡戲。	陳培桂，《淡水廳志》。清代臺灣方志彙刊第二十八冊，2006 年，頁395。
淡水廳志	卷11 風俗	同治9年（1870）	淡水天氣較寒，彰南三月輒著輕紗，淡則二、三月間乍寒乍煖，不離薄裘，否則成疾。諺云：「未食端午糭，破裘不肯放。」良然！九月北風發，漸冷；十一、二月，風愈甚則寒愈烈。間有不甚寒者，是必風過後，夜有隕霜，見晛即消，雖寒尚不透體。諺云：「三日風，三日霜，三日大日光。」蓋其寒在風也。《舊郡志》謂：「北淡多霜雪」，八景稱「雞籠積雪」；此亦如土人見陰雨，即稱爲「淡水天」。不知淡地初闢，人煙稀少，天陰時多，今村居稠密、陽盛陰衰，霜雪罕矣。此淡水寒暑，又與南路不同也。	陳培桂，《淡水廳志》。清代臺灣方志彙刊第二十八冊，2006 年，頁396～397。
淡水廳志	卷12 考2 物產	同治9年（1870）	桃花【有紅、碧二種；又有月桃。《諸羅縣志》云：「月桃，葉似蓮蕉，花黃白色，倒垂者香而濁。一莖可數十蕊，五月始開。端午取葉爲角黍，摘花插小兒髻上，又名『虎仔花』。」】	陳培桂，《淡水廳志》。清代臺灣方志彙刊第二十八冊，2006 年，頁428。
淡水廳志	卷12 考2 物產	同治9年（1870）	莿桐【葉如梧桐，其花附幹而生；枝幹有莿。《溫陵郡志》云：「莿桐，樹高大而枝葉蔚茂，初夏開花極鮮紅。如葉先萌而花後發，主明年五穀豐登。」《臺海采風圖》云：「番無年歲，以莿桐花開爲一度。又有頹桐。」《臺海采風圖》云：「頹桐，本高不盈丈，葉似桐，花紅如火，一穗數十朵。五月開最盛；土人於競渡時，必採數枝供瓶案，故俗又名『龍船花』。開至九月方止；結子色藍，子老而花瓣尚未凋。」】	陳培桂，《淡水廳志》。清代臺灣方志彙刊第二十八冊，2006 年，頁429。

淡水廳志	卷10附錄文徵	同治9年（1870）	〈風物吟〉鄭大樞（僅擷取部分內容） 海港龍舟奪錦標【端陽海口或用錢，或用布帛，懸於竹竿為標，漁舟爭取之為鬥龍舟之戲】，纏頭三五錯呼么【臺多漳泉人，怯海風，以黑布包頭，到處鋪蓆聚賭，若遇勝會、戲場為尤甚】。行看對對番童子，嘴裡彈琴鼻裡簫【番童頭梳兩髻，謂「對對」。嘴琴以竹為弓，長四寸，虛其中二寸許，釘以銅片，另繫一小柄，以手為往復，唇鼓動之。簫長二寸，截竹四空，通一空於竹節之首，以鼻橫吹之】。六月家家作半年，紅團糖餡大於錢【六月望，各家雜紅麵於米粉，名曰「半年丸」】。嬌兒癡女頻歡樂，金鼓叮鏜嚷暑天【街坊金鼓喧鬧如新年】。	陳培桂，《淡水廳志》。清代臺灣方志彙刊第二十八冊，2006年，頁563。
澎湖廳志	卷9風俗	光緒4年（1878）	端陽節，裹角黍相饋。插蒲艾，飲雄黃酒，門首插榕葉一枝。又將小漁船彩畫五色，鳴鑼角勝，謂之「鬥龍舟」。好事者於海口豎標，招人相奪。其標用紅布一幅、銀牌一面、銅錢數十文，用紅繩串成，奪得者以為得彩。午時，為小兒女結五色縷，男繫左手，女繫右手，名曰「神鍊」。各家門首俱用雄黃書寫吉慶字樣，以辟除不祥。	林豪、薛紹元，《澎湖廳志》。清代臺灣方志彙刊第三十冊，2006年，頁410。
澎湖廳志	卷10物產	光緒4年（1878）	蒜【《紀略》：「釋、道家謂為五葷之一。」《說文》：「葷菜也。生食增恚，熟食發婬，有損性靈，故絕之。」按：蒜性辛烈，辟邪穢，故俗於端午與蒲艾並懸門首。又能消食。其稍乾者，能治蚯症、水積。譬諸小人，亦有所長，顧用之何如耳。】	林豪、薛紹元，《澎湖廳志》。清代臺灣方志彙刊第三十冊，2006年，頁427。

澎湖廳志	卷 11	光緒 4 年（1878）	凡洋中遭風至危急時，通船人皆披髮執食箸，作搖槳撥櫓之勢，假口爲鉦鼓聲，如五日競渡狀，所謂「划水仙」也，雖棄椗失舵，猶能破浪穿風，疾行倚岸。但非危急時不敢輕用也。舟中「媽祖棍」甚著靈異，凡洋面風浪暴作時，有海和尚入舟，怪物在椗杪噴水，則以媽祖棍驅之，亞班披髮裸袒，執斧上椗叱之，遂絕。蓋俗以此物爲亞班之妻所化也。若夜間遭風，昏黑不辨方向，宜虔誠禱神，每有神火在前引導，隨之以行，常得到港。蓋天后呵護行舟，驅除水怪，其神靈真不可思議云。	林豪、薛紹元，《澎湖廳志》。清代臺灣方志彙刊第三十冊，2006年，頁 496。
苗栗縣志	卷 5 物產	光緒 20 年（1894）	六月薛【端午日，人多取此沃湯沐浴。】 月桃【可代黃麻絞索。】	沈茂蔭，《苗栗縣志》。清代臺灣方志彙刊第三十一冊，2006 年，頁 137。
苗栗縣志	卷 7 風俗	光緒 20 年（1894）	日氣候：臺處閩東南隅，地勢最下，極暑少寒；花卉常開，木葉少落，瓜蒲蔬茄雖窮冬亦秀，蓋與內地懸殊也。然苗處近北，其氣候略同彰化而異於南路。彰南每多春旱、秋潦，苗則春多陰雨，聞雷即霪霖連旬；偶有晴霽，頃刻復雨；俗謂未驚蟄先聞雷，當陰雨四十九天，占之屢驗。五、六月間，盛暑鬱積，東南雲蒸，雷聲震厲，滂沱立至，謂之「西北雨」；蓋以東西風一送，雨仍歸西北也。此雨不久便晴，多連發三午。八、九月後，雨少風多，其威愈烈，掃葉捲籜、塵沙蔽天，常經旬不止，此苗地風雨與南路不同也。苗地天氣略同淡水，彰南三月輒著輕紗，苗則二、三月間乍寒乍燠，不離	沈茂蔭，《苗栗縣志》。清代臺灣方志彙刊第三十一冊，2006 年，頁 173～174。

			薄裘，否則成疾，諺云「未食端午粽，破裘不肯放」，良然。九月，北風發，漸冷；十一、二月，風愈甚則寒愈烈，間有不甚寒者，是必風過後，夜有隕霜，見晛即消，雖寒尚不透體，諺云「三日風，三日霜，三日大日光」，蓋其寒在風也。此苗地寒暑又與南路不同也。至若播種，彰化在立春前，四月新穀既成；苗則在清明前後，新穀成於六月，惟早稻，間有五月成者；地勢既殊，天氣亦因之而異耳。	
苗栗縣志	卷11武備	光緒20年（1894）	風信 風信，即是暴期，行舟最忌，不可不知，尤不可不避；即暴期前後三日內，亦須謹防。 五月初一、初五、初七、十三【尤烈】、十六、十九【申時】、二十一、二十八、二十九。諺云：「五月端午前，風高雨亦連。」	沈茂蔭，《苗栗縣志》。清代臺灣方志彙刊第三十一冊，2006年，頁232～233。
鳳山采訪冊	癸部藝文	光緒20年（1894）	頹桐花【限龍字】 枝柔葉厚碧痕濃，色艷還看花發重。朱萼臨風迷紫蝶，丹鬚和露抱黃蜂。翦殘紅錦枝頭見，敲碎珊瑚月下逢。好是年年誇競渡，鮮妍如火映魚龍。	盧德嘉，《鳳山采訪冊》。清代臺灣方志彙刊第三十三冊，2007年，頁519。
鳳山采訪冊	癸部藝文	光緒20年（1894）	觀競渡 本縣幕賓　藍山 沿隄紅粉綺羅香，兒女相呼兩岸望。畫舫行如駒隙逝，蘭橈奔似馬蹄忙。棹馳風緊蕭聲碎，舟過花搖水影涼。人醉菖蒲剛宴罷，家家歡讌出江鄉。	盧德嘉，《鳳山采訪冊》。清代臺灣方志彙刊第三十三冊，2007年，頁526。

臺灣端午節起源與節日習俗研究

趙函潔　著

作者簡介

　　趙函潔，國立中正大學中國文學碩士。現職高雄女中國文教師。

　　寫作碩士論文，是一段自我辯證、對話的過程，歷時約兩年，找出問題與解答，反覆著
循環，很開心完成了此項挑戰，並且獲得出版機會。謝謝研究生涯中，給予協助的所有人，也
謝謝花木蘭文化出版社，讓它能被更多人看見，以茲紀念、印證那段歲月。

提　　要

　　本論文共分五章。希望透過研究端午節的起源與其節日習俗，能瞭解端午節之於現代人的
意義。第一章為〈緒論〉，討論端午節在現代與古代社會的認知差異，接著提出以文獻考據與田
野調查為研究方法，最後說明本論之論證架構。第二章為〈臺灣端午節起源與習俗之觀念演變〉，
簡介歷代學者對於端午節的各種解釋，端午節的起源之因，端午節各式習俗的進行與原理等，
由古至今的觀念演變。第三章為〈臺灣端午節習俗分述〉，分別從三個視角觀察端午節習俗，接
續第二章的內容並深入，找尋不同習俗在節日中的意義。第四章為〈臺灣端午節構成分析〉，本
章重心置於現代社會，探索端午節對於現代社會的意義，並將臺灣與日本、韓國的端午節進行
簡要比較。第五章為〈結論〉，約略總述全文之論證，並提出未來研究之可能方向。

目次

第一章　緒　論

　　端午節爲臺灣年中歲時三大節日（春節、端午、中秋）之一，民間重視它的程度顯而易見，但是現代人不斷重複著節日習俗，卻不甚明瞭箇中原因。舉一有力證明：受過教育的現代人，理所當然地將屈原與端午節劃上等號，認爲忠貞愛國的屈原投汨羅江而亡，後人製作角黍（今稱粽子）、發展龍舟競渡等習俗皆是起源於此。然而，端午節的由來在民俗學界，早已推翻並證實與屈原無關，而是爲了禳災避禍、趨吉避凶〔註1〕。用此例可窺見現代人對於端午節的不瞭解，所以本論文的重點，是想藉由節日習俗挖掘端午節的深意，比較臺灣當代與古時過端午節的不同心理狀態。

　　本章分成三小節，在進入研究之前，先說明想研究此題目的原因，接著對本論文的研究方法做說明，最後將每個章節，視爲一個有機體中的一個組件，做系列的章節架構分析。

第一節　研究動機

　　端午節爲重要的歲時節日之一，是民間重視的傳統節日，然而對於端午節的由來卻眾說紛紜，相關的節日習俗也有各種詮釋。臺灣目前多種端午節節日習俗，多是沿襲大陸的說法與做法，但是不同的地理環境、氣候與風土

〔註 1〕　以下舉二證：「競渡實與屈原無涉，它本是古時人群用法術處理的一種公共衛生事業——每年在五月中把疵癘夭箚燒死，並且用船送走。」詳見江紹原：〈端午競渡本意考〉（原文發表於 1926 年），《廿世紀中國民俗學經典》，（北京：社會文獻科學出版社，2002 年），頁 17。「龍舟競渡應該是史前圖騰社會的遺俗。……至於拯救屈原的故事，最早的記載也只在六朝。」參閱聞一多：〈端午考〉，《神話與詩》（北京市：中華書局，1959 年），頁 230。

民情，會在節日中造成影響，使習俗產生變異。臺灣目前的端午節習俗，即是因應客觀需要與融合先民們流傳下來的各式節日習俗，而漸漸形成的臺灣端午節習俗，並隨著時代的遞嬗、豐富了習俗內容。筆者欲重新回顧端午節，透過爬梳傳統習俗的傳承與轉變，發掘節日之於現代人的意義。以文獻為主要基礎，輔以田野調查的結果，藉前人資料與親身走訪兩相驗證。在時空不斷變遷之下，各項習俗皆有不同程度的轉變；雖然端午節習俗於今日的儀式性已減弱，卻仍然保有節日氣氛，汲取午時水、配戴香包、觀龍舟賽等習俗，只屬於端午節。節日的意義於現代社會中日漸淡薄，故以探討端午節一例，或可管窺現今與古時面對節日而有的不同心理轉變，進而追尋出傳統節日對於現今社會民眾的意義。

　　故本論文的研究動機，即本於臺灣人不同世代間，對於傳統節日的認知差異而產生。源遠流長的傳統節日之所以受人們重視，除了節日累積的豐富內涵外，必有其存在於不同時代的精神象徵與意義。

　　我們為什麼要過端午節呢？現代社會與過去社會的各種環境差異甚巨，但是傳統習俗卻仍原封不動的保存著一部份，在做相同動作時，人們的想法卻有所不同。傳統節日對於生活在現代的我們，具備什麼樣的意義？許多長輩帶著虔誠的態度，按部就班的依循著流傳久遠的中國習俗行事，但是新生代的年輕人卻一味的想打破傳統，認為盲目追隨不知為何所做的傳統習俗毫無意義，且對於傳統習俗的瞭解程度日漸淡薄。

　　另外，因為社會背景的差異，所以人們接受教育與否，影響著對於習俗的認知，還有，古今民眾過節日的所需功能也有所不同。在臺灣，許多識字讀書的人，不曾懷疑過端午節與屈原的關係，這已成為經由教育所教導而形成的普遍常識﹝註2﹞。還有，知識階層的高低也影響對於傳統節日的看法，文

﹝註2﹞ 臺灣目前所使用的各版本教科書，都有選入相關課文，小學生在中年級（4年級與5年級）時就會學到端午節是為了紀念屈原、屈原是偉大的愛國詩人等概念，近年課本也加入了驅邪避疫與求平安的觀念。如四年級課本即有「五月五龍船賽」、「傳統節慶」的課文內容，請分別參考賴慶雄等：〈第九課：五月五龍船賽〉，《國小國語 4 下教科書》，（台北：康軒文教事業，2006 年 12 月）。施添福等：〈第三單元：生活的安排之第三課：傳統節慶〉，《國小國語 4 下教科書》，（台北：康軒文教事業，2007 年 7 月）。另外，行政院所出品的兒童文化資產叢書繪本，亦強調懷念屈原的觀點，可見湯皇珍撰文／鄭淑芬繪圖：《五月五龍出水：端午節的習俗活動》（台北：行政院文化建設委員會，1997 年），頁 14～15。

人雅士因爲屈原與端午節的關係密切，而舉行詩文比賽或吟唱，還希望將端午節訂定爲「詩人節」。而民間則是流傳與屈原有關的傳說〔註3〕，還有在端午節時，搬演與觀賞《白蛇傳》這齣戲碼，也是過節的娛樂方式之一〔註4〕，除節日傳說外，也發展出屈原成爲水仙尊王之一的民間信仰。因此，筆者想透過本論文對於昔日端午節習俗的研究，一揭傳統節日習俗的神秘面紗，將節日的由來與節日的習俗內涵，以多方角度具體呈現，進而理解古今習俗的意義轉變。現代人在傳統習俗中所加入的新元素，是因應著不同需求而自然發展出的現象。說明此現象背後的心理，才得以瞭解節日習俗的意義，解讀習俗進行的程序並加以分析因果，找尋現代與古時人們的不同心理需求。

　　關於端午節的起源出現不止一種看法，本論文將依照年代先後，介紹不同學者所持的意見。此外，在研究範圍與材料方面，本論文著重於討論端午節的「起源」與「習俗」，其核心概念置於臺灣目前端午節風貌之形塑過程。而要釐清端午節的流變與習俗演進，和端午節的今昔意義轉換，在給予節日新的詮釋可能之前，節日的基礎背景必須詳細的抽絲剝繭。因此本論文將從端午節的由來著手，再發展至節日習俗的部分，在分歧的各家說法間，找尋符合現代生活的端午節意義。想藉由節日習俗挖掘端午節的深意，與比較當代與古時過端午節的不同心理狀態〔註5〕。

　　賦予臺灣端午節養分者，除了承襲自中國的觀念，還有在臺灣各地發展出的不同變異的新風俗習慣。中國的部分，端午節最早發源雖難考證確定年代，但是可以確定約在漢代之前濫觴，漢代以後節日風俗逐漸成形，相關論述散見各類書籍。如歲時記、民俗志、類書、文人筆記叢書與民間傳說故事等，皆有記載端午節的資料，也成爲本論文取材資料之對象。而臺灣方面的

〔註3〕　與屈原相關的傳說，多脫離不了與龍舟、粽子的內容。詳細內容，如中國民間文學集成全國編輯委員會編：〈端午節吃粽子〉、〈划龍船的來歷〉，《中國民間故事集成・湖南卷》（北京市：中國 ISBN 中心出版，1998 年），頁 119～120。

〔註4〕　「說到端午節，除了粽子、香包、划龍舟外，令人印象深刻的莫過於《白蛇傳》許仙與白娘子的傳說故事。」詳見孟繁仁：〈《白蛇傳》故事源流考〉，《歷史月刊》第 173 期（2002 年 6 月），頁 97～103。

〔註5〕　當代民俗是沿襲古俗而來，較難清楚界定年代範圍。本文內容主要以筆者走訪「2006、2007 鹿港慶端陽」之所見所聞，與田野調查受訪者的訪問記錄稱之；感謝接受筆者訪問的陳先生等人提供寶貴資料。並對照書籍中所提到的臺灣端午節習俗（不限定鹿港），溯源自古，絕大部分承襲自中國流傳下來的習俗，也多所參考。

相關資料，筆者除收集相關期刊論文與書籍外，亦進行實地的田野調查，走訪宜蘭二龍村、台北屈原宮與二〇〇六年、二〇〇七年的「鹿港慶端陽」活動。臺灣的傳統節慶，有很大部分是從中國直接移植過來的內容，端午節當然也不例外。一同居住在臺灣這寶島的不同民族，漢族與少數原住民因為生活上的交流，節日傳說與節日習俗也有相互雜揉之處，此點也讓臺灣端午節習俗更加豐富多元化。臺灣人民慶祝傳統節日時，節日習俗依循相似的行事步驟，或可發現其共同根源，隨著不同地區的習慣或傳說而出現些許差異，亦為節日習俗增添吸引人之處。如祭祖就是每個傳統節日都會進行的儀式，還有不同節日有不同的食俗，節日食品會隨著季節與傳統而變化，但是這些食物都會成為節日當天的供品之一。新年的供桌上出現的橘子，希望新的一年能「大吉大利」；放上年糕，則是希望新的一年「步步高升」。此類祭拜用的食物，除應時外，也是運用語言相似的好口采〔註6〕，代表對新的一年的諸多期許。而端午節當日也會以粽子來祭拜祖先，粽子是端午節的節日食品之一。

關於端午節的起源、習俗，前人研究結果大致可分為三類不同的說法：

（一）純粹由歲時節氣來著眼。端午節是每年的農曆五月五日，而節日最後固定於這天過節，其實與二十四節氣中的「夏至」有一段不可分割的淵源。

（二）從龍舟競渡的習俗入手。食粽與賽龍舟是端午節的重頭戲，而龍舟本身與划龍舟這項活動所代表的習俗內涵，經常是學者們討論的重心。

（三）將端午節視為紀念日，依附在某個歷史人物的事蹟中。紀念屈原是最廣泛被接受的說法。依據不同地區而推舉的紀念人物有別，不過民間傳說多以日期或是相關習俗，當成人物與節日之間能「信以為真」的理由。

三個進路所持說理證據各異，但是分別持有不同的解釋觀點並形成一套說法，本論文將一一介紹與討論。

〔註6〕利用念起來相似的發音，希望能實現想達成的事，屬於「相似律」的範圍。巫術可歸結為兩個方面，「相似律」是通過模仿就實現任何他想做的事；「接觸律」能通過一個物體來對一個人施加影響，只要該物體曾被那個人接觸過，不論該物體是否為該人身體之一部分。基於相似律的法術叫做「順勢巫術」或「模擬巫術」，是「同類相生」或果必同因。詳見佛雷澤（J.G. Frazer）著，汪培基譯：《金枝：巫術與宗教之研究》（台北：桂冠圖書，2004年5月初版三刷），頁21～55。

第二節 研究方法

　　本論文將先針對學者們解釋端午節的起源說法，做一番梳理與補充。再援引中國與臺灣的端午節相關傳說作爲分析依據，擬從三個角度來檢視端午節相關習俗。筆者欲分別爬梳端午節的各項習俗，並找出節日習俗與節日起源的關連性，試著敘述端午節對於人民的意義，比較不同時代、社會環境的人民對待節日的態度。

　　本論文之研究方向，擬採取神話學與時間觀、民俗學與民間信仰、人類學與社會文化三大部分，分別針對「節氣與端午」和「驅邪與厭勝」的不同細節處理問題，希望借重不同的領域的專業思維，試著面對文本提出較佳的說明方式。

　　筆者透過下列兩種方式，希望能找出臺灣民眾過端午節的源由與方式。

　　就手邊收集到的相關文獻資料，進行思考與分析。本論文的文本，是從古發源至今仍存在的端午節，是與人民生活息息相關的節日，研究進行的方式，是藉由已發表的大量書籍、期刊、論文等，尋找相關線索並佐證筆者論述。比較前輩學者針對端午節的起源與習俗，所解釋的原因，對照節日起源和習俗間的相關程度，由歸納比較的結果，提出一個相對之下較具合理性、可供解釋的模式。端午節是一種民俗現象，筆者在進行研究的同時，也汲取節日帶給人民的活力，並反省節日對人民所揭示的精神。

　　「避邪說」是本論文立論根據中，極爲重要的學說，由避邪而衍生的眾多習俗，是所有論述得以推展的基本立場。雖然已有張夢麟的學位論文以「避邪說」與端午節爲主要探討重心〔註7〕，但是切入探討問題的角度是不盡相同的。張夢麟的碩士論文，有兩大脈絡，由端午節驅邪制惡的節日意義，發現與中國厭勝文化的內涵有關聯性，進而討論厭勝文化與端午節由來，先分論再結合二者的相關做結。

　　而筆者探討的基本立場，是集中端午節與其相關的各式習俗，與前述論文同時討論端午節與厭勝文化兩大論題的寫作方式有異。且筆者在相關節俗方面的討論，多採取臺灣的節日習俗作爲論述之舉證，相較之下，筆者專注處理臺灣端午節的相關討論，更能使論述聚焦與深入。此外，筆者並針對端午節論題走訪臺灣各地。前往宜蘭縣礁溪鄉的二龍村，見到龍船厝。親訪台

〔註7〕 張夢麟：《端午節的由來及其厭勝文化》，花蓮教育大學民間文學研究所碩士論文，2006 年 6 月。

北市北投區屈原宮，是全台唯一以屈原為主祀神的廟宇。連續兩年參與「鹿港慶端陽」大型活動，體驗不少端午節的民俗活動。也走訪嘉義縣新港鄉水仙宮，屈原屬於五尊水仙尊王之一〔註8〕。拜訪嘉義陳先生〔註9〕，聽到百草丹的製作方法。每一次田野調查，筆者對於端午節的瞭解又更多。

文獻考據與田野調查，就是筆者研究臺灣端午節起源與習俗的主要研究方法。

第三節　篇章架構說明

本論文第一章首先說明欲探索端午節的論題與方法，以及進行研究所運用的視角。第一節研究動機，記載觸發研究論題方向的原因，並簡介之前的學者們，在端午節相關論題上已累積的三大研究發展方向。第二節研究方法則是針對端午節所提出的疑問，與筆者說明為什麼要藉由三個層面企圖找出解答，共細分出神話學與時間觀、民俗學與民間信仰、人類學與社會文化等，用不同角度觀察端午節，以期打破以往學者多只從同一觀點來分析節日內涵的習慣。

第二章的內容著重於端午節的起源與節日習俗的歷代演變，第一節先詳細陳述各個學者所支持的看法，大致以年代順序作排列，由古到今的重要闡述，對於端午節的起源作一番深入剖析。筆者將學者們對於端午節起源的詮釋，整理出六種說法，說明學者的看法與提出的舉證，再針對不同說法加以檢視與補充。接著第二節的部分，則著重於介紹臺灣各地的歷來端午節習俗，以祭祀、飲食、佩掛、娛樂與競賽、禁忌等五大部分做說明。

第三章的重點是端午節各種習俗的研究。承本章第二節所述，此章的三

〔註8〕祭祀「水仙尊王」的對象，並非所有廟宇皆同。李泰翰指出在清代臺灣水仙尊王信仰中，大禹、伍子胥與屈原三位神明，成為五尊水仙尊王並祀的水仙宮固定奉祀對象。又據陳惠齡的實地查訪，南臺灣水仙宮計有：伍員（伍子胥）、屈原、王勃、李白、項羽、魯班、后羿、寒奡諸神。詳見李泰翰：〈清代臺灣水仙尊王信仰之探討〉，《民俗曲藝》第143期，（2004年3月），頁271～303。陳惠齡：〈南臺灣水仙宮探究〉，《成大宗教與文化學報》第3期，（2004年6月），頁205～226。筆者親自走訪嘉義縣新港鄉水仙宮，祭祀之五尊水仙尊王，為：禹、項羽、伍子胥、屈原、魯班。

〔註9〕受訪者基本資料，陳杲旻、男、55歲，居住地為嘉義市，本籍則是嘉義縣，教育程度為五專，職業是藥品經商。關於訪問陳先生的百草丹製作過程與論述，可參見本論文第三章第一節，頁59～62。

小節，即分別從節氣與端午節、端午節的習俗意義等面向來進行研究，以不同立論觀點觀察臺灣端午節習俗的背後意涵。主要概念是由節氣與端午節二者的連結出發。在節氣與季節轉換的時節，節日習俗與儀式的進行，有趨吉避凶的意涵，其中又特別提出水與火，兩個重要的象徵，解釋兩者在端午節習俗與厭勝文化關係中的重要性。

　　承接第三章的內容，第四章主要討論端午節的意義轉換，第一節企圖從時間觀、共同心理與社會文化層面的在上位者與在下位者角度，運用不同節日的相似習俗之舉例，以及不同國家對端午節的看法，提出日本、韓國與臺灣的端午節之同異，以檢視節日對社會文化的影響。第二節便將重心移轉到現代社會，看看工商業社會下的當代端午節，企圖找尋端午節在古時農業社會與當代工商業社會中，民眾對傳統節日看法的轉變。

　　最後，第五章結論部分，再將本論文的所有內容作一總結說明，在原本的問題基礎上，接著延伸向可繼續研究的其他論題，並且提出可能的解決方式。

第二章　端午節起源與習俗之觀念演變

第一節　端午起源的歷來說法

　　臺灣新生代透過教育而瞭解，端午節是爲了紀念屈原，很少有人懷疑過屈原與端午節之間的關係。大多數人認爲忠貞愛國的屈原投汨羅江而亡，後人製作粽子、發展龍舟競渡等習俗皆起源於此。另外，民間卻經常有在端午節當天搬演白蛇傳的娛樂，這卻又完全和屈原沒有任何關係，雄黃酒使白蛇現形，喝雄黃酒以保護自身的概念，反而比較趨近於「避邪說」〔註1〕。楊琳指出避邪說是端午節起源諸說中最先提出來的，並有深遠的民俗根源，與後世各種附會有明顯區別。避邪說的主要概念，是歸納端午節的各項習俗：浴蘭、戴朱索、佩菖蒲、懸艾於門、飲雄黃酒、採製藥物等。從民俗現象推知與避邪有關，於是認爲端午節是一個爲了趨吉避凶、保全性命而衍生而成的夏季節日。由此已窺見解釋端午節來源的兩種不同聲音，故接著要探討關於端午節的由來之歷來說法。並針對不同說法其各自的主要內容與可繼續補充之處，逐一簡介並加以補充說明。

　　端午節的由來在民俗學界〔註2〕，早已推翻並證實與屈原無關，而是爲了

〔註1〕據楊琳的文章可知，「避邪說」起源甚早，爲端午節起源諸說最先提出，並舉多例以證明，民俗學界多位學者的看法相近，如：黃石、陸家驥等人的說法也類似，直至楊琳才給予一個名稱，稱「避邪說」，下文爲方便稱呼，也順著引用此名稱。楊琳：〈端午節〉，《中國傳統節日文化》（北京：宗教文化出版社，2000年），頁245～265。黃石：《端午禮俗史》（台北市：鼎文書局，1979年）；陸家驥：《端午》（台北市：商務印書館，1996年）。

〔註2〕劉其偉對「民俗學」的定義：「在台灣，民俗學（folklore）一詞，意指民間舊俗——庶民的風俗習慣、生活技術、傳承等研究，而與專爲研究自然民族的

禳災避禍、趨吉避凶〔註3〕。但是避邪說的結論是經由不斷辯證的過程才獲得，以下將不同的說法羅列於下展開。

一、紀念屈原說

提及屈原的說法，多將屈原與吃粽子、划龍舟二種習俗加以連結。在最早將屈原與端午節同時提及的文獻記載，是南朝梁吳均《續齊諧記》，其著眼點在於解釋端午節粽子與屈原的關係：

> 屈原五月五日投汨羅水，楚人哀之，每至此日，以竹筒子貯米，投水以祭之。漢建武中，長沙歐回忽見一士人，自云三閭大夫，謂曲曰：「君當見祭，甚善，常年為蛟龍所竊。今若有惠，當以楝樹葉塞其上，以綵絲纏之，此二物蛟龍所憚。」曲依其言，今五月五日作粽，並帶楝葉、五花絲，遺風也。（筆者案：「曲」宜當作「回」。）〔註4〕

另外，南朝梁宗懍（約於生於西元498～502年，卒於西元561～565年）《荊楚歲時記》也有記錄如下：

> 端午以菰葉裹粘米謂之角黍，蓋取陰陽包裹之義，或曰亦為屈原恐蛟龍奪之，以五綵線纏飯投水中，遂相襲云。〔註5〕

以上兩段文獻皆是說明端午節用粽以祭屈原的傳說，並且提到楝葉或菰葉等植物，再加上五花絲或五綵線，兩項物品都是蛟龍所懼怕。

而競渡起源於屈原的說法，也有不少文獻提及，最早將兩者加以連結的是南北朝・宗懍《荊楚歲時記》：

> 五月五日……是日競渡，採雜藥。案：五月五日競渡，俗為屈原投汨羅日，傷其死所，故並命舟楫以拯之。舸舟取其輕利，謂之「飛鳧」。〔註6〕

文化人類學不同。」可翻閱劉其偉：《文化人類學》（台北市：藝術家出版社，1994年），頁19。
〔註3〕可參見第一章頁1，註1。
〔註4〕〔南北朝〕吳均：《續齊諧記・五花絲粽》卷一，收於嚴一萍選輯《百部叢書集成：古今逸史》第4函（台北：藝文印書館，1967年），頁6～7。文字比對，依據王國良，《續齊諧記研究》（台北：文史哲出版社，1987年）。
〔註5〕〔南北朝〕宗懍，〔隋〕杜公瞻、〔民國〕王毓榮校注：《荊楚歲時記校注》（臺北：文津，1988年），頁180。
〔註6〕〔南北朝〕宗懍，〔隋〕杜公瞻、〔民國〕王毓榮校注：《荊楚歲時記校注》（臺北：文津，1988年），頁163。

後來，明末・楊嗣昌（西元 1588～1641 年）《武陵競渡略》亦有詳細記載競渡的由來，此處摘錄談到屈原的重要部分：

> 競渡事，本招屈，實始沅湘之間。今洞庭以北，武陵爲沅，以南長沙爲湘也。故划船之盛甲海內，蓋猶有周楚之遺焉。宜諸路倣倣之者，不能及也。舊制四月八日，揭篷打船。五月一日，新船下水，五月十日、十五日划船賭賽。十八日，送標訖，便拖船上岸。今則興廢早晚不可，一律有五月十七八打船，廿七八送標者，或官府先禁後弛，民情先鼓後罷也。俗語好事失時者，云打得船來，過了端午，至今不足爲誚矣。船一以杉木爲之，取其性輕易划，得燥木爲龍骨，尤妙。……劉禹錫《競渡曲注》曰：競渡始於武陵，至今舉楫而相和之，其音咸呼，云何在，斯招屈之義。……武陵東門外，舊有招屈亭。劉禹錫詩：昔日居鄰招屈亭。《競渡曲》〔註7〕云：曲終人散空愁暮，招屈亭前水東注。斯《隋志》競會亭上之驗，其地本名屈原巷，近有小港，名三閭河，蓋原生平所遊集也。〔註8〕

這段文字中明顯可見競渡一事與屈原有關，「競渡事，本招屈」、「競渡始於武陵……斯招屈之義」、「武陵東門外，舊有招屈亭」、「其地本名屈原巷，近有小港，名三閭河，蓋原生平所遊集也」，此四處說明了競渡的目的，是武陵一地的人民爲了紀念屈原而有的習俗，且點明「屈」指屈原，舉行競渡的時間橫跨整個五月份。

　　大陸學者楊琳表達對屈原說的看法時，在文章中所引用的例證，也是《荊楚歲時記》：

> 「是日競渡」，隋杜公瞻注：邯鄲淳《曹娥碑》云：「五月五日，時迎伍君，逆濤而上，爲水所淹。」斯又東吳之俗，事在子胥，不關屈平也。」《越地傳》云：「起於越王句踐。」不可詳矣。〔註9〕

〔註7〕〔唐〕劉禹錫：《競渡曲》：「沅江五月平堤流，邑人相將浮彩舟。靈均何年歌已矣，哀謠振楫從此起。揚枹擊節雷闐闐，亂流齊進聲轟然。蛟龍得雨鬐鬣動，蝮蜒飲河形影聯。刺史臨流褰翠幃，揭竿命爵分雄雌。先鳴餘勇爭鼓舞，末至銜枚顏色沮。百勝本自有前期，一飛由來無定所。風俗如狂重此時，縱觀雲委江之湄。彩旂夾岸照鮫室，羅襪凌波呈水嬉。曲終人散空愁暮，招屈亭前水東注。」可參見〔宋〕郭茂倩：《樂府詩集》（二）第 94 卷，新樂府辭五（台北：里仁，1999 年），頁 1321～1322。
〔註8〕〔清〕俞樾撰、〔清〕陵亭長編：《四庫未收術數類古籍大全・游藝錄（六卷）・武陵競渡略委》（合肥市：黃山書社，1995 年），頁 167～193。
〔註9〕〔南北朝〕宗懍，〔隋〕杜公瞻、〔民國〕王毓榮校注：《荊楚歲時記校注》（臺

可見隋代杜公瞻就已經發現其他文獻中，有端午節是紀念屈原以外人物之記載。故楊琳加以分析，紀念屈原說是最為流行的解釋，在如今的普通百姓當中幾乎已成為常識。然而早在隋代，已有人對此提出異議。現代學者基本上已無人相信這種附會的傳說。主要原因在於記載端午風俗的早期文獻中，多以避邪說詮釋端午節，而避邪說與屈原無任何相關。〔註 10〕因為端午節起源於紀念屈原一說在學界是早已被推翻的定論，所以楊琳的文章著墨不多，但是紀念屈原說不僅在大陸很流行，在臺灣也是相當普遍，端午節與屈原、粽子、龍舟的密切關係，目前仍深植在人們的印象中。

換句話說，端午節的由來，在隋代即可聽見分歧的聲音，但是「紀念屈原說」在人民的廣泛流傳下至今不墜。除屈原的文學成就無法忽略外，其忠貞愛國之鮮明形象也是受到注目的原因之一，還有投江而亡的傳說亦常成為說理根據。下段試著分析屈原在民間之所以受到重視的實際原因：

屈原對臺灣人民的重要性展現於何處？

首先，屈原成為民間信仰中的「水仙尊王」之一，為人民祭祀的對象。在嘉義（新港）〔註 11〕、台南與澎湖（馬公）等地水仙宮，皆列屈原為水仙尊王之一，李泰翰指出在清代臺灣水仙尊王信仰中，大禹、伍子胥與屈原三位神明，成為五尊水仙尊王並祀的水仙宮固定奉祀對象；〔註 12〕而透過陳惠齡的實地查訪，南臺灣水仙宮計有：伍員（伍子胥）、屈原、王勃、李白、項羽、魯班、后羿、寒奡諸神〔註 13〕。另外，台北市北投區的屈原宮，則是臺灣唯一為祭祀屈原而建的寺廟〔註 14〕，賴恆毅說明，屈原宮是目前臺灣唯一保有端午龍舟競渡的水仙尊王廟宇〔註 15〕。因為屈原投水而終，所以民間信仰中尋找與水有關的祭祀對象時，屈原的形象很容易浮現。同樣被尊為固定

北：文津，1988 年），頁 163、168、169。

〔註 10〕楊琳：〈端午節〉，《中國傳統節日文化》（北京：宗教文化出版社，2000 年），頁 233～234。

〔註 11〕筆者走訪笨港（即今新港）水仙宮，索取之相關資料附於文後。

〔註 12〕李泰翰：〈清代臺灣水仙尊王信仰之探討〉，《民俗曲藝》第 143 期，（2004 年 3 月），頁 271～303。

〔註 13〕陳惠齡：〈南臺灣水仙宮探究〉，《成大宗教與文化學報》第 3 期，（2004 年 6 月），頁 205～226。

〔註 14〕筆者走訪（洲美）屈原宮，索取之相關資料附於文後。

〔註 15〕賴恆毅：〈水仙尊王與台北屈原宮〉，《臺灣史料研究》第 26 期，（2005 年 12 月），頁 32～48。

祀奉對象的大禹，其治水的傳說亦盛行於民間；而被視為濤神的伍子胥，也有群眾相信他是端午節的紀念人物之一，將於下節詳談。

接著，教育因素與傳播因素亦影響人們的認知，因為教科書的內容，將屈原與端午節聯繫在一起。受教育者於是獲得「屈原是端午節由來的原因」的知識，而大眾媒體也經常將此認知當作社會應該瞭解的常識，所以變成一個廣為人知的觀念，端午節的由來是為了紀念屈原的觀念，藉由學校教育、傳播媒體等媒介而深入人心，所以現今社會只要提到端午節，自然而然腦海就浮現屈原，傳播改變了社會大眾的認知，影響年長者的信仰立場，老一輩人們也開始接受屈原與端午節高度相關的現象。

本論文提出以上兩點，陳述台灣人民對於屈原的重視程度，以表示屈原之不可忽略性。然筆者觀點趨向贊成以下學者們之論說，屈原與端午節起源之連結性不高，是後來為賦予端午節來源一個合理化的原因，故採用屈原作為傳說故事的主角。加上此說在民間的接受度最高，才變成從古至今皆不斷提及的對象，最後被寫入臺灣現代學校教育教材。

前段已提及學者楊琳對於「紀念屈原說」的看法，接著再看另外兩位學者對於此說之論述。

黃石歸納了「屈原死日適逢端午，於史無據」、「吳均解釋筒粽或角黍以楝葉與五色絲製作，始於東漢初，與吳均所身處的梁朝差距五百年」及「《續齊諧記》本說神志怪之書，不足採信」三個疑點，說明屈原傳說的不可信。〔註16〕

再來，端午節與屈原傳說盛行於民間，其兩者之間的結構關係，李亦園的看法為，寒食節與介之推、端午節與屈原構成一組對比。寒食與端午兩個節日，恰可形成對比的公式，「冬至／夏至，寒食／端午，陽／陰，晝／夜，德（生）／刑（殺），火／水，燥／濕」，以上長串公式可成立之最大因素是節氣，兩個節日鄰近兩個至日，同為季節交替之重要日，故需要以象徵式的儀式來做調適。雖然兩個節日所運用的方式截然不同，但是都是為了達到提醒民眾注意季節轉換的目的，其功能是相同的。〔註17〕

就以上三位學者所言，楊琳所謂在隋代已有不同看法，指的是《荊楚歲

〔註16〕黃石：《端午禮俗史》（台北市：鼎文書局，1979年），頁22～23。
〔註17〕李亦園：〈端午與屈原——神話與儀式的結構關係再探〉，《宗教與神話論集》
　　　　（台北：立緒文化，1998年），頁322～346。

時記》記載的端午節競渡是爲伍子胥而划,《越地傳》則說起於岳王句踐;亦即端午節所紀念的人物有別,其他人物後文會再說明。而李亦園是將視角拉到傳說與儀式的結構中討論,並用李維斯陀的結構觀念,在〈寒食與介之推〉與〈端午與屈原〉兩篇文章中綜合分析〔註18〕,對多至、夏至與寒食節、端午節以及介之推、屈原成爲傳說的代表原因,都有詳細的解釋。而這個看法,與目前學界多數研究者認爲的「避邪說」是不同切入角度的研究,提供了可參考的多元視角。最後探討黃石所陳述的問題。與端午節有關的傳說份量不少,而民間的傳說故事通常帶有解釋性的作用,爲什麼要過端午節?民間爲了給一個理由而創造出不同的傳說內容,端午變成端午節不是因爲屈原,充其量只能說是因爲要紀念屈原。

　　端午節發源於先秦,但是端午定型成爲端午節,並發展出許多節日習俗,並非一蹴即成,是歷代不斷演變的結果,並強勢的將夏至的習俗一併吸收,變成中國人一年當中極爲重視的節日。黃石詳細地理清端午節形成的軌跡,由注意每個月的「端午」這個時間〔註19〕,又發現它結合夏至節氣的主要實質內容,歷經多時才約定俗成且固定名稱爲端午節。端午節尚有許多異稱,其節日習俗也並非在上古時期就搭配完成,而是經過長久的任擇期〔註20〕,

> 古代季節性儀式與傳說之間的「任擇」關係,是儀式與傳說之間本
> 來並無眞正的關聯,或者更明白地說,儀式的舉行背後並不一定眞
> 正有一個戲劇性的「本事」存在,但是爲了保證儀式合理執行,就
> 需要借用一則動人或附有戲劇性的傳說來支持肯定它。儀式就是節
> 日習俗的進行;傳說是賦予節日一個合理的解釋,說明人們必須過
> 節原因。此處的傳說是指端午節的由來傳說。〔註21〕

習俗與節日的相互配對,是歷經漫長的時間而逐漸形成的認知,迄今仍有許

〔註18〕李亦園:〈寒食與介之推──一則中國古代神話與儀式的結構學研究〉、〈端午與屈原──神話與儀式的結構關係再探〉,《宗教與神話論集》(台北:立緒文化,1998年),頁303～321、322～346。

〔註19〕端午未成爲節日專有名詞之前,指的是一年中每一個月的初五。五月節獨擅端午或端五之名,是唐以後的事。請參閱黃石:《端午禮俗史》(台北市:鼎文書局,1979年),頁3。

〔註20〕指節日與節日習俗任意選擇互相搭配而成。

〔註21〕李亦園:〈端午與屈原──神話與儀式的結構關係再探〉,《宗教與神話論集》(台北縣:立緒文化,2004年10月初版二刷),頁323。

多節日習俗是在許多節日中共通的，而其中特定的節日習俗便會成爲當個節日具代表性的焦點。而節日與習俗的關係，其中必定有許多內容必須詳述，民間爲了傳遞相關的節日知識，傳誦著不少美妙又精彩的傳說故事，相關的傳說故事與節日的習俗解釋又有著密切的關連性，是本篇論文的陳述重點。

二、紀念其他人物說

端午節並不是只有紀念屈原一種說法，只是認爲紀念屈原的聲音最明顯最廣泛，其他仍有認爲端午節是紀念人物的說法，而紀念的人物包括句踐、曹娥、伍子胥、介之推等人，以下逐一援引文獻介紹之。

（一）句踐

端午節競渡一事源於越王勾踐的說法，最早出現的文獻是《越地傳》，

> 五月五日競渡，俗爲屈原投汨羅日……至今爲俗，又《越地傳》云：
> 「競渡起於越王句踐，蓋斷髮文身之俗，習水而好戰者也。」〔註22〕

由上引文見，五月五日競渡一事，古代文獻中，除了紀念屈原外，也可看到端午節是爲紀念句踐的說法。引文言「競渡起於越王句踐」、「句踐熟習水性且好戰」，故傳說中，以句踐取代屈原此一聯想，可能是由競渡一事衍生而來，因爲看到競渡是多人組隊相互划船競賽速度，而將一位既懂水性又好勝的主角句踐放入事件，以符合古代人民對於「競渡」一事由來的想像。

此則文獻只提及了「競渡」的由來，而非「端午」的起源，競渡在現今端午節是重要的習俗內容，但是競渡也只是端午節的習俗之一，而非唯一，且早期競渡的時間也非固定於端午節當日。

關於句踐競渡與端午節的關係，楊琳認爲端午節起源於句踐說法之不合理處有：其一，沒有提及因何事而起；其二，競渡雖然是後世端午節的重要活動內容，但在起源意義上是否與端午節有必然的聯繫尚有疑問。臺灣宜蘭縣礁溪鄉二龍村就是一個例子〔註23〕，當地端午划龍舟的方式與臺灣他處不同，上下游兩村進行耐力賽，是因爲鄰近二龍河而產生的競渡。

〔註22〕因《越地傳》已亡佚，所以借《歲時廣記》所引的條文。〔宋〕陳元靚：《歲時廣記》卷21，收於嚴一萍選輯《百部叢書集成：十萬卷樓叢書》第7函（台北：藝文印書館，1967年），頁5。
〔註23〕筆者實地進行訪問，由當地居民林文珍詳細說明競渡的由來，相關說明置於後文。

（二）曹娥

漢末邯鄲淳為曹娥撰寫之誄辭碑文，《後漢書‧列女傳》如此記載，

> 孝女曹娥者，會稽上虞人也。父盱，能絃歌，為巫祝。漢安二年五
> 月五日，於縣江沂濤婆婆迎神，溺死，不得屍骸。娥年十四，乃沿
> 江號哭，晝夜不絕聲，旬有七日，遂投江而死。〔註24〕

提到五月五日這個時間，曹娥為了哀悼迎濤神而不小心溺斃的父親，在七日
後跟著投江而亡，曹娥的孝心令人動容，但是反省起來與端午節的起源關連
性較弱，反倒提醒我們注意在端午有迎濤神的習慣，而濤神正是下一個要探
討的人物——伍子胥。

接著，端午節起源於曹娥的說法，尚可見《雲夢縣志》的一段文字，

> 五月五日賽龍舟，因邑河水淺，作旱龍縛竹為之，剪五色稜緞為鱗
> 甲，設層樓飛閣於其脊，綴以翡翠文錦，中塑忠臣屈原、孝女曹娥，
> 俗稱娥為遊江女娘，及瘟司水神像。〔註25〕

雲夢為屈原故鄉，然其地端午節屈原、曹娥及瘟司、水神並祀，可知在端午
的起源傳說中曹娥已佔有一席之地。〔註26〕邯鄲淳撰曹娥碑旨在表彰曹娥的
孝行，只因為日期恰巧落在五月，民間便將曹娥祭日附會成端午由來，顯然
紀念曹娥說也站不住腳。

（三）伍子胥

前文提到臺灣祭祀的水仙尊王信仰，伍子胥和屈原都名列其中，屈原自
盡、伍子胥則是屍首被投入江，符合被奉祀為水仙尊王的神明共通點：葬於
水中〔註27〕。陳惠齡提到「水仙」一詞，以傳說及歷史人物，其或溺於水、
或與水之淵源作為一符碼表徵，並賦予水仙的神格。〔註28〕前文提到在臺灣

〔註24〕〔南朝宋〕范曄：《後漢書》，收於楊家駱主編《新校本後漢書並附編十三種》
卷84，頁2794。

〔註25〕〔清〕陳夢舟修、張奎華纂、〔民國〕郝瑞平編：《清代孤本方志選》第二輯
第二十二冊（北京：線裝書局，2001年），頁379。

〔註26〕楊琳：〈端午節〉，《中國傳統節日文化》（北京：宗教文化出版社，2000年），
頁236。

〔註27〕筆者走訪嘉義新港（原稱笨港）水仙宮，主殿祭祀神像依次為：禹帝、項羽、
伍子胥、屈原、魯班，另左、右侍從「羿善射」、「翆盪舟」，廟方人員口述
此七位傳說或歷史人物皆因葬身於水中，所以被尊為「水仙尊王」。

〔註28〕陳惠齡：〈南臺灣水仙宮探究〉，《成大宗教與文化學報》第3期，（2004年6
月），頁209。

水仙尊王信仰中，伍子胥與屈原都是固定的祭祀對象，事實上，二者的性質
也有相似之處，翁安雄分析，在中國的民間諸神中，伍子胥與屈原被納入江
神的領域，屬於溺死的鬼轉爲神的神話內涵。〔註29〕

　　端午節起源於伍子胥的說法，《荊楚歲時記》中記錄著，

> 邯鄲淳曹娥碑云：五月五日，時迎伍君，逆濤而上，爲水所淹，斯
> 又東吳之俗，事在子胥，不關屈平也。〔註30〕

伍子胥是春秋時期吳國的大夫，被吳王賜死後投於江中，吳地人民爲他在江
邊立祠，每逢五月五日，都要舉行祭祀伍子胥的活動，而這些祭祀活動很有
可能成爲後來端午節風俗的濫觴。

（四）介之推

　　關於介之推的傳說，東漢蔡邕（西元 132～192 年）《琴操》寫道，

> 介子綏〔註31〕，割其腓股以啗文公，文公復國，子綏獨無所得，綏
> 甚怨恨，乃作龍蛇之歌以感之，遂遁入山。文公驚而悟，迎之，終
> 不肯出。令燔山求之，子綏抱木而死。文公哀之，令民五月五日不
> 得舉火。〔註32〕

前文提過李亦園的談論神話與儀式的兩篇文章，把介之推與寒食節、屈原與
端午節的關係說明得極爲詳盡，這兩位人物與節日的關係，在民間傳說中流
傳極爲廣泛，並且受到教育普及的影響，端午節的起源是爲了紀念屈原，已
成節日不可不知的常識。

　　但是早在東晉時代，陸翽《鄴中記》就已經提出懷疑，

> 俗以介子推五月五日燒死，世人爲其忌，故不舉餉食。非也。北方
> 五月五日，自作飲食祀神，及作五色盤，相問遺，不爲介子推也。
>
> 〔註33〕

〔註29〕 翁安雄：〈臺灣海洋信仰中的水仙王——以澎湖媽宮的水仙宮爲例〉，《史匯》
　　　　 第 4 期，（2000 年 8 月），頁 71～93。

〔註30〕 〔梁〕宗懍，〔隋〕杜公瞻、〔民國〕王毓榮校注：《荊楚歲時記校注》五月（臺
　　　　 北：文津，1988 年），頁 163。

〔註31〕 亦做「介子推」、「介之推」。

〔註32〕 〔漢〕蔡邕：《琴操》，收於《百部叢書集成續編：漢魏遺書鈔》第 4 函（台
　　　　 北：藝文印書館，1965 年），頁 14～15。

〔註33〕 〔晉〕陸翽：《鄴中記》，收於嚴一萍選輯：《百部叢書集成：聚珍版叢書》第
　　　　 21 函（台北：藝文印書館，1965 年），頁 13。

端午節起源於介之推的說法，也被推翻。

　　端午節的各種紀念人物都是後人附會上去的，這也反面說明端午節原本是沒有紀念人物的；當節日的原始意義淡漠之後，人們總要找出一個說法，於是各地紛紛推出自己的文化名人作為紀念對象。〔註 34〕由各地紀念不同人物的現象而論，無論是屈原、句踐、曹娥、伍子胥或介之推，地方性的人物更是不勝枚舉，如廣西蒼梧地區的紀念陳臨，三國時謝承（西元 220～280 年）《後漢書》有一則記載，

　　　　陳臨為蒼梧太守，推誠而理，導人以孝悌。臨徵去後，本郡以五月

　　　　五日，祠臨東城門上，令小童潔服舞之。〔註 35〕

湖南地區則紀念馬援，《辰溪縣志》（四十卷・清道光元年刻本）、《浣陵縣志》（五十卷・清光緒二十八年刻本）都能發現此記錄，

　　　　以初五日為小端午，十五日為大端午，相傳其俗自漢伏波（註：伏

　　　　波是馬援的將軍名號）始。〔註 36〕

至此可發現端午節起源於「紀念人物說」的說法，是後人附會的成分較大，以上民間所提及之紀念端午節的歷史人物，都是每個地區發揮其聯想力，為賦予端午節一合理化理由，而針對不同習俗所形成傳說、加以解釋，以使人民信服其與端午節之相關性。

三、龍圖騰說

　　除了紀念屈原或其他人物的說法外，近代早期學者聞一多（西元 1899～1947 年）對於端午節的起源也有一套看法，並成為後來許多研究者的參考對象。

（一）對於聞一多「祭祀龍圖騰」的內容理解

　　聞一多對於端午節的起源，有一套獨特的看法，其主張分佈在三篇文章中〔註37〕，是一系列富思考性的陳述。〈伏羲考〉由伏羲的線索追到人首蛇身

〔註 34〕楊琳：〈端午節〉，《中國傳統節日文化》（北京：宗教文化出版社，2000 年），頁 238。

〔註 35〕〔三國吳〕謝承：《後漢書》，收於《百部叢書集成三編：黃氏逸書考》第 19 函（台北：藝文印書館，1965 年），頁 7。

〔註 36〕丁世良、趙放編：《中國地方志民俗資料匯編・中南卷（上）》（北京：書目文獻出版社，1991 年），頁 607、611。

〔註 37〕聞一多：〈端節的歷史教育〉、〈伏羲考〉、〈端午考〉，《神話與詩》（北京：中

畫像，再從人首蛇身像談到龍與圖騰，處理端午的相關問題是龍與圖騰，論述集中於第二節「從人首蛇身像談到龍與圖騰」，吳越人斷髮文身是爲了避蛟龍之害，作者稱爲「避害說」；〈端節的歷史教育〉則是較爲淺顯的敘述端午節的由來，全篇雖簡要卻處處是重點，似摘取了〈端午考〉的論述精華濃縮而成，但是不夠深入；〈端午考〉的內容實爲主要論述展開之文，最後得到端午節其實是「龍的節日」的結論，聞一多認爲端午的多項風俗皆與龍有密切的關係，且端午節的發源地吳越民族以龍爲圖騰，端午節是吳越民族舉行圖騰祭的節日。

　　〈端午考〉一文的論證層次分明，先提及端午的特點（包括風俗與傳說），共有六項與龍有關，包含：1.龍舟競渡、2.吃粽子、3.揚州以端午日鑄盤龍鏡、4.並州因「龍忌」日，做寒食，紀念介子推、5.相傳用守宮製成的一種保證貞操的祕藥是在端午日製的、6.端午日還有魚變爲龍的傳說。又說端午的起源，與屈原、介子推、伍子胥和越王句踐都無太大關係，接著合理的懷疑；端午可能最初只是長江下游吳越民族的風俗，自從東漢以來，吳越地域漸被開闢，在吳越文化與中原文化的對流中，端午這個節日也傳播到長江上游以及北方各地。

　　而論證的過程極爲詳盡。從吳越有「文身斷髮」的習俗開始，而文身之文是龍文，其目的在「象龍子」，以避蛟龍之害，而「象龍子」一詞，聞一多認爲是吳越民族以龍爲圖騰的遺跡。另外，一方面端午節日的活動項目中，不少與龍有關，一方面文身斷髮的風俗在吳越流行的歷史最久，是保存色彩最濃厚的區域，藉此也可判定吳越爲端午的發祥地，它是古代一個龍圖騰團族的分佈區，而端午是吳越民族——一個龍圖騰團族舉行圖騰祭的節日。

　　此外，聞一多並以「端午與五行」、「綵絲繫臂」、「守宮」、「龍舟」四個向度，分別再深入說明。首先，端午與五行的關係，戊己和五在五行系統是一套，而且黃帝即黃龍，所以祭龍重在五月，也是五行系統的安排。作者證明五龍用五個色彩來區分，所以龍是五色的名目，由圖騰崇拜演化爲祖宗崇拜，於是五色龍也就是五色帝；宗教信仰到了祖宗崇拜的階段，社會組織也由圖騰變爲國家，所以五帝是天神，又是人王。圖騰時期，四支族的四龍各治一方，而以團族的一龍爲中央共主，所以有五龍分治五方之說。龍的數量既是五，在圖騰社會背景之下，「五」便成爲一個神聖個數，而發展成爲支配

華書局，1956 年），頁 3～38、221～238、239～243。本小節的陳述基本上不出此三篇文章的範圍，故以下不再加註。

後來數千年文化的五行思想，一方面作為四龍之長的中央共主是第五條龍，所以「第五」便成為一個神聖的號數，流傳至今的五月五日端午節，就是這樣的觀念。

　　綵絲繫臂這一風俗層面，聞一多認為是在文身的習慣消失後，保存在衣襟的文飾。其他尚有以玉石之屬刻作龍形，或是繫在肘後的印紐。守宮則是本名龍子。在龍舟的論述方面，作者提到，尋常舟船刻為龍形，本是吳越一帶的習俗，且船上會畫上蛟龍和掛龍子幡；和他們文身一樣，龍舟的目的也是避蛟龍之害，只是將文身的範圍從身體擴張到身體以外的用具。

　　所以，無論從以上某個角度言，得到的結論都是吳越民族在端午節祭祀他們的祖先——龍圖騰。

（二）針對聞一多「祭祀龍圖騰」的補充

　　楊琳指出聞一多文章裡的缺失，

> 其一，聞氏對龍舟競渡起源的探討，是在混同其他用途的龍舟和競渡龍舟的情況下進行的。……其二，聞先生將關於粽子由來的傳說作為端午源於龍圖騰祭的依據也很成問題。其三，聞先生將端午節溯源於吳越民族龍圖騰祭的一個重要理由是「競渡與粽子的先決條件，顯然是多河港與產稻米，而這二者恰好都是南方的特色」。〔註38〕

張倫篤也在〈「越人龍圖騰祭」質疑〉一文，用考古學的證據將聞一多的觀點檢證一遍。作者針對聞一多的三點根據作批評，1.越人的老家本在北方，2.吳越有關龍的節日極多，戰國兩漢有關越人崇龍的史料不少。〔註39〕其中「吳越一帶有關龍的節日極多」此段，提出聞一多在處理史料的部分有許多不恰當之處，

> 聞一多用的史料，從方法學的角度看，可能存在三個問題。一是概念混同。將「競渡」誤讀為「龍舟競渡」就是例子。二是用典不當。……三是用典片面。……搬出「越人水行舟處」來證明龍舟發源於吳越，但這和龍舟的發生並沒有絕對的因果關係。〔註40〕

〔註38〕楊琳：〈端午節〉，《中國傳統節日文化》（北京：宗教文化出版社，2000年），頁239～242。

〔註39〕張倫篤：〈「越人龍圖騰祭」質疑〉，《欽州師範高等專科學校學報》第16卷第4期，（2001年12月），頁60～63。

〔註40〕同前註，頁62～63。

端午龍舟競渡和食粽的習俗，雖然是現今端午節的重要項目，但是並不代表端午的起源就必須出現這兩項習俗。再來，端午節的起源與環境的密切性仍有待考證，楊琳認為黍子是北方作物，所以角黍始興於北方的可能性較大〔註41〕，其實兩人的說法都可再思考，有助於後人分析關於節日與環境之間的連結與影響。

總之，聞一多提出的端午節源於「祭祀龍圖騰」說，雖然受到各方關注，但是最後依舊發現其文尚有不足之處。

四、新年說

端午節起源於紀念屈原和紀念其他人物的證據皆不夠充足，而聞一多的龍圖騰說，已經開始深入去找尋與端午節起源相關性更高的事物，於是他從「龍」著手展開推論，並且從多方角度論證，企圖解開每一個疑點，雖然後輩學者後來針對他的論點再提出懷疑，但是聞一多在當時便領先由神話學的角度思考，確實對後來學者發生了一定的影響力。

接著，另一個認為端午節起源與「龍」有關的說法，是陳久金與盧蓮蓉在其著作中所提及。

（一）端午節起源自古越新年

陳久金、盧蓮蓉所著《中國節慶及其起源》提出另一種對於端午節起源的看法，〔註42〕兩位學者同意聞一多的部分說法，認為端陽節遠在屈原之前並與龍有關。

接著，又在其文章揭示端午節的本質，說明五月五日定為端陽節已是秦漢之後的事，原先是定在夏至。從端陽的節名可知，端陽者，陽氣之端點也，指陽氣極盛、陰氣即將回升之意；端陽節原本在夏至而非初五，作者提出兩點證據，一為《荊楚歲時記》：「夏至節日食粽。」，二則是《武陵競渡略·競渡考》：「五月一日新船下水，五月十日至十五日划船賭賽。」由於夏至日是中氣，一般都出現在五月中旬前後。作者運用端午節最普及的食粽與賽龍舟二項習俗，做為論述的證據。

而端陽節與龍的關係，作者說明龍指蒼龍星座，《夏小正》：五月「初昏

〔註41〕同前註，頁 241。
〔註42〕陳久金、盧蓮蓉：〈端陽節的起源〉，《中國節慶及其起源》（上海：上海科技出版社，1989 年），頁 104～110，本小節內容不超出此範圍，故不再加註。

大火中」，大火即心宿，是蒼龍的主體部分，夏至象徵著正陽，作者以此作爲解釋古人把夏至、端陽節與龍緊密聯繫的原因。

最後，作者提出端陽節是遠古越人新年的說法；認爲端陽節不僅起源於夏至，而且是由遠古新年演變而來。所持理由有二，（1）端午節與龍崇拜有關，它起自南方。（2）上古越人的遺裔，或是受古越人文化影響較深的五溪蠻的遺裔（瑤族、布依族和毛難族），他們的新年均在夏至前後。作者接著說上古越人和五溪蠻均爲盤古遺裔，以崇拜龍爲共同特徵，並認爲整個夏至所在的月份，也都與龍密不可分，重午節（午月午日）、所謂端陽節（五月五日）、龍生日（五月十三日）、大端陽節（五月十五日）、分龍節（五月二十九日）等，均由崇龍民族的新年演變而來。

（二）對於端午節起源於新年說的補充

以食粽和賽龍舟二事做爲起源於夏至的證據稍嫌勉強，且提出的證據是單一例證，沒有再多舉其他例子。不過中國少數民族中，確有與漢族的曆法不同，而其使用的記年方式，新年是在夏至或冬至期間的民族。

楊琳認爲陳久金、盧蓮蓉提出的證據似是而非，〔註43〕並仔細推論其中有問題之處，整理出五點。首先，端午本做端五，最早見於西晉文獻。其次，《荊楚歲時記》中固然有「夏至節日食粽」的段落，但食粽並非是端午節特有的習俗。第三，競渡的時間雖然各地多在端午，但在其他時間競渡的情況也不少。第四，夏至在農曆中的日期雖不固定，但總歸是在五月，此說法無據。最後，《詩經·小雅·正月》詩中的「正月」一詞古來理解不一，所以，陳久金、盧蓮蓉直接推斷《詩經》文句「正月繁霜」的正月，就是指夏曆五月，說法必須再商榷。

五、避邪說

《武陵競渡略》有一段話寫道：

> 今俗說禳災，於划船將畢，具牲酒，黃紙錢，直趨下流，焚酹詛咒：
> 『疵癘夭札，盡隨流去，謂之「送標」。』〔註44〕

〔註43〕楊琳：〈端午節〉，《中國傳統節日文化》（北京：宗教文化出版社，2000 年），頁 242～245。

〔註44〕〔清〕俞樾撰、〔清〕陵亭長編：《四庫未收術數類古籍大全·游藝錄（六卷）·武陵競渡略委》（合肥市：黃山書社，1995 年），頁 193。

此古俗與「用船當工具將災邪送走」的概念相符合〔註45〕，亦符合人們趨吉避凶的心理，透過節日儀式來祓除不祥。

楊琳在文章中提到，「避邪說」是端午節諸說中最先提出來的。〔註46〕

首先，據許多文獻記載內容看，端午節又稱浴蘭節，浴蘭是端午節的一項重要習俗。蘭草〔註47〕在古代民俗觀念中有避邪的功效，而端午節有浴蘭之俗，這就告訴我們，端午節原本是避邪的節日。其次，端午節其他習俗，如戴朱索、佩菖蒲、懸艾於門、飲雄黃酒、採製藥物等，爲抵抗邪祟、保全自身，目的皆爲避邪除疾。還有，在民俗觀念中，五月五日或五月自先秦以來就是不吉利的日子。

因此可推知：端午節是一個旨在避邪的節日，它所賴以形成的民俗觀念早在先秦即已存在，淵源久遠。另外，端午節的起源與競渡無關，而與趨吉避凶有關。

如民間「不舉五月子」之習，楊琳在〈端午節〉一文中說明，原因在於認爲養五月所生之子不利父母。子女生長，應於陽氣，父母老成，應於陰氣，養子則是助陽，助陽則是克陰，故云不利父母。〔註48〕

蕭兵推測：端午時在春末夏初的轉變時刻，還寒乍暖，疫疾流行，可能有某種瘟疫、災難於端午在一定地區、一定部落發生，恐懼的記憶、傳說、迷信造成並擴大爲範圍越來越大的禁忌、傳統與風俗。蕭兵也提到另一種觀點，五在五行中屬火，二五相重，火氣過旺，過旺則爲毒，故需避忌。〔註49〕

另外，學者林美容曾經發表過一篇文章，呼籲訂定端午節爲「藥草節」，〔註50〕提到端午節的由來，包含一系列活動，如沐香湯、懸艾、纏五色絲、飲

〔註45〕佛雷澤舉了許多例子，說明轉嫁災禍給無生命物體或動物或人，讓自己的罪孽和痛苦得以轉嫁。且類似的辦法亦可用來解脫整個社會所受的各種災害：運用的媒介爲輕舟、人、畜，其中最常見的是一隻小船。詳見佛雷澤（J.G. Frazer）著／汪培基譯：《金枝：巫術與宗教之研究》（台北：桂冠圖書，2004年5月初版三刷），頁785～795、797～816、819～835。

〔註46〕楊琳：〈端午節〉，《中國傳統節日文化》（北京：宗教文化出版社，2000年），頁245～258。

〔註47〕蘭草，非蘭花爲菊科多年生草本植物──佩蘭。氣味芳香，能入藥。

〔註48〕楊琳：〈端午節〉，《中國傳統節日文化》（北京：宗教文化出版社，2000年），頁258。亦可參看本論文第二章第二節，頁44～45的說明。

〔註49〕蕭兵：《中國文化的精英》（上海：上海文藝出版社，1989年），頁245～246。

〔註50〕林美容：〈臺灣「五日節」民俗及其意義的流變──兼籲訂端午節爲「藥草

雄黃酒、掛鍾馗像等〔註51〕，都以避邪除祟為主旨，而龍舟競渡，也是祭神娛神祈獲保佑的一種形式。可見，學者對於避邪說，已整理出一套完整的說法，不僅可以解釋端午節的來源，也與端午節的各項習俗配合呼應，形成定見。

六、複合說 〔註52〕

　　蕭放對於中國古代的時間觀有詳盡的研究，書中針對各式端午節習俗做研究分析，認為端午節是南北民俗的交融複合，其分析著眼點有二：第一，深入闡發端午在一般民眾生活的時間意義。第二，南北文化交流對端午節俗型態的影響。〔註53〕

　　文中，蕭放陳述了歷來人民對於端午節的看法，從上古到中古至近代逐漸演變，南朝時夏至的重要性逐漸被端午所取代，因為端午的出現削弱了夏至時間點的標識意義，演變成端午以夏至為時間基礎，其節俗核心亦是人們對夏至時節的時間體驗。作者並認為端午節俗的構成，是由「北方仲夏月諱習俗的演變」與「南方夏至新年古俗的遺存」，兩者所融會而成。南朝後，因為屈原傳說的加入，先秦以來的單一五月避忌主題，變化為避忌與紀念關連的二重主題。

　　此處所說「南方夏至新年古俗的遺存」即為上段陳久金、盧蓮蓉兩位學者所提到的觀點，同樣認為大火（心宿二）是上古時代重要的時間標誌。蕭放提到南方民族曾使用以大火位置變化記述歲時的「火曆」，且夏至在一些民族中被視為新年，甚至早於用冬至作歲首的時間起源，在夏季新年中，家家都要做豐盛的菜餚，包粽子供奉祖先，並有競渡風俗。

　　而「北方仲夏月諱習俗的演變」此點，主要看法則不出黃石的說法，五月五日成為仲夏月諱習俗集中點的原因可歸納出三大點，其一，夏至是陰氣與陽氣、死氣與生氣激烈鬥爭的時節。

　　　　　節」〉，《臺灣文獻》第 54 卷第 2 期（2003 年），頁 33～48。

〔註51〕「掛鍾馗像」是延續懸掛「天師五雷五毒符」的脈絡發展，唐人鍾馗，民眾深信為「鎮宅靈官」。近代端午節，掛鍾馗像以避惡。詳見黃石：《端午禮俗史》（台北市：鼎文書局，1979 年），頁 165～177。

〔註52〕並非蕭放提出「複合說」理論，是筆者根據他所說的觀念而自行命名。

〔註53〕蕭放：《《荊楚歲時記》研究：兼論傳統中國民眾生活中的時間觀念》（北京：北京師範大學出版社，2000 年），頁 168～180。本小節亦不出此範圍，故不再加註。

《禮記・月令》：仲夏……是月也，日長至，陰陽爭，死生分。君子
齋戒，處必掩身，毋躁。止聲色，毋或進，薄滋味，毋致和。節嗜
欲，定心氣。〔註54〕

這段話說明得很清楚。另外，漢代以後，用陰陽五行觀念看待自然時空變化，
將夏至所在的五月，視作「惡月」，此看法也是集中在北方。最後，近代受陰
陽術數觀念影響，北方民間逐漸將夏至節俗與人們對五月的看法聚焦，又加
上認為一三五七九等奇數屬陽，陽月陽日重合意味著陽盛之極，不合剛柔相
濟之道必須避忌，因此五月五日順勢成為被重視的忌諱節日。

第二節　端午的歷來習俗

一、祭祀方面

　　一般性的例行祭拜在臺灣各地都會舉行，也有地區特色習俗，如：苗栗
縣竹南鎮中港地區的祭江與洗港大典，源於早期中港溪龍舟賽後的祭江與謝
江之儀，因為溪水遭受污染問題，一九五○年代將重心由龍舟賽轉移至祭江，
變成地區特色。以下所列，則以普遍的習俗為主：

（一）祭拜祖先

祭祀祖先是每個節期都會進行的習俗，源自於飲水思源的倫理觀念。

　　端午當天的早晨或進節期盛饌之前，例必拿酒食及當天的節食如粽
　　子之類，上供奠祭，後闔家進食，此乃「事死如事生」，有美酒佳餚
　　應時之食，先敬祖宗，然後敢食。〔註55〕

黃石以端午節為例，如此說明。

　　另外，李秀娥觀察臺灣過節習俗，多有個人性祭拜行為並詳細寫下祭拜
時間、設置地點、供品與金銀紙的選用〔註56〕：

　　農曆五月五日要祭拜神明和祖先，一般在上午十點左右。……供桌

〔註54〕〔東漢末〕鄭玄注，王夢鷗校釋：《禮記今註今譯》（上）（臺北：商務印書館，
　　　　1987年），頁278。
〔註55〕黃石：《端午禮俗史》（台北市：鼎文書局，1979年），頁53。
〔註56〕祭拜形式有分集體性祭拜（如農曆七月中元普度時參與廟普）和個人性祭拜
　　　　（如過年過節祭拜神明、祖先、地基主等）兩類。請見李秀娥：《臺灣民俗節
　　　　慶——歲時節俗的民俗意涵與祭祀文化》（台中市：晨星，2004年），頁25。

設於神明廳前,將供桌圍上繡有吉祥圖案的桌裙,擺上香爐和一對
燭臺。〔註57〕

寺廟也在特定節日有祭祀活動,以鹿港天后宮為例:

> 端午節,五月初五日,準備四果與香花,並備午時印土符等、甜鹹
> 剪塊,桃、李、粽為祭品。〔註58〕

除了書籍資料,在訪問的過程中,受訪者陳先生〔註59〕與鹿港隨機訪問的民
家,也都有提到必須在當日早晨祭拜祖先與地基主,祭拜祖先屬節慶例行流
程,而地基主則是告知居所土地的神鬼當天祭祀原因。五月五日午時是端午
節的重要時刻,此時陽氣最盛。剪塊疑是下文會介紹的食物煎餾,由台語轉
成國語而寫出的音。粽子是端午節必備食品,而桃、李則是依循時令而供奉
的新鮮水果。

(二)贈粽

另外還有一個相似的習俗,受訪者陳先生表示是臺灣嘉義地區端午節的
特殊習俗:結婚第一年,端午節時男方送女方「粽子」;女方送男方「香包」。
此特殊習俗,來源可能追溯至中國,

> 清代河北一些地區,端午男女姻家互饋粽子,稱為「追節」;湖南一
> 些地區,互饋粽子又稱為「探節」。〔註60〕

而其代表意義,筆者認為是民間使用相似律原則,取其諧音「中子」討個吉利。
與結婚時,講「食甜甜,乎(給)你生後生(生子息)〔註61〕」的俗諺類似。

還有一個易與贈粽混淆的習俗名稱,「送節」,名稱相似意義卻大不同。
文獻記載:

> 節前,製粽,饋親友,曰「送節」;尤以在此年中,家有不幸者,
> 則不製粽,概由親朋饋之。〔註62〕

〔註57〕李秀娥:《祀天祭地——現代祭拜禮俗》(台北縣:博揚文化,1999 年),頁
60。

〔註58〕許雪姬主持,鹿港鎮志纂修委員會編纂:《鹿港鎮志‧宗教篇》(彰化縣:鹿
港鎮公所,2000 年),頁 189~190。

〔註59〕請參考第一章頁 7,註9。

〔註60〕王仁湘:《飲食與中國文化》(北京:人民出版社,1994 年 8 月),頁 80~81。

〔註61〕可參閱吳瀛濤:《臺灣民俗》(台北市:眾文圖書,2000 年 1 月再版),頁 2、
109。

〔註62〕吳瀛濤:《臺灣民俗》(台北市:眾文圖書,2000 年 1 月再版),頁 13。

新喪之家，不做角黍而有親戚饋送之。〔註63〕

如果家中該年有喪事則不包粽子，而由親友致贈。〔註64〕

吳瀛濤《臺灣民俗》於一九七〇年初出版發行，其內容至今仍是學界的重要參考，筆者繼續搜尋線索，發現宜蘭地區有記載，彰化縣鹿港同樣也有此項禁忌，可見臺灣各地普遍有此習俗現象。

受訪者陳先生也詳細說明他所瞭解的民間說法與行事：若男方有長輩往生，新婚第一年的端午節前，女方媳婦的娘家、女兒的婆家、孫女（未結婚則不必），必須送粽子給服喪家庭（用以祭拜往生者與神明；家人亦可食用），數量與種類都不限制。

只能送粽子給當年遭喪之家，因爲閩南話、福州話中「送粽」與「送葬」、「送終」諧音，故一般人家忌諱別人贈粽，也不送粽子予人，以免誤解對方是喪家。〔註65〕

由引文中可以瞭解，「送粽」此項習俗是因爲臺灣人認爲家中有人往生，家中多少可能會有不乾淨的觀念。〔註66〕而因爲諧音之故，會導致受贈者不吉利，也會盡量避免。所以若家有往生者，第一年不能綁粽，過節所需的粽子便由親戚贈送。與服喪之家在新年期間不能炊甜粿一般，有異曲同工的內涵。

二、飲食方面

端午節的飲食，以粽子爲代表，但是仍有其他節日飲食不容忽略，人們藉由吃進食品或是喝下飲品來達到對抗陰氣與邪祟的目的。

（一）午時水

水在民俗學裡，具有重要的象徵意義，人們可運用服食或用水洗滌的過程，達到被除不祥的功效，端午節的午時水便是趨吉避凶的發揮。

午時水：俗以是日正午汲取之水不腐，長久保存，以備日後用於解

〔註63〕廖漢臣：〈宜蘭歲時記〉，《臺灣文獻》1958 年第 8 輯，頁 2948。

〔註64〕許雪姬主持，鹿港鎮志纂修委員會編纂：《鹿港鎮志・宗教篇》（彰化縣：鹿港鎮公所，2000 年），頁 263。

〔註65〕方寶璋：《閩台民間習俗》（福州市：福建人民出版社，2003 年 7 月），頁 242。

〔註66〕鹿港有另一個「送肉粽」的習俗，與端午節無關：只要有人上吊死或冤死，鹿港的廟宇就會聯合起來辦法會。從發現屍體的地方規劃一條路線，最後從福鹿溪送出海，整個儀式活動，稱之爲「送肉粽」。「送肉粽」與「送粽」，二者所指有異。

熱。〔註67〕

藥草在製作過程中，如果經過端午節午時的太陽曝曬，做成的藥茶又

稱爲「午時茶」，據傳「午時茶」的治病效果比普通藥茶更好。〔註68〕

相傳午時水能永久不壞，且可治百病，久置也不發臭。「午時水，食肥閣美」、「午時水飲一嘴，較好補藥吃三年。」，井水、溪水等，最好是流動的水，也有人把用臉盆裝水、午時靜置陽光下，然後用毛巾沾午時水擦拭身體，據說可美容、治療各種皮膚病。最負盛名的是台中縣大甲鐵砧山上的劍井〔註69〕，每年端午節總是湧入許多求取午時水的人們。

不過，二○○六年端午節鹿港的天后宮、護安宮、新祖宮等廟宇，所提供民眾自由索取的午時水，是罐裝礦泉水、瓶裝水〔註70〕，與經過太陽曝曬而能有各種療效的午時水有落差，廟方說明這些午時水是看好時辰、經過神明加持的，有神明保佑的功效〔註71〕；倒也不失爲講求便利、衛生的折衷方式，爲必須在午時汲取的午時水傳統，找到一個能適應現代社會的辦法，只是喪失其不易取得的珍貴性。

（二）粽

舊稱角黍，相傳粽葉和糯米都有避邪的功能。《風土記》：「取陰陽尙包裹未散之象也……陽內陰外之形，所以贊時也」〔註72〕，充分說明了角黍是應

〔註67〕吳瀛濤：《臺灣民俗》（台北市：眾文圖書，2000 年 1 月再版），頁 13。

〔註68〕林秋玲：《臺灣小百科・民俗館——端午節》（台北：稻田出版社，2000 年 6月），頁 19。

〔註69〕相傳鄭成功在台南驅走荷蘭人之後，爲了平定中部北部的土蕃，並要攻佔雞籠城，於他在康熙元年五月初，率領大軍由台南出發經過彰化，然後攻至大甲溪口……向銀碇山（現在大甲鐵砧山之舊稱）進發……鄭成功的大軍被困在山谷之間……全軍因無水可解渴，士氣不振。鄭成功感到渾身倦乏，只好向蒼天禱祝，然後拔劍插入地中，果然泉湧出，全軍歡呼……此時陽光普照，泉水映注劍光，劍氣沖天輝煌，土蕃見狀疑是神助，即退兵逸去。鄭軍加予追擊，獲得一場勝利。今日鐵砧山的劍井（亦稱國姓井）遺蹤，爲後人所敬祀的原因也就緣由於此。施翠峰：《臺灣鄉土的神話與傳說》（彰化：彰化縣立文化中心，1995 年），頁 3～4。

〔註70〕筆者領到的罐裝礦泉水，製造日期是 2006 年 5 月 20 日，亦即水非端午節當天裝入；據廟方說法，是整批礦泉水在端午節前已先行買來置放，在端午節當天午時向神明祈願，便成爲現場所見一箱箱貼上符令的午時水。

〔註71〕鹿港天后宮管理委員會，主委張偉東在電話中說明。

〔註72〕因〔晉〕周處《風土記》原書已散佚，故參見《荊楚歲時記》引《風土記》之原文。〔梁〕宗懍、〔隋〕杜公瞻、〔民國〕王毓榮校注：《荊楚歲時記校注》

時應節的食品。

　　過去是家家戶戶都會準備材料包粽，而今這個習俗也化繁爲簡，變成去商家、餐廳、飯店等處買回這項應景食品。市面上出現各式各樣的創意粽，如：養生粽、藥膳粽、五穀粽，不僅推翻傳統也挑戰味覺，加入許多以往不會放入粽子的食材，造型與內容都年年更新。姑且不論這些特殊的粽子，較常見的仍是臺灣肉粽（又稱鹹粽），其中又分南部粽與北部粽與鹼粽，鹹粽與鹼粽的差別在於口味的鹹、甜。而南部粽與北部粽的區分，則是作法不同，一般來說，南部粽比較香軟，北部粽則稍油、具咀嚼感。另外，還有客家粿粽，其最特別的地方是使用在來米與糯米混合磨成米漿瀝乾後製作而成的，內餡以豬肉爲主配上炒過的蘿蔔乾絲、蝦米乾和紅蔥頭屑等，包入米糊中，且先在粽葉上抹點油再包裹，以免吃時黏在葉上不易剝食。

　　（三）煎餅

　　一開始流傳在台南安平地區，傳說是鄭成功在一六六一年的端午節，因爲糧食有限、只有蕃薯沒有糯米而臨機想出的替代食物，將收集來的豆類、蕃薯粉和水打成漿，並用海邊捕捉的蝦、蚵與現成的蔬菜當作料，做成煎餅以解軍民無法包粽子的慰藉。煎餅有鹹、甜兩種口味，甜味成分有糯米、砂糖、紅豆；鹹味則是糯米加入肉燥和肉燥汁、爆好的香菇絲和蝦米。〔註73〕

　　不過現今的臺灣端午節，煎餅已經不是台南人的專利，筆者去鹿港，多處廟宇也都有提供煎餅讓民眾享用，也是鹹、甜兩種口味。內容物分別爲鹹味，以麵粉、豆芽、韭菜爲材料；甜味則是只有麵粉加糖調味。廟方人員並表示，煎餅是女媧用來補天的材料〔註74〕。

　　台南地區的煎餅傳說，是鄭成功用手邊有的食材做出的「克難粽」，且從那時起流傳了三百多年，後來才又回復吃粽子的習俗，現在吃煎餅應該只是當作零食小點心，且並非主要的節日飲食。

　　（四）飲酒

　　過去端午節還有利用各種藥石製酒飲用，以驅邪解毒。成人直接飲雄

　　　（臺北：文津，1988 年），五月，頁 175。

〔註73〕黃婉玲：《淺談古早味》（台南市：台南市政府，2004 年 5 月），頁 6～9。

〔註74〕此爲廟方説法，訪問在現場做煎餾以服務民眾的人員，他們爲筆者説明此食物之發明，是因爲傳説天空破了個洞，所以女媧想出這種食物當作補天的工具。

黃酒、菖蒲酒、艾酒等，小兒則以雄黃和酒塗在幼兒的身上，認為可以驅邪解毒。

端節常用之藥石有雄黃、菖蒲〔註75〕、艾、水等，具有避邪、除蟲、驅蛇、製毒之藥，且與端午相關以這四種為最；雄黃之性為主陽之物，端午亦天地主陽之氣，而菖蒲和艾以端午之際為盛產期，藥性最好。〔註76〕

當代端午節，此習俗在民間已不多見。習俗式微之因，可能是醫藥進步、蚊蟲瘟病的威脅已減少許多，加上選擇保健的方式也不是只有此項，生活在城市的人們，無須依靠藥酒就能生存無虞。

三、佩掛方面

所謂佩掛習俗，指的是配戴物品與懸掛物品，有厭勝的效果。「厭勝」有兩種意義：其一，強力鎮壓、逼迫、排除某種東西，使之屈服的取勝。其二，也可以解釋為平安的、順利的克服困難，心滿意足，順遂勝利。兩者可由施行厭勝之術的目的和時機知道，是泛指在手段和方式上帶有強制性的法術。〔註77〕因此，有懸掛物品於門楣、家中，或是隨身配戴以厭勝的民俗現象，試圖達到趨吉避凶的願望。

（一）佩戴香包

香包又稱香囊，盛行於明清時期，現今臺灣端午節仍盛行，香包是孩子們開心來源，是用綢布做的小布袋，外觀、內容物不一，以檀香、艾葉、沈香、菖蒲等各種香料，也可能有硃砂、雄黃粉、靈符、銅錢等，有祛邪避穢、殺蟲滅菌防治傳染的作用。

筆者在鹿港看到各式各樣的香包，傳統的虎形、葫蘆、粽形與現代受歡迎的卡通主角、可愛布偶等，主辦單位也義賣 Q 版神明造型的香包〔註78〕，並在原本的驅邪意義外，又增加「工作順利」、「學業順利」等新的意義。

〔註75〕石菖蒲，別名菖蒲：全株具有香氣。能作為食用與藥用植物。
〔註76〕吳彰裕：〈端午話藥石〉，《民俗曲藝》第 60 期（1989 年 7 月），頁 61～63。
〔註77〕詳見稽童：〈壓抑與安順——厭勝的傳統〉，《歷史月刊》第 179 期，（1999 年 1 月），頁 29。
〔註78〕主辦單位取名時加入「Q 版」，為可愛（cute）、討喜之意，應是為吸取民眾注意而如此命名。

（二）懸掛物品

1、插艾草、菖蒲等驅邪植物

俗諺道：「艾草淨身，菖蒲驅邪」〔註79〕、「插榕較勇龍，插艾較勇健」，現今臺灣端午節除了插菖蒲、艾草外，有時還會加上一些榕枝，合稱爲「榕艾苦草」〔註80〕。榕枝本來就是臺灣民間信仰中的驅邪植物，加上端午節常用的艾草與菖蒲，用意是藉著這些能夠令鬼魅及蚊蟲退避三舍的植物，把足以攪亂人心和危害人體的禍源都擋在門外，達到保護自身不受禍害與疾病的困擾；有祈求家人身體健康、長命百歲之美意。

2、午時聯

現今臺灣端午也偶可見「午時聯」，它也屬於懸掛飾品中的一類，用硃砂在紅紙上寫下「艾旗招百福」、「蒲劍斬千妖」〔註81〕，端午當天貼上，常見的聯語還有：「手執艾旗招百福；門懸蒲劍斬千邪。」、「艾葉爲旗招生慶；菖蒲作劍斬妖魔。」、「蒲劍沖天皇斗現；艾旗坤地神鬼驚。」；〔註82〕吳瀛濤有提到另一個相近名詞：「午時符」，《臺灣民俗》中對午時符的解釋爲，是日，乞符曰「午時符」，裝入小袋囊，掛於兒童頸上，壓勝。〔註83〕前者是懸掛於門邊，後者則是裝入兒童掛於身上香囊的平安符，雖二者名稱相近，卻是兩種完全不同的習俗。現在已經看不到「午時符」了，也沒有聽說把「午時符」裝入香包的說法；看來過去的午時符專門保護小兒，但是今日的午時聯直接懸掛於門首，所具之驅邪效果，能夠保護全家人。

四、娛樂、競賽方面

端午節也有不少娛樂、競賽性質的習俗，如：日治時代的屏東縣佳冬鄉，在端午節有「打石戰」的習俗，以村落爲單位，以石塊爲武器，模擬戰爭相

〔註79〕陳主顯：《臺灣俗諺語典：卷七——臺灣俗諺的鄉土、慣俗與信仰》（台北市：前衛出版社，2003年9月），頁263。

〔註80〕「榕艾苦草」：是日，家家戶戶，以紅紙束菖蒲、艾枝、榕枝，懸插門首，此稱榕艾苦草。請見吳瀛濤：《臺灣民俗》（台北市：眾文圖書，2000年1月再版），頁13。現在仍保留此項習俗，但是並沒有用紅紙束起，不過驅邪植物種類沒變。

〔註81〕筆者見到的是「紅底金字」；另外田哲益觀察到的是「黃紙朱字」。田哲益：《細說端午》（台北市：百觀出版社，1994年5月），頁126。

〔註82〕田哲益：《細說端午》（台北市：百觀出版社，1994年5月），頁126。

〔註83〕詳見吳瀛濤：《臺灣民俗》（台北市：眾文圖書，2000年1月再版），頁14。

互攻打，所以常有嚴重傷亡，故在日治末期逐漸式微〔註84〕，現代亦不復見，
習俗意義是保有一整年好運。以下陳述則以普遍性的習俗為主：

（一）立（豎）蛋

關於立蛋，有「端午能立起雞蛋，就會帶來整年好運」的說法。筆者認
為此習俗依舊是與節氣有關，端午節吸收夏至的習俗；認為夏至是一年中日
照最長之日，對地球的引力相對也比較大。不過科學家已經證實，端午節與
其他日子的地心引力相同，所以其實天天都能立蛋；既然地心引力不分時間
與空間，所以不是只有臺灣能成功立蛋，全球各地都能完成。

筆者立蛋體驗是在平穩的地面，找到蛋的重心，用較鈍的那頭往下，其
實並不難。不需要將蛋輕敲破一個洞，也不需要灑鹽或其他輔助物品，主辦
單位發給每個想立蛋的人一片磁磚，參與的人就將蛋立在磁磚光滑的那一
面；在端午節舉辦立蛋活動，使更多人能體會節日習俗的樂趣，基隆市就曾
在二〇〇一年六月二十五日（當年端午節），舉辦「千人立蛋活動」，全場共
有千餘人的中小學生參與，經過金氏世界紀錄亞洲見證中心董事長戴勝益宣
佈「同時同地最多人立蛋挑戰成功」，登上了國際金氏紀錄的舞台。

（二）踏（採）百草

《荊楚歲時記》：「是日競渡，採雜藥。〔註85〕」以往，懸掛驅邪植物與
用蘭艾蒲湯沐浴，是兩項習俗。

但是受訪的鹿港民眾說明驅邪植物只掛端午當天，晚上就把它拿下來，
泡在水裡，古早會直接用這個水洗澡，現在都是舀起來洗洗手、腳而已，但
是含意不變。順著「惡月」的觀念，起於天氣漸漸炎熱，蚊蟲蒼蠅孳生，很

〔註84〕 「佳冬鄉石戰的風俗與其由來」：日治時代的屏東縣佳冬鄉，在端午節這天打
石戰的習俗。「石戰」在佳冬地區已流傳了數百年，每年到了端午節前幾天，
眾人紛紛摩拳擦掌，準備打場硬仗。石戰以村落為單位，組織一如軍隊，並
設有參謀長等職位。組織一如軍隊，並設有參謀長等職位。男人在「前線」
擲石作戰。婦女則在後方負責運送石頭。戰況激烈時，動輒造成傷亡。戰勝
的一方可至戰敗的村子大肆吃喝一番。戰敗的村民則落荒而逃。若不幸被對
方俘虜了，會被強迫脫褲處罰，當眾羞辱一番。這項奇特的習俗，據說可保
一整年好運，所以佳冬人樂此不疲。但是因為石戰常造成嚴重的傷亡，再加
上地方政府一再的禁止，遂在日治末期逐漸式微。詳見鈴木清一郎著／馮作
民譯：《增訂臺灣舊慣習俗信仰》（台北：眾文，1989 年），頁 539～545。
〔註85〕 〔梁〕宗懷著，〔隋〕杜公瞻、〔民國〕王毓榮校注：《荊楚歲時記校注》（臺
北：文津，1988 年），五月，頁 163。

容易發生傳染病之因，因此懸掛驅邪植物與清潔衛生，都是保持健康的好途徑，二合爲一也無不可之處。

　　黃石由浴蘭延伸採百草百藥的習俗，因爲午日蓄蘭沐浴的古禮，浴的水多以草或藥煎者較有效，自然演成端午出外採百草備做浴湯，兼做配藥原料，儲以備用之俗。〔註86〕

　　田哲益的說法是：

> 臺灣民間除在午時到溪邊沐浴之外，也有採製「午時草」，在早上登
> 山找楓葉、六月雲、菖蒲、大艾、禾葉等五種藥草燒水，在午時淨
> 身，可防各種皮膚病，或是只用楓樹葉燒水洗身，也有以艾葉菖蒲
> 放入熱水中沐浴，可防百病。〔註87〕

此處說明早期臺灣有摘採藥草沐浴的習俗，兼具衛生與治療功效，並間接爲筆者的田野調查訪問找到註腳，雖然「午時草」名詞不常見，但是與「百草丹」的製作方法雷同，都是在早晨去尋找藥草，一用以沐浴、一用以食用，一防百病、一治百病，全賴端午節的水與植物相激盪的特殊能量，讓人們得以幫助自身的健康、保全性命。

（三）龍舟競渡

　　端午節習俗中性質最特殊的是龍舟競渡，用船當工具將災邪送走，爲公眾共同進行，而非個人的習俗。這種「以輕舟、人、畜送走邪魔」的習俗，在世界各地都能見到實例，目的是以交感巫術的方式，藉由轉嫁災禍以避免自身的災禍，有隨時或定期以輕舟把邪魔送走兩種，龍舟可歸類入輕舟的一種。〔註88〕

　　台語稱「扒龍船」，五月初一「請水神」，初二開「龍船會」，賽後初十「送水神」、「收龍船」，比賽最後一日，尙有「謝江」之祭，極爲熱鬧。「五月五，龍船鼓，滿街路」是說端午節龍舟競渡，相關人員先拜祭龍船，中午移至河岸沿途街民燒香禮拜的情景。〔註89〕

　　現今臺灣端午節舉行的龍舟賽，以有競渡場地的城鎮爲主，規模大小視經費而定，是可以同時容納多數民眾共同參與的娛樂習俗。禳災祈福是一體

〔註86〕黃石：《端午禮俗史》（台北市：鼎文書局，1979年），頁75。
〔註87〕田哲益：《細說端午》（台北市：百觀出版社，1994年5月），頁135。
〔註88〕詳見佛雷澤（J.G. Frazer）著，汪培基譯：〈轉嫁災禍〉、〈公眾驅邪〉、〈公眾的替罪者〉，《金枝：巫術與宗教之研究》（台北：桂冠圖書，2004年5月初版三刷），頁785～795、797～816、819～835。
〔註89〕吳瀛濤：《臺灣民俗》（台北市：眾文圖書，2000年1月再版），頁14～15。

兩面，所以祈福的龍舟賽與其他端午習俗重視的驅邪，本質還是相同。

　　宜蘭縣礁溪二龍村與臺灣他處的龍舟賽不同，原先是爲驅除災荒、瘟疫，後來競渡時也祭拜二龍河裡的孤魂野鬼，主要目的皆是保佑村民的平安。一般龍舟賽是以速度取勝，先奪標的隊伍獲勝，二龍村卻是耐力賽；一般划龍船的選手採坐姿，二龍村選手卻是立式划法；二龍村的龍舟造型也有異，沒有龍頭，龍只是繪在船身的圖案，不像其他地方是用龍的形象打造，有龍頭與龍身爲船身，並在船身繪上麒麟、葫蘆、太極圖，用以趨吉避凶。

（四）詩文比賽

　　受紀念屈原影響，藝文界人士應節日而有的詩文競賽與展覽。

> 抗戰初期重慶藝文界，爲期詩人發揚愛國精神，擬訂詩人節日，並又推崇屈原人格之偉大，創作的成就，乃以端陽節爲詩人節，並於民國二十八年（西元一九三九年）端陽節舉行第一屆詩人節大會，以後每年均舉行吟詩會。〔註90〕

現今臺灣端午節還是有著「詩人節」的別稱，詩人節的活動仍在台灣各地持續舉行，每年有「全國詩人聯吟大會」在端午節舉辦，廖永來（當年的台中縣長、詩人）在二○○一年，也創辦「首屆臺灣端午詩人節」〔註91〕。筆者在鹿港文武廟也看到今年預先徵選並得獎的詩文作品，在鹿港慶端陽的活動中成爲靜態展覽。

五、禁忌方面

　　端午節禁忌的觀念主要源自於與惡月、惡日的看法，必須保全自身、抵禦疾病和袚除不祥。

> 中國傳統節日中包容著大量的禁忌內容，並且都屬於四時禁忌。……指的是這些禁忌附著在特殊的時間上，僅僅與某個日子或某段日子有關，期限一過，禁忌便不復存在。〔註92〕

最常見的爲「忌夫婦同房；忌此日生子。」的延伸，五月五日出生的孩子不

〔註90〕劉浚泉：《節日記實》（台北：國家出版社，1987年10月），頁218。

〔註91〕詳見參考網頁：台中縣政府全球資訊網→中縣新聞→2001／6／21第一屆臺灣端午詩人節，掀起文壇新詩篇。

　　　　http://www.taichung.gov.tw/gov/01news/news_b_view.asp?bull_id=8336。

〔註92〕常天編著：《節日文化》（北京市：中國經濟出版社，1995年3月），頁105～107。

受父母歡迎，歷史上記載不少五月五日出生的人物，如：（春秋）孟嘗君、（宋）王鎮惡、（北齊）王綽等，他們的出生都被認為是不吉利的，關於五月五日出生的嬰孩，其之所以不祥的原因有兩種說法：

> 古人大概認為在惡月惡日這段時間裡，萬物均是秉天地戾氣而生，所以是不吉利的。現代則對此解釋為，「惡月」、「惡日」多在季節變換或最嚴寒酷熱的時候，人們在這時容易感生疾病。〔註93〕

> 長者屬感於陰氣而成者，幼者為感於陽氣而長者，在五月這陰陽相爭之際，助陽即不利於陰，養子即不利於父母，正是《禮記・月令》所謂死生相爭之理。〔註94〕

整個五月被古人視為惡月，禁忌不少，還有諺語「五月蓋屋，令人頭禿」與「五月到官，至死不遷」等，都是因為五月是惡月的觀念延伸。順著節氣、天氣炎熱的角度，可想而知頂著大太陽沒有庇蔭蓋屋，對身體的傷害且容易中暑；至於因為五月走馬上任，導致一生皆無升遷機會，則是因為不祥之氣跟著開始，所以影響後來的運勢。

　　總之，以上所介紹的眾多臺灣習俗種類，不少項目都是承襲中國流傳的節日傳統，跟著先民一同來到臺灣，並且影響臺灣民眾；部分的端午節習俗也仍在「趨吉避凶」的大前提下，隨著不同的時空而有變動。

〔註93〕常天編著：《節日文化》（北京市：中國經濟出版社，1995 年 3 月），頁 37～38。

〔註94〕蔣方：〈端午與屈原考釋〉，《湖北大學學報（哲學社會科學版）》1997 年第 3 期，頁 12～16。

第三章　臺灣端午節習俗分述

　　上一章主要是從歷時性來說明端午習俗,「歷時性」強調縱的時間座標,亦是觀察歷代節日習俗的思維,檢視每項習俗的演變。而第一章也曾將學者們研究的方向作大致的分類,第一類純粹由歲時節氣來著眼;第二類是從龍舟競渡的習俗著眼;第三類是將端午節視為紀念日,依附在某個歷史人物的事蹟中。民俗的傳播大多依靠口耳相傳,訴諸於文字記錄相對少些,不過仍能由學術性、一般性等不同的文字記錄中找出同異,所以本章預備再從「共時性」的角度討論節日習俗,著眼於橫的空間座標,注意的是在臺灣各地端午節習俗的殊異與同一性,尤其針對殊異點。由縱的時間軸與橫的空間軸,去探討臺灣端午習俗在不同時空下的流傳和變異,以不同立場來深入探討端午節的相關習俗,藉由深度與廣度反覆驗證端午節的來源與習俗。

　　在瞭解端午習俗的起源與習俗演變的發展之後,本章則希望能以橫切面的方式來瞭解端午習俗,以下會針對兩種研究進路作簡介,並嘗試用新的眼光來切入分析。先從「節氣與端午節」的討論切入,重點放在過端午節的主要概念,再來是「驅邪與厭勝」,這個部分是民間信仰問題。端午節有許多驅邪的厭勝物,在節日當天豐富它的內容。厭勝物的表現方式與人民過節時所舉行的儀式,背後總會有一定的行事基礎,筆者將透過神話學與人類學的看法,試著說明這些基礎來源。

第一節　節氣與端午節

　　本節要討論節氣與端午節的關係，中國人所使用的曆法是「陰陽合曆〔註1〕」，即所謂「農曆」，此種曆法兼考慮了太陽、月亮的運行軌跡與週期，因為早期的中國以農立國，早期的臺灣社會也是農業社會，故農曆的重要性相對來說大過於「公曆〔註2〕」。

　　節氣與端午節的關係，有一個關鍵問題，為什麼端午節訂在農曆的五月五日？從傳統節日的日期可略見端倪，傳統節日的日期分佈有兩種排列法最常見，一種是重疊數字，即月份與日期的數字相同，如春節是一月一日、上巳節是三月三日、端午節為五月五日、七月七日的七夕、九月九日則是重陽節，這些節日的月份與日期數字相重。另一種排列是朔日（初一）與望日（十五），一與十五兩個數字都是代表陽數的奇數，像元宵節在一月十五日、七月十五日是中元節以及八月十五日的中秋節等。中國從古至今，有以奇數為陽、代表天，偶數為陰、代表地的觀念，認為數字也有其神秘性，人們認為某些特定數字具有意義〔註3〕。近現代依舊流傳著這樣的觀念，並將之應用在曆法

〔註1〕 中國古代曆法基本為陰陽合曆，其主要內容有：確定年、月的長度，計算朔望的時刻，安排二十四節氣，預告日夜長短的變化，中午日影的長度、日月蝕的發生和行星位置等。它兼有陽曆和陰曆的性質，既考慮到月亮運行的週期（朔望月），又考慮了太陽運行的週期（回歸年）。因這種曆法中的二十四節氣對於農業生產有重要意義，故這種曆法又被稱為「農曆」，也稱作「夏曆」。引文請見喬繼堂、朱瑞平主編：《中國歲時節令辭典‧綜合》（北京：中國社會科學出版社，1998年5月），頁1、5～6。

〔註2〕 「公曆」是世界大多數國家通用的曆法。它以地球繞太陽運動的週期為年的基礎，以一年回歸年的長度為依據。一年365.2422日，平年365天，閏年366天。它的月數和月所包含的日數都是人為規定的，沒有任何天象依據。引文請見喬繼堂、朱瑞平主編：《中國歲時節令辭典‧綜合》（北京：中國社會科學出版社，1998年5月），頁1、5～6。

〔註3〕 最早的《周易》這麼說：「天一、地二、天三、地四、天五、地六、天七、地八、天九、地十。」；後來漢代有《京房易傳》加以解釋：「初為陽，二為陰，三為陽，四為陰，五為陽，六為陰。一、三、五、七、九，陽之數；二、四、六、八、十，陰之數。」；接著唐代孔穎達對周易這段話的理解是：「此言天地陰陽，自然奇偶之數。」上引三段話舉隅，可淺見古人認為奇數為陽、偶數為陰的來源與解讀。詳見〔清〕阮元：《周易‧繫辭上傳》卷七，收於《十三經注疏》（台北：藝文印書館，1965年），頁0154。王震：《京房易學纂要一卷 附京氏易傳》，收於《易學五書》（台北：華正，1974年），頁448（三～72）。國立編譯館（主編）／十三經整理工作小組編：《周易正義》卷七，收於《十三經注疏分段標點》（台北：新文豐，2001年），頁585。

或占卜等範疇。

節日較常發生於奇數月份，是根據陰陽的概念與「常與非常」的間歇，用以調整日常與節日。李豐楙提出「常與非常」的概念，認為需要用一張一弛來協調生活節奏，而節日就是讓平常緊張忙碌的生活得以放鬆休息的調節。類此特重單日陽數的節日程序，是根據易經陽奇陰偶學說，並配合勞動生產的空檔而決定的日期〔註4〕。重疊數字是因為容易記憶，而以望日當作節日日期，則代表它們是隨著月亮的盈虧週期而產生的節日，這是比較簡單的兩大分類。吳慧穎有針對節日之日期，作詳盡的分析，其分類有五種，如下：1.月日同數、2.月內取中、3.年內對稱、4.異月同日、5.重月之首日。〔註5〕第一類「月日同數」即月日重疊數字的節日，第二類「月內取中」與望日相同意思，第三類指時間相差約半年而形成對稱的兩兩節日，第四類則是剛好在不同月份同一日的節日（如四月八日浴佛節、十二月八日臘八節），第五類就是以月份的第一天為節日。由上分析可知，前兩類仍為節日之大宗。

端午節的特殊性，在於它是根據太陽的盛衰而產生陰陽氣拉拒，並且由此衍生多種保安求生的各式節日習俗。因為農曆參照著太陽的行徑路線行事，由此產生了「惡五月」的觀念。「惡五月」的觀念，在本論文的第二章已提過，指的是由太陽照射而產生的陰陽氣消長，因夏至恰為陽氣由盛轉衰的時間點，故有「夏至一陰生」的說法。隨著陰氣逐漸增加的時刻，人們需有驅邪保生的動作，藉由進行不同節俗來保護自己，慎防被陰氣與進入夏季而帶來的許多蚊蟲所傷，用眾多的節日習俗以避忌，所以五月才被稱為「惡五月」。

關於這個問題，學者們的相關研究很多，因為端午節與節氣的密切關係，所以端午節與夏至有眾多討論。黃石不僅將端午節的端、午與端午的意義與由來做了詳細說明，同時也解釋端午與夏至的無法分割，

> 端午節因夏至而起，未擅定節期在五日之前，本與夏至合一。……
> 端午雖非節氣，但與夏至相近，而夏至太陽高懸天中，日晷最長，
> 威炎極盛，尤以正午為最甚。……所以週年節期都以一日為芳辰，

〔註4〕 李豐楙：〈由常入非常：中國節日慶典中的狂文化〉，《中外文學》第22卷第3期，（1993年），頁116～150。

〔註5〕 吳慧穎：《中國數文化》（長沙市：岳麓書社，1995年），頁514～521。

唯獨端午則以午時爲焦點。〔註6〕

而陸家驥則是專闢一個主題來談，將兩者關係講得更加清楚，

> 古之曆法，五月斗指午，以干支紀日，排到午日，日月相應，又以
> 干支紀時，至午而日正中天。故以午月午日午時，指爲端午正點，
> 太陽極盛之顛峰時刻。過此，則漸趨於衰頹。……又按二十日節氣
> 中，以「夏至」日短至，夏至的「日照」距地面最短，是一年中，
> 白晝最長、黑夜最短的一天。也正是如同端午所指：「陽氣極於上」
> 的一天。〔註7〕

端午節的日期，每年大約會落在節氣「芒種」前後，而芒種是「夏至」前一個節氣。因爲端午節與夏至的內在性質相通，所以學者將兩者放在一起加以討論。

一、二分二至

二十四節氣即立春、雨水、驚蟄、春分、清明、穀雨、立夏、小滿、芒種、夏至、小暑、大暑、立秋、處暑、白露、秋分、寒露、霜降、立冬、小雪、大雪、冬至、小寒、大寒。而所謂的「二分二至」是指春分、秋分、夏至、冬至。

王熹、李永匡說明節氣的定義，

> 節氣是將一年內太陽在黃道上的位置變化，以及所引起的地面氣候
> 的演化順序，分做二十四段：每段約隔半月時間，然後分別列在十
> 二個月裡面。其中，在每月月首的叫做「節氣」，而在月中的則叫做
> 「中氣」。此處，「氣」確指氣象、氣候之意。節氣：係指中氣、節
> 氣的合稱。〔註8〕

不同節氣與農曆月份的對照以下圖表示，

〔註6〕黃石：《端午禮俗史》（台北市：鼎文書局，1979 年），頁 9。

〔註7〕陸家驥：《端午·端午特寫篇·端午夏至關係談》（台北市：商務印書館，1996
年修訂版），頁 142。

〔註8〕除節氣的定義外，另外也提到關於歲時的定義如下：「古代曆書中，歲：以中
氣一週，從冬至到下一個冬至，共有三百六十五日之多，叫做一歲；時：又
稱之爲四時，即是指春、夏、秋、冬四季。其中，每季又可分爲孟、仲、季
三月。」請參考王熹、李永匡：《中國節令史》（台北市：文津出版社，1995
年 12 月），頁 15～26。

圖 1：二十四節氣與其相應月份

五月五日的端午節經常落在芒種與夏至兩個節氣中間。

春分、秋分時，太陽直射點在赤道上，所以此日全球晝夜等長；夏至、冬至時，太陽則是照射在北回歸線上，形成晝長夜短和晝短夜長的現象，而中國人的觀念裡，夏至、冬至有陰陽消長的情形，陰陽代表的是太陽的盛衰，而稱「陰氣」、「陽氣」，因為陰陽氣消長的關係，後來由此延伸而有「惡五月」的說法。

（一）冬至與夏至

由於中國農曆是一種「陰陽合曆」，即根據太陽也根據月亮的運行制定的曆法，因此不能完全反映太陽運行周期，但中國又是一個農業社會，農業需要對太陽運行情況有一定的瞭解與掌握，因為農事完全根據太陽進行，所以在曆法中又加入了單獨反映太陽運行周期的「二十四節氣」。

中國古代利用土圭測日晷，將每年日影最長定為「日至」（又稱日長至、長至、冬至），日影最短為「日短至」（又稱短至、夏至）。在春秋兩季各有一天的晝夜時間長短相等，便定為「春分」和「秋分」。在商朝時只有四個節氣，到了周朝時發展到了八個，直到西漢時才成為了現在的二十四節氣。漢代司馬談〈論六家要旨〉中就有提到陰陽、四時、八位、十二度、二十四節氣等概念〔註9〕。

〔註9〕司馬談：〈論六家要旨〉：「夫陰陽四時、八位、十二度、二十四節各有教令，順之者昌，逆之者不死則亡，未必然也，故曰：『使人拘而多畏』。夫春生夏長，秋收冬藏，此天道之大經也，弗順則無以為天下綱紀，故曰：『四時之大順，不可失也』。」請見〔日〕瀧川龜太郎：《史記會注考證・太史公自序》卷一百三十（台北市：宏業，1994 年 9 月再版），頁 1334。

　　二十四節氣的創設是以中原地區（黃河地區）的氣候為準，台灣的秋、冬並沒有霜、雪，夏、秋卻有颱風、豪雨，不過使用同一套曆法。二十四節氣主要是以地球繞太陽所引起的氣候變化，簡單的說，就是地球繞日公轉軌道上的二十四個點，以反應一年中各個不同時期的氣候寒暑變化。當地球繞太陽公轉一週時，從地球看太陽，彷彿是太陽在黃道上繞地球走了一週。中國古代的天算家，以黃道上的春分點為零度，每十五度定一個節氣。黃道一週三百六十度，一年共有二十四個節氣，所以每一季就有六個節氣。

　　二十四節氣又分為十二個中氣和十二個節氣，月首的「節氣」與月中的「中氣」一一相間。二十四節氣反映了太陽的周年式運動行進軌跡，在西曆中它們的日期是相對固定的，上半年的節氣在 6 日，中氣在 21 日，下半年的節氣在 8 日，中氣在 23 日，二者前後差距在 1～2 日內。一年有 365.24 天，每一個節氣「大約」（非「恰好」）是十五天，方便農人耕作計時之用。

　　二十四節氣是我國古代人民為適應「天時」、「地利」，取得良好的收成，在長期的農耕實踐中，綜合了天文、物候與農業氣象的經驗所設立。在外國的曆法中只有春分、夏至、秋分、冬至四個節氣，而中國曆法中是以「四立」作為四季的開始，即如立春、立秋等。

　　而二十四節氣中，最容易被注意的是二分二至，恰代表著太陽的運行與照射地球赤道的角度，形成四個直角。而立春、立夏、立秋、立冬照射地球的距離則是各呈現 45 度遞增。由以下圖片說明，太陽照射地球所形成角度，夏至剛好是呈現九十度。

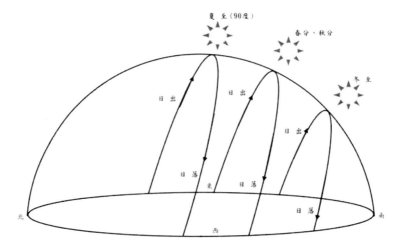

圖 2：太陽運行與夏至時太陽照射地球的角度

（二）太陽的重要性

既然中國農曆採用陰陽合曆，曆法與太陽、月亮的關係都非常密切，其中太陽的影響又大於月亮，太陽的影響，除了日照對於農作物的重要性外，還有因日照長短所影響的陰陽氣消長〔註10〕。四季、二十四節氣、七十二侯等天象的循環更替，全與日照有關，太陽照射因素影響著古代天文學的萌芽，呂理政將古代天文學分成曆法、天象紀錄、天文儀器、宇宙理論四部分，每個部分都與觀察太陽運行有直間接的關係〔註11〕。

二分二至即太陽與地球的照射角度呈直角處。春分與秋分時，太陽直射赤道、晝夜平分，因爲日照而產生的陰陽氣各半，約能平衡；但情況轉到夏至與冬至時，太陽則是斜照地球。夏至（指北半球）是一年中日照最長的一日（直射北回歸線），所以陽氣開始減退、陰氣也開始增加，冬至恰巧相反，是日照最短的一日，轉變爲陰氣逐漸減退、陽氣逐漸增加的情形。

夏至日，氣由盛轉衰，陰陽氣的盛衰由日照長短而判定。太陽運行，是決定農事生產狀況的重要因素之一。陽光、空氣和雨水，決定農作物的生長，而臺灣早期屬於農業社會，只要農作物有好收成，就覺得是個好年。例如：「端陽逢雨是豐年」、「四月芒種雨；五月無乾（焦）土（塗）；六月火燒埔」兩個臺灣俗諺〔註12〕，就都反應了希望風調雨順、晴雨和農業耕作時程能配合，以確保當年有好收成。

二、夏至與端午節

傳統節日是逐漸成形與定名，端午節亦然，各個朝代的異稱也非常多。

> 自先秦至兩漢，五月節期日子年年不同，隨干支日紀而定在第一個午日，端午之名，由此而生，及五月最初的午日之謂。〔註13〕

〔註10〕 日照與陰陽氣的關係，可溯源至西漢時期董仲舒所提出的「陰陽五行論」。董仲舒《春秋繁露》有：「春夏、陽多而陰少，秋冬、陽少而陰多，多少無常……少陽東出就木，與之俱生；至夏，太陽南出就火，與之俱暖」、「陰者陽之助也，陽者歲之主也。天下之昆蟲隨陽而出入，天下之草木隨陽而生落。」等，此論在中國影響力甚大，董仲舒透過五行的基本關係，構造出自然界和人類社會的秩序與變化規律，四時與陰陽、陽尊陰卑的觀念由此可見。

〔註11〕 呂理政：《天、人、社會——試論中國傳統的宇宙認知模型》（台北：中央研究院民族所，1990 年），頁 13～17。

〔註12〕 黃少廷：《臺灣諺語》（四）天氣篇（台北：五南出版社，2003 年），頁 17～19、220～222。

〔註13〕 黃石：《端午禮俗史》（台北市：鼎文書局，1979 年），頁 5。

由此可知，端午起源之時，與紀念人物無關，最早是以天干地支來決定。五月節正式訂定名稱與時間，是唐以後的事。〔註14〕

（一）日期與習俗的固定過程

本文欲先明瞭節日的產生，再細談節日的習俗現象與背後的內涵；又因端午節和節氣的關係極為密切，故本章討論核心鎖定於歲時、節氣與端午節之間的關連性和交互影響。

以風俗史言，傳統節日的發展到確立，約是從先秦時期萌芽，漢朝為定型時期，到魏晉南北朝又進一步充實、發展與融合，隋唐時代開始重視娛樂，明清時代依舊重視娛樂性，還有應酬性。〔註15〕節日日期的固定，與節日與其習俗的搭配，並不是一開始就決定的，而是有一段逐漸固定的過程。歲時節日日期的產生，以月日重疊或朔望日為多，是因為便於記憶或便於農事。

> 歲時節日萌生於上古時期，根據古代先民對時間性質的理解，當時
> 只有服務於原始宗教，與原始生產需要的季節性祭祀活動與農事儀
> 式。……漢魏時期，是中華本土文化基礎確立的時期，作為中國人
> 時間生活標誌的歲時節日，此時也確定了它的主幹體系。〔註16〕

隨著文化與社會的形成，歲時節日也逐漸固定，除了考慮自然因素，也從文化層面來詮釋民眾對於歲時的看法，約在漢魏時期，重要的歲時節日的體系已然成形。

> 漢以前的古人，把五月節訂在午月的午日，稱為端午或重午，而以
> 是日午時為最高潮，許多儀禮都在此時舉行……六朝以後，為便於
> 推算，硬性規定在五月初五日，端午遂一變而為端五或重五，只有
> 博學之士，仍明悉午五通假，端五即古之端午，但高潮仍在午時。
> 〔註17〕

由此可知，端午節也是在漢時確立時間，只是為了記憶方便，所以六朝之後，才改為五月五日。至於端午節與習俗之間的配對，則各有其存在意義，主要以驅邪保生為主要目的。

〔註14〕黃石：《端午禮俗史》（台北市：鼎文書局，1979年），頁3。

〔註15〕秦永洲：《中國社會風俗史》（濟南：山東人民出版社，2000年），頁162。

〔註16〕蕭放：〈論漢魏時期歲時節日體系的形成〉，《輔仁國文學報》第18期，2002年11月頁95～127。

〔註17〕黃石：《端午禮俗史》（台北市：鼎文書局，1979年），頁11。

　　俗諺云:「未食五月節粽,破裘毋(不)甘放」〔註18〕,正說明端午節是處於春夏交替的節日,天氣在初夏春末時還冷熱不定,時序必須過了端午節之後,才進入真正的夏天。中國某些地方對端午節特別重視,有「大端午、小端午」的區分〔註19〕,但是臺灣的端午節固定在「農曆五月五日」。

　　為什麼選擇五月五日過端午節?為什麼要過端午節?歷來的各種說法,已於上節略做介紹。至於端午節的節日功能,則可由下列學者們的解析窺知一二:

　　蔣方在〈端午與屈原考釋〉一文寫道,

　　　　端午風俗可分做兩類,一是禳毒氣,如桃印、朱索、懸艾、藥浴等;
　　　　一是助農事,如登黍、祈雨、集繒等,兩類都與五月的季候相關。
　　　　因此,五月之節的起源,與個別的人或個別的物並無聯繫,它不是
　　　　宗教性節日,也不是紀念性節日,而是歲時之節。〔註20〕

以端午節為主題研究的書《端午禮俗史》,作者黃石於書末有如下結論,

　　　　端午節是個渾然的歲時禮俗體系,……一切都為了逐疫,一切都為
　　　　了保證生命的安全,最高的目的,唯一的動機,是生存慾的表現。
　　　　一句話說,端午是逐疫節,這就是它的根本意義。〔註21〕

致力於民俗學與民族學研究的林美容,於〈臺灣「五日節」民俗及其意義的流變——兼籲訂端午節為「藥草節」〉一文對端午節的觀察是,

　　　　整理爬梳臺灣端午節習俗相關的一些文獻之後,我很想建議端午節
　　　　作為「藥草節」,因為這個時間是天候變化莫測的一個時節,時雨時
　　　　晴,時風時雨,陽極而陰,人們在這個變化之際必須與大自然打交

〔註18〕黃少廷:《臺灣諺語》(四)天氣篇(台北:五南出版社,2003年),頁4~7。
〔註19〕又有兩種說法:第一種,『四川東部地區……每年過三個端午節。陰曆五月初
　　　　五叫「小端陽」,五月十五日,叫做「大端陽」,五月廿五日,叫做「末端陽」,
　　　　在這三天,以大端陽最為熱鬧,末端陽較為冷清。』出自齊治平:《節令的故
　　　　事》(臺北市:幼獅圖書股份公司,1989年),頁144。
　　　　另外一種說法,中國西南貴州的施洞與鎮遠,有大、小端午之分,端陽節及
　　　　此地區通稱的「小端午」;而五月二十五日前後幾日,即通稱的「大端午」。
　　　　則是參閱胡朝棟:〈從兩個龍船節看中華龍舟文化的傳承和發展〉,《中華龍舟
　　　　文化研究》(貴陽:貴州民族出版社),1991年5月,頁115~125。
〔註20〕蔣方:〈端午與屈原考釋〉,《湖北大學學報(哲學社會科學版)》1997年第3
　　　　期,頁12~16。
〔註21〕黃石:《端午禮俗史》(台北市:鼎文書局,1979年),頁230。

道，尋求適應，大地的植物有不少具有避邪驅瘟的作用，特別是此
時節盛開的一些藥草類便大量的被用來在端午的習俗上。〔註22〕

蔣方直呼端午節為「歲時之節」、黃石則曰「逐疫節」、林美容希望提倡為「藥草節」等，雖然各有不同想強調的重點，但是其中心思想可歸其一，即端午節是根源於歲時、節氣，人民順應自然的結果。因為在過端午節前天氣尚不穩定，人類與動植物卻要依靠太陽才能生存，人們在這個時節容易罹患疾病，蚊蟲孳長、瘴氣滋生，加上大地孕育的植物吸收強烈的日照，使得植物也有特別的治療功效，所以先民應用對植物的知識，摘取並食用以達到保護生命的最終目的。歲時節氣、驅邪植物、趨吉避凶，三者相互影響而不可分割。

前引《禮記‧月令》說明節氣和端午的關係〔註23〕，端午節時值二十四節氣的芒種與夏至之間，其中又以夏至對端午的影響尤大，即端午節接收夏至部分習俗而成為強勢節日。黃石用夏至對端午節的影響，說明「惡五月」觀念與「五月五日午時」的重要性，

> 秦漢以後，以迄於今，用的是夏曆，故從招搖（指極星）指寅之月
> 數起到第五個，即仲夏之月，所以五月又稱「午月」，此月正是夏至
> 屆臨的月份，日子大約在干支序次最初的午日。〔註24〕

> 夏至對人生最重大的關係有三點：1.日晷由極長而漸短；2.萬物長大
> 豐盛於午月，此後即日就凋殘；3.太陽威炎盛極轉衰，對生命的作
> 育力日漸削減。……夏至適為由盛轉衰的轉捩點，故有「陰陽爭，
> 死生分」，及「夏至一陰生」的說法，令人有懍然慄然之感。〔註25〕

李亦園在黃石的基礎上，又進一步強調一年之中「二分二至」的重要，

> 「二分二至」（春分、秋分、夏至、冬至）的現象，與季節變化及作
> 物生長有密切關聯，特別是夏至與冬至二節，其影響日常生活更為
> 明顯，所以人類一開始就對這些節氣很敏感，往往要舉行儀式，以

〔註22〕林美容：〈臺灣「五日節」民俗及其意義的流變——兼籲訂端午節為「藥草節」〉，《臺灣文獻》第54卷第2期（2003年），頁33～48。

〔註23〕《禮記‧月令》：「仲夏……是日也，日長至，陰陽爭，死生分。君子齋戒，處必掩身，毋躁。止聲色，毋或進，薄滋味，毋致和。節嗜欲，定心氣。」，第二章第一節頁25，亦曾引用此段文字。〔東漢末〕鄭玄注，王夢鷗校釋：《禮記今註今譯》（上）（臺北：商務印書館，1987年），頁278。

〔註24〕黃石：《端午禮俗史》（台北市：鼎文書局，1979年），頁8。

〔註25〕黃石：《端午禮俗史》（台北市：鼎文書局，1979年），頁10。

提醒大家這季節變遷的來臨，而這種情形幾乎是世界各地不同民族
都有的習俗。〔註26〕

歲時首重季節交替期，明顯區隔前後季節的夏至與冬至兩天，人們尤需提高
警覺。另外，夏至約在陽曆 6 月 21 日或 22 日，當天太陽直射北半球北緯二
十三度半，臺灣的夏至這天，是一年中日最長、夜最短的一天。經過夏至後，
日照逐漸減少時間，以夏至爲界線，陽氣達到最高峰並開始減弱、陰氣萌生
又慢慢增強，所以人們才必須過節，透過儀式提醒自己季節的轉換，並防止
天地陰氣入侵人體，保全自身的健康與性命，而節日習俗就是進行儀式的一
部份。

（二）以百草丹的製作看端午節與節氣的關係

為了對端午節的習俗瞭解更多，筆者在 2006 年端午節前往鹿港實地觀
察，對於端午節習俗有更深層的認識。選擇鹿港的主要原因是當地妥善運用
政府與民間資源，舉辦的「2006 年、2007 年鹿港慶端陽」內容豐富〔註27〕，
涵蓋大多數保存至今的習俗。

另外，也透過友人介紹，拜訪曾在端午節製丹的陳先生，住在嘉義的陳
先生〔註28〕，與筆者分享實際製作「百草丹」的程序，藉由筆者訪問之特殊
實例，可深入說明節氣與端午節文化兩者的關係與重要性。

受訪者陳先生爲我說明製作百草丹的過程。「百草丹」，參與製作人員性
別不限；除有月事的婦女、孕婦與服喪期間者外。並且只有在端午節時才能
做這具神奇效能的丹丸，切記煉百草丹的整個過程都不能說話。詳細製作過
程是，端午當天子時祭天後，去採一百種以上綠色植物，綠色即可，不認識
植物也沒關係，民間認爲即使是有毒植物，在端午時也會變成沒有毒。摘取
最上端、最嫩的部分，約三吋高的長度〔註29〕，大約黎明時回來，換句話說，

〔註26〕李亦園：〈端午與屈原——神話與儀式的結構關係再探〉，《宗教與神話論集》
　　　　（台北縣：立緒文化，2004 年 10 月初版二刷），頁 327。

〔註27〕文後附圖表：「2006 鹿港慶端陽系列活動節目單」、「2007 鹿港慶端陽 30 週年
　　　　系列活動日程表」。

〔註28〕筆者於 2006 年 5 月 30 日，先以電話訪問端午節習俗的相關問題，認爲百草
　　　　丹值得深入瞭解，故又在 6 月 4 日前往陳先生家，做更詳細的訪問。陳先生
　　　　曾向道家劉培中師傅學習治丹過程，師傅姓名：劉鑫，字：培中，道號：妙
　　　　眞子；曾任清光緒年間之「欽天監」。受訪者陳先生基本資料同註 9。

〔註29〕一吋＝2.54 公分。所以約是近十公分高。

必須趕在天未亮前，即子丑寅三時辰在外摘採完畢。百種植物採集回來後，加入乾淨的流動水，如：山泉，慢熬並於午時加入少許午時水〔註30〕，過濾後去渣的膏狀，冷卻後再加入三種中藥粉：人參、硃砂、沈香，間接風乾便完成。做完之成品當作貢品再度祭天，即完成所有程序。可於平日頭痛、腹痛、精神不濟等時機服用。筆者親身體驗試吃，吃不出其中藥引味道，不過聞起來、嚐起來都有甚濃重的中藥味。據說百草丹只要保持乾燥，存放再多年都不會腐壞且療效依舊，可治百病、養生、保平安〔註31〕，每個人都可以吃，沒有禁忌，但是孕婦或過敏體質等，則需視情況而食用。

古人採集與處理藥草皆相當注重季節和時機。除了端午節的踏百草，尚有重陽節的登高採茱萸、菊花。民間有上巳「踏青」、重陽「辭青」之說〔註32〕，因為以時令言，上巳、重陽和端午一樣，都在季節交接之時。上巳是初春來臨，重陽正值秋寒新至，正在寒露與霜降兩個節氣之間，端午則是已屆夏暑，處於芒種與夏至間，三者都在冷熱交替時節，亦感染時疾，所以節日成為提醒人們注意保生的標誌，故採集藥草選在這些標誌節日而成為相關節俗，是有其背後的道理。

選擇端午節製作百草丹的原因應該是節氣，即先民的端午節習俗延續著夏至觀念，依恃大量的日照與充足陽氣會帶給大地萬物能量；當天凌晨所採摘的植物，與關鍵的午時水，讓製作百草丹只能在端午節進行，因為午時水可保存永久、治百病的兩大功效，也隨著轉移至丹藥。節氣賦予萬物能量，人與植物兩者憑藉的元素是相同的，差別只在於植物是吸收陽氣然後儲存，而人類則希望藉由實質丹藥，幫助自身抵禦逐漸增強的陰氣，以驅逐疫病、維持健康。因為天時讓植物完成最佳狀態，因為陽氣陰氣相互消長，所以人們才必須進行與日常生活不同的儀式，進入非常階段〔註33〕；百草丹藉著午時水和多種植物以吸收大自然的精華，成為可治病保健的丹丸，而其它的一

〔註30〕 午時水，就是在午時汲取的水，傳說具有治皮膚或眼疾等不同病症的療效，若是健康的人喝了能保平安。

〔註31〕 受訪者打趣說，百草丹是「有病治病、沒病當維他命」的萬能丹藥。

〔註32〕 上巳與重陽的相關討論，可參閱劉偉生：〈上巳踏青與重陽登高的生命意蘊〉，《文史雜誌》第5期（2001年），頁22～24。

〔註33〕 李豐楙提到一個重要觀念：『人與自然的密切關係是根據「常與非常」，（非常與日常）的律則……過節時，會進入一個神聖的時間與空間，大致與人類學家的「過渡儀式」相符合。』，請參考李豐楙：〈由常入非常：中國節日慶典中的狂文化〉，《中外文學》第22卷第3期（1993年），頁116～150。

般習俗，則是人們為了預防疾病或不祥之物，其原理一致，根據先民流傳的歲時節氣原則，人們因應自然並做好周全的保護措施。

　　關於「百草丹」，在黃金博物園區的介紹網頁，也有一段記載，製作時間同樣是在端午節：

> 每年端午節舉辦的「青草祭」是勸濟堂的特殊祭典。當地（金瓜石）住戶都會抬著神轎外出找尋草藥，根據神轎的橫杆指處，表示神明指示該處有藥草，居民依神明指示採草藥。除了各種草藥之外，也曾採到石頭、絲瓜，因為是「神明指示」，還是必須帶回廟裡。花了一天時間蒐集的藥草，第二天就必須清洗、陰乾，第三天開始用石臼搗草藥，搗過的草藥還要散開陰乾，依據天候狀況，最快需要七天才能完成搗草藥的程序，最後再由社區居民一起把草藥搓成直徑約三公分的圓球即完成「百草丹」。〔註34〕

在端午節採集多種草藥以完成「百草丹」，主要用途是用以治病，信徒可在祭拜祀關聖帝君後索取丹藥，一次給三份、每份六粒丹丸，加三碗水熬煮成湯狀服用，但近年因醫藥發達，所以索取的人較少，而廟方每年視百草丹庫存量的多寡，決定當年是否採草製作。〔註35〕與筆者採集的資料重複性很高，受訪者贈與筆者兩小罐「百草丹」，表明很多人想得到神奇珍貴的百草丹，但是他們只送不賣。

第二節　驅邪與厭勝

　　明白節日與節氣的關聯後，接著談現今臺灣的端午節習俗。節日與民俗活動中間其實存在著任擇關係，習俗與節日相互關連的內在與外在之緊密程度，也同節日日期一樣，皆非最初便固定的。同一個節日習俗，可能同時出現在不同節日，如上節提過的九月九重陽登高採茱萸和菊花，與五月五的踏百草活動，都是外出去採集符合節令的驅邪植物，做為身上配戴或是飲食的材料。本節欲討論端午節的不同習俗中的驅邪與厭勝文化，將以第二章的習

〔註34〕參考網頁出處：黃金博物園區→相關休憩資源→（左上第二按鈕）相關休憩資源→勸濟堂；勸濟堂的主祀神明是關公。（2007／12／18由黃金博物園發佈「相關休憩資源」之網頁新聞訊息）

　　　　http://www.gep.tpc.gov.tw/web/News?command=showDetail&postId=161330。

〔註35〕筆者於2008年6月9日，電話訪問台北瑞芳勸濟堂工作人員王先生。

俗分類爲架構來做說明。

節日即是進入非常階段，不同於一般日常生活，正符合 Van Gennep 在 *The Rites of Passage* 所提出的重要概念，「過渡儀式」之隔離、轉變（過渡）、再融合〔註 36〕，節日是一種過渡狀態，符合第二個階段「轉變」的概念，是其概念的延伸應用。而後 Victor Turner 按 Van Gennep 界定的框架做研究，並致力於 Van Gennep 比較少談到的第二階段轉變的研究。Victor Turner 的研究領域是人類學，所以著重於人在社會、不同時間與空間等的身心理變化，如：成年禮等人生轉折點，稱爲「通道（過）儀式」或「過關禮儀」〔註 37〕。

Victor Turner 對於過渡階段的看法：

> 把過渡看成一種過程，一種生成，而在過關禮儀中過渡已是一種轉變。〔註 38〕

> 過渡階段或處於這個階段的人，屬性必然曖昧不明，因爲這個階段或這些人，逸出或滑出了文化空間裡一般定位身份與階級的分類網路。〔註 39〕

過渡這個階段，是比較特殊的一個階段，因爲要進行轉變，從原本的樣子轉變成另一種樣子，所以必須隔離，從正常的時間空間中抽離，所以不同於正常，也就是李豐楙所謂的「非常」。

> 日復一日的工作是日常的、正常的，卻也是毫無變化的、單調的，因此需要弛、要放鬆弓弦讓它休息。……狂樂特質就是常民在歲時節日與社祭活動中所遺存的另一層信仰、儀式的意義。……休閒的基本條件之一就是不必從事日常、平常性工作，轉而從事另一種非平常、非日常性的事務，類此由俗入盛時間的「通過」常常是經由

〔註 36〕 Arnold，van Gennep. *The Rrites of Passage*.Chicago：University of Chicago Press，1960.過渡儀式的三個階段因翻譯之故，而有不同譯名，如：「分離、邊緣（閾限）、聚合」，或是「隔離、過渡、回歸團體」等不同譯名。

〔註 37〕 「過渡儀式」、「通道（過）儀式」或「過關禮儀」，也是因爲翻譯未統一而出現不同名詞，但是同指一件事。筆者將以「過渡儀式」此名詞來繼續進行討論。

〔註 38〕 維克托・W・特納（Victor Turner）：〈模稜兩可：過關禮儀的閾限時期〉，史宗主編：《20 世紀西方宗教人類學文選（下）》（上海：三聯書店，1995 年），頁 513。

〔註 39〕 維多・透納（Victor Turner），〈過渡儀式與社群〉，吳潛誠編：《文化與社會：當代論辨》（臺北：立緒文化，1997 年），頁 176。

　　簡單的儀式，使人們得以進出這種異質的時空，此及人類學上所以

　　稱爲「通過儀式」的原因。〔註40〕

因此，節日對比於平日，便是「非常」與「日常」的對照，節日的功能其中
之一，是爲了調節日常生活，讓人們的生活步調能有鬆有緊，像個開關。而
進入節日的非常狀態，就要讓身心理也進入不同的狀態，或許緊張、或許狂
放，爲了達到轉變，勢必要做些與日常生活不同的改變。

　　節日光譜有死亡恐懼及生殖崇拜兩端〔註41〕，端午節是光譜裡偏向死亡
恐懼那端的節日，其最大特徵即爲反映民眾懼怕心理。而死亡恐懼的反面便
是希望延年益壽，除了運用得以被除不祥的水與代表新生、光明的火外，還
會食用增補陽氣、調和陰陽的應節食品。筆者試著將死亡恐懼的節日功能，
歸納出兩個原則：

　　其一，趨吉避凶。爲了自身的健康；調節陰陽之氣、保佑不受疾病或不
祥之物及死亡侵害；善用厭勝以避疫保生。大部分的現今臺灣端午節習俗，
就是屬於個人角度思考爲出發點的。

　　其二，禳災去疫。古時爲了明年的收成；參照農事季節有定期之驅邪日，
解脫整個社會所受的各種災害。這個原則在端午節習俗中，龍舟賽爲公眾轉
嫁災禍的方式之一，使用船當作驅邪的工具〔註42〕。

　　上章整理出的臺灣端午節習俗，共分成五大類：首先，祭祀方面討論祭拜
祖先、送節、贈粽三項。再來，飲食方面又細分午時水、粽、煎餅、飲酒。接
著，在配掛方面有兩類，配戴香包與懸掛物品，懸掛物品再以插艾草、菖蒲等
驅邪植物和午時聯兩小項分述。還有，在娛樂、競賽方面，介紹立（豎）蛋、
踏（採）百草、龍舟競渡與詩文比賽。最後，也對禁忌方面做適度的說明。

　　此五大方面的習俗活動或節物，再以「公眾驅邪／趨吉避凶」與「個人
驅邪／禳災去疫」兩大原則進行歸納之，驅邪納吉的中心意旨已清楚浮現。

〔註40〕李豐楙：〈由常入非常：中國節日慶典中的狂文化〉，《中外文學》第22卷第3
　　　　期（1993年），頁122、135。
〔註41〕楊玉君：〈避疫養生與節日飲食〉，《第九屆中華飲食文化學術研討會論文集》
　　　　（台北：中華飲食文化基金會，2006年），頁389～413。更詳細的節日概念，
　　　　可見楊玉君：〈節日研究架構新議〉，《東亞文化研究》第8期（香港：東亞文
　　　　化出版社，2006年），頁219～235。
〔註42〕佛雷澤舉了許多例子，說明公眾以定期舉行儀式的方式，以輕舟、人、畜送
　　　　走邪魔。詳見佛雷澤（J.G. Frazer）著／汪培基譯：《金枝：巫術與宗教之研究》
　　　　（台北：桂冠圖書，2004年5月初版三刷），頁797～816、頁819～835。

而本節的討論順序，將由公眾驅邪的龍舟活動開始，再接著分析個人保生的其他端午節習俗與相關節物。

　　過去傳統習俗的功能就在一項項節日習俗中流傳下來，縱使歷經幾千年的歲月，加上節日與民俗活動的不斷任擇，累積的許多說法必須層層抽絲剝繭，但終究理出一個可貫穿古今的重要功能，而傳統端午節的重要功能即爲保護自身，所以被趙東玉歸類在「驅邪袪病類節慶」〔註43〕。爲了要保全自身的健康，爲了能夠安全的通過這個關卡，端午節的習俗，大部分都與驅邪有關，而厭勝是其中一種方式；或者是有其象徵意義，例如水與火的象徵，水與火是一組相對的概念，兩者同時具有毀滅與再生的象徵，此部分於後有詳細探討。

　　蕭放認爲，在歲時節日這一特定的時間裡，有三種巫術型態常交織融會，依其性質與目的，大致可分爲避邪巫術、求福巫術與預知巫術，端午節所使用的大部分屬於「避邪巫術」，

> 避邪巫術，即以巫術手段禳除鬼魅邪氣，保護人生的巫術。……在重要的人文節點與自然季節的轉換時期，人們在生理與心理上遭遇到一個時間過渡的危機，需要巫術的幫助。……端午，是楚地典型節日，五月的長江中下游地區，潮濕悶熱，易生瘟病，這對於生存能力薄弱的古代人們來說，的確是難過的「惡月」，五月五日端午節日的形成與確立，與人們要求平安度過「惡月」的意願有關。因此，圍繞著端午的民俗活動，主要是避邪護生的巫術活動。〔註44〕

此段話，亦可輔助證明，古時端午節，人們因爲要在天氣交替、易生瘟病的季節保護自己的健康，亦重視驅邪文化的心理。

　　歷來提到端午節，絕不會忘記的節日習俗必有划龍舟與吃粽子。而划龍舟這個節日習俗活動，在前文已釐清與紀念屈原沒有關係，其實是民間爲了禳災而有的團體活動，雖然隨著時代演變，現今臺灣社會賦予划龍舟的意義，亦非爲了禳災，但是我們必須先瞭解古時節俗的背景與原意之後，下章討論

〔註43〕趙東玉將節日分成六類：1.生產類節慶、2.宗教祭祀類節慶、3.驅邪袪病類節慶、4.紀念類節慶、5.喜慶類節慶、6.社交娛樂類節慶。趙東玉：《中華傳統節慶文化研究》（北京：人民出版社，原 2002 年 10 月出版，2003 年 3 月再版），頁 10～19。

〔註44〕蕭放：《〈荊楚歲時記〉研究：兼論傳統中國民眾生活中的時間觀念》（北京：北京師範大學出版社，2000 年），頁 211～219。

當代節俗時才能有更多體會。所以本節所欲討論的重點有，環繞在飲食、採集與佩掛等相關的節日活動和習俗。

一、火、水的象徵

承接前一節的節氣討論，進入驅邪與厭勝的探討前，可先瞭解水／火這兩種媒介對於歲時節日有什麼意義？在節日的儀式中，水與火佔了重要比例，此組概念需要放在一起討論，較能發現二者在歲時節日的重要性。

水與火是一組相對的概念，兩者同時具有毀滅與再生的象徵，既相對也相輔相成。試將水、火加上陰陽氣的討論，以及夏至與冬至的架構相比較之。火、水是人民生活無法離開的必需品，但這兩項自然物，卻也因為可轉換成不同形態及不同特性，而讓民眾賦予它不同的象徵意義，同一種物質卻擁有多種象徵，分別代表不同討論之切入點。

火在節日中，不一定指實質的「火」，也有可能是太陽的象徵，也可能是具象的燈、燭，或者是燃燒的概念，如：香、煙、灰等，代表著光明並具有毀滅與再生的緊密雙面關係。古人用火，主要用於祭祀與熟食，火也可用於驅疫趕鬼〔註45〕，在古儺的儀式中也可以見到〔註46〕。另外，火也能進行醫療，還有儀式性潔淨的功能〔註47〕，驅邪、醫療與儀式性的潔淨，為本節討論範圍。

有種歲節禮俗——改火。我國古代有改火之俗，即規定某日盡滅舊火，另生新火，而且必須以原始的鑽木取火法來生新火，並舉行有關儀式。因古代取火較之現代有許多不便，一般人家大概都保存火種。且古人認為燃燒過

〔註45〕在進行驅瘟疫鬼儀式的過程中，有用到除穢火把，將祭場除穢，還有招魂儀式也需要香火與燈火；以及祭獻完畢，需要將祭獻的雞頭、雞腳、雞內臟和雞毛等，丟入火裡。可參考李例芬、劉佳云：〈納西族驅瘟疫鬼儀式〉，《民俗曲藝》第 97、98 期，（1995 年 11 月），頁 122、124。

〔註46〕火用於古儺儀式，如《後漢書‧禮儀中》記載漢代儺儀進行的方式：「先臘一日，大儺，謂之逐疫。其儀：選中黃門子弟年十歲以上，十二以下，百二十人為侲子。皆赤幘皂製，執大鞀。方相氏黃金四目，蒙熊皮，玄衣朱裳，執戈揚盾。……周徧前後省三過，持炬火，送疫出端門；門外騎騎傳炬出宮，司馬闕門門外五營騎士傳火棄雒水中。」可見於〔南朝宋〕范曄撰，〔晉〕司馬彪補志、〔唐〕李賢等注：《新校本廿五史後漢書》（台北：史學出版社，1974年），頁 3127～3128。

〔註47〕儀式性的潔淨，指以水、火或是其他物質當作媒介，經由洗浴、觸摸、更替或是跨越等不同動作，以完成潔淨儀式，對人有象徵意義。

久的火易引起疾病，所以隨著季節的變化而改火，目的是為了「救時疾」或「去茲毒」，在儀式上則用火來驅除鬼怪。

> 司爟掌行火之政令，四時變國火，以救時疾。〔註48〕

> 當春三月，萩室熯造，鑽燧易火，抒井易水，所以去茲毒也。〔註49〕

此文獻同時提到易火與易水，可推論不是只有火需要舊換新，古時認為水也需要淘汰更新。關於改火的時間，裘錫圭考證有春季、夏至、冬至。〔註50〕汪寧生則說，可能是春季或秋末冬初，也有一年之中數度改火的例子，從先秦到中古時代、時間由不一致到一致，最後終於固定在清明時節舉行。〔註51〕兩個至日必是改火、改水的好時機，以下這段話也解釋改水與改火的時機在至日，

> 日夏至，禁舉大火，止炭鼓鑄，消石冶皆絕止。至立秋，如故事。

> 是日浚井改水，日冬至，鑽燧改火云。〔註52〕

改火習俗流傳時間甚久，且中外皆有滅舊火、再生新火的此種習俗，在特定節日舉行為多，《金枝》就舉出在不同時機而有的各式「篝火」多例，與「改火」意義相近。

> 除了地點和季節的不同外，一年中任何時間任何地方的篝火節活
> 動，一般都是相當近似的……人們都認為火有利於莊稼生長、人畜
> 興旺，或積極促進，或消除威脅他們的雷電、火災、霉、蟲、減產、
> 疾病，以及不可輕視的巫法等等。〔註53〕

舉行儀式的目的很清楚，為積極促進人們健康與動植物的繁榮，為消滅對人們有威脅的自然災害或病症，包含因為舊火使用太久而產生的疾病，或者是流行傳染病等，屬於儀式性的潔淨。

〔註48〕孫詒讓：《周禮正義》（北京：中華書局，1987年），頁2396。

〔註49〕安井衡：《管子纂詁》（台北：河洛圖書版社，1976年），卷17，頁15。

〔註50〕裘錫圭：〈寒食與改火——介子推焚死傳說研究〉，原載於《中國文化》第二期（1990年），輯入苑利主編，《二十世紀中國民俗學經典·社會民俗卷》（北京：社會科學文獻出版社，2002年3月），頁236。

〔註51〕汪寧生：〈改火的由來〉，《民族考古學論集》（北京：文物出版社，1989年），頁170～175。

〔註52〕〔南朝宋〕范曄撰，〔唐〕李賢等注、〔晉〕司馬彪補志：《新校本後漢書》（北京：中華書局，1975～1981年），頁3122。

〔註53〕佛雷澤（J.G. Frazer）著／汪培基譯：《金枝：巫術與宗教之研究》（台北：桂冠圖書，2004年5月初版三刷），頁921。

　　從遠古就普遍流行於歐洲民間的篝火習俗，五朔節，即克爾特人所謂的貝爾坦節（仲夏，即夏至），是夏天的開端，還有與它相應的萬聖節前夕（仲冬，即冬至），則標誌著冬天的到來，皆是進行改火或篝火儀式的好時機，因為這兩個時間恰巧是太陽在天空軌道中的兩大轉折點，即是中國人面臨著陰陽氣相互消長變化、季節變化的時刻。至日是受重視的改火、篝火時機，是必須舉行舊火換新火的儀式，提醒人們要注意季節即將變化；不過在至日舉行和平時遇到瘟疫而舉行的改火、篝火，都是公眾驅邪的作法。

> 人們都戴用艾草和馬鞭草編的花冠，手裡拿著燕草並隔著燕草注視篝火，認為這樣會保護他們的眼睛整年健康。每人離開的時候，都把艾草和馬鞭草扔到火裡，說道：「但願我的一切厄運都離去，跟這些火一起燒掉。」〔註54〕

西方的篝火儀式，除了新舊火的交替之外，也利用艾草、馬鞭草、燕草等驅邪植物，佩戴在身上並在離去之前丟棄，象徵厄運也隨之燃盡，和中國漢代古儺儀式中，持炬火，將疫病送出端門，並丟棄至水中的道理相同。

　　接著，古時尚有以「艾炙」通其經絡的醫療行為。

> 貫穿歷代炙法用火的史料，炙法的火源以引取太陽之火為上選。炙法的操作中，火具有兩重性：天火──陽燧──艾火。炙法以艾草做為主要燃料，是因艾廣泛應用在蒸燻驅除鬼物的儀式，其燃燒產生的氣味可以用來祓除引起病痛的疫鬼。〔註55〕

太陽之火點燃艾草，燃燒後所產生的熱力與氣味，是艾炙法能夠在醫療方面發生作用的主要療效，能祓除患者身體的不潔，並且通達其血脈。此處，火出現了他種型態，是運用燃燒後的熱、煙與味道，以驅走疾病；使用的艾草，又是端午節中的重要驅邪植物之一，故特地記錄之。

　　而水在節日中扮演的角色，最重要的也是儀式性的潔淨，藉由洗滌或是飲用可辟穢、解毒、去病、延年，能有治療、預防的益處。端午節的午時水、古時與現今社會以驅邪植物當作沐浴材料，還有龍舟賽的地點，都和水有關，而且重點是流動的水，必須是能進行循環或是隨時在流動的水，才能發揮儀

〔註54〕佛雷澤（J.G. Frazer）著／汪培基譯：《金枝：巫術與宗教之研究》（台北：桂冠圖書，2004 年 5 月初版三刷），頁 897。

〔註55〕李建民：〈艾炙的誕生〉，在黃應貴主編，《物與物質文化》（臺北：中央研究院民族學研究所，2004 年），頁 27。

式性潔淨的最大作用。

　　臺灣端午節有「午時水」習俗的相關記載，

　　　　五月五日，爲端午節。……屆中午時候，家家競向井中汲水。名曰
　　　　「午時水」。儲在磁罐，以備解熱毒之用。〔註56〕

　　　　五月五日……以瓶貯水，曰「午時水」，積至經年不臭。〔註57〕

相關文獻紀錄一則在安平、一則在新竹，安平的記載很清楚，接近中午時，於井中汲水，儲存起來能解熱毒，新竹的記載說明了午時水可經年儲存且不臭。

　　黃石對於這類節水的說明是，

　　　　汲節水貯之，一年中清水能久貯不壞，又有治病作用的，只有端五
　　　　的「龍船水」，和七夕的「井華水」，即使不是「聖」，至少也是「潔」
　　　　的。〔註58〕

還有其他地方的風俗例子，在中國，

　　　　歸善縣志：端午，浴於河，謂「洗龍舟水」。

　　　　潮陽縣志：江滸競渡幾一月，奪標者咸以爲榮，且有汲龍船水飲之
　　　　者。〔註59〕

龍船水可飲用也可沐浴，和七夕早晨第一次汲取的井泉水，以及龍鬚水，與午時水有類似的功用，對民眾而言，都有預防或是免災治病的功效。

　　水能夠祓除不祥還有另一個常見的例子，是三月三日的上巳節，

　　　　是月上巳，官民皆絜於東流水上，曰洗濯祓除去宿垢疢爲大絜。絜
　　　　者，言陽氣布暢，萬物訖出，始絜之矣。〔註60〕

人們臨水洗滌，用流動的水洗去身體的污垢，這種儀式性的潔淨，可達到祓除不祥的目的。另外，其他國家也有類似的節日儀式，如每年四月中旬，中

〔註56〕〔清〕不著輯人：《安平縣雜記·節令》，收於《中國方志叢書·臺灣地區》
　　　　卷36（臺北市：成文，1983年），頁4。

〔註57〕〔清〕陳朝龍、曾逢辰纂修：《新竹縣志初稿·考一 風俗／閩粤俗》卷五，
　　　　收於《中國方志叢書·臺灣地區》卷25（臺北市：成文，1983年），頁179。

〔註58〕黃石：《端午禮俗史》（台北市：鼎文書局，1979年）；陸家驥：《端午》（台北
　　　　市：商務印書館，1996年），頁71。

〔註59〕丁世良、趙放編：《中國地方志民俗資料匯編·中南卷（下）》（北京：書目文
　　　　獻出版社，1991年），頁731、782。

〔註60〕〔南朝宋〕范曄撰，〔唐〕李賢等注、〔晉〕司馬彪補志：《新校本後漢書·志》
　　　　第四禮儀上／祓禊（北京：中華書局，1975～1981年），頁3110～3111。

國傣族和泰國、緬甸、老撾等國會歡度潑水節，人們互相潑灑祝福，也是相同意義。

最後，火與水除了在死亡恐懼的節日，具有驅邪去穢的功能外；在光譜另一端的生殖崇拜相關節日，因爲摸燈（丁）而有交感巫術相似律的諧音，民間相信有促進生產的助益，上巳節人們外出至水邊洗滌、遊玩，也間接促進了男女交往、增加人際社交的空間，對生殖有益，因爲水是萬物生命的本源，所以在水中洗浴，將身體浸潤於水成爲祈子的重要程序〔註61〕。

二、端午相關之厭勝節俗、節物

臺灣端午節的習俗，在節物方面，主要將分成兩大面向飲食與佩掛來說明，端午節與驅邪厭勝文化，而節日活動方面，龍舟競渡仍然是最多地方進行的項目。

周榮杰針對臺灣民間較普遍的厭勝物，列舉出五十四種，包含有午時水、粽符（結）、香囊（包）、長命縷、榕艾苦草等，是屬於端午節的節物。〔註62〕舊時家家戶戶都自己包粽子，綁粽子的繩子，以鹹草（蒲，俗稱鹹草）爲材料當作粽索，上端編成辮髮形狀叫做「粽符」，是用來驅鬼辟邪的厭勝物。〔註63〕接續午時水與粽符的介紹，尚有配掛類節物，驅邪植物與香包等端午節俗待討論。

前文提到祓除不祥，水與驅邪植物都是重要的媒介。而在台灣端午節，驅邪植物運用的層面也非常廣泛，其主要作用有：

第一，驅邪植物能夠插在門窗等出入口，阻止惡氣與邪祟進入。第二，人們進行的儀式性沐浴，水與驅邪植物都是要角。第三，驅邪植物也能製成酒，飲用後也能達到保健目的。

由古時浴蘭延伸採百草百藥的習俗，因爲端午節吸收的夏至的習俗，民

〔註61〕上巳洗浴講究東流水，因爲東方主生；還有「湔裙」也與祈子有關，女子涉水渡河，雖撩起裙擺，仍難免有水會濺到裙上，都是祈子於水的作法，且湔裙講求男女配對，更加強祈子的訊息。請參閱楊琳：〈上巳節〉，《中國傳統節日文化》（北京：宗教文化出版社，2000年），頁109～115。

〔註62〕周榮杰：〈臺灣民間信仰中的厭勝物〉，《高雄文獻》第28／29期，（1987年），頁51～91。

〔註63〕郭安：〈慶端陽憶古民俗——2003年鹿港慶端陽〉，《臺灣月刊》第247期，（2003年7月），頁63。

間認為陽氣最盛時，所採集的植物能保存最久，也能把藥性發揮至最大。端午節的驅邪植物，最常見的是艾草、菖蒲，其他還有榕葉（榕枝）、桃枝、蒜等。

　　《安平縣雜記・節令》：五月五日，為端午節……清晨，門楣間插艾葉、菖蒲、龍船花並榕葉一枝，謂老而彌健……祀神後，以雄黃和酒用榕枝或艾葉醮酒遍灑壁間。〔註64〕

艾草和菖蒲是應時的驅邪植物，前文談過艾草能當成藥，用以治療，且可預防夏季滋生的疾病、諸蟲，尤以端午前後採擷氣味最濃，最能及時發揮其功用。端午節是採集艾與菖蒲的良機，

圖3：在門前插艾草、菖蒲、榕葉，筆者到鹿港田野調查所攝。

　　五月五日，謂之浴蘭節。四民並蹋百草之戲，採艾以為人，懸門戶上，以禳毒氣。以菖蒲或鏤或屑以泛酒。〔註65〕

而臺灣也是各處都有採集艾、菖蒲，再懸於門戶或是配戴於身的習俗，也有當作沐浴的材料或是入酒的用途，

〔註64〕〔清〕不著輯人：《安平縣雜記・節令》，收於《中國方志叢書・臺灣地區》卷36（臺北市：成文，1983年），頁3。

〔註65〕〔南北朝〕宗懍，〔隋〕杜公贍、〔民國〕王毓榮校注：《荊楚歲時記校注》（臺北：文津，1988年），頁156～157。

圖4：菖蒲，攝於高雄市原生植物園。

《嘉義管內采訪冊‧歲序》：五月五日，名曰「蒲節」。於中午之際，人民採菖蒲、艾葉入在窩中，湯沸浴沐身體。〔註66〕

《臺灣府志‧風土志》：端午日，昔人取艾懸戶，採蒲泛酒；今合艾蒲共懸之，謂蒲似劍也。〔註67〕

菖蒲主要以根莖入藥，氣芳香，味苦微辛，主要成分是一些揮發油，有鎮靜、促進消化液分泌等功效。它的水浸液對皮膚表面的眞菌有抑制作用。〔註68〕艾草、榕，艾字音通健，取意身體壯健，俗語：「插榕較勇龍，插艾較勇健」。艾草主要是因爲氣味濃烈、形如旗，菖蒲則氣芳香、形狀似劍，且兩者皆具藥性、可入酒，所以民間偏好此兩者作爲驅邪厭勝的植物，賦予爲人們抵擋邪氣鬼怪的重任。午時聯的內容，也都離不開艾與菖蒲，再加上紅色的字（黃紙朱字）或紅色的紙（紅底金字），既有保護自身的功能，又有喜慶洋洋的節日氣氛。

另外，蒜與桃枝，也是臺灣端午節可能出現的驅邪植物。蒜，《本草剛目》載：「《別錄》：『蒜，小蒜也，五月五日採之。』宏景曰：『小蒜生葉時，可煮

〔註66〕 〔清〕不著輯人：《嘉義管內采訪冊‧打貓東頂堡‧歲序》，收於《臺灣歷史文獻叢刊‧方志類》卷36（南投市：臺灣省文獻委員會，1993年），頁66。

〔註67〕 〔清〕高拱乾纂修、周元文補刻：《臺灣府志‧風土志》卷七，收於《臺灣史料集成‧清代臺灣方志彙刊》第2冊（臺北市：文建會〔臺灣史料集成編輯委員會編輯〕，2004年），頁191。

〔註68〕 馬麗：〈端午節與中國菖蒲文化〉，《文史雜誌》第4期（2005年），頁71。

知食。至五月葉枯取根。……亦甚薰臭。』」〔註69〕桃、桃符，《本草綱目》寫道：「桃性早花，易植而子繁。」、「時珍曰：《典術》云：『桃乃西方之木，五木之精，仙木也，味辛氣惡，故能壓伏邪氣，制百鬼。』」〔註70〕可見蒜與桃兩種植物，也是可食用、可避邪，有厭勝的意義。桃有子孫繁茂的象徵意義，驅邪與納吉一體兩面。

而未以驅邪植物當材料入酒之端午酒，尚有雄黃此種重要材料，

漬酒以菖蒲，插門以艾，塗耳鼻以雄黃，曰避蟲毒。〔註71〕

五日，午前細切蒲根，辦以雄黃，曝而浸酒。〔註72〕

《嘉義管內采訪冊·歲序》：用雄黃酒於壁邊，惡虫穢濁入，即能回避逃走。〔註73〕

《澎湖紀略·歲時》：各家門牆俱用雄黃書寫吉慶字樣，以爲辟除不祥。〔註74〕

雄黃用以入酒，可單獨或與菖蒲共同製作，直接飲用或是沾酒塗抹在耳鼻皆可，能去惡驅蟲，故也是端午節的厭勝物，且具有特殊的辛味，因此蛇類嗅到氣味會迅速遠離。不過因爲現代社會醫藥進步，已發現雄黃中含有硫化砷或四硫化四砷的化學成分，雖有祛熱、殺蟲、解毒的功效，卻也可能因食用過量，而引發砷中毒造成人體器官或神經、血管系統的危害，所以現在過端午節已經看不到此項習俗。

總之，端午節用應時的各種驅邪植物，無論是直接插於門戶，或是進行儀式性沐浴、入酒，都是爲了相同的目的，就是在季節改變、陰陽氣變化之時，做到保護強健身體，驅邪厭勝、驅蟲治病或預防的功效。

接著，配掛方面要再說明的是香包，端午節配戴香包爲驅毒防疫，是便

〔註69〕〔明〕李時珍著、甘偉松增訂：《新校增訂本草綱目》卷26，（台北市：宏業書局，1992年），頁52～53。

〔註70〕〔明〕李時珍著、甘偉松增訂：《新校增訂本草綱目》卷26，（台北市：宏業書局，1992年），頁45～46

〔註71〕〔明〕劉侗、于奕正同撰：《帝京景物略》卷二，（台北：新興，1976年），頁103。

〔註72〕〔清〕潘榮陛，《帝京歲時紀勝》（上海：上海古籍出版社，1995年），頁21。

〔註73〕〔清〕不著輯人：《嘉義管內采訪冊·打貓東頂堡·歲序》，收於《臺灣歷史文獻叢刊·方志類》卷36（南投市：臺灣省文獻委員會，1993年），頁66。

〔註74〕〔清〕胡建偉纂修：《澎湖紀略·卷之七 風俗紀·歲時》，收於《中國方志叢書·臺灣地區》第17冊（台北市：成文，1984年），頁156。

於隨身攜帶的節物，尤其比較需要保護的小兒，極為便利又美觀。

　　《淡水廳志・風俗考》：家製繡囊，實以香屑，令兒女佩之。〔註75〕

　　《嘉義管內采訪冊・歲序》：婦女多以緞製繡囊，入以香料，曰「香袋」。小兒多佩在胸前。〔註76〕

圖 5：筆者攝於鹿港，此小朋友的香包上還別有驅邪植物。

　　香包又稱香袋，臺灣端午節各處皆可見街上有人販賣，小兒配掛在胸前，形狀發展至今，有非常多選擇，傳統的粽子形狀與新興的各種卡通造型，一應俱全。文獻記載古時的香包，內置香屑、香料等。而現代香包，裝有芳香性中草藥，其中的揮發性物質緩緩釋放出來，可使呼吸道分泌出較多的免疫球蛋白，已被證實能大大減少罹患感冒的機會。〔註77〕所以，無論古今，戴香包都是為達到保健避邪之目的。

　　而在飲食和節日娛樂活動方面的端午節俗，說明如下，

〔註75〕 《臺灣文獻叢刊》中，此條風俗有多處紀錄，新竹縣志、苗栗縣志、淡水廳志等五條。此列一出處為代表之，請見〔清〕陳培桂主修、楊浚纂輯：《淡水廳志・考一 風俗考》卷十一，收於《中國方志叢書・臺灣地區》第 15 冊（臺北市：成文，1984 年），頁 300。

〔註76〕 〔清〕不著輯人：《嘉義管內采訪冊・打貓南堡・歲序》，收於《臺灣歷史文獻叢刊・方志類》卷 36（南投市：臺灣省文獻委員會，1993 年），頁 37。

〔註77〕 田明：〈節令養生錄──端陽也是衛生節〉，《長春月刊》，（2000 年 6 月），頁 153。

《嘉義管內采訪冊‧歲序》：五月五日，端午節。俗名五日節。以竹葉包糯米爲粽，所謂「角黍」。親朋以此投贈，亦以此祀神祇、祖先。〔註78〕

《諸羅縣志‧物產》：月桃：葉似蓮蕉。花黃白色，倒垂，香而濁；一莖可數十蕊。臺產五月始開。端午日，取其葉以爲角黍；摘花插小兒髻上，又名虎子花。〔註79〕

包粽子，有可能用竹葉或月桃葉，粽子可用於交際、祭祀，當然也用於食用，且民間認爲有厭勝保健效果。

另外，粽子與立蛋，都代表一種宇宙圖式〔註80〕，似混沌與宇宙的創生，開展出一個象徵意義〔註81〕。《風土記》：「取陰陽尙包裹未散之象也……陽內陰外之形，所以贊時也。」〔註82〕小小的粽子，粽葉、粽結有厭勝功能，粽子本身也有陰陽包裹之意，我們食用粽子的同時，也打開這個宇宙圖示，象徵吃下陽氣去抵抗即將越來越強大的陰氣〔註83〕。

蛋的象徵意義又更明顯，臺灣端午節有立蛋節俗，蛋在神話學中有渾沌、宇宙的意義，且象徵生殖、豐饒。

《藝文類聚》（卷一）引《三五歷紀》中記載：天地混沌如雞子，盤古生其中。萬八千歲，天地開闢，陽清爲天，陰濁爲地。〔註84〕

〔註78〕〔清〕不著輯人：《嘉義管內采訪冊‧打貓南堡‧歲序》，收於《臺灣歷史文獻叢刊‧方志類》卷36（南投市：臺灣省文獻委員會，1993年），頁38。

〔註79〕〔清〕周鍾瑄主修、陳夢林總纂：《諸羅縣志‧卷十 物產志‧物產》，收於《中國方志叢書‧臺灣地區》第7冊（臺北市：成文，1984年），頁215。

〔註80〕「宇宙圖式」是指傳統的宇宙認知模式，是各種宇宙觀念的集大成，可以整合成基本的平面圖式，建構出認識宇宙的空間模式。請參見呂理政：《天、人、社會──試論中國傳統的宇宙認知模型》（台北：中央研究院民族所，1990年），頁31。

〔註81〕可參閱依利亞德 Mircea Eliade 著／楊素娥譯、胡國楨校閱：《聖與俗：宗教的本質》（台北：桂冠，2000年），頁79～82。

〔註82〕因〔晉〕周處《風土記》原書已散佚，故參見《荊楚歲時記》引《風土記》之原文。〔梁〕宗懍，〔隋〕杜公瞻、〔民國〕王毓榮校注：《荊楚歲時記校注》（臺北：文津，1988年），五月，頁175。

〔註83〕中國古代有一個普遍性的概念，將人體與宇宙整體做類比，而有小宇宙和大宇宙的説法。人可以用多種方式與宇宙相類比；於飲食方面，亦需調理體內之陰陽，以與四時相應、達到平衡。請參考呂理政：《天、人、社會──試論中國傳統的宇宙認知模型》（台北：中央研究院民族所，1990年），頁5～8。

〔註84〕〔唐〕歐陽詢撰／汪紹楹校：《藝文類聚》卷1（上海市：上海古籍出版社，

蛋是一種最原始的混沌狀態，除了在中國神話中可見，也能在西方的復活節發現。復活節是春分或春分後，第一個月圓後的第一個星期日。而蛋與兔子是其重要節物，蛋象徵春天及新生命的開始，兔子有極強的繁殖力，於是兔子便被視爲復活節的象徵。〔註85〕端午節立蛋除了娛樂功能外，也有可能含有神話意涵。

圖6：鹿港文武廟前的彩繪立蛋。

　　然後，關於龍舟賽的問題探討，賽龍舟的由來與目的爲何？學者其實各持不同的看法。

　　江紹原根據《古今圖書集成·歲功典》，發現競渡的前身是一種「禳災」的儀式，其用意是爲驅疫。〔註86〕龍舟用以禳災，就是《金枝》所謂運用交感巫術，公眾「以輕舟、人、畜送走邪魔」來轉嫁災禍的習俗。

　　在文崇一的論述中，對於賽龍舟與農業的關係，與其宗教功用有清楚的解釋，認爲競渡可以驅除瘟疫、消災與保平安。〔註87〕由此可知，人們對於

　　　　1965年）。
〔註85〕生物在春天復甦，且有繁盛的生殖力，故認爲春天是自然界復活的象徵意義。請參考依利亞德 Mircea Eliade 著／楊素娥譯、胡國楨校閱：《聖與俗：宗教的本質》（台北：桂冠，2000年），頁191～195。
〔註86〕江紹原：〈端午競渡本意考〉，原載於《晨報副刊》（1926年），輯入苑利主編，《二十世紀中國民俗學經典·社會民俗卷》（北京：社會科學文獻出版社，2002年3月），頁11～23。
〔註87〕文崇一：〈楚的水神與華南的龍舟賽神〉，《中國古文化》（台北：東大出版社，

龍舟競渡的消極與積極心態，依舊是圍繞著驅邪納吉的面向在思考。

　　劉棄果、陶鳳秋則是從圖騰的角度思考龍舟競渡。劉棄果認為，龍舟競渡是由祭祀歌舞龍舟演變而來，其目的是祈求龍神保佑，風調雨順、農業豐收。〔註88〕而陶鳳秋的結論是，龍舟競渡起源於原始社會的蛇圖騰獨木舟競渡（後演變成龍圖騰），後來產生祭龍的習俗。〔註89〕還有不同看法，認為龍舟競渡是為了祭祀龍神，希望藉由競渡可達到豐收。

　　還有直接將龍舟與祓褉相結合者，劉顯銀是認為龍舟競渡中的祭祀活動，與古代人們的祓褉禮儀有淵源，反應了龍舟競渡中對水的崇拜和求子求福、祓除邪惡的觀念。〔註90〕從生殖崇拜的角度出發，側重驅吉，不過驅邪納吉原就是無法分割的兩面，所以死亡恐懼的另一面也不容忽視。由以上多位學者的論點言，意見匯流至同樣的大方向——驅邪厭勝，祭龍神和去疫、禳災、納吉、保平安，都是人們為了在端午節保護自己的措施。

　　最後，看看以下三例臺灣的龍舟競渡習俗，

　　《安平縣雜記·節令》：自五月初一起，至五日，寺廟及海岸各船鳴鑼擊鼓，名曰「龍船鼓」。好事者，於港口結巾扇等物為標，划小船爭相奪取。土人亦號為「鬥龍舟」。親友往來賀，略如元旦。〔註91〕

　　《噶瑪蘭志略·民風》：沿溪上下，以小駁船或漁舟，競斗勝負，好事者用紅綾旗為標，插諸百步之外，令先奪者鳴鑼喝採，蓋龍舟錦標之遺云。〔註92〕

第三例呼應之前提過的水仙宮祭祀水神，不過前文討論是為證明屈原也為水神之一，在台灣人民心中有一定的地位，而此處則沒有提到屈原，只說明龍舟要下水比賽之前，必須先到寺廟祭拜、請水神。而前兩例則都是強調龍舟

　　　　1990年），頁75～79。

〔註88〕劉棄果：〈龍文化與龍舟競渡〉，李瑞岐、楊培春等主編《中華龍舟文化研究》，（貴陽：貴州民族出版社，1991年5月），頁8～9。

〔註89〕陶鳳秋：〈龍舟競渡起源新探〉，李瑞岐、楊培春等主編《中華龍舟文化研究》，（貴陽：貴州民族出版社，1991年5月），頁56～61。

〔註90〕劉顯銀：〈龍舟與祓褉〉，李瑞岐、楊培春等主編《中華龍舟文化研究》，（貴陽：貴州民族出版社，1991年5月），頁73。

〔註91〕〔清〕不著輯人：《安平縣雜記·節令》，收於《中國方志叢書·臺灣地區》36（臺北市：成文，1983年），頁4。

〔註92〕〔清〕柯培元撰：《噶瑪蘭志略·風俗志·民風》卷十一，收於《中國方志叢書·臺灣地區》21（臺北市：成文，1983年），頁113。

競渡的熱鬧，競渡的意義在吳瀛濤對於龍船的敘述較明顯，

> 軸上懸一份紅布長旗，書「四時無災」、「八節有慶」、「國泰民安」、
>
> 「風調雨順」等字句，爲「龍目」。〔註93〕

在龍舟上懸掛一面紅旗，寫上人民的願望，多是祈求豐收、平平安安的過生活，要完成這樣的願望，必定需要有驅邪納吉的儀式才能達到。

　　以上的討論，已將端午節的活動與節物，更深入的再做說明，臺灣端午節節俗可以厭勝文化做統合，以保護人們去抵抗死亡的恐懼。

〔註93〕吳瀛濤：《臺灣民俗》（台北市：眾文圖書，2000年1月再版），頁14。

第四章　臺灣端午節構成分析

　　本章要討論的是端午節的背景分析，包含時間觀的構成與不同階層身份對於端午節的看法，還有現今社會如何過端午節及人民過節的心態分析。第一節的重點，筆者擬由三個方向進行討論，會先由時間觀做引子，討論民俗、人類學家眼中的大傳統／小傳統，反映出同個時代不同社會階層的觀點。社會學家則習慣用上下流動的模式說明，因此有在上位者的時間與節日觀（由上而下）／在下位者的時間與節日觀（由下而上）由不同角度出發。而第二節則是分享筆者親身走訪的田野調查，對於近年來端午節的觀察與發現，還有晚近的報紙對於端午節的觀察和分析。由筆者個人觀點，與平面媒體反應大眾所關心的議題，二方面相互印證。

第一節　傳統節日巨觀

　　第三章探討過節日與節氣的關係，又從節氣延伸至驅邪和象徵等節日習俗的概念，接著，要將節日再放入其他討論，從時間與節日習俗的社會背景分析等巨觀層面做說明。本文將從時間觀、共同心理與大傳統／小傳統，三層面與端午節的關係進行梳理與舉證。

一、時間觀〔註1〕

　　時間觀已經發展成一門專門學說，有所謂「時間學」。如金哲、陳燮君便

〔註1〕　學者蕭放對於中國古時的時間觀，有多篇文章發表，影響筆者理解甚多。主要觀念來自，〈歲時──傳統中國人的時間體驗〉等系列文章，與《〈荊楚歲時記〉研究：兼論傳統中國民眾生活中的時間觀念》一書。

在其著作中詳細介紹，他們提到時間觀發展有三個階段：以「自然思辨」、「絕對時間」、「相對論」為特徵的時間理論發展時期，而縱觀中外幾千年的時間觀發展史，基本的歷史經驗由三方向推動：1.科學技術的進步推動了時間觀念的發展、2.兩種思想的鬥爭促進了時間理論的深化、3.理論體系的揚棄導致了時間理論的更新。所以，時間觀是非常錯綜複雜的。〔註2〕而本文的時間觀，指的是神話、民俗或宗教學所提到的，著重於群眾過節的心理而感應到的時間觀念，本節以蕭放與張銘遠的時間觀為主要概念。

首先，在時間觀方面，王孝廉指出，在中國與西方，初民尚未發展出直線時間概念之前，世界上各民族，都是把時間看做是一種圓形有如車輪般循環的東西。但是，圓形時間的觀念與信仰，隨著人文主義的興起，取而代之的是直線時間觀，由過去、現在、未來所構成。〔註3〕上一章所討論的二十四節氣，便是屬於循環時間的一種概念，每年的節氣不斷往復、形成循環，節日也是每年重複遞嬗。

所以，自然時間可以分為兩個大類：循環性與線性，在最原初之時，民眾認為時間是個不斷重複的圓，之後才發展出時間不斷流逝的概念。不過，時間雖然是隨著過去、現在到未來的直線般流逝，在開展的向度上呈一直線，可是每年都會出現有相同的日期，用來計算時間的年月日像個連續的圓，每年重複，節日當然也是每年出現。

蕭放認為，此種曆法意義的周而復始的年度時間概念，就是「歲」，古代以冬至到冬至或立春到立春的時間長度為歲，文中區分出「天時」與「人時」，差別在於自然節律變化或人文時序活動。人時的主要概念，是群眾在社會中，因生活需要而形成的時間習慣，大致上遵照著自然節序，如：配合農業而創設的二十四節氣，以陰陽合曆的曆法時間做為人事活動的依據，並加入宗教、歷史與傳說、神話，組成所謂「人時」，即一套自成體系的人文時間系統。〔註4〕

〔註2〕 詳見金哲、陳燮君：《時間學》（台北：弘智文化出版，1995年），頁38～66。
〔註3〕 王孝廉：〈死與再生——回歸與時間的信仰〉，原載於中國古典文學研究會主編：《古典文學》（台北：臺灣學生書局，1979年），輯入王孝廉：《中原民族的神話與信仰——中國的神話世界（下編）》（台北市：時報文化，1992年），頁133～134、128。
〔註4〕 蕭放：〈歲時——傳統中國人的時間體驗〉，《西北民族研究》第2期，（2002年），頁58、61、63。

或是「心時」，指人們對生活中的時間特性的情感體驗與價值判斷。蕭放認爲，傳統社會的人文時間，帶有一定的主觀性，不同時間特性運用「宜」與「忌」，「吉」與「凶」，「柔」與「剛」，「良時」與「惡日」等相互調配，爲達到人與自然關係的和諧。而這裡的自然，是人文意義下的自然，指神靈、祖先或鬼魅。〔註5〕就如蕭放所言，傳統節日就是因著人時、心時而產生的，在每年的相同時刻，去進行節日習俗，並藉著這個動作，去取得人時與天時之間的和諧。

張珣與林淑蓉所整理的時間經驗又更細膩，將時間詳細區分出多種類型，偏重在人文的概念上，與自然時間有異。張珣的文章，提到因爲科學出現，而有「物理時間」，還有以社會事件或社會活動而作爲分隔依據的「社會時間」，還有以個人生命歷程的感受而得的「傳記時間」，並將個人時間與世俗時間放入世俗時間，最後以「神聖時間」與「世俗時間」做對立，離開日常社會角色與場景，便有可能達到無分別的神聖時間。〔註6〕而林淑蓉則是以人類學家對時間的概念爲主軸，強調社會文化的脈絡裡，時間與人的關係。〔註7〕總之，無論將時間概念如何做區分，天時與人時，個人時間與社會時間，世俗時間與神聖時間，都是在自然時間外，又另闢了人對於社會文化所體察的時間觀，而非純粹順應著四時，是帶入了人們對時間的心理感受。

時間觀從自然時間與人文時間的脈絡看，自然時間有線性與圓形時間，人文時間無論是社會時間、傳記時間或世俗時間與神聖時間，都是依著人們的感受而言，前者是以對象的多寡而區分，後者則是畫分不同的時刻，如同過渡儀式所言，在某種狀態或爲了過渡某個階段的分別。此概念就是依利亞德所說：

> 一方面，時間中有所謂神聖時間的時段，即節慶的時間（顯然大部
> 分的節慶時間是定期的）；另一方面，凡俗時間，即日常生活中無宗
> 教意義活動的期間，亦有其存在的價值。雖然這兩種時間不同質、

〔註5〕 蕭放：〈歲時——傳統中國人的時間體驗〉，《西北民族研究》第 2 期，（2002年），頁 63。

〔註6〕 請詳見張珣：〈香客的時間經驗與超越：以大甲媽祖進香爲例〉，黃應貴主編《時間、歷史與記憶》（台北：中研院民族所，1999 年），頁 75～78。

〔註7〕 請詳見林淑蓉：〈生產、節日與禮物的交換：侗族的時間概念〉，黃應貴主編《時間、歷史與記憶》（台北：中研院民族所，1999 年），頁 229～234。

不連貫，但是，當然也有使二者連貫起來的解決辦法；藉由儀式，

宗教人便得以安全地由凡俗期間，過渡到神聖時刻。〔註8〕

每次過節，就是再次臨現神聖時間，而要從世俗時間進入神聖時間，必須透過儀式。因此，節日與時間觀的關係，是人們藉由儀式創造一個不同於平日的時空，來達到目的，而這個目的在民俗學，是驅邪厭勝或促進生殖，在宗教學即是進入過渡狀態，希望進入再出來後，是完成淨化、變成煥然一新，已經再生的新狀態。

端午節表現出的特殊時間觀，可替端午節在整年的歲時節日中找定位。張銘遠將端午節的重點放在夏季節俗與生命轉換，

端午節的本意應該是半年節，漢族民間傳統上以三大節日——春節、端午、中秋爲重，這三大節日正式一個農事年的始、中、末的標誌。無論節日是在五月或者六月；無論漢族還是少數民族，其節日功能在民眾的觀念中，都是農事季節終結和開始的中介。〔註9〕

也詳細地爲端午節從一年的不同時間做不同定位，找出它的型態結構，

1. 它是歲末的節日，意味著收穫的完結。

2. 它是歲首的節日，意味著耕作的開始。

3. 它是過渡的節日，意味著作物從幼苗走向成熟。……既有春天節日的功能特徵——象徵著孕育和新生；又有冬天節日的功能特徵——象徵著死亡和回歸；同時又具有自身獨特的功能特徵——象徵著生命由幼小走向成熟，如同人的成年禮。〔註10〕

這個說法，爲端午節找到定位，不同功能也分析得很清楚，並且將傳統節日與人的一生相比擬。因爲端午節的時間在一年的中間，所以被當作承先啓後的節日。而人生的階段，承接的是成年階段，必須揮別兒童以便新生走向另一個階段，端午節與成年禮，確實有相似的象徵意義。端午節，除了因爲季節的轉變，而必須有驅邪厭勝的保護措施外，也因爲它在時間上的特殊位置

〔註8〕依利亞德 Mircea Eliade 著／楊素娥譯、胡國楨校閱：《聖與俗：宗教的本質》（台北：桂冠，2000年），頁115～116。

〔註9〕張銘遠：《生殖崇拜與死亡抗拒——中國民間信仰的功能與模式》（北京：中國華僑出版公司，1991年），頁87。

〔註10〕張銘遠：《生殖崇拜與死亡抗拒——中國民間信仰的功能與模式》（北京：中國華僑出版公司，1991年），頁88。

而有深層意義，除爲時間的中介外，本身也同時是農事耕作的過渡與中介，作爲標誌的意義更加重要。

　　而臺灣端午節的節俗中，可舉例與時間觀做說明者，爲午時水。午時水必定得在午時（即中午時一點至一點）汲取，才能發揮功效，例如李秀娥調查鹿港奉天宮取甘露水的儀式，

> 以民國八十四年取甘露水爲例，由於執事者一時疏忽，實際上是取
> 到上午十點五十分前後的水，該回奉天宮所取得的並非眞正的「午
> 時水」。由於時辰不對，該次所取之甘露水只保存了短暫的二十多天
> 而已，所有的水在一夕之間全變黑。〔註11〕

由此例可發現時間對於端午節俗的重要性。李秀娥對於鹿港奉天宮取甘露水的儀式與意義，有很詳細的說明，在她的定義下，甘露水因爲必須午時執行取水儀式，所以也屬於「午時水」的一種，雖有別於端午日所取之午時水，固定於每年奉天宮主神蘇府大王爺的神誕日（農曆四月十二日）後三天舉行，透過身著非常性宗教服飾的法師，執行請神與多重的清淨儀式處理後，即可由「日常」的「凡俗之水」提升成爲「非常」的「神聖之水」，具有治病解瘟或保健之療效。〔註12〕

　　午時水與第三章討論過的百草丹，都必須在一定的時間進行，汲取午時水是端午當日午時的水才能發揮效用，百草丹也要在端午當日採集多種植物來製作，且按照一定的程序，成品才能治百病、養生、保平安。立蛋也是在端午節的午時舉行，可見端午節的節俗強調時間性，尤其注重「午時」這段時間。

二、共同心理

　　古今中外都有一個共同的概念，可考察出現今社會仍保存著先民的習俗信仰。中西的節日有許多相似之處，代表人們皆有趨吉避凶的渴望。因爲這些傳統保存在人類的心靈中，雖然一代代不斷改良，但是最根本的想法仍舊有部分不變，並隨之流傳下來。

〔註11〕李秀娥：〈鹿港奉天宮取甘露水的儀式與意義〉，《鹿港的信仰與曲館研究》（台北：國立編譯館主編／博揚文化發行，2006年1月），頁92。

〔註12〕李秀娥：〈鹿港奉天宮取甘露水的儀式與意義〉，《鹿港的信仰與曲館研究》（台北：國立編譯館主編／博揚文化發行，2006年1月），頁63～91。

　　關於節慶的習俗與群眾過節的心理，可先說明人類的一種心理狀態，黃石稱爲「共同心理」，筆者認爲實際上可等同於榮格所謂的「集體潛（無）意識〔註13〕」。

　　民俗學上，黃石以「共同心理」或「遺俗」看待，

> 風俗演進，始終去不了陳跡的「舊滓」，民俗學者稱爲「遺俗」（Survival），往往於此推得風俗根源，是不可忽視的。

> 若用比較法，可以把這個節期（五月節），遠遠推到原始時代的初民。因爲人類有共同心理，三代的禮俗，也是初民在仲夏見太陽變相而生的信念與反應行爲的遺留。……在現在科學文明和經濟組織兩大威力的照臨之下，端午節的實質與形式，已在暗中轉變。〔註14〕

而神話學與心理學方面的研究，也有提到相似的概念，榮格擴展並深化了佛洛依德的無意識概念，

> 解釋不同時代、不同文化之間與心理形象上的相近之處時，構想出所謂的集體無意識……集體無意識是心靈運作、人格完美和內在轉變的終極泉源。〔註15〕

> 所謂的「集體潛意識」，換句話説，這個部分的心靈傳承了人類共通的心理遺産。〔註16〕

這種共同心理，隨著悠長的歷史，並未從人們的心理消失，反而隨著一代代的歷史傳承，傳統節日的行事、儀式、活動等，也承接著此種共同心理。節

〔註13〕因翻譯而有不同譯名，「集體無意識」或「集體潛意識」皆可，原文同爲 the collective unconscious。概念出自 Robert H.Hopcke 作／蔣韜譯：《導讀榮格》（台北：立緒文化，1997 年），頁 3。

〔註14〕黃石：《端午禮俗史》（台北市：鼎文書局，1979 年），頁 140、217～218。另外，林惠祥則是引彭尼的説法稱之「遺存物」：『一方面應觀察現代文明民族中無學問階級所保存的奇異信仰、慣習與故事等，這些事物是由口頭一代一代的傳襲下來，實爲無學問階級的唯一心靈上財産。又一方面，則在未開化民族中也可獲得很多與上述相同的材料。由於這兩者的相同，發生了一種假説，以爲文明民族的這些事物，必是由野蠻時代傳下來的，因此便可稱之爲「遺存物」。』可參閱林惠祥：《民俗學》（台北：臺灣商務印書館，1986 年11 月，台四版），頁 3。

〔註15〕Robert H.Hopcke 作／蔣韜譯：《導讀榮格》（台北：立緒文化，1997 年），頁3。

〔註16〕榮格 Carl G.Jung 主編／龔卓軍譯：《人及其象徵：榮格思想精華的總結》（台北：立緒文化，1999 年），頁 115。

日與習俗，由任擇到定型、固定日期，是逐漸形成的。而節日與習俗的關係，仍不斷出現變動，節日行事的繁簡會隨環境或其他因素發生改變，但是追尋的象徵精神卻是與共同心理流傳下來，直到現代。

共同心理與端午節的關係，則可由臺灣與日本、韓國的端午節習俗得知。與臺灣鄰近的日本與韓國，端午節的源頭都是中國，中國端午節流傳到不同地方後，現代的端午節，皆已經發生變異。臺灣端午節的節日習俗，第二章已經介紹過，而日本與韓國的節日習俗則簡述不同特色於下。

日本文獻中首見端午節，是《續日本紀》仁明天皇承和 6 年（公元 839 年）〔註 17〕，約是在中國的唐朝。據學者考察，在端午節傳入日本之前，日本已認爲菖蒲、艾、楝樹等具有驅魔效果。又，日本的端午節變異發展有四時期，但基本上保持了「保生護命」的意義。四個變異過程：1.與應季植物「菖蒲」有關，2.日本古俗「打石戰」，3.與節日期間陳兵器、豎軍旗與擺設「武士偶人」，4.「鯉魚旗」的誕生。最初以「保生護命」爲本義的日本端午，最終變成了一個以實戰練兵、炫耀武力爲目的的「尚武之節」。〔註 18〕而 1873 年明治政府宣布廢止農曆後，端午節即由農曆五月五日改爲公曆 5 月 5 日，戰後日本政府將 5 月 5 日作爲固定的 12 個節日之一，稱作「兒童日」，是屬於男孩子的節日。〔註 19〕在當代，日本過端午節，只是各個家庭的個人性活動，若要找集會活動，即使在受中國文化影響很大的沖繩和日本西部地區，也只是舉行競渡活動，不過其農耕禮儀的占卜年成豐歉意義也已經消退，而是發揮活動本身所具有的遊戲性與娛樂性。〔註 20〕

現在的日本端午節雖然已非中國的端午節，但是共同心理的現象，可由兩點看出。第一點，日本在傳入中國的端午習俗前，人們就已經賦予菖蒲與艾等植物的功能，可用來驅邪。中國與日本不同區域的民眾，想法卻相似，

〔註 17〕此文獻出處，是轉引自史麗華：〈中日傳統節日比較〉，費蕙萱、沈仁安主編《中日民俗的異同和交流──中日民俗比較研究學術研討會論文集》（北京：北京大學出版社，1993 年 4 月），頁 93。

〔註 18〕閻苗：〈論端午節在日本的變異──明治以前日本端午的特色〉，《日語學習與研究》（2006 年）第 4 期總 127 期，頁 60～62。

〔註 19〕史麗華：〈中日傳統節日比較〉，費蕙萱、沈仁安主編《中日民俗的異同和交流──中日民俗比較研究學術研討會論文集》（北京：北京大學出版社，1993 年 4 月），頁 95。

〔註 20〕陳勤建：《民俗視野：中日文化的融合和衝突》，（上海：華東師範大學出版社，2005 年 10 月），頁 167。

足見之。第二點，因為菖蒲的形狀似劍，所以臺灣與中國，發展出午時聯，文字書寫「蒲劍斬千妖」並懸掛於門戶旁，似形成一種門內外的界線畫分，拿著武器阻擋著邪氣侵入。日本卻是往武力的方向走，變成男孩節，但是最終仍舊與趨吉避凶之目的有關。飲端午酒能保護自身，貼午時聯有保護門戶，將空間區隔出來的儀式象徵作用；掛鯉魚旗，對於男孩有祝賀意義，願孩子們健康成長。所以，雖然經歷長時間的發展，無論習俗的面貌如何轉變，仍是人類所遺留下的共同心理，對自身的保護與祝願，具有一致性。

至於受到國際重視的韓國端午祭，在江陵地區被保存得很完整，不僅於1967 年受到韓國政府保護，為「文化財 13 號文化遺產」，並在 2005 年 11 月24 日（巴黎時間）被聯合國教科文組織正式確定為「人類傳說及無形遺產著作」，引發國際間不少討論聲音。黃杰認為，現今韓國江陵端午祭由「儒教式祭儀」和「巫俗祭儀」兩部分組成，即官方與民間的祭祀活動，且從歲時民俗的傳承性特徵看，韓國端午祭更符合中國端午節的原意。〔註 21〕還有學者到當地田野調查後指出，

> 「江陵端午祭」雖然得到政府的支持和重視，但它並不是一項官辦
> 的活動，而是始終深深植根於民眾之中，它所蘊含的文化精神依然
> 傳承於現代人的心裡。……江陵端午祭的「根」，是貫注著該地區民
> 眾的共同信仰的那些基本祭祀禮儀。〔註22〕

由此可知，現代的韓國端午節，是隨著古時端午節的習俗傳承至今，除江陵地區外的大多數民眾，可能也已經遺忘端午節的古俗意義，但是江陵地區卻未丟棄，將這份潛藏在人們心中的共同心理保存猶新。

三、在上位者與在下位者〔註23〕

時間觀在不同階層對象，其感受也有異；上段也陸續提到民間與官方不同階層，對於節日的處理會有差異。此層面，可運用所謂的大傳統／小傳統來做說明。大傳統與小傳統是由美國人類學家羅伯特・雷德菲爾德（Robert

---

〔註21〕黃杰：〈從歲時民俗特徵比較中韓端午節端午祭〉，《浙江大學學報》（人文社
　　　會科學版）第 37 卷第 4 期，（2007 年 7 月），頁 95～97。
〔註22〕賀學君：〈韓國非物質文化遺產保護的啟示——以江陵端午祭為例〉，《民間文
　　　化論壇》第 1 期，（2006 年），頁 75。
〔註23〕沿用蕭放：《《荊楚歲時記》研究：兼論傳統中國民眾生活中的時間觀念》書
　　　中，所使用的名詞，也參考其討論時間觀的概念。

Redfield）在 1956 年出版的《農民社會與文化》中首次提出的一種二元分析的
框架，用來說明在複雜社會中存在的兩個不同文化層次的傳統。大傳統是指
以城市為中心，社會中知識分子所代表的文化；小傳統是指在農村中農民所
代表的文化。雷德菲爾德注重於強調二者之間的差異性，把二者置於對立面，
認為小傳統處於被動地位，在文明的發展中，農村不可避免會與城市出現發
展不等的差距。〔註 24〕大傳統與小傳統的差異，來自於不同階層對象的觀念
不同，大傳統多指在上位者與城市中的知識份子，小傳統則是在下位者與農
村中的農民，二者對照出來的結果。

　　蕭放提出在上位者的時間與節日觀（由上而下）／在下位者的時間與節
日觀（由下而上）。在上位者以月令體系為主，在下位者則偏好歲時記體系。
他同時認為，魏晉南北朝時期，中國社會政治面臨變局，就是來自時間觀念
的變化。因為一統的政令性的時間敘述中斷，所以傳統月令被新興的地方歲
時記代替，歲時記的意義不僅在於它記述了地方民眾的時空生活，更重要的
是它改變了時間敘述的性質。從王官之時到百姓日用之時，這是一個巨大的
歷史進步。〔註 25〕蕭放的這個看法，其實就是大傳統與小傳統，不過他將在
上位者與在下位者清楚的定義為月令與歲時記，由古時流傳下來的這兩類文
字，去找尋互相影響，乃至大傳統被小傳統超越的例子，但討論較侷限於魏
晉南北朝之前。

　　在台灣，李亦園又將大小傳統的概念運用於中國文化的研究，並對應於
中國的雅文化和俗文化。不但發現兩者之間相互影響，且基於中國文化中的
和諧與均衡追求的宇宙觀，可將上述概念置入其所提出的「三層面和諧均衡
宇宙觀」或可稱「致中和」宇宙觀架構。〔註 26〕蕭放與李亦園，都是對大傳
統與小傳統的概念加以延伸，並深入的應用於歲時節日或中國社會。

　　臺灣端午節，大小傳統的流動影響，可以鹿港為例。民國以來，鹿港由
1978 年迄今，辦理端午節慶活動都未間斷，端午節節俗就在歷年活動中，結
合古今、融入創意。大小傳統的流動其實很頻繁，其中又以受教育一事，對

〔註 24〕可參閱鄭萍：〈村落視野中的大傳統與小傳統〉，《讀書》（2005 年 7 月），頁
　　　　11。
〔註 25〕蕭放：《〈荊楚歲時記〉研究：兼論傳統中國民眾生活中的時間觀念》（北京：
　　　　北京師範大學出版社，2000 年），頁 122～230。
〔註 26〕請詳見李亦園：〈傳統中國宇宙觀與現代企業行為〉，《漢學研究》第 12 卷第 1
　　　　期，（1994 年 6 月），頁 3～9。

於節俗的觀念影響最多。前文提過，因為受教育而有端午節是紀念屈原的觀念，教材對於端午節的描述，會型塑或改變受教育者的觀感。也因為年輕一代受教育，所以眼界變得寬廣，進而想要帶動地方風氣與建設，第一屆的「全國民俗才藝活動鹿港觀光週」，便是在一群青年組織的「鹿港國際青年商會」策劃下，發展至近年不斷擴展活動範圍與項目。2001 年後，還獲選為「臺灣十二大節慶活動」，獲得政府給予辦理活動的補助經費。端午節的本義是為驅邪，而非紀念屈原而食粽與划龍舟，但是因為學校的課本教導學生，使得現今端午節與屈原的關係密不可分；韓國江陵或臺灣鹿港，端午節的節慶活動，都是民間自發活動，後來才有官方政府的介入，進而對節俗、活動有某種程度的影響，此二例都是在上位者與在下位者相互影響之例。

第二節　現代節日意義與風俗間的關係

現今民間習慣的節日與搭配之習俗，都是經過摸索與學習的，可能因為節氣或是特殊性等因素，不斷累積經驗最後才固定成現在的樣子；因為現在過節的性質已經不同先民，所以節日的習俗也不盡相同，古俗仍有保留，也增加新的項目。關於古時節俗的討論，前文已討論甚多，本節的重點將擺在現代臺灣的端午節，與古時相較，出現哪些變異？而現代人民，對於端午節的傳統習俗，又是抱持著何種心態？

當今臺灣端午節，與古時的端午節，在內容與意義上都有所轉變，雖然本質的象徵精神不變，但是現代人不一定明瞭其中道理。會有這樣的轉變，主要是因為社會背景的變化，早期是農業社會，觀念與原始信仰比較接近，而現在的臺灣已經是工商業社會且醫藥發達，看待傳統節日的眼光，也出現很大差異，端午節豐富的文化意涵，到現代已經漸漸消失。

筆者認為，現今端午節的意義，是重觀光、休閒、娛樂且商業化程度高，驅邪厭勝的儀式變成流於形式，設計的一系列的端午節活動，未凸顯端午節的特色。只有吃粽子和划龍舟，是最能與其他節日區隔的習俗，而這兩項節俗也與原義不同。其實重觀光娛樂、商業程度高的端午節整體意義，也可以套在其他歲時節日或由西方流傳過來的節日上，過節的模式早已忽略文化意義，將節日當作商品在行銷與消費。

歲時節日一開始，是為了調節生活步調而有的張馳哲學，

　　節日的制訂，一方面是提醒注意節氣的變化；一方面則是依時祈謝，
　　透過祭祀行爲，將廣土眾民的節慶休閒生活合理化，使得全民能夠
　　獲得狂歡的節慶鬧熱，並且在感恩的心中祈求順利「過關」，也從中
　　獲致了「吃喝玩樂」的休閒。〔註27〕

「過關」，透過儀式來幫助人們通過象徵性的關卡，提醒人們注意不同季節的
變換，或是藉由儀式來幫助人們通過不同人生階段的關口。上段李豐楙的文
字中，將節日的意義說明的很清楚，而節氣與祈謝的意義，就是從古至今恆
常的象徵意義。

　　過去臺灣社會以農業爲主，栽種作物不但依循農曆，也參照陽曆中的歲
時節氣，因爲萬物是互相影響的，太陽運行與照射，讓大地生物起變化，陰
陽氣也隨之拉鋸。人們爲在生命特別脆弱、疾病容易襲擊的這種時節求生存，
必須提醒自己，所以過節，並口耳相傳、遞嬗著節日習俗，採取趨吉避凶的
儀式讓生命不會被危害。不過現代社會中的端午節，過關的象徵意義早已遞
減許多，取而代之的是娛樂觀光，休閒的意義勝過節日原先被賦予的季節過
渡、驅邪厭勝。阮昌銳詳細分析了傳統節日的特性，

　　民間傳統節慶活動內容豐富，有十種特性：1.宗教性、2.祈願性、3.
　　社會性、4.紀念性、5.巫術性、6.反常性、7.娛樂性、8.藝術性、9.
　　教育性、10.時序性。〔註28〕

用阮昌銳所提出的十種特性檢視農業社會的端午節，傳統端午節有祭拜祖
先、地基主等信仰因子。祈願性非常高，配戴香包、懸掛驅邪植物以及龍舟
競渡等，求生存、祈雨，人類的慾望皆隱含於習俗裡。粽子、龍舟串起了家
庭、親友與社區的聯繫。而端午節用以紀念屈原的性質不在本文的討論脈絡
中。因爲節日符合趨吉避凶、避禍納福的原則，民間才會強調禁忌以提醒民
眾；第二章已說明交感巫術在台灣民間地廣泛運用，符合了巫術性。平日與
節日可用常與非常的概念去理解，節日行爲不同與平日，故產生反常性。農
業社會藉由節慶以休息，因此節日多分佈於農忙之間，帶有慰勞平日辛勤工
作的味道，現今社會則利用節日習俗讓生活有更多趣味。香包可以變化的造
型很多、詩文比賽也講究字的美感與意境，可歸入藝術性。筆者認爲每個節

〔註27〕李豐楙撰文／楊麗玲繪圖：〈臺灣傳統節慶的節俗文化〉，《過節日：臺灣的傳
　　　　統節慶》，（台北：行政院文建會，1998年），頁51。
〔註28〕阮昌銳：《歲時與神誕》（臺北市：臺灣省立博物館，1991年6月），頁6～8。

慶都富有一定的教育性。最後，重複說明端午節與歲時節氣有關，就是因為端午節處於春夏交替的分段點之故。

第二章提過的林美容文章，肯定端午節由來與驅邪厭勝有關，但是她同時也認為若要賦予臺灣端午節新的意義重心，應該是「藥草節」。以藥草為中心意義，不但能說明端午節一系列的節俗相關活動，也能解釋透過藥草在預防與治療的功效，加強人們對端午的注意，在恰逢季節轉換，瘟病疫疾易發生的時間有提醒作用。〔註29〕但是筆者認為，藥草節並未創新當今的端午意涵。而另一個「詩人節」的稱號〔註30〕，基於紀念屈原的關係而有此想法，雖有創新且有文化意涵，但現代的節日實已變質。

提出一個對於現今傳統習俗之反省，現代社會與傳統社會，對於節日的意義有不同看法。此點可在謝雅惠、黃輝銘的文章裡略見端倪，作者詳細地整理出一九七八年至二〇〇四年的端午節習俗條目〔註31〕，許多項目都非端午節所專擅。他們看待端午節習俗的視角，也變成將娛樂性質、觀光與商業行為放在首位，遠高過民俗層次，還提出十五點能對振興地方產業、發展擴大為國際性質文化事業的有效建議。由兩位作者對於節慶的研究角度，可以發現端午節對於現代人的影響已轉向。

趙東玉也提出關於傳統節慶文化的特徵與精神的看法，

> 各種節俗在開始加入某一節日之時，就要充分遵循其節日性質，否則無法融入其中；既經加入之後，其本身所擁有的多重含意及性質又會在其共存的節日文化中醞釀發展，從而促使節日文化性質呈現為由單一向綜合的變化。〔註32〕

端午節節日性質的變化是必然會產生的，祭祀、飲食、娛樂是傳統歲時節日

〔註29〕 林美容：〈臺灣「五日節」民俗及其意義的流變——兼籲訂端午節為「藥草節」〉，《臺灣文獻》第 54 卷第 2 期（2003 年），頁 33〜48。

〔註30〕 在本文第二章有引文與討論。

〔註31〕 謝雅惠、黃輝銘：〈地方政府辦理節慶活動振興文化觀光產業策略之研究——以鹿港慶端陽為例〉，《二〇〇四年彰化研究兩岸學術研討會——鹿港研究論文集》（彰化市：彰化縣文化局，2004 年），頁 397〜427。

〔註32〕 趙東玉認為「傳統節慶文化的特徵」有八種，1.周期性、2.民族性、3.群眾性、4.地域性、5.綜合性、6.傳承性、7.變異性、8.實用性；「傳統節慶的文化精神」則有，1.和諧對稱、2.淑世情懷、3.樂觀自信、4.歷史意識。趙東玉，《中華傳統節慶文化研究》（北京：人民出版社，原 2002 年 10 月出版，2003 年 3 月再版），頁 19〜28、37〜46、176。

的三大內容。而現代節日習俗異化為商業行為的原因，可分成三面向，首先，有可能是因為不瞭解其背後的文化意義，而認為是迷信、不進步。再來，也有可能是政府為因應供商業社會的作息，頒佈週休二日政策且非遇國定假日不放假，所以喪失了調節日常生活的傳統節日意義。最後，現代人不期待節日的原因，可能發生在每個傳統節日的主辦單位所安排的活動，也像各地方每個觀光景點般，越來越趨制式化，項目大同小異而失去其特殊性。

　　端午節習俗古時與當代逐一比較之，每個特色都有或多或少的承襲。現代人不斷遺忘習俗的意義，故下了價值判斷曰「迷信」，現代人多秉持著「寧可信其有」的態度，不表認同也不願承認反對，看似中立卻會有不小心脫口而出的批判。另外，現代人因為作息不因著自然而固定，假日也不是那麼難取得，所以節日之於現代人的吸引力降低，且現代人與先民的娛樂定義也大不相同，現代人的娛樂種類早已超越古人所能想像的程度，喜歡與享受的樂趣當然就出現分歧。但傳統節俗是迷信的一種嗎？迷信其實是相對於科學，被指稱為不科學，四時宜忌其實有一整套陰陽五行與均衡和諧的宇宙觀在支持著，不能因為不瞭解而說是迷信。

　　王獻忠清楚的說明禁忌與迷信的同異，

> 巫術禁忌與迷信有著相同的形式，那就是兩者都把關於客觀世界萬事萬物之間的聯繫，建立在想像上，根據主觀關於事物之間因果關係的虛妄認識來影響和控制客觀世界。……產生在原始社會的巫術禁忌是人類在幼年時期對世界的一種反應。……迷信主要是指現代文明社會中，存在的非現實的觀念和運用這種觀念的行為。就社會價值來說，原始巫術儘管相對科學說是虛幻的，但仍有著積極的社會功效，是人類歷史發展階段的必然產物；而迷信只能是對社會的發展起阻礙和破壞的作用，它與時代精神相違背。〔註33〕

原始禁忌與當代迷信雖有相同點，但是差異性是很大的，且迷信產生原因，是來自非現實，無法理解或解釋的行為或事件，可能是迷信卻非一定是迷信，但是迷信對社會發展絕對有阻礙的作用。

　　王獻忠也針對古時與現代的民俗心理，做了一番解析，

> 民俗心理就是以信仰為核心的反應在人們心理上的習俗。……對現

〔註33〕王獻忠，《中國民俗文獻與現代文明》（北京：中國書店，1991年），頁184～185。

代民俗心理的解析有四種，第一，天地祖先信仰的影響仍然存在。
第二，宗教影響仍然存在。第三，由祖先信仰培植起來的家族意識
之弊害。第四，寧信其有、不信其無的思維方式。〔註34〕

由上面的定義來看端午節節俗，分析古時與現代的狀況，與背後可能潛藏的
民俗心理，與意義、功能的轉變。

　　第二章有說明端午節禁忌的觀念主要源自於與惡月、惡日的看法，必須
保全自身、抵禦疾病和被除不祥。而這些禁忌主要是因爲季節轉換，爲預防
瘟疫疾病而採取的措施，爲了使民眾確實遵守，所以用「禁忌」的方式，讓
人民去做相應的保護措施，現代人若是因爲不瞭解，而將節日習俗冠上「迷
信」恐忽視了節日背後的文化意義，況且大多的節俗並未破壞社會發展。當
然，禁忌事項若因爲要預防某狀況而變本加厲，與原先要預防的意義相差太
多，也有可能轉成迷信的觀念，如：排斥五月五日出生的孩子，就是一個過
度解釋的例子，與原先豎立禁忌的意義做過多無關的延伸。

　　接著，分點敘述各式節俗，以釐清現代節日意義與風俗間的關係。

　　端午節當天祭祀流程，以筆者於 2007 年端午節，前往鹿港訪問李建居一
家之行事爲例。先拜神明再拜祖先，然後燒金紙。端午節才有的五樣供品，
包含桃、李（應節水果）、粽子、風吹餅、鹹餅乾。以前是拜煎餅，並且有鹹、
甜兩種口味，現在以甜風吹餅和鹹餅乾替代。粽子只拜神明，祖先（公嬤）
沒有；祖先有麵（香菇、芹菜、蝦米等）、麵不拜神明。

圖 7：李家祭祀情形。

〔註34〕王獻忠，《中國民俗文獻與現代文明》（北京：中國書店，1991 年），頁 107～
　　　　113。

　　端午節當天早上掛艾草、芙蓉、榕樹葉，不用特地拿下來，就讓它自然風乾或掉落。〔註35〕此點與古時亦相近，雖非每個家庭都這麼做，但是有此行事的家庭尚未遺忘其涵義。

　　還有，佩掛習俗方面，「2006鹿港慶端陽」活動中，文武廟（主祀文昌帝君）專闢一個時段，讓考生拜文昌帝君擲筊賜包粽的活動〔註36〕，取其「包中」道理相似。此處的諧音是以國語發音，而非以台語發音，可見不是臺灣原有的習俗。

　　至於划龍舟方面，鹿港開始盛大舉辦划龍舟競賽的原因，是青商會希望能打響鹿港的知名度。由民間發起的第一屆（1978年）比賽非常成功，轟動程度超越臺灣其他同時舉行的鄉鎮。所以就形成傳統，每年舉行龍舟賽。

　　另外，宜蘭縣礁溪鄉二龍村划龍舟，習俗演進的過程是，一開始只有在二龍河（原名得子口溪）灑金紙給水中的好兄弟，以祈求保佑，後來變成用小船在河裡抓魚，最後變成划龍舟，並為爭取勝利而不斷改良龍舟。約十年前獲文建會補助，成為「十二大傳統民俗之一」，在有補助經費之前，都是居民自費舉行。如龍舟厝也是地方仕紳（長老們）發起而建設。二龍村將龍舟當作神一般膜拜，端午節前五天，會先將龍舟抬出來清洗、修補，清掉置放了一年的蜘蛛網、灰塵等污垢，也將去年競賽時擦傷或是因為置放而脫漆等補好，然後端午當天下水前會有小祭典，此習俗持續到現在，由輪值的爐主燒香拜拜，祭品有牲禮、水果等，和祭拜神的祭品相同。划龍舟在二龍村是大事情，和其他地方的媽祖生等大拜拜視為同等級，因為有龍舟賽的盛大活動，所以居民會順便請客，端午節是當地的大日子。〔註37〕龍船厝，內置兩艘龍船、上下倒掛，厝外牆壁有「渡」、「弔忠魂」、「龍穴洞府」等字樣，並有對聯「二木成舟聊學楚國之俗」（右）與「龍爭虎鬥因施屈原忠誠」（左）。鹿港與二龍村對於划龍舟的發起原因便出現了歧異，二龍競渡比較接近原始意義，而鹿港就是貼近現代人的想法，為了促進地方的繁榮，才來舉行與推動這項活動，不過這兩個地方的龍舟競渡，各有精彩度，所以分受政府不同

〔註35〕鹿港李家所遵守的習俗。但筆者也有訪問到其他人家，說艾草、芙蓉等植物，端午節一早掛牆，傍晚可取下放入洗澡水盆中。

〔註36〕民間經常運用諧音討吉利，認為考生要「中」就要吃「粽」，拿芹菜與蔥去拜文昌，也是希望考生「聰明勤快」的好彩頭。

〔註37〕筆者前往2007年2月20日，前往宜蘭縣礁溪鄉二龍村訪問，受訪者為林文珍先生。

單位的重視；只是發展到近年，也都是爲了觀光業和兼顧民眾的娛樂性質爲主要內涵。

圖 8、9、10：龍船厝與龍舟；龍船厝外貼的對聯。

還有，午時水的汲取，其實應該是非常嚴謹的儀式，必須考量時間、地點，過程也比較繁複，具有宗教性質。〔註 38〕後來，也有由神明指示方向與時間，依照指示去某個方位人家借水龍頭，盛接流出的水再回來讓神明加持後，放三十甚至五十年都不會壞，就是所謂的午時水。〔註 39〕而到 2006 年「鹿港慶端陽」與 2007 年「鹿港慶端陽 30 週年」，筆者前往鹿港田野調查之時，廟方作法已經變成放神明加持過的罐裝礦泉水，放在桌上任人取用。

香包，最傳統是虎形，且由長輩自己動手做給兒孫，內放可避邪的香料（但不確知是什麼），後來各種造型都有，各種各樣的卡通造型琳瑯滿目。無疑都已變成商業化的商品。而帶有娛樂性的立蛋，則是多人彩繪，然後有千人立蛋以破金氏世界紀錄的活動。

除了端午節原有的節俗之外，鹿港慶端陽的活動〔註 40〕，還有其他爲吸引觀光客而有的活動，如：風帆車體驗、南管欣賞、臺灣啤酒王等，也有不是專屬於端午節，但也是民俗信仰活動或遊戲，如：鑽轎腳保平安、舉辦得非常盛大。可是卻都已與古時端午的原意產生歧異性，因爲共同心理或民俗

〔註38〕 李秀娥：〈鹿港奉天宮取甘露水的儀式與意義〉，《鹿港的信仰與曲館研究》（台
　　　　北：國立編譯館主編／博揚文化發行，2006 年 1 月），頁 69～91。
〔註39〕 訪問鹿港黃忠勇先生。
〔註40〕 鹿港慶端陽的各項活動，來源爲「2007 年鹿港慶端陽 30 週年活動系列」節目
　　　　單。

心理而留下的習俗儀式與心理影響，其層面相對小了很多，取而代之的意義轉變，就是爲因應工商業社會而發展的商業化行爲，與被強調的休閒娛樂功能。

由此，可以發現現代端午節節俗，有多項內容皆已經帶有濃厚的商業化與娛樂化，從原本的驅邪厭勝意義轉變，變得能適應現代社會的習俗活動，不過同時也僵化、變成只是形式，且與其他節日無法有強烈分別，因爲多項習俗也被逐漸規格化。

第五章　結　論

第一節　研究之回顧

　　傳統節日之於現代人，過節日的原因與意義很多都已經失落，節日的習俗也是歷經各代不斷傳承下來，瞭解與熟悉程度亦隨之減弱，且不乏大幅度改變習俗之可能性。本文藉由 2006 年與 2007 年在台灣各處進行端午節相關田野調查走訪所得，並參酌前輩學者們的意見，加以重述整理與重新判定節日在現代生活的意義。

　　選擇端午節當作主題，除了它是臺灣人最重視的傳統節日之一外，具有一定的代表性。另外也是因為它是現今歲時節日中，現代人過節方式依舊承襲著不少古老習俗的節日，原意看似尚未失落，其實內涵實則有著差異性，經由前面三章的陳述，對於現今端午節的習俗意義已連貫成脈絡，因果相連、原因與意義清楚呈現。

　　現今臺灣端午節依舊維持的習俗與過去的解讀之差異多寡？或者早已經失去原先的習俗原意？現今的習俗又有何種功能？古今節日習俗對於人們的意義是有差異的。古時人們注意其儀式功能，以達成趨吉避凶的主要目的；而對於今時人們而言，觀光和休閒娛樂成為節日的主要性質。

　　經過本論文的討論，第一章的緒論對於之後的章節開展做一番交代，接著第二章端午節起源與習俗觀念之演變，是先對端午節的起源說法做梳理，再說明本論文探討的端午節習俗包含的項目。而第三章臺灣端午節習俗分述，則是針對端午節習俗背後所產生的基礎與衍生出來的意義進行討論，舉

例多以臺灣端午節習俗來說明，第二章偏縱向的討論，找尋臺灣端午節的源頭，第三章以橫向的幾個討論面向闡述，兩章之間具有連接性。第四章又先從其他角度看端午節，再說明臺灣端午節對現代人的意義，全篇結合理論與實務，田野踏查印證書本知識也貼近民間，挖掘出人們對於端午節的看法。

現代的臺灣人普遍認為端午節是為了紀念屈原，與學界所研究者提出的避邪說出現分歧。學者們的說法，是去找出端午節的源頭，避邪說的看法相當早，筆者認為有可能是隨著共同心理而流傳下來，所以發生時代雖無可考，但是人們保護自身、趨吉避凶的心理卻是恆常不變。而紀念屈原的說法卻是南北朝才看到，且前後年代也同時出現紀念其他人物的說法，句踐、曹娥、伍子胥、介之推是最常見與端午節有相關的人物，只是因為屈原的亡故傳說，與愛國忠貞的詩人形象勝出，讓端午節與屈原的傳說影響至今不墜。至於聞一多的龍圖騰說，雖考證極詳並提出許多舉證，張倫篤與楊琳仍然發現其用典有顯得片面與不足之處。新年說由端午節的節氣靠近夏至的論點出發，將食粽、划龍舟與龍的關係作結合，可是只有孤證未有更深入的探討。複合說其實與避邪說的結論是相同的，皆認為端午節是為了在春末夏初的季節轉換時分，提醒人們進行儀式以避忌可能危害身體的各種疾病，且此意義放在端午節的每個節俗，都能說得通。

臺灣端午節節俗，較少為民眾所熟悉的有，午時水、踏百草、煎鎚、午時聯等，在本論文中都有介紹。而端午節的眾多習俗，也都是歷經長時間的變化，節俗儀式可能有所增減，也可能隨著地方風俗而產生變異，這點可由每個地方所進行的不同節俗項目中得知。

端午節發源於先秦，接著慢慢發展定型，再從古代走到現代，節俗與意義都有不同程度的變化。而臺灣端午節的節日發生背景，可由節日日期與節日與節氣的關係中作分析，因為太陽與地球間的距離，而有陰陽氣的拉距，人們為抵禦陰氣、對抗疾病，必須做好預防措施。所以，端午節的各項節俗由此發生，節俗固定在端午節被進行，能發揮提醒人們的功效。

端午節被稱為「惡日」，原因就是夏至是陽氣最盛且開始削弱的一天，所以由夏至與端午節的關係而論，而夏至屬於二十四節氣，並與冬至為一雙相對比的節氣，於是將兩者一同拿出來說明。既然講到節氣，必無法忽略太陽的重要性，所以也一併討論。由二分二至與夏至與端午節的關係，已可對端午節的日期與習俗之固定過程有一定程度的瞭解。緊接著，對古時的端午節

之原義，即避邪說的看法，做更進一步的討論，並寫出「驅邪與厭勝」此小節整理相關資料，用 Van Gennep 在 The Rites of Passage 所提出的「過渡儀式」，還有區分成死亡恐懼及生殖崇拜兩端的節日光譜說明，歸納了兩大原則：**趨吉避惡與禳災去疫**。最後再將原則放入第二章所敘述的各種端午節習俗中做討論，就是第三章的結構。

再來，因為端午節起源與節俗的藍圖，其中縱軸與橫軸皆已完成，所以又加入民俗學以外的眼光，從人類學與社會學的看法，道出與臺灣端午節相關的更多角度。然後，現代的端午節與他國的端午節之當代意義，也在第四章的第一節與第二節中，交叉呈現，亦放入筆者 2006 年與 2007 年，前往「鹿港慶端陽」活動的田野照片與記錄，能幫助本文與書本相印證。還有在宜蘭二龍村進行競渡訪問、嘉義陳先生的百草丹訪問、台北屈原宮的朱女士、走踏金瓜石勸濟堂等，也都讓筆者能對於台灣的端午節瞭解更多。

第二節　未來研究之展望

端午節的相關討論很多，然不少書籍與期刊文章，有許多說法都互相重疊，且比較偏向介紹端午節各項習俗，並沒有再做更多的探討，學界的「避邪說」定論影響非常深遠，本論文也不例外，受此論述影響極多。

本論文從找尋端午節的起源，各式節俗的轉變，到探討其背景、各個思考角度與意義轉變，筆者試圖呈現臺灣端午節的樣貌。但是，本論文仍有未詳盡討論之處。

第一，端午節是為了紀念屈原，此觀念在現代社會根深蒂固。筆者嘗試由民間信仰、教科書與媒體傳播中，尋找屈原真正受重視的原因與其不墜的地位，不過仍不夠完備。此問題討論範圍可再繼續擴大，如屈原是否成為一箭垛型人物，只為端午傳說找到合理的解釋？便是一個可再追索的問題。

第二，臺灣各地如何過端午節？是否有南北區域或是不同族群的巨大差異？也是可以繼續深究的議題，可以花時間到各地取樣田調，以比較出更多端午節習俗的同異。如俗稱的「南部粽」與「北部粽」，在準備過程中其糯米的生熟程度，造成口感的差異就是一例。

端午節還可以有其他討論，筆者只是試著呈現筆者目前所瞭解的臺灣端午節，若想一窺臺灣端午節的全貌，尚須再配合更多議題來討論。

參考文獻

（略依作者姓氏筆畫排列）

一、古代文獻

1. 〔魏〕王弼、韓康伯注／〔漢〕孔安國傳：《周易正義》卷七，收於《十三經注疏分段標點》（台北：新文豐，2001 年）。

2. 〔明〕李時珍著、甘偉松增訂：《新校增訂本草綱目》卷 26，（台北市：宏業書局，1992 年）。

3. 〔清〕阮元：《周易・繫辭上傳》卷七，收於《十三經注疏》（台北：藝文印書館，1965 年）。

4. 〔清〕沈茂蔭纂修：《苗栗縣志・風俗考》，收於《中國方志叢書・臺灣地區》第 26 冊（臺北市：成文，1984 年）。

5. 〔南北朝〕吳均：《續齊諧記・五花絲粽》卷一，收於嚴一萍選輯《百部叢書集成：古今逸史》第 4 函（台北：藝文印書館，1967 年）。

6. 〔南北朝〕宗懍，〔隋〕杜公瞻、〔民國〕王毓榮校注：《荊楚歲時記校注》（臺北：文津，1988 年）。

7. 〔漢〕京房：《京房易學纂要一卷 附京氏易傳》，收於王震：《易學五書》（台北：華正，1974 年）。

8. 〔清〕周鍾瑄主修、陳夢林總纂：《諸羅縣志・卷十 物產志・物產》，收於《中國方志叢書・臺灣地區》第 7 冊（臺北市：成文，1984 年）。

9. 〔清〕柯培元撰：《噶瑪蘭志略・風俗志・民風》卷十一，收於《中國方志叢書・臺灣地區》21（臺北市：成文，1983 年）。

10. 〔南朝宋〕范曄撰，〔晉〕司馬彪補志、〔唐〕李賢等注，《新校本廿五史後漢書》（台北：史學出版社，1974 年）。

11. 〔清〕俞樾撰、〔清〕陵亭長編：《四庫未收術數類古籍大全・游藝錄（六卷）・武陵競渡略委》（合肥市：黃山書社，1995 年）。

12. 〔清〕胡建偉纂修：《澎湖紀略・卷之七 風俗紀・歲時》，收於《中國方志叢書・臺灣地區》第 17 冊（臺北市：成文，1984 年）。

13. 〔清〕孫詒讓，《周禮正義》（北京：中華書局，1987 年）。

14. 〔清〕高拱乾纂修、周元文補刻：《臺灣府志》卷七，收於《臺灣史料集成・清代臺灣方志彙刊》第 2 冊（臺北市：文建會[臺灣史料集成編輯委員會編輯]，2004 年）。

15. 〔宋〕郭茂倩：《樂府詩集》（台北：里仁，1999 年）。

16. 〔晉〕陸翽：《鄴中記》，收於嚴一萍選輯《百部叢書集成：聚珍版叢書》第 21 函（台北：藝文印書館，1965 年）。

17. 〔宋〕陳元靚：《歲時廣記》卷 21，收於嚴一萍選輯《百部叢書集成：十萬卷樓叢書》第 7 函（台北：藝文印書館，1967 年）。

18. 〔清〕陳夢舟修、張奎華纂、〔民國〕郝瑞平編：《清代孤本方志選》第二輯第二十二冊（北京：線裝書局，2001 年）。

19. 〔清〕陳朝龍、曾逢辰纂修：《新竹縣志初稿》卷五，收於《中國方志叢書・臺灣地區》卷 25（臺北市：成文，1983 年）。

20. 〔清〕陳培桂主修、楊浚纂輯：《淡水廳志・考一 風俗考》卷十一，收於《中國方志叢書・臺灣地區》第 15 冊（臺北市：成文，1984 年）。

21. 〔明〕劉侗、于奕正同撰，《帝京景物略八卷》（台北：新興，1976 年）。

22. 〔清〕潘榮陛，《帝京歲時紀勝》（上海：上海古籍出版社，1995 年）。

23. 〔漢〕鄭玄注，王夢鷗校釋：《禮記今註今譯》（上）（臺北：商務印書館，1987 年），頁 278。

24. 〔漢〕蔡邕：《琴操》，收於嚴一萍選輯《百部叢書集成續編：漢魏遺書鈔》第 4 函（台北：藝文印書館，1965 年）。

25. 〔清〕蔡振豐：《苑裏志・風俗考》下卷，收於《台灣文獻叢刊》第 48 種（台北市：台銀經研室，1959 年）。

26. 〔清〕蔡振豐等著：《樹杞林志・風俗考》，收於《臺灣歷史文獻叢刊・方志類》（南投市：臺灣省文獻委員會，1993 年）。

27. （三國吳）謝承：《後漢書》，收於《百部叢書集成三編：黃氏逸書考》第 19 函（台北：藝文印書館，1965 年）。

28. 〔唐〕歐陽詢撰／汪紹楹校：《藝文類聚》卷 1（上海市：上海古籍出版社，1965 年）。

29. 〔清〕不著輯人：《安平縣雜記》，收於《中國方志叢書・臺灣地區》36（臺北市：成文，1983 年）。

30. 〔清〕不著輯人:《嘉義管內采訪冊》,收於《臺灣歷史文獻叢刊·方志類》卷 36(南投市:臺灣省文獻委員會,1993 年)。

31. 〔日〕瀧川龜太郎:《史記會注考證》(台北市:宏業,1994 年 9 月再版)。

32. 〔日〕安井衡,《管子纂詁》(台北:河洛圖書版社,1976 年)。

二、現代文獻

專 書

1. 丁世良、趙放編:《中國地方志民俗資料匯編·中南卷(上)》(北京:書目文獻出版社,1991 年)。

2. 丁世良、趙放編:《中國地方志民俗資料匯編·中南卷(下)》(北京:書目文獻出版社,1991 年)。

3. 王國良:《續齊諧記研究》(台北:文史哲出版社,1987 年)。

4. 王獻忠:《中國民俗文獻與現代文明》(北京:中國書店,1991 年)。

5. 王仁湘:《飲食與中國文化》(北京:人民出版社,1994 年 8 月)。

6. 王熹、李永匡:《中國節令史》(台北市:文津出版社,1995 年 12 月)。

7. 方寶璋:《閩台民間習俗》(福州市:福建人民出版社,2003 年 7 月)。

8. 呂理政:《天、人、社會──試論中國傳統的宇宙認知模型》(台北:中央研究院民族所,1990 年)。

9. 中國民間文學集成全國編輯委員會編:《中國民間故事集成·湖南卷》(北京市:中國 ISBN 中心出版,1998 年)。

10. 中國民間文學集成全國編輯委員會編:《中國民間故事集成·廣西卷》(北京市:中國 ISBN 中心出版,1998 年)。

11. 田哲益:《細說端午》(台北市:百觀出版社,1994 年 5 月)。

12. 金哲、陳燮君:《時間學》(台北:弘智文化出版,1995 年)。

13. 李秀娥:《臺灣民俗節慶──歲時節俗的民俗意涵與祭祀文化》(台中市:晨星,2004 年)。

14. 李秀娥:《祀天祭地──現代祭拜禮俗》(台北縣:博揚文化,1999 年),頁 60。

15. 李秀娥:《鹿港的信仰與曲館研究》(台北:國立編譯館主編/博揚文化發行,2006 年 1 月)。

16. 李豐楙撰文/楊麗玲繪圖:《過節日:臺灣的傳統節慶》(台北:行政院文建會,1998 年)。

17. 阮昌銳:《歲時與神誕》(臺北市:臺灣省立博物館,1991 年 6 月)。

18. 吳瀛濤:《臺灣民俗》(台北市:眾文圖書,2000 年 1 月再版)。

19. 吳慧穎：《中國數文化》（長沙市：岳麓書社，1995 年）。

20. 林秋玲：《臺灣小百科》（台北：稻田出版社，2000 年 6 月）。

21. 林惠祥：《民俗學》（台北：臺灣商務印書館，1986 年 11 月，台四版）。

22. 施添福等：《國小國語 4 下教科書》（台北：康軒文教事業，2007 年 7 月）。

23. 施翠峰：《臺灣鄉土的神話與傳說》（彰化：彰化縣立文化中心，1995 年）。

24. 袁珂：《古神話選釋》（北京：人民文學出版社，1979 年）。

25. 秦永洲：《中國社會風俗史》（濟南：山東人民出版社，2000 年）。

26. 許雪姬主持，鹿港鎮志纂修委員會編纂：《鹿港鎮志‧宗教篇》（彰化縣：鹿港鎮公所，2000 年）。

27. 陸家驥：《端午》（台北市：商務印書館，1996 年修訂版）。

28. 常天編著：《節日文化》（北京市：中國經濟出版社，1995 年 3 月）。

29. 陳主顯：《臺灣俗諺語典：卷七——臺灣俗諺的鄉土、慣俗與信仰》（台北市：前衛出版社，2003 年 9 月）。

30. 陳勤建：《民俗視野：中日文化的融合和衝突》，（上海：華東師範大學出版社，2005 年 10 月）。

31. 湯皇珍撰文／鄭淑芬繪圖：《五月五龍出水：端午節的習俗活動》（台北：行政院文化建設委員會，1997 年）。

32. 喬繼堂、朱瑞平主編：《中國歲時節令辭典‧綜合》（北京：中國社會科學出版社，1998 年 5 月）。

33. 黃石：《端午禮俗史》（台北市：鼎文書局，1979 年）。

34. 黃少廷：《臺灣諺語》（台北：五南出版社，2003 年）。

35. 黃婉玲：《淺談古早味》（台南市：台南市政府，2004 年 5 月）。

36. 張銘遠：《生殖崇拜與死亡抗拒——中國民間信仰的功能與模式》（北京：中國華僑出版公司，1991 年）。

37. 齊治平：《節令的故事》（臺北市：幼獅圖書股份公司，1989 年）。

38. 楊琳：《中國傳統節日文化》（北京：宗教文化出版社，2000 年）。

39. 趙東玉，《中華傳統節慶文化研究》（北京：人民出版社，原 2002 年 10 月出版，2003 年 3 月再版）。

40. 劉浚泉：《節日記實》（台北：國家出版社，1987 年 10 月）。

41. 賴慶雄等：《國小國語 4 下教科書》（台北：康軒文教事業，2006 年 12 月）。

42. 蕭兵：《中國文化的精英》（上海：上海文藝出版社，1989 年）。

43. 蕭放：《〈荊楚歲時記〉研究：兼論傳統中國民眾生活中的時間觀念》（北京：北京師範大學出版社，2000 年）。

譯著／原著／翻譯篇章

1. 鈴木清一郎著／馮作民譯：《增訂臺灣舊慣習俗信仰》（台北：眾文，1989 年）。

2. 佛雷澤（J.G. Frazer）著／汪培基譯：《金枝：巫術與宗教之研究》（台北：桂冠圖書，2004 年 5 月初版三刷）。

3. Robert H.Hopcke 作／蔣韜譯：《導讀榮格》（台北：立緒文化，1997 年）。

4. 榮格 Carl G.Jung 主編／龔卓軍譯：《人及其象徵：榮格思想精華的總結》（台北：立緒文化，1999 年）。

5. 依利亞德 Mircea Eliade 著／楊素娥譯、胡國楨校閱：《聖與俗：宗教的本質》（台北：桂冠，2000 年）。

6. Arnold，van Gennep. The rites of passage.Chicago：University of Chicago Press，1960.

7. 維克托・W・特納（Victor Turner），模稜兩可：過關禮儀的閾限時期〉，史宗主編，《20 世紀西方宗教人類學文選（下）》（上海：三聯書店，1995 年），頁 513。

8. 維多・透納（Victor Turner），〈過渡儀式與社群〉，吳潛誠編，《文化與社會：當代論辨》（臺北：立緒文化，1997 年），頁 176。

期刊論文

1. 文崇一：〈楚的水神與華南的龍舟賽神〉，《中國古文化》（台北：東大出版社，1990 年），頁 33～144。

2. 王孝廉：〈死與再生──回歸與時間的信仰〉，原載於中國古典文學研究會主編：《古典文學》（台北：臺灣學生書局，1979 年），輯入王孝廉：《中原民族的神話與信仰──中國的神話世界（下編)》（台北市：時報文化，1992 年），頁 133～134、128。

3. 史麗華：〈中日傳統節日比較〉，費蕙萱、沈仁安主編《中日民俗的異同和交流──中日民俗比較研究學術研討會論文集》（北京：北京大學出版社，1993 年 4 月），頁 82～95。

4. 江紹原：〈端午競渡本意考〉，原載於《晨報副刊》（1926 年），輯入苑利主編，《二十世紀中國民俗學經典・社會民俗卷》（北京：社會科學文獻出版社，2002 年 3 月），頁 8～34。

5. 田明：〈節令養生錄──端陽也是衛生節〉，《長春月刊》，（2000 年 6 月），頁 152～153。

6. 汪寧生：〈改火的由來〉，《民族考古學論集》（北京：文物出版社，1989 年），頁 170～175。

7. 李泰翰：〈清代臺灣水仙尊王信仰之探討〉，《民俗曲藝》第 143 期，（2004 年 3 月），頁 271～303。

8. 李例芬、劉佳云：〈納西族驅瘟疫鬼儀式〉，《民俗曲藝》第 97、98 期，（1995 年 11 月），頁 73～156。

9. 李豐楙：〈由常入非常：中國節日慶典中的狂文化〉，《中外文學》第 22 卷第 3 期（1993 年），頁 116～150。

10. 李亦園：〈端午與屈原——神話與儀式的結構關係再探〉，《宗教與神話論 集》（台北：立緒文化，1998 年），頁 322～346。

11. 李亦園：〈寒食與介之推——一則中國古代神話與儀式的結構學研究〉、 〈端午與屈原——神話與儀式的結構關係再探〉，《宗教與神話論集》（台 北：立緒文化，1998 年），頁 303～321、322～346。

12. 李亦園：〈傳統中國宇宙觀與現代企業行為〉，《漢學研究》第 12 卷 第 1 期，（1994 年 6 月），頁 1～26。

13. 李建民：〈艾灸的誕生〉，在黃應貴主編，《物與物質文化》（臺北：中央 研究院民族學研究所，2004 年），頁 27～62。

14. 孟繁仁：〈《白蛇傳》故事源流考〉，《歷史月刊》第 173 期（2002 年 6 月），頁 97～103。

15. 吳彰裕：〈端午話藥石〉，《民俗曲藝》第 60 期（1989 年 7 月），頁 61～ 63。

16. 林美容：〈臺灣「五日節」民俗及其意義的流變——兼籲訂端午節為「藥 草節」〉，《臺灣文獻》第 54 卷第 2 期（2003 年），頁 33～48。

17. 林淑蓉：〈生產、節日與禮物的交換：侗族的時間概念〉，黃應貴主編《時 間、歷史與記憶》（台北：中研院民族所，1999 年），頁 229～281。

18. 胡朝棟：〈從兩個龍船節看中華龍舟文化的傳承和發展〉，《中華龍舟文化 研究》（貴陽：貴州民族出版社），1991 年 5 月，頁 115～125。

19. 陶鳳秋：〈龍舟競渡起源新探〉，李瑞岐、楊培春等主編《中華龍舟文化 研究》，（貴陽：貴州民族出版社，1991 年 5 月），頁 56～61。

20. 翁安雄：〈臺灣海洋信仰中的水仙王——以澎湖媽宮的水仙宮為例〉，《史 匯》第 4 期，（2000 年 8 月），頁 71～93。

21. 馬麗：〈端午節與中國菖蒲文化〉，《文史雜誌》第 4 期（2005 年），頁 70 ～71。

22. 郭安：〈慶端陽憶古民俗——2003 年鹿港慶端陽〉，《臺灣月刊》第 247 期，（2003 年 7 月），頁 62～64。

23. 陳惠齡：〈南臺灣水仙宮探究〉，《成大宗教與文化學報》第 3 期，（2004 年 6 月），頁 205～226。

24. 陳久金、盧蓮蓉：〈端陽節的起源〉，《中國節慶及其起源》（上海：上海 科技出版社，1989 年），頁 104～110。

25. 賀學君：〈韓國非物質文化遺產保護的啓示——以江陵端午祭爲例〉,《民間文化論壇》第 1 期,（2006 年）,頁 67～75。

26. 黃杰：〈從歲時民俗特徵比較中韓端午節端午祭〉,《浙江大學學報》（人文社會科學版）第 37 卷第 4 期,（2007 年 7 月）,頁 94～99。

27. 張倫篤：〈「越人龍圖騰祭」質疑〉,《欽州師範高等專科學校學報》第 16 卷第 4 期,（2001 年 12 月）,頁 60～63。

28. 張珣：〈香客的時間經驗與超越：以大甲媽祖進香爲例〉,黃應貴主編《時間、歷史與記憶》（台北：中研院民族所,1999 年）,頁 75～126。

29. 楊玉君：〈避疫養生與節日飲食〉,第九屆中華飲食文化學術研討會論文集（台北：中華飲食文化基金會,2006 年）,頁 389～413。

30. 楊玉君：〈節日研究架構新議〉,《東亞文化研究》第 8 期（香港：東亞文化出版社,2006 年）,頁 219～235。

31. 裘錫圭：〈寒食與改火——介子推焚死傳説研究〉,原載於《中國文化》第二期（1990 年）,輯入苑利主編,《二十世紀中國民俗學經典·社會民俗卷》（北京：社會科學文獻出版社,2002 年 3 月）,頁 220～250。

32. 聞一多：〈端午考〉,《神話與詩》（北京市：中華書局,1959 年）,頁 230。

33. 聞一多：〈伏羲考〉、〈端午考〉、〈端節的歷史教育〉,《神話與詩》（北京：中華書局,1956 年）,頁 3～38、221～238、239～243。

34. 蔣方：〈端午與屈原考釋〉,《湖北大學學報（哲學社會科學版）》1997 年第 3 期,頁 12～16。

35. 劉稟果：〈龍文化與龍舟競渡〉,李瑞岐、楊培春等主編《中華龍舟文化研究》,（貴陽：貴州民族出版社,1991 年 5 月）,頁 8～18。

36. 劉顯銀：〈龍舟與祓禊〉,李瑞岐、楊培春等主編《中華龍舟文化研究》,（貴陽：貴州民族出版社,1991 年 5 月）,頁 73～80。

37. 廖漢臣：〈宜蘭歲時記〉,《臺灣文獻》1958 年第 8 輯,頁 2948。

38. 賴恆毅：〈水仙尊王與台北屈原宮〉,《臺灣史料研究》第 26 期,（2005 年 12 月）,頁 32～48。

39. 稽童：〈壓抑與安順——厭勝的傳統〉,《歷史月刊》第 179 期,（1999 年 1 月）,頁 28～35。

40. 鄭萍：〈村落視野中的大傳統與小傳統〉,《讀書》（2005 年 7 月）,頁 11～18。

41. 閻茁：〈論端午節在日本的變異——明治以前日本端午的特色〉,《日語學習與研究》（2006 年）第 4 期總 127 期,頁 58～63。

42. 謝雅惠、黃輝銘：〈地方政府辦理節慶活動振興文化觀光產業策略之研究——以鹿港慶端陽爲例〉,《二○○四年彰化研究兩岸學術研討會——鹿港研究論文集》（彰化市：彰化縣文化局,2004 年）,頁 397～427。

43. 蕭放：〈論漢魏時期歲時節日體系的形成〉,《輔仁國文學報》第 18 期,
2002 年 11 月,頁 95～127。

44. 蕭放：〈歲時——傳統中國人的時間體驗〉,《西北民族研究》第 2 期,(2002
年),頁 55～66。

學位論文

1. 張夢麟：《端午節的由來及其厭勝文化》,花蓮教育大學民間文學研究所
碩士論文,2006 年 6 月。

2. 黃輝銘：《地方政府辦理節慶活動振興觀光文化產業策略之研究——以鹿
港慶端陽為例》,大葉大學事業經營所碩士論文,2005 年 2 月。

報紙、網路資料

1. http://www.taichung.gov.tw/gov/01news/news_b_view.asp?bull_id=8336

2. http://www.gep.tpc.gov.tw/content/travel/travel01_02.asp#

3. http://www.gep.tpc.gov.tw/web/News?command=showDetail&postId=
161330

4. http://www.28gl.com/html/90/38190-1695.html

5. http://gb.weather.gov.hk/gts/time/4solartermsc.htm

2006鹿港慶端陽系列活動節目單

采風活動

活動日期	活動時間	活動項目	活動地點
5.10-5.25	全天	1.龍舟練習賽 【鹿港鎮公所‧彰化縣體育總會鹿港鎮會 04-7772006轉301】	彰濱工業區 崙安水道
5.27‧5.28‧5.30	依比賽結果	龍舟競賽預賽及決賽 【鹿港鎮公所‧彰化縣體育總會鹿港鎮委員會 04-7772006轉301】	
5.31	09:00-12:00	3.風火車體驗 【微笑單車俱樂部 0916-101-995】	
5.31	09:00-12:00	4.保密防跌車—骨質疏鬆檢測 【鹿基醫院】	
5.27-5.31	依主辦單位時間	5.詩書樂舞博覽會 【鹿港文教基金會 04-7762467或0937-769-796】	鹿港文祠
5.27-6.04	10:00-17:00	6.文昌帝君彩墨包糉	
5.27	08:40-12:00	7.兒童舞蹈表演	
5.27	15:00-17:00	8.南管欣賞～聚英社	
5.27-6.4	10:00-18:00	9.鹿港詩書畫聯展	
5.28	10:00-12:00	10.迎賓組曲舞蹈表演	
5.29	15:00-17:00	11.南管欣賞～聚英社	
5.28	09:00起	12.泡茶品茗鹿港端陽	
6.03	13:00-17:00	13.南管欣賞～雅正齋	
6.03	10:00-12:00	14.全國徵詩～分區作品頒獎與揭示	
6.04	15:00-17:00	15.南管欣賞～聚英社	
5.27-6.4	09:00起	16.各家詩書聯展	天后宮廣場二樓
5.27‧5.28‧5.31 6.03‧6.04	下午	17.各家詩書遊鄉民眾現場揮毫	天后宮鄉土
5.31	10:00-12:00	18.音樂欣賞	廣場1樓
5.31	15:00-17:00		
5.27-5.31	09:00起	19.慶神手民俗活動	天后宮
5.27-5.31	10:00起	20.仲夏芒果米食水果品嘗會	
5.27	19:00-22:00	21.歌謠聯歡晚會	
5.31-6.04	09:00起	22.取下符水消災避禍平安	
5.31	09:00起	23.閩謠聯唱	
5.27-5.31	19:00-21:00	24.閩口文化慶端陽文化藝術表演	鹿港福鹿宮廟口
5.27-5.31	09:00-17:00	25.閩口文化慶端陽—泰安宮文化活動	鹿港泰安宮廟口
5.27-5.31	9:30-21:00	26.觀光市陣行·民俗技藝懷舊情	鹿港鳳山寺
5.27-5.31	10:00起	27.仲夏花農季米食水果品嚐會	
5.31	10:00起	28.外籍配偶與鄉親情—包粽、煎堆	
5.31	09:00起	29.外籍配偶歌唱比賽	
5.27-6.04	09:00起	30.藏王日露—供民眾飲用、繼福保平安	新祖宮
5.31‧6.3-5.4	09:00起	31.書畫名家當場揮毫慶文思書畫展	
5.31	09:00起	32.閩謠聯唱	
5.27	19:30-21:30	33.端午音樂饗宴—鳳鳴國樂團	鹿港鎮公所
5.28	10:00-12:00	34.原味糖饅慶端午	
5.28	14:00-17:00	35.傳統詩導唱講座整詩詞吟唱	
5.28	19:30-21:30	36.端午音樂饗宴—樂團表演	
5.31	16:00-18:00	37.鹿港高中表演	
6.03	19:00-21:00	38.歌謠慶鹿港端陽—縣	
6.04	19:30-21:30	39.端午音樂饗宴—聖軒國樂團	
5.31	14:00-18:00	40.同心協力划龍舟—結合端午龍舟競賽及趣味	鹿港鎮立運動場
5.31	13:30-15:30	41.保密防跌車—骨質疏鬆檢測	
5.31-6.04	09:00起	42.鹿港鎮大小套與工藝展	文開閩小活動中心
5.27-6.04	09:00起	43.神龍下海化淨水除瘟氣、遶巷星火鹽除瘟厄	桂枝公園
5.27‧5.28‧5.31 6.03-6.04	09:00起	44.鹿港鎮創意花燈美食遊憩港	鹿港三輪車發車站 鹿港遊客停車場

藝文活動

活動日期	活動時間	活動項目	活動地點
5.27‧5.28‧ 5.31‧6.03-6.04	09:00起	1.瑣諺戲說地王·震州地區王爺信仰導覽·印贈春牛圖	地藏王廟
5.27	10:00	2.書法大道揭牌儀式 【鹿港鎮書畫學會 0935-730-742】	丁家大宅
5.27-6.4	全天	3.鹿港景點真介紹（提供導覽）【鹿港文教基金會 04-7756605】	鹿港鎮街區
5.27-6.4	09:00起	4.社區生活美學工藝展 【黃鴻程文教基金會 04-7775130】	鹿港鎮公正街
5.27-6.4	09:00-16:00	5.靜態版畫展示 【鹿江文化藝術基金會 0938-852-963】	瑤林街號和合行
5.27-6.4	09:00起	6.鹿港風華攝影展 【鹿港攝影學會 0932676781】	老人會館
5.27-6.4	09:00起	7.海鳥人生—傳統漁具展 【彰化區漁會 0911-762-777】	彰化區漁會3樓
5.27-5.31	09:00起	8.中華花藝展 【財團法人中華花藝文教基金會 7755848】	彰化區漁會3樓
5.27-6.20		9.風華鹿港攝影比賽 【0932-679-781】	
5.28	14:00-17:00	10.傳統詩題講座及詩詞吟唱 【鹿江詩書學會 04-7774265】	鹿港鎮公所4樓禮堂

踩街活動

活動日期	活動時間	活動項目	活動地點
5.27	09:30-11:030	1.開幕典禮及狀元遊街 【至誠藝術會 04-7784101】（遊街分段）	文武廟→青雲路→中山路→一新路段→一天后宮香客大樓
5.30	19:00-21:00	2.民俗藝陣、土風舞踩街、社區動員來踩街 【鹿港文教基金會 04-7756605】	鹿港天后宮 至鳳山寺
6.04	09:30-12:00	3.歡鑼喜鼓·古糉迎親 【至誠藝術會 04-7784101】	文武廟→青雲路→中山路→一天后宮香客大樓→鹿港遊客服務中心

趣味遊戲及DIY活動

活動日期	活動時間	活動項目	活動地點
5.28	15:00-17:00	1.親子藝術創意彩繪	老人文康中心
6.03	10:00-12:00	2.香包製作	鹿港鎮公所4樓禮堂
6.03	10:00-12:00	3.中國結製作	
5.27	10:00-11:00	4.皮雕	
5.28	14:00-15:00	5.春仔花	
6.03	10:00-11:00	6.捏麵	
5.28	14:00-15:00	7.園花	
6.03	10:00-11:00	8.皮雕	
6.04	14:00-15:00	9.獅頭彩繪	
6.03	10:00-11:00	10.捏麵	
5.28	14:00-15:00	11.春仔花	
6.04	10:00-11:00	12.捏麵	
6.04	14:00-15:00	13.獅頭彩繪	
5.27-5.28 6.03-6.04	14:00-16:00	14.傳統版畫製作DIY與興賞示	瑤林街號和合行
5.27-5.28 5.31 6.03-6.04	10:00-16:00	15.民俗傳統益智遊戲"鳶鯉問"動動腦	新祖宮
5.28	10:40-11:20	16.鹿港包粽大賽及端午園遊會	彰濱秀傳醫院
5.28-6.04		17.古禮謝氈	瑤林街興調頭館
5.31	09:00-12:00	18.千人立蛋驚好紀錄	文武廟
5.27	09:00-10:00 13:00-14:00	永靖橫‧康師傅講：廣式肉粽現場教學	福興穀倉
5.27	12:00	一口粽	
5.27	10:00-12:00	福核競賽	
5.27	12:00	糉籃大賽	
5.27起	12:00 15:00	免費福袋DIY	
5.27起		熟悉厚度製	
5.28‧5.31 6.03‧6.04	12:00 15:00	糉DIY	
5.27-6.04	08:00-17:00	稻草文化系列—編草繩、插草相	
5.28‧5.31 6.03‧6.04	12:00	糉米嘉年餐園遊	
5.27-5.28‧5.31	12:00 14:00	四百系統—競賽	
5.27-6.04	10:00 14:00	西瓜品嘗	
5.28‧5.31 6.03‧6.04	12:00 17:00	養米蟲	
5.27-5.28‧5.31 6.03‧6.04	12:00	穀倉迴饒	
5.27-6.04	08:00-17:00	彰化伴手禮展覽	福興鄉農會 04-7789226

指導單位：交通部‧體委會‧文建會　協辦單位：交通部觀光局
主辦單位：彰化縣政府　承辦單位：鹿港鎮公所‧彰化縣民俗才藝活動推展委員會
彰化縣體育總會龍舟委員會等近30單位

協辦單位：各媒體、社團、學界、社區、學校‧FM91.5（中部廣播）‧FM98.7（每日廣播）‧FM105.5歌喉之聲‧鹿港之聲‧鹿港分局、彰化縣消防局、彰化私水大眾生宿者、彰化縣文化局、彰化縣政觀協會、羅牌溪國協會、明和朝林社、鎮宏社、龍山寺‧天后宮‧寶成公司、白蘭氏公司‧秀傳醫院‧彰濱工業區服務中心、華工處、福興鄉‧台明將公司、台灣玻璃股份有限公司‧台積電實業股份有限公司‧台積實業股份有限公司、立法委員陳進丁服務處‧彰濱工業同協進會‧中隆石油股份有限公司、立法委員吳敦義服務處‧鹿港文獻基金會及各承辦單位。

※ 活動辦理提供免費接駁專車，凡：
1. 彰化縣政府在體育場（中正路）乘車（每15分鐘一班）。
2. 彰化秀傳醫院（彰秀→ 彰濱 每小時一班）。
詳細內容請洽鹿港鎮公所網站 http://www.lukang.gov.tw

2007 鹿港慶端陽 30 週年系列活動日程表

笨港的歷史

古笨港位於現今北港溪兩岸的龐大聚落群，因為後來溪水氾濫而分裂為南北兩部份（朝天宮以北）與北港溪以南的笨南港，也是中南部最重要的門戶，已是台灣的重要港口。笨港的繁榮，帶來貿易的興盛，地方經濟發達，民生富裕，有「一府二笨」的美譽稱號。

笨港是由於笨港大陸移民入墾的龐大聚落群，北港鎮（朝天宮以北）的繁榮，笨港市街在商業與經濟的繁榮。

笨港水仙宮創建的沿革

木仙宮創立年代據「台灣縣志」卷十九：「水仙宮在鹿港四十（一七三九），建廟於諸羅縣笨港，乾隆四年……」由各神祇祀奉，「水仙宮在笨港」記……

...

笨港水仙宮祀奉的神

(一)禹帝——大禹以治水有功，俗稱水仙尊王，右何從祀之所是...

(二)奡王——夏禹之孫...

(三)伍員——伍子胥...

(四)屈大夫——屈原...

(五)魯班師——公輸班...

笨港水仙宮建廟沿革

屈原宮 廟誌

洲美屈原宮是臺灣地區大小數萬座寺廟中唯一的一座以奉祀春秋戰國時代永垂青史的三閭大夫 屈原神像為主神的寺廟。

水仙尊王 屈原神像是西元一七二一年(清康熙六十年),明末遺臣朱一貴為反清復明,乃在福建召募許多熟諳水性之鄉親前來臺灣時,由一郭姓先賢自福建漳州府龍溪縣家鄉隨身奉祀之保護神,後因朱氏起義失敗,便繼續留在洲美地區由先民們供奉奉祀,初期時由村民搬筊,每年一次(在農曆十月十日本地大拜拜時),輪流恭迎回家奉祀,信徒則前往燒香膜拜,漸漸地便成為早期先民集會結社的一種藉聚斂舊方式。

每逢端午節,洲美鄉親視更是全體動員起來,參加鄰重莊嚴的祭典儀式、戲江、謝江及以龍船競渡,是每年的端午節與農曆十月十日大拜拜,可說是本地區的全民運動,代代相傳,從未間斷,至今已有兩百多年的歷史,以—田圍稻花飄;屈宮粽香飄;端午扒龍船;洲美永傳承四句;該是最貼切的敘述。是以,於民國六十六年在林阿式的發起呼籲下,開始正式建廟,在民國六十九年農曆十月十日完成安座大典。建廟慶成時,李總統時任台北市長,特以「清風亮節」匾額一幅相贈,另分別與何應欽將軍,各題「屈原宮」三字為廟首之名。

屈原宮建廟之初,為顧應永患及缺乏里民活動中心和社區托兒所,乃決議一樓爲里民活動中心及社區托兒所,二樓才是供奉主神水仙尊王。屈原。本宮的管理是由地方熱心人士,籌組管理委員會來爲信徒服務,設有主任委員一人,副主任委員三人,常務委員十一人,常務監事一人及監事四人,另外還有誦經團一團,於農曆每月初一及十五定期爲信徒誦經祈福。

屈原宮管理委員會 啟

（洲美）屈原宮廟誌